Organisationssoziologie

Herausgegeben vom
Vorstand der Sektion Organisationssoziologie
der Deutschen Gesellschaft für Soziologie

Vertreten durch
U. Wilkesmann, Dortmund, Deutschland
S. M. Wilz, Hagen, Deutschland
M. Apelt, Potsdam, Deutschland
I. Bode, Kassel, Deutschland
V. v. Groddeck, München, Deutschland
K. Senge, Hamburg, Deutschland
P. Wehling, Bochum, Deutschland
M. Wilkesmann, Dortmund, Deutschland

Organisationen stellen einen Theorie- und Forschungsgegenstand „sui generis" dar, der einer differenzierten Gegenstandsbetrachtung und spezifischer Analyseansätze bedarf. Neben der ganzen Breite von Organisationstypen rücken für die Herausgeberinnen und Herausgeber auch spezifische empirische Methoden der Organisationsforschung sowie differenzierte theoretische Zugänge zur Analyse des Organisationsgeschehens in den Vordergrund.

Die Bände dieser Reihe werden vor allem drei Dinge im Blick haben: Erstens die gesellschaftliche Bedeutung von Organisationen; zum Zweiten die disziplinäre nationale und internationale Verortung innerhalb der Soziologie; und zum Dritten die trans- und interdisziplinäre Perspektive. Hier wird insbesondere die gewachsene Breite und Interdisziplinarität der Organisationsforschung integrativ aufgegriffen.

Der Vorstand der Sektion Organisationssoziologie in der Deutschen Gesellschaft für Soziologie, der diese Buchreihe herausgibt, wird vor allem herausragende Beiträge der Sektionsveranstaltungen in dieser Reihe versammeln, um den jeweils aktuellen Forschungsstand der Organisationssoziologie zu dokumentieren.

Jörg Sydow • Carsten Wirth (Hrsg.)

Organisation und Strukturation

Eine fallbasierte Einführung

Unter Mitarbeit von:
Albrecht Becker
Stephan Duschek

Springer VS

Herausgeber
Prof. Dr. Jörg Sydow
Freie Universität Berlin
Deutschland

Prof. Dr. Carsten Wirth
Hochschule Kempten
Deutschland

ISBN 978-3-658-03044-5
ISBN 978-3-658-03045-2 (eBook)
DOI 10.1007/978-3-658-03045-2

Die Deutsche Nationalbibliothek verzeichnet diese Publikation in der Deutschen Nationalbibliografie; detaillierte bibliografische Daten sind im Internet über http://dnb.d-nb.de abrufbar.

Springer VS

Lektorat: Dr. Cori Antonia Mackrodt, Katharina Gonsior

Gedruckt auf säurefreiem und chlorfrei gebleichtem Papier

Springer VS ist eine Marke von Springer DE. Springer DE ist Teil der Fachverlagsgruppe Springer Science+Business Media.
www.springer-vs.de

Inhaltsverzeichnis

Jörg Sydow und Carsten Wirth
Einführung in den Band 7

Jörg Sydow
1 Organisation als reflexive Strukturation:
Grundlegung 17

Stephan Duschek
2 Strategisches Management eines Netzwerkorganisators:
Ressourcenbasierte Wettbewerbsvorteile
aus strukturationstheoretischer Perspektive 57

Albrecht Becker
3 Controlling und kalkulative Praktiken:
Eine strukturationstheoretische Perspektive
auf Steuerungsprozesse in und zwischen Organisationen 127

Carsten Wirth
4 Arbeitsregulation in und zwischen Organisationen
aus strukturationstheoretischer Perspektive 173

Carsten Wirth
5 Strukturationstheoretische Einsichten in das Management
von Humanressourcen in und zwischen Organisationen 251

Autorenverzeichnis 319

Das Zusatzmaterial ist unter www.springer.com auf der Produktseite
dieses Buches verfügbar.

Einführung in den Band

Jörg Sydow und Carsten Wirth

1 „Orientierung"

Ortmann et al. (1997) diagnostizieren in ‚Theorien der Organisation' für die Organisationsforschung die „Rückkehr der Gesellschaft" – so der Untertitel ihres Lehrbuches. Organisationen – seien es Wirtschaftsunternehmen, Regierungs- und Nicht-Regierungsorganisationen (NGOs), Forschungs- und/oder Lehreinrichtungen – beeinflussen Gesellschaft, ja entscheiden zentral über Art und Weise ihrer Entwicklung. Umgekehrt wirkt der Zustand einer Gesellschaft – zumal in einer „Organisationsgesellschaft" (Perrow), in der immer mehr Lebensbereiche von Organisationen vereinnahmt werden – auf die Aktivitäten in und von Organisationen ein. Die Entfaltung der Aktivitäten in und von Organisationen obliegt dabei Menschen, vor allem jenen die als Mitglieder von Organisationen agieren, selbst wenn sie das – zum Beispiel im Fall von temporärer Beschäftigung – nur vorübergehend sind. Die Notwendigkeit des aktiven (Mit-) Tuns in Organisationen verleiht Individuen neben gesellschaftlichen Strukturen viel Bedeutung für die Entstehung und Erhaltung, aber auch für das „Funktionieren" von Organisationen in der Gesellschaft. Diese gleichsam doppelte oder sogar mehrfache soziale Einbettung von Individuen in Organisationen und von Organisationen in Gesellschaft – und damit auch von Individuen in eine Organisationsgesellschaft – gilt es ganz grundsätzlich in der Organisationsforschung im Blick zu behalten.

Das Organisieren beschränkt sich dabei immer weniger auf Aktivitäten *in* Organisationen. Gerade in einer Organisationsgesellschaft, die seit einiger Zeit manchmal gar als „Netzwerkgesellschaft" (Messner 1994; Castells 1996) bezeichnet wird oder in denen sich Menschen in informellen Communities zum Handeln zusammen finden (Dobusch/Quack 2011), ist Organisieren auch und gerade *jenseits der Organisation* verlangt, d.h. über Organisationsgrenzen hinweg gefordert: nicht nur in Gemeinschaften, sondern auch in Märkten und in interorganisationalen Netzwerken. Tatsächlich wird seit Jahren die „Vermarktlichung" (Sauer/Döhl 1997) von Organisationen konstatiert, die sich allerdings bei genauerer Analyse oft ebenfalls als „Vernetzung" entpuppt: Organisationen arbeiten eng zusammen, kooperieren in einem relativ dauerhaften Beziehungszusammenhang (Powell 1990; Sydow 1992; Windeler 2001). Oder aber es handelt sich bei genauerer Untersuchung der postulierten Vermarktlichung „nur" um eine Form der Konzernorganisation, die mit marktlichen Elementen angereichert wird (vgl. zur Unterscheidung von Konzern und Netzwerk insb. Wirth/Sydow 2004).

Unser Verständnis von *Organisation* als relativ dauerhaftes Phänomen, also als Institution wie ein Unternehmen, eine NGO oder ein Ministerium, und vom Prozess des *Organisierens*, als Praktik der Gestaltung solcher Institutionen, bezieht sich in diesem Band nicht nur auf einzelne Organisationen, sondern auch auf Organisationskollektive, insbesondere auf interorganisationale Netzwerke. Dabei begreifen wir *interorganisationale Netzwerke* als mehr oder minder reflexiv ausgelegte kooperative Arrangements von mindestens drei, zumeist aber deutlich mehr Organisationen (Powell 1990; Sydow 1992; Windeler 2001). Strategische Allianzen, Wertschöpfungspartnerschaften, Public Private Partnerships und Konsortien sind bedeutsame praktische Ausprägungen dieser nun gar nicht mehr so neuen Organisationsform wirtschaftlicher Aktivitäten, die zudem mit dem Verlagssystem und dem frühkapitalistischen Untermeistersystem auf historische Vorläufer zurückblicken kann (Sydow 1992; Berghoff/Sydow 2007).

Mittlerweile hat sich für die Analyse von Organisationen und Organisationskollektiven eine erfreuliche Theorievielfalt herausgebildet. Dieser Theorievielfalt begegnen wir in diesem Band allerdings nicht mit einem mehr oder weniger umfassenden Überblick über einschlägige Organisations- bzw. Interorganisationstheorien (vgl. dazu insb. Weik/Lang 2003, 2005; Kieser/Ebers 2006; Sydow 1992; Windeler 2001, 2005; Wolf 2011). Stattdessen konzentrieren wir uns absichtsvoll und mit – wie wir meinen – sehr guten Gründen auf einen einzigen Theorieansatz: auf die von Anthony Giddens (1984) ursprünglich als formale Sozialtheorie entwickelte, mittlerweile aber vielfach auf Organisationen und Organisationskollektive angewandte und für deren Analyse verfeinerte Strukturationstheorie. Diese Theorie trägt in besonderer Weise der doppelten bzw. mehrfachen Einbettung individuellen Handelns in soziale Systeme – und auch in die Gesellschaft – Rechnung. Giddens (1984) selbst hat die Strukturationstheorie erst nach kritischer Analyse von sehr stark auf die Fähigkeiten individueller Akteure setzenden Handlungstheorien einerseits und von die herausragende Bedeutung von Strukturen – auch und gerade gesellschaftlichen Strukturen – für das Handeln betonenden Strukturtheorien andererseits entwickelt. Er versucht damit den bis dahin üblichen Dualismus von handlungs- versus strukturtheoretischen Ansätzen durch eine Dualität, d.h. eine im Prinzip gleichberechtigte Berücksichtigung von Handlung und Struktur bei der Deutung oder gar Erklärung sozialer Wirklichkeit, zu überwinden. Damit verfolgt Giddens bzw. die von ihm entwickelte Sozialtheorie – und wir mit der Anwendung eben dieser Theorie auf Organisation und interorganisationale Netzwerke eine zutiefst prozessuale Konzeption, die nicht – wie viele andere Theorien – nach Einseitigkeit (z. B. Primat des Handelns über die Struktur oder umgekehrt der Struktur über das Handeln), sondern nach dialektischer Ausgeglichenheit (nicht nur zwischen Handlung und Struktur, sondern auch mit Blick auf Sinnzuschreibung, Legitimation sowie Machtfragen) strebt. Prozessual meint in diesem Zusammenhang übrigens, sich nicht mit der (statischen) Analyse von Bedingungen und ihren möglichen Effekten (z. B. der Wirksamkeit einer organisatorischen Regelung) zu begnügen, sondern den Prozess zu entschlüsseln, in dem Akteure sich mehr oder weniger bewusst auf diese Bedingungen beziehen und ihnen zum Beispiel in der Kommunikation in der Organisation bzw. über die Organisationsgrenzen hinweg einen bestimmten Sinn zuschreiben. Manche Organisationsforscher (z. B. Pozzebon 2004) trauen der Strukturationstheorie wegen ihrem Fokus auf Dualität und Prozessualität sogar die Integration verschiedener Paradigmen der Management- und Organisationsforschung zu.

Nicht zuletzt ob ihres integrativen und prozessualen Potenzials gilt die Strukturationstheorie heute als eine der prominenteren (Inter-) Organisationstheorien. Aktuell erlangt sie besondere Prominenz durch eine zunehmend breite Rezeption im Rahmen des in der Organisationsforschung besonders bedeutsamen neo-institutionalistischen Ansatzes (vgl. für einen aktuellen Überblick Walgenbach/Meyer 2008). Diesem Ansatz wird nicht zuletzt in Folge der Integration strukturationstheoretischer Konzepte (insb. des Akteursmodells und der Dualität von Handlung und Struktur) durch Dick Scott (2001), Thomas B. Lawrence und Roy Suddaby (2006) sowie – im deutschsprachigen Raum – Peter Walgenbach (2002) ihre deterministische Outside-In-Perspektive abgewöhnt (vgl. auch Süß 2009). Weite Verwendung findet die Strukturationstheorie auch in einem zurzeit recht populären Forschungsstrang, der die Entwicklung und Praktizierung von Strategien aus einer praxistheoretischen Perspektive untersucht. In dieser strategy-as-practice-Forschung wird die Strukturationstheorie zum Beispiel prominent von Paula Jarzabkowski (2008) oder Richard Whittington (2010) in Szene gesetzt. Ähnliches gilt seit vielen Jahren im Übrigen auch für die Forschung zu organisationalen Routinen (z. B. Feldman 2000, 2004; Feldman/Pentland 2003; Pentland et al. 2012; Martin 2012).

Unmittelbar, d.h. ohne einen „Umweg" über die Integration in ein neo-institutionalistisches Forschungsprogramm, wird die Strukturationstheorie seit Jahren zudem auch zur Analyse des Arbeitsverhaltens von Managern wie von Gruppenentscheidungsprozessen herangezogen (vgl. Ortmann et al. 1997, S. 341 ff.), aber auch zur Untersuchung von Beratungsprozessen (van Well 2001; Schwarz 2008), ebenso zur Untersuchung der Herausbildung von Organisations- und Netzwerkidentitäten (Rometsch 2008) und der regionalen Entwicklung von Branchen (Schüßler 2009). Im Zentrum strukturationstheoretischer Analysen stehen zumeist Reorganisationsprozesse im weitesten Sinne (Ortmann et al. 1990; Heracleous 2006; Wilz 2010). Große Bedeutung hat diese Theorie aber auch bei der Untersuchung der Entwicklung und Nutzung des Rechnungswesens in Organisationen (Seal et al. 2004; Englund et al. 2011), des Entwurfs und Einsatzes von Informationstechnik in Organisationen (Orlikowski 1992, 2000; Dobusch 2008; Jones/Karsten 2008; Puron-Cid 2013) erlangt. Weitere wichtige Anwedungsfelder der Strukturationstheorie sind die Analyse der Netzwerkentwicklung zwischen Vertrag und Vertrauen (Sydow et al. 1995, 2011; Windeler 2001; Seal et al. 2004; Wilhelm 2009; Berends et al. 2011; Whitbred et al. 2011) sowie der Wandel von Arbeit im System industrieller Beziehungen (Windeler/Wirth 2004, 2010; Wirth 2010). Jüngst wurde sogar das selbständige Unternehmertum Gegenstand einer strukturationstheoretisch informierten Kontroverse (vgl. dazu Sarason et al. 2010). Umfassende, gleichwohl nicht mehr ganz so aktuelle Überblicke zur Nutzung der Strukturationstheorie für die Analyse von Organisationen und organisationsübergreifenden Arrangements bieten das bereits erwähnte Lehrbuch von Ortmann et al. (1997, S. 341 ff.) und danach auch Pozzebon (2004) und den Hond et al. (2012). Diese etwas ausführlichere Darstellung der vielfältigen Verwendung der Strukturationstheorie im Bereich Management und Organisation dient der Aktualisierung genau dieser Übersichten.

In den Arbeiten zur Strukturationstheorie von Giddens (1979, 1984) finden sich keine ausgearbeiteten methodologischen Überlegungen, schon lange nicht für eine empirische Organisations- oder Netzwerkforschung. Zudem wird kritisch eingewandt (und von Giddens 1989 selbst eingeräumt), dass die Umsetzung der Strukturationstheorie in empirischen Studien generell schwierig ist. Die zentralen Konzepte, wie zum Beispiel die Dualität von Handlung und Struktur, sind hochgradig abstrakt und bedürfen eines spezifischen Methodensets oder – wie es Pozzebon und Pinsonneault (2005, S. 1365) formulieren – eines Repertoires an Forschungsstrategien, die flexibel miteinander kombiniert werden (können), um zum Beispiel in Analysen organisationaler oder auch interorganisationaler Prozesse das rekursive Zusammenspiel von Handlung und Struktur sowie die Institutionalisierung und den Wandel von zum Beispiel Organisationen oder auch interorganisationalen Netzwerken zu ergründen. Von zentraler Bedeutung sind dafür unter anderem narrative Forschungsstrategien und das „temporal bracketing“ (Langley 1999). Während mit ersteren auf die Möglichkeit abgestellt wird, historische Prozesse in Interviews zu rekonstruieren, geht es bei letzter sehr viel grundsätzlicher darum, jene zeitlichen Sequenzen voneinander abzugrenzen, die durch unterschiedliche soziale Praktiken, also wiederkehrende Handlungsmuster, geprägt sind. Letzteres Vorgehen kann in eine zeitnahe Erhebung und Feinanalyse der Prozesse sowie in eine rückblickende, eher historisierende Forschungsstrategie unterschieden werden; diese Strategie wird auch als „broad ranging bracketing“ (Pozzebon/Pinsonneault 2005, S. 1368) bezeichnet.

Zwar ist die Strukturationstheorie für die Verwendung quantitativer und qualitativer Methoden offen, dominant ist jedoch die Ergebnispräsentation in Fallstudien. Zumeist erlauben nur sie eine Art von Datenerhebung und -analyse, die nah genug an den Praktiken, hier den Organisations- bzw. Managementpraktiken, der Akteure ist, den jeweiligen Handlungskontext einfängt und zudem in den Blick nehmen kann, wie sich die Akteure in ihrem Handeln auf Strukturen der Organisation oder des Netzwerks oder aber des jeweiligen Kontexts beziehen und diese Strukturen dabei entweder reproduzieren oder aber verändern. Dementsprechend kommt in strukturationstheoretisch inspirierten Studien bzw. Fallanalysen zumeist ein breites Erhebungsinstrumentarium zum Einsatz. Dieses reicht von ausgefeilter Ethnographie über größere Umfragen sowie leitfadengestützte Experteninterviews und narrative Interviews, umfangreiche Dokumentenanalysen und teilnehmende Beobachtung bis hin zur so genannten Aktionsforschung. An diese Forschungsstrategien und Methoden knüpfen auch unsere eigenen Fälle an, die den jeweiligen Kapiteln vorangestellt und genutzt werden, um die Anwendung der Strukturationstheorie in der Managementforschung und Managementpraxis zu veranschaulichen. Die für diese Zwecke herangezogenen Fälle basieren in der Regel überwiegend, aber nicht ausnahmslos auf leitfadengestützten Interviews und unternehmen ein „broad ranging bracketing“, mit dem die Strukturation von Organisationen und interorganisationalen Netzwerken einer prozessualen Analyse zugänglich gemacht wird (so auch Whittington et al. 2006 am Beispiel von Organisationen). Die Fälle in diesem Band, die eine fallbasierte Einführung erlauben, präsentieren also eine Analyse ausgewählter Aspekte von Organisationen aus strukturationstheoretischer Sicht.

2 „Gebrauchsanleitung"

Der vorliegende Band ist als Lehrbuch konzipiert und wie folgt aufgebaut: Der Beitrag von *Jörg Sydow* in Kapitel 1 führt in die grundlegenden Begriffe der Strukturationstheorie ein; einige davon sind wie die Dualität von Handlung und Struktur bereits angeklungen. *Stephan Duschek* wendet diese Begriffe und Konzepte in Kapitel 2 auf das strategische Management in Organisationen und interorganisationalen Netzwerken an. *Albrecht Becker* zeigt in Kapitel 3 am Beispiel einer Universität, wie Controllingpraktiken aus strukturationstheoretischer Sicht analysiert werden können; ergänzend führt er eine strukturationstheoretisch informierte Sekundäranalyse einer Studie zu interorganisationalen Controllingpraktiken durch. In den letzten zwei Beiträgen dieses Bandes präsentiert *Carsten Wirth* in Kapitel 4 zunächst eine strukturationstheoretische Analyse der Arbeitsregulation einer Organisation und verdeutlicht zugleich die Bedeutung interorganisationaler Aspekte für die Arbeitsregulation in Organisationen. In Kapitel 5 entwickelt derselbe Autor eine strukturationstheoretische Perspektive auf Humanressourcenmanagement, insbesondere in der aktuellen Form einer reflexiven Arbeitskräftewirtschaft.

Dieses bewusst auf *eine* Theorieperspektive setzende Lehrbuch basiert auf extensiver Nutzung der Strukturationstheorie in der Ausbildung von Studierenden, vor allem an der Freien Universität Berlin, und ist letztlich aus einem an der FernUniversität Hagen über mehrere Jahre eingesetzten Studienbrief entwickelt worden. Eine strukturationstheoretische Perspektive auf Organisation im Sinne von Institution wie Praktik erschließt sich – buchtypisch – vor allem durch genaues Lesen: Studieren im besten Sinne.

Dabei ist es in einem ersten Schritt hilfreich, ein basales Verständnis für die jeweiligen Fälle zu erlangen, die der strukturationstheoretischen Analyse zugrunde gelegt werden. Hauptakteure in den Fallvignetten sind ein global tätiger Automobilzulieferer, eine deutsche Flughafenbetreibergesellschaft, eine Universitätsverwaltung, eine Dienstleistungsunternehmung sowie eine führende Fernsehproduktionsgesellschaft. In den einzelnen Beiträgen des Bandes werden diese Fälle im Zuge einer kurzen Einführung vorgestellt. Sodann werden die zentralen Begriffe und Konzepte aus dem einführenden Beitrag (zuweilen im Zusammenspiel mit anderen Konzepten) auf den konkreten Untersuchungsgegenstand und die Fragestellung angewandt. Nicht zuletzt deshalb sollte besonders der einleitende Beitrag intensiv durchgearbeitet und die zentralen Konzepte der Strukturationstheorie aufgearbeitet werden. Die Folgekapitel können dann sehr selektiv – je nach Interessen des Leser bzw. der Leserin – angegangen werden.

Lernfragen zu den jeweiligen Kapiteln ergänzen den jeweiligen Beitrag. Die entsprechenden Lösungs*skizzen* – *keine* Musterlösungen! – sind auf der Produktseite des Buches unter www.springer.com abrufbar. Die Lösungsskizzen gehen dabei insbesondere auf zentrale Begriffe ein, die einer Antwort zugrunde liegen sollten. Des Weiteren werden am Ende der jeweiligen Kapitel gezielte Lesehinweise gegeben. Die jeweiligen Autoren verweisen mit ihnen auf zentrale Beiträge zum jeweiligen Thema. Mit Hilfe dieser Quellen kann – und sollte! – das Verständnis der Strukturationstheorie vertieft werden. Vor allem aber wenn Fragen aus dem Studium des jeweiligen Kapitels des Bandes entstehen, lohnt ein Blick in die dort angegebene Literatur. In der Regel sind dort ausführlichere Darstellungen vorzufinden. Nicht zuletzt ist es lohnend, Giddens (1984) im (englischsprachigen) Original zu lesen. Da an mehreren Stellen auf organisationstheoretische und betriebswirtschaftliche Vorkenntnisse zurückgegriffen werden muss, ist darüber hinaus ein begleitendendes, aber selektives Studium der in dieser Einführung in den Band angegebenen organisationstheoretischen Fachliteratur bzw. grundlegender Managementlehrbücher wie Staehle (1999), Schreyögg/Koch (2010), Sydow/Duschek (2011), Welge/Al-Laham (2012) oder Steinmann et al. (2013) in Abhängigkeit von den Vorkenntnissen angeraten.

Literatur

Berends, H./van Burg, E./van Raaj, E. M. (2011): Contacts and contracts: Cross-level network dynamics in the development of an aircraft material. In: Organization Science 22 (4), S. 940-960.

Berghoff, H./Sydow, J. (Hrsg.) (2007): Unternehmerische Netzwerke. Eine historische Organisationsform mit Zukunft? Stuttgart.

Castells, M. (1996): The rise of the network society. Oxford.

Dobusch, L. (2008): Windows versus Linux: Markt – Organisation – Pfad. Wiesbaden.

Dobusch, L./Quack, S. (2011): Interorganisationale Netzwerke und digitale Gemeinschaften – Von Beiträgen zu Beteiligung. In: Managementforschung 21, S. 171-213.

den Hond, F./Boersma, F. K./Heres, L./Kroes, E. H. J./van Oirschot, E. (2012): Giddens à la carte? Appraising empirical applications of structuration theory in management and organization studies. In: Journal of Political Power 5 (2), S. 239-264.

Englund, H./Gerdin, J./Burns, J. (2011): 25 years of Giddens in accounting research: Achievements, limitations and the future. In: Accounting, Organizations and Society 36 (8), S. 494-513.

Feldman, M. S. (2000): Organizational routines as a source of continuous change. In: Organization Science 11 (6), S. 611-629.

Feldman, M. S. (2004): Routines in emerging structures and processes of change. In: Organization Science 15 (3), S. 295-309.

Feldman, M. S./Pentland, B. (2003): Reconceptualizing organizational routines as a source of flexibility and change. In: Administrative Science Quarterly 48 (1), S. 94-118.

Giddens, A. (1979): Central problems in social theory. Houndsmill etc.

Giddens, A. (1984): The constitution of society. Cambridge.

Giddens, A. (1989): A reply to my critics. In: Held, D./Thompson, J. B. (Hrsg.): Social theory of modern societies. Cambridge, S. 249-305.

Heracleous, L. (2006): A tale of the three discourses: The dominant, the strategic and the marginalized. In: Journal of Management Studies 43 (5), S. 1059-1087.

Jarzabkowski, P. (2008): Shaping strategy as a structuration process. In: Academy of Management Journal 51 (4), S. 621-650.

Jones, M. R./Karsten, H. (2008): Giddens' structuration theory and information systems research. In: MIS Quarterly 32 (1), S. 127-157.

Kieser, A./Ebers, M. (Hrsg.) (2006): Organisationstheorien. 6. Aufl. Stuttgart.

Langley, A. (1999): Strategies for theorizing from process data. In: Academy of Management Review 24 (4), S. 691-710.

Lawrence, T. B./Suddaby, R. (2006): Institutions and institutional work. In: Clegg, S. R./ Hardy, C./Lawrence T. B./Nord, W. R. (Hrsg.): The Sage Handbook of Organization Studies. 2. Aufl. London, S. 215-254.

Martin, A. (2012): Entwicklung organisationaler Routinen und Kompetenzen. München/ Mering.

Messner, D. (1994): Netzwerkgesellschaft. Köln.

Orlikowski, W. J. (1992): The duality of technology: Rethinking the concept of technology in organizations. In: Organization Science 3 (3), S. 398-427.

Orlikowski, W. J. (2000): Using technology and constituting structures: A practice lens for studying technology in organizations. In: Organization Science 11 (4), S. 404-428.

Ortmann, G./Sydow, J./Türk, K. (Hrsg.) (1997): Theorien der Organisation. Opladen.

Ortmann, G./Sydow, J./Windeler, A. (1997): Organisation als reflexive Strukturation. In: Ortmann, G./Sydow, J./Türk, K. (Hrsg.): Theorien der Organisation. Opladen, S. 315-354.
Ortmann, G./Windeler, A./Becker, A./Schultz, J. (1990): Computer und Macht in Organisationen. Opladen.
Pentland, B. T./Feldman, M. S./Becker, M. C./Liu, P. (2012): Dynamics of organizational routines: A generative model. In: Journal of Management Studies 49 (8), S. 1484-1508.
Powell, W. W. (1990): Neither market nor hierarchy: Network forms of organization. In: Research in Organizational Behavior 12, S. 295-336.
Pozzebon, M. (2004): The influence of a structurationist view on strategic management research. In: Journal of Management Studies 41 (2), S. 247-272.
Pozzebon, M./Pinsonneault, A. (2005): Challenges in conducting empirical work using structuration theory: Learning from IT research. In: Organization Studies 26 (9), S. 1353-1376.
Puron-Cid, G. (2013): Interdisciplinary application of structuration theory for e-government: A case study of an IT-enabled budget reform. Erscheint in: Government Information Quarterly (Abrufbar unter http://www.sciencedirect.com/science/article/pii/S0740624X12001451).
Rometsch, M. (2008): Organisations- und Netzwerkidentität. Wiesbaden.
Sarason, Y./Dillard, J. F./Dean, T. (2010): How can we know the dancer from the dance? In: Journal of Business Venturing 25 (2), S. 238-243.
Sauer, D./Döhl, V. (1997): Die Auflösung des Unternehmens? – Entwicklungstendenzen der Unternehmensreorganisation in den 90er Jahren. In: IfS/INIFES/IFS/SOFI (Hrsg.): Jahrbuch sozialwissenschaftliche Technikberichterstattung. Schwerpunkt: Reorganisation. Berlin, S. 19-76.
Schreyögg, G./Koch, J. (2010): Grundlagen des Managements: Basiswissen für Studium und Praxis. 2. Aufl. Wiesbaden.
Schüßler, E. (2009): Strategische Prozesse und Persistenzen. Stuttgart.
Schwarz, S. (2008): Strukturation, Organisation und Wissen: Neue Perspektiven in der Organisationsberatung. Wiesbaden.
Scott, W. R. (2001): Institutions and organizations. 2. Aufl. Thousand Oaks, Calif.
Seal, W./Berry, A./Cullen, J. (2004): Disembedding the supply chain: institutionalized reflexivity and inter-firm accounting. In: Accounting, Organizations and Society 29 (1), S. 73-92.
Staehle, W. H. (1999): Management. 8. Aufl. München.
Steinmann, H./Schreyögg, G./Koch, J. (2013): Management. 7. Aufl. Wiesbaden.
Süß, S. (2009): Die Institutionalisierung von Managementkonzepten. Eine strukturationstheoretisch-mikropolitische Perspektive. In: Zeitschrift für Betriebswirtschaft 79 (2), S. 187-212.
Sydow, J. (1992): Strategische Netzwerke. Wiesbaden.
Sydow, J./Duschek, S. (2011): Management interorganisationaler Beziehungen. Stuttgart.
Sydow, J./Lerch, F./Huxham, C./Hibbert, P. (2011): A silent cry for leadership: Organizing for leading (in) clusters. In: Leadership Quarterly 22 (2), S. 328-343.
Sydow, J./Windeler, A./Krebs, M./Loose, A./van Well, B. (1995): Organisation von Netzwerken. Opladen.
van Well, B. (2001): Standardisierung und Individualisierung von Dienstleistungen. Zur Organisation wissensintensiver Unternehmungsnetzwerke. Wiesbaden.

Walgenbach, P. (2002): Neoinstitutionalistische Organisationstheorie – State of the Art und Entwicklungslinien. In: Managementforschung 12, S. 155-202.
Walgenbach, P./Meyer, R. (2008): Neoinstitutionalistische Organisationstheorie. Stuttgart.
Weik, E./Lang, R. (Hrsg.) (2003): Moderne Organisationstheorien 1. Handlungsorientierte Ansätze. Wiesbaden.
Weik, E./Lang, R. (Hrsg.) (2005): Moderne Organisationstheorien 2. Strukturorientierte Ansätze. 2. Auflage. Wiesbaden.
Welge, M. K./Al-Laham, A. (2012): Strategisches Management: Grundlagen – Prozess – Implementierung. 6. Aufl. Wiesbaden.
Whitbred, R./Fonti, F./Steglich, C./Contractor, N. (2011): From microaction to macrostructure and back: A structurational approach to the evolution of organizational networks. In: Human Communication Research 37, S. 404-433.
Whittington, R. (2010): Giddens, structuration theory and strategy as practice. In: Golsorkhi, D./Rouleau, L./Seidl, D./Vaara, E. (Hrsg.): Cambridge handbook of strategy as practice. Cambridge, S. 109-126.
Whittington, R./Molloy, E./Mayer, M./Smith, A. (2006): Practices of strategising/organising. Broadening strategy work and skills. In: Long Range Planning 39 (6), S. 615-629.
Wilhelm, M. (2009): Kooperation und Wettbewerb in Automobilzuliefernetzwerken. Marburg.
Wilz, S. M. (2010): Entscheidungsprozesse in Organisationen. Eine Einführung. Wiesbaden.
Windeler, A. (2001): Unternehmungsnetzwerke. Konstitution und Strukturation. Opladen.
Windeler, A. (2005): Netzwerktheorien: Vor einer relationalen Wende? In: Zentes, J./Swoboda, R./Morschett, D. (Hrsg.): Kooperationen, Allianzen und Netzwerke. 2. Aufl. Wiesbaden, S. 211-233.
Windeler, A./Wirth, C. (2004): Arbeitsregulation in Projektnetzwerken. Eine strukturationstheoretische Analyse. In: Industrielle Beziehungen 11 (4), S. 295-319.
Windeler, A./Wirth, C. (2010): Netzwerke und Arbeit. In: Böhle, F./Voß, G. G./Wachtler, G. (Hrsg.): Handbuch Arbeitssoziologie. Wiesbaden, S. 569-596.
Wirth, C. (2010): Reflexive Arbeitskräftewirtschaft. Strukturation, Projektnetzwerke und TV-Content-Produktion. München/Mering.
Wirth, C./Sydow, J. (2004): Hierarchische Heterarchien – heterarchische Hierarchien: Zur Differenz von Konzern- und Netzwerksteuerung in der Fernsehproduktion. In: Sydow, J./Windeler, A. (Hrsg.): Organisation von Content-Produktion. Wiesbaden, S. 125-147.
Wolf, J. (2011): Organisation, Management, Unternehmensführung. Theorien, Praxisbeispiele und Kritik. 4. Aufl. Wiesbaden.

Kapitel 1

Organisation als reflexive Strukturation: Grundlegung

Jörg Sydow

Lernziele

Was heißt es und welches spezifische Verständnis eröffnet es, Organisation als Prozess und Ergebnis reflexiver Strukturation zu begreifen? Dies wird in diesem für den Band grundlegenden Kapitel geklärt, indem in die Strukturationstheorie eingeführt wird. Eigentlich als allgemeine Sozialtheorie konzipiert, findet sie in Betriebswirtschaftslehre wie Soziologie zunehmend als Organisations- und Interorganisationstheorie Verwendung, weil sie prozessuale, wissenschaftlich fundierte, gleichwohl praxisgerechte Einsichten in das Organisieren in und zwischen Unternehmen – und anderen Typen von Organisationen – bietet.

Die Studierenden lernen im Einzelnen

- Organisation nicht nur – wie üblich – als Institution und als Funktion kennen, sondern (auch) als soziale Praktik zu begreifen und dabei das (rekursive) Zusammenspiel von Organisation und Strategie zu verstehen,
- mit der Dualität von Struktur, dem Akteursmodell sowie der „dialectic of control" drei zentrale Grundkonzepte der Strukturationstheorie in ihrer Bedeutung für das Organisieren kennen,
- Organisieren in Unternehmungen und von Unternehmungsbeziehungen als Prozess zu verstehen, der das praktische Handeln der Akteure betont, ohne aber die Bedeutung von Strukturen zu vernachlässigen.

In dem zur Illustration der Strukturationstheorie herangezogenen Fall geht es praktisch zum einen um die Integration neu akquirierter Unternehmen in eine Spartenorganisation sowie zum anderen um die verstärkt auf Kooperation setzende Organisation der unternehmungsübergreifenden Zusammenarbeit. Insgesamt wird deutlich werden, was es heißt, Organisation als Form reflexiver

Strukturation zu begreifen und damit wird die Grundlage für die Lektüre der übrigen Kapitel dieses Bandes gelegt.

Inhaltsübersicht

1 ASC: Ein (Problem-) Fall für das Organisieren
2 Organisation als Institution, Funktion und Praktik
3 Strukturationstheorie als Theorie des Organisierens
  3.1 Das Konzept der Dualität von Struktur
  3.2 Das Akteursmodell der Strukturationstheorie
  3.3 Das Konzept der „dialectic of control“
4 Der Fall aus strukturationstheoretischer Sicht
  4.1 ASC als (Teil einer) Organisation – Integration von Akquisitionen
  4.2 ASC als Netzwerkorganisation – Kooperation mit OEMs und Lieferanten
  4.3 Zum rekursiven Zusammenspiel von Unternehmungs- und Netzwerkorganisation
5 Pfadabhängigkeiten des Organisierens?

Weiterführende Literatur
Lernfragen
Literatur

1 ASC: Ein (Problem-) Fall für das Organisieren

Der Automobilindustrie gilt seit Jahrzehnten die Aufmerksamkeit von Managementwissenschaft und -praxis, wenn es darum geht, neue Organisationsformen zu identifizieren, in ihrer Funktionsweise zu begreifen und auf ihre Übertragbarkeit auf andere Branchen zu überprüfen. Dies liegt sicherlich nicht nur an der wirtschaftlichen Bedeutung dieser Branche, sondern auch daran, dass dort früher als anderswo in sichtbarer Weise mit neuen Formen experimentiert wird, und zwar sowohl was die innerbetriebliche Organisation als auch die zwischenbetriebliche Kooperation anbelangt. Besondere Aufmerksamkeit wird neuerdings der Automobil*zuliefer*industrie geschenkt, übernimmt diese doch aufgrund der zunehmenden Funktionsauslagerung (*outsourcing*) einen immer größeren und erfolgskritischeren Anteil an der Wertschöpfung; nicht zuletzt sogar die F&E für komplette Systeme.

Dies gilt insbesondere für Unternehmen wie ASC, die sich im Zuge dieses Trends zum Outsourcing, von der Eigenerstellung zum Fremdbezug bzw. vom „make“ zum „buy“ (oder „cooperate“ – wie später noch deutlich werden wird) von einem Teile- und Komponentenlieferanten zu einem Modul- und Systemlieferanten mit weltweit mehr als 80.000 Beschäftigen entwickelt haben und einen immer wesentlicheren Teil ihrer Erlöse mit Autoelektronik erzielen. ASC ist ein deutsches Traditionsunternehmen, das heute unter anderem komplexe Tür- und Bremssysteme für die Automobilendhersteller, die so genannten Original Equipment Manufacturers (OEMs), herstellt – und das im globalen Maßstab, d.h. mit Entwicklungs- und Fertigungsstandorten in über 20 Ländern der Welt.

ASC sieht sich gegenwärtig mit mindestens zwei größeren Managementproblemen konfrontiert, die zentral mit Organisation zu tun haben: erstens die noch immer mangelnde organisatorische Integration früher akquirierter Unternehmen, die ASC eigentlich erst zu dem gemacht haben, was es heute ist: ein Konzern, der in der Lage ist als Systemlieferant global zu agieren; zweitens die stärkere Zusammenarbeit mit den wichtigsten OEMs und Komponentenlieferanten, die noch immer auf Vorbehalte stößt und lange noch nicht den Grad erreicht hat, der im Toyota-Netzwerk – dem Benchmark der Branche (vgl. Sydow/Möllering 2009, S. 226 ff.; Wilhelm 2009) – üblich ist. Handelt es sich bei dem ersten um ein überwiegend innerbetriebliches oder *intra*organisationales Integrationsproblem, so ist das zweite als zwischenbetrieblich oder *inter*organisational zu bezeichnen. Neben der Arbeitsteilung bzw. Spezialisierung stellt die Integration und Kooperation das zweite zentrale Grundproblem von Organisation bzw. des Organisierens dar (Schreyögg 2008). Es ist deshalb intra- wie interorganisational nicht in seiner Bedeutung zu unterschätzen – eben grundlegend – und steht deshalb im Mittelpunkt dieses Kapitels.

Beide Varianten des Integrationsproblems werden in diesem, in die Strukturationstheorie als Theorie des Organisierens einführenden Kapitel beleuchtet, um den Erkenntniswert einer solchen Sichtweise auf die Gestaltung von Organisationen und Interorganisationsbeziehungen deutlich zu machen. Zu diesem Zweck gilt es zunächst genauer zu kennzeichnen, was Organisation eigentlich ausmacht und auch zu klären, ob Organisieren dasselbe meint (Abschnitt 2). Erst dann wird die Strukturationstheorie als Theorie des Organisierens mit ihren zentralen Konzepten vorgestellt (Abschnitt 3). Während schon bei der Begriffsklärung und der Vorstellung der Konzepte immer wieder der ASC-Fall – sowohl in seiner intra- als auch interorganisationalen Dimension – gestreift wird, widmen sich erst die dann folgenden Ausführungen (Abschnitt 4) ausführlich dem Fall. Erst hier wird deutlich, welch besonderes Licht die Strukturationstheorie auf den Fall wirft und was dies für die Praxis des Organisierens bedeutet. Dabei wird in diesen Ausführungen auch auf das Zusammenspiel inner- und zwischenbetrieblichen Organisierens eingegangen, bevor zum Schluss dieses Kapitels die Frage aufgeworfen wird, welche besonderen Probleme die Pfadabhängigkeit sowohl der Entwicklung von Organisationen als auch von Interorganisationsbeziehungen für das Organisieren aufwirft. Auch hierbei wird auf ASC Bezug genommen, zumal dieser Zulieferer seine Herkunft als Komponenten- bzw. Commodity-Produzent ebenso wenig leugnen kann wie die Tatsache, dass es unter „deutschen Bedingungen" Systemlieferanten wie OEMs nun einmal schwerer fällt, „Toyota-ähnliche Verhältnisse" herzustellen.

2 Organisation als Institution, Funktion und Praktik

Organisation bezeichnet traditionell zweierlei: zum einen eine *Institution*, zum anderen eine *Funktion* (vgl. z.B. Schreyögg 2008, S. 4 ff.). Im ersten Fall spricht man auch davon, dass ein Unternehmen wie ASC eine Organisation bzw. ein soziales System *ist*; im zweiten davon, dass ASC organisiert wird bzw. zu organisieren ist. ASC wird dann dadurch zu einer Organisation, dass es eine Organisation bzw. eine Organisationsstruktur *hat*. Organisieren meint dabei die mehr oder weniger bewusste Schaffung oder auch Umgestaltung einer sozialen Ordnung; eine Funktion, die in hierarchischen Organisationen klassischer Weise dem Management zufällt, das dabei aber häufig durch interne oder externe Spezialisten (Organisationsberater) unterstützt wird und selbstverständlich auf das „Mitmachen" der anderen Beschäftigten angewiesen ist (Burawoy 1985).

Im Zentrum des Organisierens steht typischer Weise die formale Organisations*struktur* – beispielsweise der Systemzulieferer ASC – mit ihrem Regelsystem, über dessen Gestaltung das Handeln der Organisationsmitglieder beeinflusst oder gar gesteuert werden soll. Damit sind im Kern das hierarchische Stellengefüge einer Organisation (im institutionellen Sinne) gemeint, aber auch Fragen der Delegation von Entscheidungsbefugnissen sowie der Festlegung von Kommunikationswegen. Alles dieses gilt es organisatorisch formal zu regeln. Traditionell geschieht dies entweder in Form der Funktionalorganisation oder der Spartenorganisation. Während bei der Funktionalorganisation die erste Ebene unter Vorstand bzw. Geschäftsführung nach Funktionen bzw. Aufgabengebieten (z.B. Marketing, Produktion, Finanzierung, Personal) untergliedert ist, wird diese Ebene bei der Organisation nach Sparten oder Divisionen entweder nach dem Leistungsprogramm (z.B. Produkte oder Produktgruppen) oder nach Regionen (z.B. Inland/Ausland oder nach Kontinenten) differenziert. Funktionalorganisation und Spartenorganisation bilden sodann den Rahmen für eine weitere Ausgestaltung des hierarchischen Stellengefüges, zum Bespiel bezüglich der Entscheidungs- und Kommunikationswege.

Der Begriff der Organisationsstruktur wird heute in Theorie wie Praxis üblicher Weise um den der Organisations*kultur* ergänzt (vgl. z. B. Schreyögg 2008, S. 363 ff.). Dieser Begriff akzentuiert das eher Informale, vor allem die von den Organisationsmitgliedern – hier etwa von den Mitarbeitern und Mitarbeiterinnen von ASC – geteilten Sichtweisen und Werte. Hinzu kommen aber auch die informell zum Beispiel in einer bestimmten Gruppe, Abteilung oder Sparte (bzw. Division) geltenden Auslegungen formaler Regeln (vgl. dazu vor allem Ortmann 2003). Von beidem – Struktur und Kultur – wird traditionell erwartet, dass sie entscheidend helfen, das Handeln und Verhalten in und von Organisationen zu verstehen bzw. zu steuern. Dies macht sie zu einem interessanten Ansatzpunkt für Organisationsgestaltung bzw. das Organisieren.

Die Strukturationstheorie stellt statt auf die Unterscheidung von Kultur und Struktur auf *soziale Praktiken* ab. Damit sind wiederkehrende, oft gewohnheitsmäßige Handlungen gemeint, in denen sich einerseits formelle wie informelle Strukturen manifestieren und die andererseits eben diese Strukturen produzieren, reproduzieren oder transformieren helfen. Wenn beispielsweise in einer Organisation die Regel der Pünktlichkeit gilt, kommt es letztlich entscheidend darauf an, ob diese auch von den Organisationsmitgliedern praktiziert, zumindest deren Nichteinhaltung vom Management sanktioniert wird. Und genau dadurch, dass diese Regel in einer Organisation wie ASC eingehalten oder sanktioniert wird, wird sie als Regel reproduziert und entsprechend verbindlich(er). Im Zusammenhang mit dem Organisieren fokussiert der Begriff der Praktik den Blick somit weniger auf den Tatbestand der Strukturiertheit von Organisation als vielmehr auf den laufenden Prozess der Strukturbildung und -reproduktion, m.a.W. der „Strukturation" (Giddens 1984). Strukturen sorgen nicht nur dafür, dass die Praktiken verschiedener Akteure sich ähneln und leichter aufeinander abgestimmt werden können, sondern auch dafür, dass sie in der Zeit relativ stabil bleiben; ohne dass damit allerdings organisationaler oder interorganisationaler Wandel grundsätzlich ausgeschlossen wäre. Im Gegenteil: die Reproduktion von Strukturen ist und bleibt prinzipiell prekär. Beispielsweise kann sich in Folge eines organisationalen Wandels – zum Beispiel durch Übernahme eines Unternehmens durch einen ausländischen Konzern – die Regel der Pünktlichkeit in ihrer Verbindlichkeit bzw. Interpretation wandeln. Bekanntermaßen gilt es in einigen Ländern als durchaus tolerabel, eine halbe Stunde oder sogar mehr zu spät zu einem Treffen zu kommen.

Der strukturationstheoretische Begriff der Strukturen ist dabei deutlich weiter als der der meisten Organisationstheorien, zudem ist er rein sozialkonstruktivistischer Art (vgl. dazu den Überblick in Kieser/Ebers 2006). Letzteres bedeutet, dass manche Strukturen, trotz ihrer „Härte" (man denke beispielsweise an die hierarchische Autorität und den Ressourcenzugriff des Top-Managements) nur im Handeln bzw. in den Praktiken sowie in den Erinnerungsspuren der Akteure existieren. Dabei umfasst der Giddenssche Strukturbegriff – wie bereits angedeutet – die formale Struktur, also die kodifizierten Regeln, ebenso wie die informale Kultur, also beispielsweise auch die Regel, die regelt, in welchem Maße eine kodifizierte Regel verletzt werden darf (vgl. dazu grundlegend Ortmann 2003). Neben Regeln beinhaltet der strukturationstheoretische Begriff der Strukturen zudem noch Ressourcen, also beispielsweise die Möglichkeit des Zugriffs auf Menschen und Maschinen, die in der Regel durch die eigene positionale Stellung in der Hierarchie oder durch fachliche Autorität bedingt ist. Kurzum: Strukturen im Sinne der Strukturationstheorie sind Regeln *und* Ressourcen, wobei die im Zentrum der meisten Organisationstheorien stehenden formalen Strukturen (organisatorische Regeln i.e.S.) eben als kodifizierte Regeln bezeichnet werden. Dies ermöglicht die für die Strukturationstheorie, die soziale Praktiken fokussiert, zentrale Unterscheidung kodifizierter von praktizierten Regeln. Hinzu kommt, dass Strukturen aus strukturationstheoretischer Perspektive Handeln nicht nur beschränken, sondern auch ermöglichen, nicht zuletzt gerade weil sie es beschränken.

Formales wie Informales, Regeln wie Ressourcen, sind in Folge Gegenstand des Organisierens, das aus strukturationstheoretischer Sicht durch Strukturen beschränkt und ermöglicht und als „reflexive Strukturation" (Ortmann et al. 1997) begriffen wird. Denn beim Organisieren beziehen sich die so genannten Organisatoren (Manager und Managerinnen, aber eben auch interne oder externe Organisationsberater/innen) selbst auf Strukturen, auf Formales wie Informales, auf Regeln wie Ressourcen, und verändern oder bewahren diese Strukturen. Spricht man im ersten Fall vom Management des organisatorischem Wandels (vgl. dazu Staehle 1999, S. 898 ff.), geht es im zweiten Fall um die bewusste Beibehaltung des Status Quo. Trotz aller – und vermeintlich wachsender – Notwendigkeit von „change", darf nicht übersehen werden, dass es in Organisationen, gerade auch in den vermeintlich flexiblen Netzwerkorganisationen, immer auch um die Schaffung und Bewahrung von Stabilität geht; und dies nicht nur aufgrund von Widerständen gegen Wandel (vgl. dazu Staehle 1999, S. 977 ff.). Schließlich garantiert doch erst eine gewisse Stabilität die wirtschaftlichen Vorteile von Routine, Verlässlichkeit und Zurechenbarkeit (s. Feldman 2000). Das Besondere beim Organisieren als Form der *reflexiven* Strukturation ist, dass dies bewusst und absichtsvoll erfolgt, auch wenn gerade auch aus strukturationstheoretischer Sicht nicht damit zu rechnen ist, dass jede absichtsvolle Handlung

– auch die des Organisierens – die beabsichtigten Folgen zeitigt (s. Abschnitt 3.2). Entscheidend aber ist, und das ist das Besondere von Organisationen, auch der Netzwerkorganisation, dass hier die Reflexivität institutionalisiert ist:

> „*In Organisationen ist Reflexivität institutionalisiert*, nämlich die Reflexion auf die Strukturation kollektiven Handelns – was nicht heißen soll, daß sie ein Ausbund an Rationalität wären" (Ortmann et al. 1997, S. 322; Herv. i.O.).

In der Praxis verfügt eine Organisation über Instrumente und Verfahren, aber auch über Stellen und Abteilungen, deren Aufgabe in nichts anderem besteht, als diese Reflexivität institutionell abzusichern. Das gilt für Diagramme, die die Aufbau- und Ablauf- oder Prozessorganisation dokumentieren, genauso wie für die Abteilung Organisations- und Unternehmensentwicklung, die unter anderem solche Diagramme oder Organisationspläne bzw. -handbücher erstellt und über die selbstverständlich auch ein großes Unternehmen wie ASC verfügt.

Im Falle von ASC spielt aktuell die Tatsache eine Rolle, dass die Integration der akquirierten Zulieferer organisatorisch noch nicht so weit fortgeschritten ist, wie manche Vertreter des Managements sich dieses gewünscht haben. Entsprechend steht – wieder einmal – organisatorischer Wandel an, um auf der Ebene der gesamten Unternehmung – dem Konzern – eine neue Stabilität zu erreichen. Die kodifizierten organisatorischen Regeln etwa sind von Bereich (ASC alt) zu Bereich (neu akquiriertes Unternehmen) zurzeit noch recht unterschiedlich. Auf genau diesen Tatbestand beziehen sich die Organisatoren, wenn sie durch reflexive Strukturation eben diese Regeln zu harmonisieren versuchen.

Dieser rekursive Zusammenhang von Strukturen als Gegenstand wie Ausgangspunkt von Handeln (hier: Organisieren) wird von Kritikern der Strukturationstheorie gern als Tautologie kritisiert. Anhänger der Theorie weisen dem gegenüber gern darauf hin, dass es im Sozialen eben weniger um Ursache und Wirkung – also um „Erklärung" im klassischen Sinne – geht als um das „Verstehen" von rekursiven, zumeist selbstbezüglichen Prozessen (vgl. zu dieser Diskussion Ortmann et al. 1997; Walgenbach 2006). Es geht dann etwa um die Frage, wie unter homogenen oder heterogenen Anfangsbedingungen (*initial conditions*) diese Prozesse ihren Ausgang nehmen oder wie die Prozesse genau verlaufen, was sie beschleunigt oder verlangsamt, welche Wirkungen und Rückwirkungen sie entfalten usw. Die Frage, ob Strukturen Verhalten beeinflussen oder aber Strukturen Ergebnis von Handeln und Verhalten sind, tritt dahinter zurück.

Unabhängig von dieser (nur scheinbar praxisfernen) Kontroverse kann zwischen Organisation bzw. Organisieren sowohl auf der ausführenden Ebene als auch auf der Managementebene unterschieden werden (s. Abb. 1). Entsprechend würde man in der Unternehmung die Arbeitsorganisation von der Führungsorganisation unterscheiden. *Arbeits*organisation meint die Ausgestaltung der formellen Organisation auf operativer Ebene und zwar mit Blick auf Arbeitsinhalt, Arbeitszeit, Arbeitsort und zur Anwendung kommender Technologie (z. B. Fließband- oder Gruppenarbeit). Zusätzlich ist die informale Organisation, mit anderen Worten die kulturelle Dimension der Arbeitsorganisation – nicht zuletzt auch in ihrem Zusammenspiel mit der Formalstruktur – zu betrachten. Im Falle von ASC geht es mit Blick auf die Arbeitsorganisation etwa um die Frage, ob die Endmontage der Bremssysteme in Einzel- oder in Teamarbeit organisiert ist und bei der Gewährleistung der reibungslosen Zusammenarbeit auf kodifizierte Regeln, also formalisierte Verfahren, oder aber auf „Teamgeist" gesetzt wird. Unbenommen von diesen arbeitsorganisatorischen Fragen ist für ASC festzuhalten, dass man bei der Fertigung (z. B. von Fahrstabilisierungsprogrammen) zumindest in Hochlohnländern wie Deutschland auf Automation setzt, während man arbeitsintensive Produktionen schon überwiegend in Niedriglohnländer (z. B. Vietnam) verlagert hat.

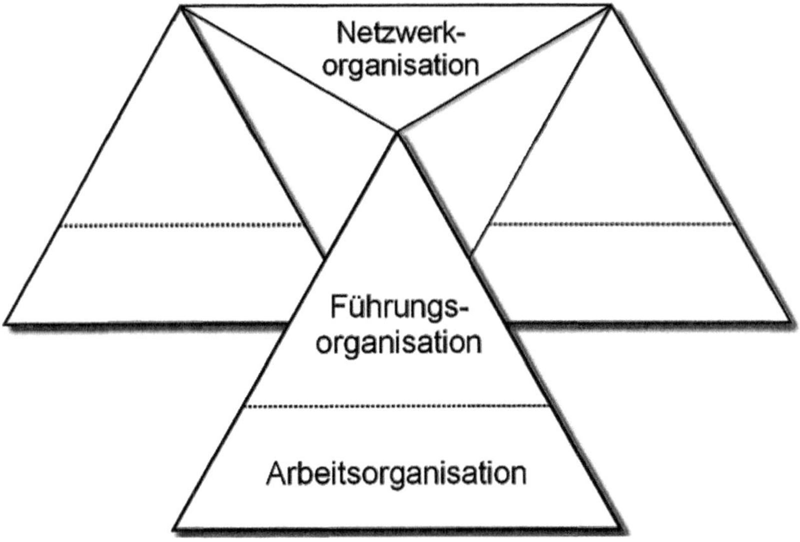

Abbildung 1 Das Verhältnis von Arbeits-, Führungs- und Netzwerkorganisation

Bezüglich der *Führungs*organisation ist beispielsweise die (formalstrukturelle) Frage angesprochen, ob die Leiterin des Werks Oberursel direkt dem Vorstand in Bremen berichtet oder aber ob dies indirekt, etwa über den Leiter der Division „Bremssysteme", erfolgt. Allerdings mag es auch darum gehen, ob die informalen, interpersonalen Beziehungen in der Organisation mobilisiert werden können, um zusammen mit anderen Leitern – nur Oberursel verfügt über eine Werkleiter*in* – eine Neuerung für das eigene Werk durchzusetzen. Neben derartigen, auf der Ebene des mittleren Managements angesiedelten Fragen geht es auch um die (Führungs-) Organisation auf der Ebene des Top-Managements, die so genannte Corporate Governance. In diesem Zusammenhang ist zum Beispiel über die Zahl der Vorstands- bzw. Geschäftsführungsressorts, die Art der Koordination im Vorstand und die Zusammenarbeit mit dem Kontrollgremium zu entscheiden (vgl. dazu v. Werder 2006).

Die interne Arbeits- und Führungsorganisation werden heute immer stärker um eine externe *Netzwerk*organisation ergänzt. Dabei geht es um die Gestaltung der Zusammenarbeit zwischen rechtlich selbständigen, wirtschaftlich nicht zuletzt in Folge genau dieser Zusammenarbeit allerdings mehr oder weniger abhängigen Organisationen. Handelt es sich bei den Organisationen, wie im Falle von dem Zuliefernetzwerk, in das neben dem OEM bzw. den OEMs auch ASC eingebunden ist, überwiegend um Unternehmungen, spricht man auch von „Unternehmungsnetzwerken" (Sydow 1992). Hierbei handelt es sich um eine Organisationsform ökonomischer Aktivitäten, die die wirtschaftlichen Vorteile des Marktes mit denen der Hierarchie zu verbinden versucht und durch dominant kooperative Interorganisationsbeziehungen gekennzeichnet sind, die gleichwohl nicht frei von jedweden Wettbewerb sind (vgl. dazu auch Sydow/Duschek 2011, S. 152 ff.). Ein Unternehmungsnetzwerk bzw. eine entsprechende Netzwerkorganisation entsteht dadurch, dass eine Unternehmung enger mit einer oder mehreren anderen kooperiert oder aber Aktivitäten auslagert bzw. externalisiert, diese dann aber nicht marktlich (also kurzfristig und dominant über Preise), sondern längerfristig im Netzwerk wahrnehmen lässt (genauer also: quasi-externalisiert).

Die Zusammenarbeit in der Netzwerkorganisation im Sinne des schon eingangs erwähnten „cooperate" zwischen Organisationen erfolgt ihrerseits auf unterschiedlichen Ebenen. In einem ersten Zugriff ist es auch hier sinnvoll, die Führungsebene von der Ebene der Arbeitsorganisation zu unterscheiden, um das Zusammenspiel inter- und intraorganisationaler Prozesse zu studieren. Wenn beispielsweise das Management von ASC – wie es für Systemlieferanten typisch ist – gelernt hat, Organisationsgrenzen übergreifend zusammenzuarbeiten, muss dies noch lange nicht für die operative Ebene gelten. Aber auch das Umgekehrte kann natürlich der Fall sein. Vor allem Endres und Wehner (1995) ist es zu verdanken darauf hingewiesen zu haben, dass die Zusammenarbeit über alle Ebenen hinweg zur Praxis werden sollte, damit eine kollektive Strategie umgesetzt wird und man wirklich von einer Netzwerkorganisation sprechen kann (vgl. auch Huxham/Vangen 2005; Sydow 2010a).

Mit der Netzwerkorganisation wird eine zusätzliche Dimension des Organisierens angesprochen, die heute in der Betriebswirtschaftslehre ebenso wie in der Organisations- und Wirtschaftssoziologie (und im Übrigen auch in der Regionalökonomie und -soziologie), immer mehr Aufmerksamkeit gewinnt. Diese zwischenbetriebliche oder interorganisationale Dimension ergänzt modernen Auffassungen in diesen Disziplinen zufolge zunehmend die betriebliche bzw. (intra-) organisationale Ebene des Organisierens. Organisieren macht mit anderen Worten immer weniger an Organisationsgrenzen halt. Insgesamt können sogar nahezu beliebig viele systemische Ebenen des Organisierens unterschieden werden (vgl. zum Mehrebenenproblem auch Sydow/Duschek 2011, insb. S. 48 ff.).

Üblich in der Managementforschung, die viele der genannten Disziplinen übergreift, ist heute mindestens die in Abbildung 2 genannten Ebenen zu unterscheiden; sie können allesamt aus strukturationstheoretischer Perspektive sinnvoll untersucht werden. Das heißt, auf jeder dieser Ebene würden die für das praktische Handeln, zum Beispiel für das Organisieren, relevanten Strukturen erkundet und genau analysiert, wie sie durch das Handeln der Organisations- oder Netzwerkmitglieder reproduziert und ggf. transformiert werden. Die Reproduktion bzw. Transformation der Strukturen erfolgt durch soziale Praktiken, die ihrerseits – zumal in ihrer Kontinuität – ohne Strukturen nicht möglich wären (s. noch einmal Abb. 2).

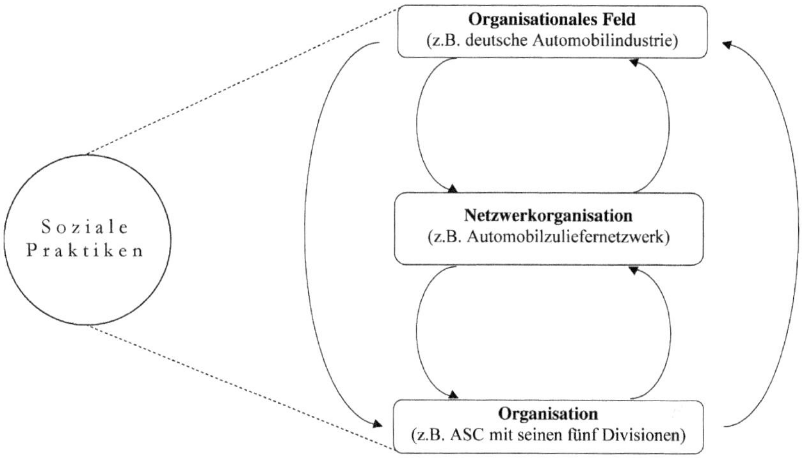

Abbildung 2 Strukturationstheorie als Mehrebenenanalyse (in Anlehnung an Windeler 2001, S. 156)

Zudem gerät das rekursive Zusammenspiel der verschiedenen Ebenen in den Blick. Beantwortbar wird so beispielsweise die Frage, wie genau die von Endres und Wehner (1995) untersuchte Form der Zusammenarbeit in der Automobilindustrie auf der Gruppenebene (und damit *in* der Organisation) durch eine andere Form zwischenbetrieblicher Kooperation verbessert werden kann und auf welche Strukturen sich dabei die Akteure in ihren Praktiken beziehen.

Dabei kommt es im Übrigen nicht allein auf die intra- und interorganisationalen Strukturen an, sondern insbesondere auch auf die des „organisationalen Feldes" (DiMaggio/Powell 1983). Mit diesem Konzept rückt die weitere Umwelt der Organisation, insbesondere die Branche, ins Blickfeld. Im Falle von ASC geht es beispielsweise um das „Feld" der deutschen Automobil(zuliefer)industrie mit seinen eigenen Regeln und Ressourcen; beispielsweise der Regel, dass man sich als Automobilhersteller oder auch -zulieferer in Deutschland tendenziell einer Qualitäts- oder gar Premiumstrategie verpflichtet fühlt. Dabei spiegelt dieses Strukturmerkmal nicht nur eine in der gesamten Branche geteilte Wertschätzung. Vielmehr schlägt die Tatsache voll durch, dass Deutschland gerade auch in diesem durch die Industriegewerkschaft Metall vertretenen Segment der Volkswirtschaft ein Hochlohnland ist, das eine Niedrigpreisstrategie im Automobilbau allenfalls bei noch weitergehender Automation der End- bzw. Systemmontage denkbar erscheinen lässt. Nicht zuletzt deshalb wird die Fertigung (noch nicht die Entwicklung) von preiswerten Kleinfahrzeugen und so mancher Systeme und Komponenten (auch bei ASC) nach Osteuropa verlagert (Manning et al. 2012).

Je nachdem, auf welcher Ebene man die (strukturationstheoretische) Analyse ansetzt (z.B. dem Unternehmungsnetzwerk), stellen die anderen Ebenen *Kontexte* dar (z.B. die einzelnen Organisationen, aber auch das organisationale Feld). Von diesen wird nicht nur erwartet, dass sie das Handeln auf der Ebene, die im Zentrum der Untersuchung steht, beeinflussen, sondern auch von ihm beeinflusst werden. Geht es beispielsweise um die Organisation oder Reorganisation der Teamarbeit bei ASC, stellen die Organisation (also ASC selbst mit seiner Spartenorganisation), das Netzwerk (bspw. die Einbindung von ASC in ein von einem OEM geführten Zuliefernetzwerk) und auch das Feld (z.B. die Aktualität von Teamarbeit in der deutschen Automobilindustrie) relevante Kontexte dar. Auch auf die Strukturen dieser Kontexte beziehen sich die Akteure in ihren Praktiken bei der Organisation der Gruppenarbeit (also z.B. auf die von ASC dafür intern oder durch Rückgriff auf Organisationsberater zur Verfügung gestellte Expertise). Umgekehrt werden durch die entsprechenden Praktiken auch die Strukturen dieser Kontexte entweder reproduziert oder transformiert.

Praktiken, und die mit ihrer Hilfe reproduzierten Strukturen, Regeln wie Ressourcen, werden aus strukturationstheoretischer Sicht zu *Institutionen*, wenn sie tief in das Soziale eingelassen sind und zur (zumindest zunächst einmal) unhinterfragten Selbstverständlichkeit des sozialen Lebens werden. Typisch für die Strukturationstheorie ist es, dass die Frage nach der Existenz von Institutionen nicht mit Ja oder Nein zu beantworten ist, sondern mit einem Mehr oder Weniger. Diese Theorie propagiert also ein gradualistisches Verständnis von Institutionen, wenn jene definiert werden als „the *more* enduring features of social life, the practices which are deeply sedimented in time-space and which are widespread among the members of social systems" (Giddens 1984: 24; Hervorh. J.S.). Professionen, Standards, Werte und Normen sind die geradezu klassischen Beispiele für Institutionen, aber eben auch Organisationen und interorganisationale Netzwerke können entsprechend *mehr oder weniger* institutionalisiert sein.

Diese ersten Bemerkungen zur Strukturationstheorie lassen bereits drei Dringe deutlich werden:

Erstens, dass diese theoretische Perspektive Organisation bzw. Organisieren weniger als Institution und Funktion denn als Praktik verstanden wissen will, wobei diese Praktik reflexiv ist, d.h. sich notwendiger Weise auf Strukturen bezieht und diese dadurch entweder reproduziert oder verändert. Strukturen werden hier zudem in einem weiteren Sinne verstanden als sonst in der Organisationstheorie üblich, indem neben Regeln auch noch Ressourcen mit einbezogen werden.

Zweitens, dass die Unterscheidung von Struktur und Kultur aus der Perspektive dieser Theorie so einfach nicht zu treffen ist und besser auch nicht getroffen werden sollte. Stattdessen sollte auf praktizierte Regeln abgestellt und die möglichen Differenzen zu kodifizierten Regeln, etwa durch bewusste oder unbewusste Regelverletzung, herausgearbeitet werden. Die praktizierten Regeln werden dabei nicht nur durch kodifizierte organisatorische Regeln, sondern auch durch mehr oder weniger geteilte Normen und Werte (die so genannte Kultur) angeleitet, niemals aber determiniert (d.h. eindeutig bestimmt).

Und drittens, dass die Strukturationstheorie die Untersuchung von Organisation bzw. Organisieren auf verschiedenen Ebenen ermöglicht, auf der Ebene der Arbeits- und Führungsorganisation ebenso wie auf der Ebene der Netzwerkorganisation. Eine entsprechende Mehrebenenanalyse verlangt sodann beispielsweise der Frage nachzugehen, inwiefern im Falle von ASC, im konkreten Netzwerk oder aber im gesamten Feld der Automobilzulieferindustrie eine Akquisition und Integration von Unternehmen nahe gelegt wird (z.B. „Mode" ist oder durch entsprechende Anreize gefördert wird). Genauso wäre die Frage zu beantworten, wie die eigentliche auf die Akquisition folgende Integration auf der Ebene der Führungsorganisation angegangen und operativ bis auf die Ebene der Organisation von Arbeit in die dann integrierten Fertigungslinien umgesetzt wird. Schließlich wäre zu erkunden, was alles dieses in der Rückwirkung auf die Zusammenarbeit von ASC mit seinen OEMs in einer Netzwerkorganisation bedeutet.

3 Strukturationstheorie als Theorie des Organisierens

Eine Organisationstheorie bzw. eine Theorie des Organisierens muss helfen, (inter-)organisationale Praxis besser zu verstehen und soll idealer Weise auch dazu beitragen, zu einer Verbesserung dieser Praxis anzuleiten. Die Strukturationstheorie ist bezüglich der Gestaltungsfunktion allerdings eher zurückhaltend, legt den Akzent deutlich auf das Verstehen. Jedoch hilft sie als „sensitizing device" (Giddens 1984) auf der Grundlage einer *besser verstandenen Praxis* durchaus, das Handeln von Akteuren – hier vor allem das Organisieren durch das Management, ggf. unter Zuhilfenahme interner oder externer Spezialisten – anzuleiten. Man spricht in diesem Zusammenhang auch davon, dass die Einsichten, die diese Theorie in Bedingungen und Folgen des Handelns – hier des Organisierens – liefert, zu einer *reflexiveren Praxis* genutzt werden können (Sydow/Windeler 2003). Dabei ist allerdings noch einmal daran zu erinnern, dass bereits die Tätigkeit des Organisierens und – allgemeiner – die des Managements als eine reflexive

Form der Strukturation zu begreifen ist; insofern kann es nur um eine weitere Steigerung der Reflexivität und ihre Institutionalisierung in der Organisation gehen. Letztere ist vor allem im Zusammenhang mit der Netzwerkorganisation gefragt (Windeler 2001; Sydow/Duschek 2011), gilt diese doch noch immer als tendenziell „unterorganisiert".

Eine größere Reflexivität ist sicherlich auch für die schon zu Beginn dieses Kapitels angesprochenen zwei Organisations- bzw. genauer Integrationsprobleme von ASC angesagt: zum einen die Integration früher akquirierter Unternehmen in ASC sowie zum anderen die Intensivierung der Zusammenarbeit mit den wichtigsten OEMs („upstream") sowie Komponentenlieferanten („downstream"). Die Strukturationstheorie sollte auch in diesem Fall helfen, die Bedingungen und Folgen des Organisierens formaler Struktur ebenso besser zu verstehen wie die Herausbildung einer informalen Kultur – innerhalb von ASC ebenso wie in den Beziehungen von ASC und seinen Abnehmern und Lieferanten; und dies auf der Ebene der Arbeitsorganisation genauso wie auf der Ebene der Führungs- oder Netzwerkorganisation (s. noch einmal Abb. 1).

Drei strukturationstheoretische Konzepte leisten einen zentralen Beitrag zu dem dafür notwendigen tieferen Verständnis der Organisations- bzw. Interorganisationspraxis: (1) das Konzept der Dualität von Struktur, (2) das Akteursmodell der Strukturationstheorie und (3) das Konzept der „dialectic of control". Zusammen genommen machen die drei Konzepte – gerade auch in ihrem Zusammen*wirken* – den Theoriekern der hier vorgestellten Theorieperspektive aus.

3.1 Das Konzept der Dualität von Struktur

Das erste der drei Konzepte betont die *Dualität* von Handlung und Struktur. Der Begriff der Dualität soll signalisieren, dass mit diesem Theorieansatz der bislang für die weitaus meisten Organisationstheorien charakteristische *Dualismus* überwunden wird (Giddens 1984). Dieser Dualismus verfehlte die seit Langem als notwendig erkannte Bedingung avancierter Sozialtheorie, die Wirklichkeit von Organisationen wie ASC weder – wie die klassische Kontingenztheorie bzw. der situative Ansatz – ausschließlich aus den Strukturen heraus erklären zu wollen noch aufgrund einer Fokussierung auf allein das Handeln oder Verhalten der Organisationsmitglieder – wie bei der verhaltenswissenschaftlichen Entscheidungstheorie – die Bedeutung der Strukturen zu vernachlässigen (vgl. zu diesen und weiteren Organisationstheorien Kieser/Ebers 2006).

Konkret heißt dies beispielsweise, dass die organisationale Wirklichkeit von ASC nicht allein dadurch hinreichend erfasst ist, dass die formale Struktur und die informale Kultur beschrieben und aus der Situation – zum Beispiel dem Marktwettbewerb oder der Organisationsgröße – erklärt wird; etwa die Tatsache, dass mit DSC in Bälde eine weitere Division oder Sparte in die Unternehmung einverleibt wird und damit die Position als einer der führenden europäischen Systemlieferanten noch weiter ausgebaut werden könnte. Allerdings reicht es genauso wenig hin, wenn allein auf das strategische Handeln des Managements und der sonstigen Organisationsmitglieder abgestellt wird, hier etwa auf das Management des Akquisitions- und Integrationsprozesses (vgl. dazu z. B. Müller-Stewens/Spickers 1993) und wie die von dem Prozess betroffenen Mitarbeiter und Mitarbeiterinnen ihn erleben.

Im Zentrum einer avancierten und zugleich praxisgerechten Organisationstheorie steht vielmehr – ganz im Sinne der Dualität – das *rekursive*, sich wechselseitig konstituierende Zusammenspiel von Struktur *und* Handlung in verschiedenen Kontexten.

- Denn *einerseits* beeinflussen auf der Ebene der Organisation sowohl die formale Struktur als auch die informale Kultur das Handeln der Arbeitenden bzw. des Managements. Struktur und Kultur bzw. Strukturen im strukturationstheoretischen Verständnis setzen dem Handeln – hier dem Integrationsmanagement – gar nicht einmal nur, wie bereits angedeutet, Restriktionen, sondern ermöglichen es auch. Die in einer Organisation herrschenden Regeln oder Werte erklären beispielsweise bestimmtes Organisationshandeln – zum Beispiel eine nicht hinreichende Einbeziehung des Betriebsrats in den Integrationsprozess – für illegitim. Aber dadurch, dass dieses Handeln als solches gebrandmarkt wird, wird anderes Handeln – etwa die einigermaßen geräuschlose, weil mit dem Betriebsrat im Konsens beschlossene Einführung weiterer Automationstechnik – erst möglich.
- *Andererseits* macht die Strukturationstheorie deutlich, dass (Organisations-) Strukturen (inkl. Kulturen) Ausfluss von (Organisations-) Handlungen im Allgemeinen und Ergebnis von Organisieren im Speziellen sind; von Handlungen, die die Struktur – wie die Einbeziehung des Betriebsrats in den Integrationsprozess – ermöglicht, unter Umständen sogar nahegelegt und damit auch wieder in gewisser Weise beschränkt. Die formelle wie informelle Organisation von ASC stellt insofern den Rahmen für das Organisieren dar, ist aber auch gleichzeitig Ergebnis genau dieses Organisierens.

Typisch für die Strukturationstheorie ist, dieses rekursive Zusammenspiel, also die wechselseitige Konstitution von Handlung (Organisieren) und Struktur (Organisationsstruktur und -kultur unter Einschluss auch von Organisationsressourcen), in den jeweiligen Kontexten als Prozess zu erhellen; nicht aber die Frage zu beantworten, ob zuerst die Struktur das Handeln oder das Handeln die Struktur geprägt hat.

Das Theorem der Dualität von Struktur umfasst allerdings noch mehr als die Behauptung der rekursiven Konstitution von Handlung und Struktur. Hinzu kommt der Hinweis auf die Analyse dieses Zusammenhangs in den so genannten drei Dimensionen des Sozialen und der Domination bzw. der Herrschaft (s. Abb. 3).

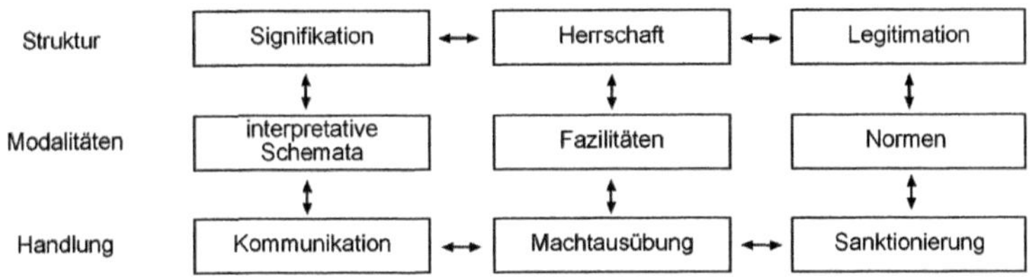

Abbildung 3 Die Dualität von Struktur (Giddens 1984, S. 29)

Streng genommen werden mit diesen drei Begriffen die Dimensionen des Sozialen allein auf der Strukturebene unterschieden. Auf der Handlungsebene, die mit der Strukturebene über so genannte Modalitäten vermittelt ist, korrespondieren mit diesen die Kommunikation, die Sanktionierung und die Machtausübung (s. noch einmal Abb. 3). Strukturen der Signifikation oder Bedeutungszuweisung restringieren und ermöglichen ein entsprechendes kommunikatives Handeln des Managements oder auch die Verständigung anderer Organisations- und Netzwerkmitglieder. Man denke beispielsweise an den in einer Organisation wie ASC üblichen (Ingenieurs-) Jargon oder aber auch an die in diesem Unternehmen für sinnvoll gehaltenen Sichtweisen auf den Umgang nicht nur mit dem Betriebsrat, sondern auch mit so genannten Resident Engineers, die ein OEM womöglich für mehrere Monate in die Forschungsabteilung von ASC entsendet hat, um dort die kundengerechte Entwicklung eines neuen Bremssystems zu unterstützen. Bei diesen Strukturen handelt es sich ebenso wie bei den Legitimationsstrukturen, die eine entsprechende Sanktionierung von Ereignissen oder Handlungen als „gut" oder „schlecht", als „Gewinn bringend" oder „Kosten verursachend" qualifizieren, um die bereits angesprochenen *Regeln* – eben die Regeln der Signifikation und die Regeln der Legitimation. Wie bereits oben angemerkt werden informale Regeln ebenso dazu gerechnet wie formale; dies selbst dann, wenn diese die Akteure anleiten, wie und in welchem Umfang formale Organisationsregeln umgangen werden können (vgl. zur Regelverletzung insb. Ortmann 2003).

Die Regeln der Signifikation und Legitimation werden nach dem Theorem der Dualität von Struktur durch *Ressourcen* der Domination – also Herrschaftsstrukturen – ergänzt. Ebenso wie Regeln restringieren und ermöglichen auch Ressourcen Handeln, hier das mehr oder weniger machtvolle Handeln der Organisationsmitglieder, insbesondere des Managements von ASC. Typisch für hierarchische Organisationen hat das Top-Management einen deutlich besseren Zugriff auf Ressourcen als das mittlere Management; jenes wiederum hat weiter reichende Möglichkeiten als das untere Management oder die Arbeitenden. Entsprechend würde man auch einer Organisation eine asymmetrische Ressourcen- und damit Machtverteilung zuschreiben. Dabei gilt es aus strukturationstheoretischer Sicht allerdings zu beachten, dass es erstens auf die tatsächliche Nutzung dieser Ressourcenasymmetrie in der Praxis ankommt und zweitens Handeln immer und überall – also auch auf der (unteren) Ebene der Arbeitsorganisation – mit Macht verbunden ist. Schon allein der kontinuierliche Handlungsfluss, das „going on" (Giddens 1984), verlangt durchaus machtvolle Eingriffe in das Soziale (hier von bzw. zwischen Organisationen). Diese Eingriffe sind selbstverständlich umso wirksamer, je größer die Machtasymmetrie und je weniger diese von Anderen erlebt werden, etwa weil die Machtdifferentiale im Sinne der Signifikation ‚Sinn machen' und entsprechend als ‚legitim' angesehen werden.

Es ist ein wichtiges Anliegen der Strukturationstheorie im Allgemeinen und des Theorems der Dualität von Struktur im Besonderen auf diese ebenfalls rekursiven Zusammenhänge zwischen den drei Dimensionen des Sozialen hinzuweisen (s. die horizontalen Pfeile in Abb. 3). Beispielsweise kommt es in dieser Perspektive dann darauf an, dass – wie bereits angedeutet – ein mehr oder weniger machtvolles Eingreifen (Domination) Sinn macht (Signifikation) und als legitim angesehen wird (Legitimation). Dabei wird diese Passung nicht mehr nur auf die Verhältnisse in der Organisation, sondern zunehmend auch auf jene zwischen Organisationen bezogen. Mit Blick auf die Position von ASC im Netzwerk mit OEMs und Komponentenlieferanten bedeutet dies beispielsweise, dass diese Unternehmung seine relative Machtposition gegenüber den OEMs einerseits und den Komponentenlieferanten andererseits zwar vor allem durch Erweiterung ihrer Ressourcenbasis, beispielsweise ihres Know-hows zur Integration elektronischer Systeme, ausbauen konnte. Gleichzeitig wird dieser Expertisevorsprung (Domination) aber aus der Sicht dieser Akteure auch als solcher gesehen und bezeichnet (Signifikation) und gleichzeitig als durchaus legitime Grundlage (Legitimation) von relativem Machtzuwachs angesehen.

Mit Blick auf das Organisieren der Unternehmung oder des Unternehmungsnetzwerks selbst heißt dies alles, dass zwar die Gestaltung der formalen Organisationsstruktur, etwa die Errichtung einer Spartenorganisation oder die Eingliederung eines akquirierten Unternehmens in eine Sparte (oder als Sparte), oder die Entwicklung einer dem „Modell Toyota" entsprechenden Netzwerkorganisation im Vordergrund stehen mag; dieses Organisieren ist aber nicht denkbar ohne Rückgriff der Managerinnen und Manager oder auch anderer so genannter Organisatoren auf formelle wie informelle Regeln der Signifikation und Legitimation sowie auf Ressourcen der Domination. Genau durch diesen Rückgriff werden die entsprechenden Regeln und Ressourcen – also die Strukturen der Organisation oder des interorganisationalen Arrangements – *reproduziert*; wobei der strukturationstheoretische Begriff der Reproduktion genau genommen immer auch die Möglichkeit der inkrementalen oder gar radikalen Veränderung mit einschließt (Giddens 1984). Eine Begründung findet diese Möglichkeit nicht zuletzt im strukturationstheoretischen Akteursmodell.

3.2 Das Akteursmodell der Strukturationstheorie

Die Strukturationstheorie geht von der praxisgerechten Annahme aus, dass Akteure im Allgemeinen und Organisatoren im Besonderen durchaus absichtsvoll und bewusst handeln. In der Regel verfolgen sie damit bestimmte Interessen – seien es die eigenen oder diejenigen der Organisation. Wenn solche Akteure beispielsweise nach den Gründen für ihr Handeln gefragt werden, so können sie typischer Weise darüber Auskunft geben. Giddens (1984) unterscheidet in diesem Zusammenhang allerdings ein diskursives von einem praktischen Bewusstsein.

Während das *diskursive* Bewusstsein voraussetzt, dass Akteure ihre Handlungen jeder Zeit beschreiben und interpretieren sowie Beweggründe für ihr Handeln angeben können, ist dies auf der Ebene des *praktischen* Bewusstseins, aus dem sich zum Beispiel das für das Geschehen in und zwischen Organisationen so wichtige Routinehandeln speist, zunächst einmal nicht der Fall. Erst wenn Akteure nach Art und Zweck dieses (Routine-) Handelns gefragt werden, mögen sie ebenfalls entsprechend Auskunft geben können. Durch die Frage wird sozusagen ein Reflektionsimpuls auf das praktische Bewusstsein gesetzt.

Handlungen von Akteuren sind allerdings nicht nur im diskursiven und praktischen Bewusstsein verankert, sondern auch im Unterbewusstsein (s. Abb. 4), das sich der Analyse kaum erschließt. Obwohl dem Unbewussten in dem

Akteursmodell der Strukturationstheorie keine allzu große Rolle zugeschrieben wird, ist damit auf die Bedeutung von kaum bewussten Motiven wie zum Beispiel dem Streben nach ontologischer Sicherheit und letztlich auf den Anschlusspunkt an psychologische bzw. psychoanalytische Erkenntnisse verwiesen (vgl. dazu genauer Ortmann et al. 1997, S. 336 ff.).

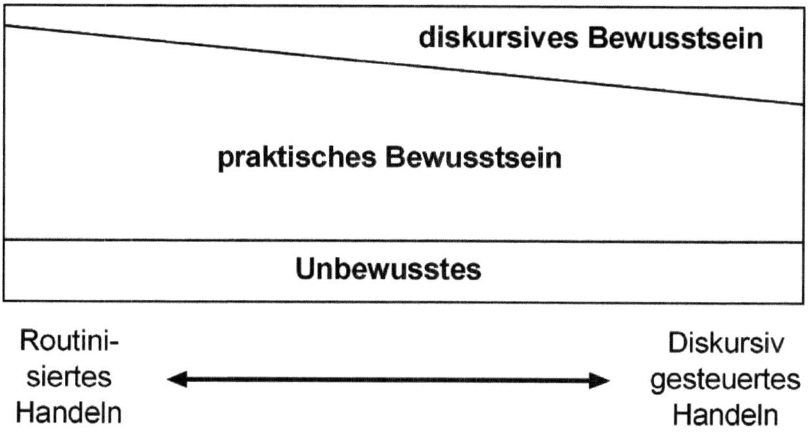

Abbildung 4 Stufen des Bewusstseins von Akteuren (Becker 1996, S. 152)

Vor dem Hintergrund dieser unterschiedlichen Stufen des Bewusstseins handeln Managerinnen und Manager beim Organisieren, beispielsweise bei der anstehenden Integration von DSC in den ASC-Konzern, durchaus absichtsvoll und bewusst. Schließlich ist Organisieren eine Form *reflexiver* Strukturation. Gleichwohl ist das Organisieren auch manchmal Routine, zumal in darauf spezialisierten Bereichen des Unternehmens (z. B. der Organisationsabteilung). Vor allem aber können Organisatoren selbst bei absichtsvollem und bewusstem Organisieren nicht alle Bedingungen ihres Handelns übersehen. Schon allein deshalb muss mit unbeabsichtigten Konsequenzen intentionalen Handelns, hier des Organisierens, gerechnet werden. Diesen komplexen Zusammenhang macht das der Strukturationstheorie zugrunde liegende Akteursmodell, das „stratification model of the agent" (Giddens 1984) deutlich, das in Abbildung 5 dargestellt ist.

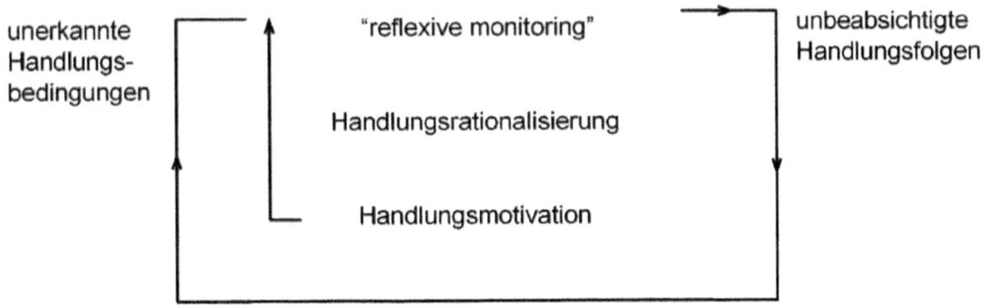

Abbildung 5 Das Akteursmodell der Strukturationstheorie (Giddens 1984, S. 5)

Nicht nur Organisatoren, auch die von dem Organisieren ‚betroffenen' Akteure sind diesen Bedingungen ausgesetzt, selbst wenn dem Geschehen in Organisationen per se ein hohes Maß an Reflexivität zugebilligt wird, da Reflexivität ja in Organisationen relativ stark institutionalisiert ist. Dies ist ja schließlich ein konstitutives Merkmal von Organisationen (vgl. Giddens 1984; Ortmann et al. 1997). Ebenso wie Managerinnen und Managern wird auch diesen unterstellt, dass sie interessegeleitet und durchaus absichtsvoll handeln, aber eben – anders als es das Modell des Homo Oeconomicus in der neoklassischen Ökonomie propagiert – trotz ständigen „reflexive monitorings" (Giddens 1984) der Handlungsvoraussetzungen, der Handlungen selbst und auch der Handlungsfolgen nicht alle Folgen ihres Handelns übersehen, geschweige denn unter Kontrolle haben können. Dies ist insbesondere dann der Fall, wenn die unintendierten Folgen zu unerkannten Voraussetzungen des nächsten Handlungszyklus werden (s. die Rückkopplungsschleife in Abb. 5). Damit müssen auch Organisatoren rechnen.

Bei der Integration von DSC in ASC mag beispielsweise übersehen werden, dass beide Unternehmen über sehr unterschiedliche Organisationskulturen verfügen. Im Zuge der Integration käme es zu einem entsprechenden „clash of cultures" (Buono/Bowditch 1989), dessen vielfältige (unbeabsichtigte) Folgen unsichtbare Wirkungen auf die weitere Zusammenarbeit des Personals beider Unternehmen haben. Wenn daraufhin sich das Top-Management vornimmt, das Personal auf zukünftige Integrationsprozesse und ihre organisationskulturellen Begleiterscheinungen besser vorzubereiten (intendierte Handlung), mag das durch diese Vorbereitung gestiegene Reflexionspotenzial die Fehler der Vergangenheit noch offensichtlicher zu Tage treten lassen und die weitere Integrationsarbeit noch stärker als ohnehin schon belasten (unintendierte Handlungsfolgen).

Ein zweites Beispiel: Die oben schon erwähnte Leiterin des ASC-Werks Oberursel mag in enger Zusammenarbeit mit der zentralen Organisationsabteilung des Unternehmens eine formale Regel erarbeiten, gegen die die Mitarbeiter und

Mitarbeiterinnen nicht verstoßen sollten. Wenn gegen sie verstoßen wird, soll das entsprechende Handeln der Regel folgend negativ (z. B. durch Nachteile bei der Karriere) sanktioniert werden. Schon im Prozess der Einführung dieser neuen Regel im Werk (intendierte Handlung) wird allerdings klar, dass diese in der beabsichtigten Form durch die meisten Mitarbeiter und Mitarbeiterinnen nicht akzeptiert wird, wohl aber in einer etwas ‚weiteren Interpretation'. Der Grund dafür ist, dass eben diese Organisationsmitglieder einen gewissen, wenn auch nicht gewaltigen Widerstand gegen die Adaption der neuen Regel (intendierte Handlung) erkennen lassen, vielleicht in diesem Zusammenhang sogar den Betriebsrat anrufen. Unintendiertes Ergebnis dieses Interaktionsprozesses ist die de facto Akzeptanz einer entsprechend ‚weit' interpretierten Regel, an die sich alle Mitglieder dieses Werks zu halten scheinen; die in diesem Sinne also durchaus „effektiv" ist. Allen Beteiligten ist dies zumindest praktisch bewusst, so dass in einer etwaigen nächsten Runde der Regelformulierung eben nicht zu erwarten ist, dass diese formal noch enger gefasst wird. Wäre der interaktive Aushandlungsprozess der neuen Regeln den Beteiligten, insbesondere der Werksleiterin, nicht bewusst, bestünde die Gefahr, dass die intendierte Regel aufgrund des Nichtbefolgen der Regeln durch eine weitere Regulierungsrunde enger gefasst und dieses Mal nicht nur einen gewissen, sondern einen gewaltigen Widerstand provoziert und produziert. Dieses Potenzial zum Widerstand – und damit auch zum organisationalen oder interorganiationalen Wandel – findet in der Strukturationstheorie im Konzept der „dialectic of control" Berücksichtigung.

3.3 Das Konzept der „dialectic of control"

Dieses dritte strukturationstheoretische Konzept stellt Handeln und Struktur – auch und gerade im Sinne der Strukturation – unter die Spannung der „dialectic of control" (Giddens 1984). Damit ist gemeint, dass Organisatoren, aber auch die vom Organisieren Betroffenen immer und unter allen (!) Umständen auch anders handeln können. Dies macht das gerade angeführte (zweite) Beispiel bereits deutlich. Selbst unter zwanghaften Bedingungen, etwa der Ankündigung von Entlassungen in Folge der Auslagerung bzw. der „Quasi-Externalisierung" (Sydow 1992) eines Funktionsbereichs oder einer ganzen Sparte, ist nicht davon auszugehen, dass Akteure den hierarchietypischen Anweisungen immer Folge leisten. Vielmehr können sie jederzeit auch anders handeln. Selbst in extremen Zwangslagen können Akteure handeln, sind nicht vollkommen ohnmächtig (vgl. auch Kogon 1988). Auf diese Weise werden für das Management politisch relevante „Zonen der Ungewissheit" (Crozier/Friedberg 1979) geschaffen.

Wenn beispielsweise die Werksleiterin tatsächlich die Regeln zu eng fassen sollte, hat sie mit (mikro-) politischem Widerstand zu rechnen. Selbst bei einer eher ‚weiten' Interpretation des Regelwerks mag es bei dem ein oder anderen Akteur zu einer entsprechenden Abwehrreaktion kommen. Zumindest müssen Organisatoren aufgrund der omnipräsenten „dialectic of control" immer mit Widerstand rechnen; schon aus diesem Grunde dürften sie eine entsprechende Information und Partizipation bei der Gestaltung organisationalen Wandels präferieren (vgl. dazu Staehle 1999, S. 898 ff.). Und schon deshalb wurde auch bei ASC im Zusammenhang mit der Einführung von Gruppenarbeit darauf geachtet, dass nicht nur der Betriebsrat rechtzeitig und umfassend über die damit einhergehenden Veränderungen der Arbeitsorganisation informiert, sondern sogar aktiv an dem Reorganisationsprozess beteiligt wurde.

4 Der Fall aus strukturationstheoretischer Sicht

Die Unternehmung ASC ist eine Organisation und hat eine Organisation(sstruktur). Genauer noch handelt es sich bei ASC – auch dies ist schon angeklungen – um einen Konzern, der durch den Abschluss eines Beherrschungs- und Gewinnabführungsvertrages zustanden gekommen ist. Die im Zuge der Entwicklung der Unternehmung zugekauften Einheiten sind als Konzernunternehmen, zum Teil aber auch als rechtlich nicht selbständige Organisationseinheiten in die Organisation eingegliedert worden. § 18 (1) AktG definiert einen Konzern im Übrigen wie folgt:

> „Sind ein herrschendes und ein oder mehrere abhängige Unternehmen unter der einheitlichen Leitung des herrschenden Unternehmens zusammengefasst, so bilden sie einen Konzern; die einzelnen Unternehmen sind Konzernunternehmen."

Und weiter bestimmt der Gesetzgeber mit Bezugnahme auf die §§ 291 und 319 AktG:

> „Unternehmen, zwischen denen ein Beherrschungsvertrag (§ 291) besteht oder von denen das eine in das andere eingegliedert ist (§ 319), sind als unter einheitlicher Leitung zusammengefasst anzusehen. Von einem abhängigen Unternehmen wird vermutet, dass es mit dem herrschenden Unternehmen einen Konzern bildet."

Von einem Vertragskonzern wie ASC wird also angenommen, dass die Konzernunternehmen, zu denen zukünftig auch DSC gehören wird, *einheitlich geleitet* werden. Nach deutschem Recht kommt es allerdings entscheidend darauf an, dass diese einheitliche Leitung tatsächlich auch ausgeübt – praktiziert – wird. Die entsprechenden Praktiken stehen also nicht nur aus einer strukturationstheoretischen Perspektive im Vordergrund: das regelmäßig wiederkehrende Handeln der Akteure (hier: der Konzernführung), das durch die Strukturen, hier vor allem die Organisationsstrukturen, aber auch denen des weiteren Kontexts (z. B. durch das deutsche Konzernrecht) ermöglicht und beschränkt wird. Im Zusammenhang mit der konzernkonstitutiven einheitlichen Leitung kommt es beispielsweise darauf an, dass ASC den Finanzrahmen für die anderen Konzernunternehmen vorgibt, konzernweit Richtlinien zum Einsatz und zur Führung von Personal durchsetzt und/oder einen formalen Rahmen für die strategische Planung formuliert hat, an den sich die Konzernunternehmen halten müssen (vgl. zum Verhältnis von Konzern und Netzwerk insb. Wirth/Sydow 2004 sowie auch Sydow/Duschek 2011, S. 111 ff. und 166 ff.).

4.1 ASC als Organisation – Integration von Akquisitionen

Ein genauerer Blick enttarnt ASC nicht nur als Konzern, sondern als eine in fünf Divisionen organisierte Konzernunternehmung. Eine *Division* oder Sparte ist eine rechtlich selbständige oder unselbständige Organisationseinheit, die entweder für bestimmte Produktgruppen oder bestimmte Regionen verantwortlich zeichnet. Eine Spartenorganisation ist letztlich daran zu erkennen, dass die Einheiten unter der Unternehmensleitung, also unter dem Vorstand oder der Geschäftsführung, nach Produktgruppen oder Regionen – und eben nicht nach Funktionen wie Beschaffung, F&E, Produktion, Marketing und Finanzierung – gebildet sind (vgl. Staehle 1999, S. 741 ff.; Schreyögg 2008, S. 106 ff.; Kieser/Walgenbach 2010, S. 81 ff.).

Jede der fünf Sparten von ASC, die im Übrigen als rechtlich selbständige Unternehmen organisiert sind, ist wiederum in strategische Geschäftseinheiten (*business units*) untergliedert. Die über die Jahre akquirierten Unternehmen sind entweder auf der Ebene der Sparte oder dieser strategischen Geschäftseinheiten eingegliedert worden. Fast alle haben jedoch eine gewisse Selbständigkeit behalten, auch wenn nicht jede den Status eines rechtlich selbständigen Unternehmens beibehalten hat und die konzernkonstitutive Praxis der einheitlichen Leitung zudem außer Zweifel steht. Zum Teil ist diese organisationale Autonomie Ergebnis gescheiterter Integration, zum Teil ist sie aber auch von der Organisationsform der Spartenorganisation verlangt, zumindest in operativer Hinsicht. Typisch ist etwa, dass eine Sparte zumindest für die operative Produktion und das spartenbezogene Marketing verantwortlich zeichnet, während Personal- und Finanzierungsfunktionen typischer Weise der Unternehmensleitung bzw. entsprechenden Zentralbereichen vorbehalten sind. Beschaffung und F&E hingegen sind manchmal in der Sparte, manchmal auf zentraler Ebene angesiedelt. Dies ist auch bei ASC der Fall und kann unter anderem mit dem Grad der Unterschiedlichkeit der Technologie und/oder der Marktbedingungen erklärt werden.

Der Verweis auf die Unterschiedlichkeit von Technologie und/oder Markt darf jedoch nicht im Sinne einer eindeutigen Bestimmung, eines Determinismus verstanden werden. Tatsächlich verbleiben den Organisatoren immer – zumal in strukturationstheoretischer Lesart – Freiräume, die eine oder eben eine andere Lösung zu favorisieren und zu realisieren (Child 1997). So wird die Wahl der Einführung einer divisionalen Struktur klassischer Weise mit der von der Unternehmung verfolgten Strategie in Verbindung gebracht. Dies gilt insbesondere für die Strategie der *Diversifikation* (vgl. schon Chandler 1962), also die Ausweitung des Leistungsprogramms; und zwar gleichgültig, ob diese vertikaler oder horizontaler Art ist, also auf die Integration entweder vor- und/oder nachgelagerter Stufen des Wertschöpfungsprozesses oder aber auf die Akquisition von Wettbewerbern abstellt; oder aber ob diese eher *lateraler*, d.h. technologisch und marktlich unverbundener Art ist, um beispielsweise – wie aktuell wieder populärer (Beckmann et al. 2009) – wirtschaftliche Risiken zu streuen.

Gegen die Chandlersche These, dass die Struktur der Strategie folgt, wurde alsbald Einspruch erhoben. Mit empirischen Befunden und überzeugenden Argumenten wurde begründet, dass ebenso sehr die Strategie der Struktur folgt. Ein zentrales Argument ist in diesem Zusammenhang, dass die einmal realisierte (z.B. divisionale) Organisationsstruktur dem Management andere, auch neue Geschäftsfelder nicht so richtig in den Blick geraten lässt. Aus strukturationstheoretischer Sicht kann diese Debatte über die Priorität von entweder Strategie oder Struktur längst als entschieden gelten (vgl. dazu die Beiträge in Ortmann/Sydow 2001), denn einmal mehr haben wir es mit einem rekursiven Konstitutionszusammenhang zu tun (s. Abb. 6): die Struktur folgt der Strategie (Handlung) genauso wie die Strategie (Handlung) der Struktur folgt.

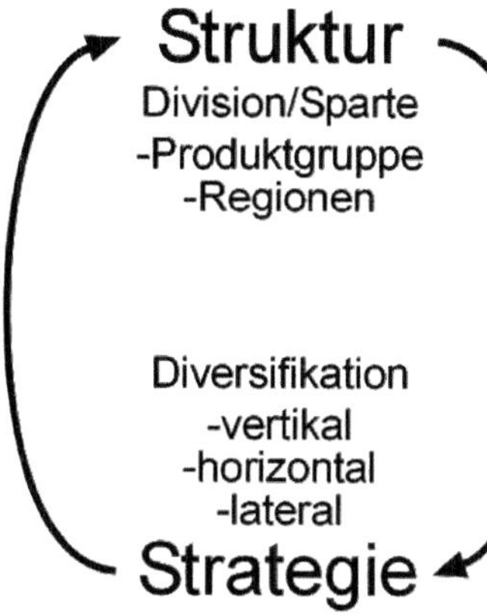

Abbildung 6 Der rekursive Zusammenhang zwischen Strategie und Struktur

Vor diesem Hintergrund überrascht es nicht, dass in der Managementwissenschaft nunmehr gern unter Bezugnahme auf die Strukturationstheorie von einem „strategizing/organizing" (Whittington/Melin 2003; vgl. auch Sydow/Möllering 2009, S. 33 ff. und passim) gesprochen wird. Mit dieser Redeweise wird aber nicht nur der rekursive Zusammenhang von Strategie und Struktur betont, sondern zugleich – mittels der Verbform – darauf hingewiesen, dass es um den Prozess oder genauer die Praktiken des „Strategien machen" bzw. des „Organisierens" geht.

Aufgrund des rekursiven Zusammenhangs von Strategie und Struktur sowie der im Licht der „dialectic of control" den Akteuren gegebenen Möglichkeit, immer auch anders handeln zu können, aber auch aufgrund der unintendierten Folgen selbst intentionalen Handelns kann die in der Praxis zu findende organisatorische Vielfalt oder Diversität nicht wirklich überraschen. Muster lassen sich dennoch im Regelfall erkennen; zum Beispiel das Muster, dass Unternehmen wie ASC, die eine (vor allem vertikale) Diversifikationsstrategie verfolgen (nur so wurde aus dem Commodity-Lieferanten ein Systemlieferant!), typischer Weise divisional organisiert sind, die Divisionen über mehr oder weniger organisationale Autonomie verfügen und durch eine entsprechende Führungsorganisation eine einheitliche Leitung sicherzustellen versuchen. Eine unternehmungs- bzw. konzernweite Integration und Koordination erfolgt zum Beispiel durch einen mit den Spartenleiter/innen besetzten Vorstand oder ein entsprechend besetztes Steuerungsgremium.

Diesen Mustern wird oft die Qualität von Managementmoden zugeschrieben, weil vermutet wird, dass sie zumindest zum Teil dem Zeitgeist entspringen und nach einer Blütezeit auch wieder vergehen werden (vgl. Kieser 1996). Das ist tatsächlich vielen Management- und Organisationskonzepten so ergangen. Genannt seien hier nur die in den 50er und 60er Jahren sehr beliebten Betriebsausflüge zur Verbesserung des Betriebs- bzw. „Organisationsklimas" (Conrad/Sydow 1984), die Einführung der Gruppenarbeit in den 80er Jahren (auch bei ASC) oder in jüngerer Zeit die Konzepte des Benchmarking und des Total Quality Managements. Die divisionale Organisation hingegen scheint von diesen Modeströmungen unbeeindruckt, auch wenn die Strategie der Akquisition – im Verhältnis zu jener des internen Unternehmenswachstums – mal mehr, mal weniger populär, also sehr wohl auch Moden unterlegen ist.

Im Fall von ASC führt die nicht so weitreichende organisatorische Integration akquirierter Unternehmen in die Spartenorganisation dazu, dass diese Einheiten noch Jahre nach Akquisition und Integration als unselbständige Organisationseinheiten bzw. Konzernunternehmen ein Eigenleben als soziale Systeme führen. Diese Systeme zeichnen sich in strukturationstheoretischer Perspektive durch eigene, unter Umständen gar ganz spezielle, idiosynkratische Strukturmerkmale aus. Je nach Integrationsgrad dürften diese mit jenen von ASC als Gesamtsystem kompatibel sein oder aber auch im Widerspruch stehen. Ist letzteres der Fall, so eröffnet dies in aller Regel Chancen für Veränderungen (Giddens 1984).

Die eher geringe Integration der akquirierten Unternehmen in den Konzern hat betriebswirtschaftlich offensichtlich Nachteile, weil die Koordinationskosten und Reibungsverluste vielleicht größer sind als sie sein müssten und zudem mögliche Synergien verschenkt werden. Diesen Nachteilen stehen jedoch auch unzweifelhaft betriebswirtschaftliche Vorteile gegenüber. Dazu gehört die größere Unabhängigkeit oder Autonomie der Bereiche – mit der Konsequenz einer größeren Sensibilität gegenüber ihren spezifischen Umweltbedingungen einerseits und einer schnelleren Anpassungsfähigkeit an diese Bedingungen andererseits (vgl. auch Kieser/Walgenbach 2010).

Die nicht so weit reichende organisatorische Integration akquirierter Unternehmen in die Spartenorganisation hat bei ASC verschiedene, vor allem organisationsinterne Ursachen. Vier davon sind von besonderer Bedeutung: Erstens ist aufgrund des raschen (externen) Wachstums die für eine weit reichende Integration erforderliche Managementkapazität immer unzureichend gewesen, um die Akquisition und Integration umfassend vor- und nachzubereiten. Zweitens haben die Betriebsräte der übernommenen Unternehmen in Allianz mit den Arbeitnehmervertretern im Aufsichtsrat von ASC überwiegend verhindert, dass alle Regeln (z. B. Entlohnung und Karriere betreffend) ausnahmslos jenen bei ASC angepasst werden. Drittens hat im Top-Management von ASC über viele Jahre die Ansicht vorgeherrscht, dass ein global agierender Systemlieferant flexibel sein muss – und „strategische Flexibilität" (Sydow 1992) vor allem durch eine gewisse organisatorische Eigenständigkeit der Sparten garantiert werden kann. Viertens spiegeln die aktuellen Integrationspraktiken die frühere Schwierigkeit, das Commodity-Geschäft mit dem Systemgeschäft organisatorisch zu verbinden. Und der so eingeschlagene Pfad einer nur partiellen Integration akquirierter Unternehmen kann nach all den Jahren nicht so ohne weiteres und schon lange nicht von heute auf morgen verlassen werden (s. zu organisationalen Pfaden auch Abschnitt 5).

Bei der (partiellen) organisatorischen Integration akquirierter Unternehmen in die Spartenorganisation hat sich das Management somit weniger an den Strukturen des organisationalen Feldes (bspw. der deutschen Automobilbranche) orientiert als vielmehr an den spezifischen Gegebenheiten von ASC. Mit anderen Worten: Die Organisationsstrukturen waren für das Organisieren der Integration weitaus bedeutsamer als die Strukturen des organisationsübergreifenden Kontexts. Im Sinne einer Mehrebenenanalyse (s. noch einmal Abb. 5) müsste man allerdings nicht nur nach der Bedeutung der Strukturen organisationsübergreifender (Makro-) Kontexte fragen, sondern auch nach solcher spezieller Mikrokontexte, also beispielsweise der spezifischen Sichtweisen des Top-Management-Teams oder gar des Vorstandsvorsitzenden selbst. Zudem müsste man ganz im Sinne des Theorems der Dualität von Struktur auch danach fragen, welchen Beitrag das Top-Management von ASC zur Reproduktion (und ggf. Transformation) der Strukturen des Feldes geleistet hat.

4.2 ASC als Netzwerkorganisation – Kooperation mit OEMs und Lieferanten

Selbst die Einführung der Netzwerkorganisation kann die Popularität der Spartenorganisation und auch die mit ihr bei ASC realisierte organisatorische Autonomie der Sparten bzw. Geschäftsbereiche nicht grundsätzlich in Frage stellen. Dies selbst dann nicht, wenn vereinzelt durch die Einführung der Netzwerkorganisation (als Struktur) eine Fokussierung (als Strategie) verfolgt und deshalb die eine oder andere Sparte bzw. der ein oder andere Geschäftsbereich abgebaut, also entsprechend desinvestiert wird (vgl. dazu Friedrich von den Eichen et al. 2003).

Bei ASC – wie bei fast allen Automobilzulieferunternehmen – geht es im Zusammenhang mit der Einführung der Netzwerkorganisation allerdings vor allem um eine intensivierte Zusammenarbeit entlang der (vertikalen) Wertschöpfungskette mit den OEMs einerseits sowie den Komponentenlieferanten andererseits. In der Praxis ist dann oft vom Eingehen von Wertschöpfungspartnerschaften oder auch eines kooperativen Suppy Chain Managements die Rede. Hinzu kommt allerdings immer häufiger eine verstärkte (horizontale) Zusammenarbeit mit Wettbewerbern, etwa bei der Entwicklung der Hybrid- oder Elektromotorentechnologie, in die neben ASC auch andere Systemlieferanten involviert sind. Auch in dieser Hinsicht wird versucht, dem Vorbild Toyota nachzueifern (vgl. noch einmal Sydow/Möllering 2009, S. 226 ff.; Wilhelm 2009). In Folge dieser Aktivitäten entsteht aus strukturationstheoretischer Sicht eine Netzwerkorganisation als *mehr oder weniger* ausgeprägtes Sozialsystem mit seinen *eigenen* Strukturmerkmalen, beispielsweise einer über die Jahre eingefahrenden, netzwerkspezifischen Umgangsweise mit den Spannungsverhältnissen von Vertrauen und Kontrolle oder von Kooperation und Wettbewerb (vgl. Sydow 2010a, S. 400 ff.).

Zu diesem Zweck hat (auch) ASC ein umfangreiches Programm gestartet, das die Beziehungen zu seinen wichtigsten Komponentenlieferanten kooperativer gestalten soll. ASC selbst möchte sich auf diese Art und Weise zu einer führenden Unternehmung bzw. eines führenden Unternehmungsnetzwerks entwickeln. Für das Programm wurden gesondert Ressourcen bereitgestellt und für die Programmdurchführung spezielle Regeln entwickelt. Die Zuständigkeit lag bei einem Team, dem neben ausgewählten Spartenleitern auch die Leiter der verschiedenen Beschaffungsbereiche sowie der F&E angehörten. Das von diesem Team entwickelte und implementierte Programm selbst kann organisatorisch als ein Regelsystem begriffen werden, dass strukturationstheoretisch in den drei Dimensionen des Sozialen, nämlich Signifikation, Legitimation und Domination, untersucht werden kann:

- In signifikatorischer Hinsicht geht es beispielsweise darum, den Komponentenlieferanten (aber auch den entsprechenden internen Bereichen von ASC!) die Einsicht zu vermitteln, dass sich ein Mehr an Kooperation für alle Netzwerkmitglieder lohnt. Zu diesem Zweck wurde ein besonderes Controllingverfahren entwickelt, das den Zugewinn für alle Beteiligten sichtbarer machen soll.
- Mit Blick auf die Legitimationsdimension gilt es beispielsweise den Eindruck zu vermeiden, mit der Organisation der Kooperation gehe eine systematische Beschränkung des Wettbewerbs einher. Zu diesem Zweck wird netzwerkintern wie auch gegenüber Externen (z.B. dem Kartellamt) kommuniziert, dass man es heute mit einem „Netzwerkwettbewerb“ (Gomez-Casserez 1994), also einem Wettbewerb zwischen Netzwerken, zu tun habe und dass selbst innerhalb des Netzwerks nicht nur auf Kooperation sondern genauso auch auf Konkurrenz gesetzt wird (vgl. zu dieser Thematik insb. Schreyögg/

Sydow 2007). Entsprechend viel Wert wird auf die Beschaffung identischer Komponenten bei mindestens zwei Lieferanten gelegt. Ganz im Sinne einer Dual Sourcing-Strategie (vgl. dazu Sydow/Möllering 2009, S. 137 ff.; Wilhelm 2009) wird die aktuelle Liefermenge zwischen diesen zwei Lieferanten nach Leistungskriterien aufgeteilt; die (Weiter-) Existenz von Wettbewerb steht insoweit außer Frage.

- Unter Herrschaftsgesichtspunkten geht es ASC darum, seine Stellung als führender Systemlieferant auszubauen und endlich die Rolle einer führenden Unternehmung auch im Netzwerk einzunehmen und insofern den OEMs etwas – nämlich mehr Macht – entgegenzusetzen. Dass dies nicht offen kommuniziert, sondern vielmehr subtil verfolgt wird, versteht sich von selbst (vgl. für ein Beispiel aus einem ganz anderen Zusammenhang Müller-Seitz/Sydow 2012). Herrschaft wird schließlich umso eher gesichert, je mehr es gelingt die Sinnfälligkeit zu vermitteln oder den Herrschaftsgewinn gar als legitim erscheinen zu lassen. Dies macht übrigens noch einmal den rekursiven Zusammenhang zwischen den drei Dimensionen des Sozialen deutlich.

Das Programm mit der treffenden Bezeichnung „Collaborate and Win" (CaW) ist über einen Zeitraum von zwei Jahren von dem ASC-Team unter Beteiligung einiger dieser Lieferanten ausgearbeitet worden, um deren Akzeptanz von vornherein sicherzustellen. Dies ist allerdings nur mit Einschränkungen gelungen; die Kooperation hat sich noch nicht in dem von ASC gewünschten Maße eingestellt. Strukturationstheoretisch ausgedrückt hat sich die Netzwerkorganisation als eigenständiges Sozialsystem mit entsprechend wünschenswerten Strukturmerkmalen (u.a. Kooperation, Vertrauen) erst in Ansätzen herausgebildet.

Ein Problem dabei ist, dass ASC nicht immer autonom über die Qualität der Beziehungen zu seinen Lieferanten entscheiden kann. Vielmehr ist es in der europäischen wie der japanischen Automobilindustrie – also im organisationalen Feld – bislang gängige Praxis, dass sich OEMs in die Organisation der Beziehungen der Systemlieferanten zu ihren Komponentenlieferanten einmischen (vgl. z.B. Dyer et al. 1998; Wilhelm 2009). Hinzu kommt, dass Lieferanten in Europa nicht nur einen Abnehmer beliefern, sondern verschiedene OEMs oder Systemlieferanten. Dadurch aber sind sie mit der Anforderung konfrontiert, gleichzeitig „verschiedenen Herren zu dienen", insbesondere deren untereinander typischer Weise nicht abgestimmten Anforderungen in Hinblick auf Produktdesign, Qualität, Schnittstellen, Liefertreue, etc. zu genügen. Für Toyota stellt sich die Situation, zumindest im Heimatland Japan, deutlich günstiger da. Aufgrund der traditionellen japanischen Branchenstruktur und der Einbindung von System- und Komponentenlieferanten in die so genannten Keiretsu (vgl. dazu Sydow 1992, S. 38 ff.) liefern die Unternehmen einen Großteil ihrer Produktion an nur *einen* OEM bzw. Systemlieferanten. Vor diesem Hintergrund ist es nicht verwunderlich, dass es japanischen Herstellern leichter fällt, bei ihren Lieferbeziehungen deutlicher auf Kooperation zu setzen, auch wenn das nicht heißt, dass Konkurrenz hier keine Rolle spielte (vgl. dazu insb. Wilhelm 2009). Gerade die Strategie des Dual Sourcing ist eine typisch japanische Praktik einer ebenso intensiven wie intelligenten Vermischung von sowohl Kooperation als auch Konkurrenz. Hier werden Gleichteile im Wege der Kooperation mit zwei Lieferanten beschafft, die im Wettbewerb zueinander stehen. Dieser Wettbewerb wird vom Abnehmer sogar noch verschärft, in dem beim leistungsfähigeren der beiden Lieferanten der größere Anteil vom Beschaffungsvolumen in Auftrag gegeben wird.

Auch mit Blick auf die Organisation des Unternehmungsnetzwerks kann festgestellt werden, dass die Akteure wohl vor allem auf die Netzwerkstrukturen, konkret zum Beispiel das Spannungsverhältnis von Kooperation und Konkurrenz, Bezug genommen haben und wohl auch weiterhin Bezug nehmen werden. Ganz offensichtlich ist dabei bedeutsam, dass im Netzwerk auch Wettbewerber mit eingeschlossen sind und zumindest in Deutschland die das Netzwerk dominierenden OEMs mehr auf Kostendruck setzen als „ihren" Lieferanten dabei helfen, die eigene Kostensituation „in den Griff zu bekommen" und die Kooperation und Koordination im Netzwerk möglichst effizient und effektiv zu gestalten. Letztere Strategie ist vor allem in Japan zu finden (vgl. Wilhelm 2009). Hinter diesen Netzwerkstrukturen scheint – zumindest für das Organisieren des Unternehmungsnetzwerks und im Lichte der von der Strukturationstheorie geforderten Mehrebenenanalyse (s. noch einmal Abb. 5) – sowohl die Bedeutung der Feld- oder Branchenstrukturen ebenso zurückzustehen wie die der Strukturen der am Netzwerk beteiligten Unternehmungen. Gleichwohl gibt es bei den Organisationsstrukturen von ASC wichtige Ansatzpunkte für die Weiterentwicklung des „cooperate" mit OEMs und Komponentenlieferanten.

4.3 Zum rekursiven Zusammenspiel von Unternehmens- und Netzwerkorganisation

Gerade eine strukturationstheoretische Sicht legt nahe, auch das Verhältnis von Unternehmungsorganisation und Netzwerkorganisation als rekursiv anzusehen (s. noch einmal Abb. 2). Entsprechend ist zu erwarten, dass die Netzwerkorganisation ebenso Einfluss auf die interne Arbeits- und Führungsorganisation hat wie die interne (hier: Sparten-) Organisation auf die (externe) Netzwerkorganisation. Frühe Hypothesen zum Verhältnis von Unternehmens- und Netzwerkorganisation hatten schon Kanter und Meyer (1991) auf der Grundlage einer explorativen Studie in Unternehmen, die gerade strategische Allianzen eingegangen waren, formuliert. Ein paar Beispiele:

- Mit der Zahl solcher Partnerschaften nimmt in den Organisationen die Zahl der „boundary spanners" (Adams 1980) zu; genauer sogar der Anteil des Personals, dass zum Zwecke interorganisationaler Koordination und Integration an den Grenzen einer Organisation arbeitet.
- Dieses Personal gewinnt zudem an Zentralität und Bedeutung für die Steuerung strategische wichtiger Kommunikationsflüsse.
- Entsprechend nimmt die Bedeutung jener Organisationseinheiten zu, die auf diese Weise mit anderen Organisationen verknüpft werden.
- Je mehr Personal als ‚boundary spanners' in das Management einer Netzwerkbeziehung involviert ist, desto geringer ist der Einflusszuwachs der einzelnen Person; gleichzeitig kommt es unter diesen Umständen nicht mehr so sehr auf die Kompetenz und Motivation des Einzelnen an.

Vor dem Hintergrund dieser und ähnlicher Überlegungen ist es beispielsweise überdenkenswert, ob nicht – und wenn ja, in welchem Ausmaß – das Netzwerkmanagement in Organisationen statt individuellen ‚boundary spanners' verstärkt entsprechenden „boundary spanning" Teams oder Gremien übertragen werden sollte (vgl. dazu Gaitanides/Stock 2004). Zudem müssten interne und externe Netzwerkstrukturen feiner aufeinander abgestimmt werden (vgl. Gittel/Weiss 2004). Seit den frühen Hypothesen von Kanter und Meyer ist das Verhältnis von Unternehmens- und Netzwerkorganisation jedoch kaum näher empirisch untersucht worden, so dass hier definitive Antworten noch ausstehen. Erst recht stehen strukturationstheoretische Untersuchungen dieses Zusammenhangs aus, so dass man auf die Diskussion von Beispielen verwiesen ist.

Ein erstes Beispiel, das den engen und zudem rekursiven Zusammenhang von interner Organisationsstruktur und externer Netzwerkorganisation deutlich macht, betrifft das Ausmaß an *Entscheidungsdelegation* in Unternehmen (vgl. hierzu wie zum Folgenden Sydow/Möllering 2009, S. 231 ff.). Plausibel ist hier die Erwartung, dass ein hohes Maß an organisationaler Entscheidungsdelegation – beispielsweise repräsentiert in dem formellen Stellengefüge oder ausgelöst durch einen partizipativen Führungsstil des Top-Managements (vgl. dazu Staehle 1999, S. 334 ff.) – bei den an einem Netzwerk beteiligten Unternehmen die Handlungsfähigkeit in den jeweiligen Kooperationen erhöht. Delegation und Partizipation setzen nämlich ein gewisses Maß an Kompetenz – und zwar im doppelten Sinne von Fähigkeit und Zuständigkeit – voraus, ermöglichen unter Umständen aber auch die Entwicklung derselben. Überflüssig wird in Folge einer entsprechenden fachlichen wie positionalen Kompetenz, dass sich der für die Kooperation zuständige Manager erst bei seiner Vorgesetzten rückversichern muss. Dies verbessert die Voraussetzungen für ein effektives Kooperationshandeln im Netzwerk. Umgekehrt dürfte sich ein effektives und effizientes Kooperationshandeln positiv auf die Bereitschaft des Top-Managements auswirken, Entscheidungsbefugnisse in der Unternehmensorganisation (weiter) zu delegieren.

Ein zweites Beispiel verdeutlicht den engen und ebenfalls rekursiven Zusammenhang von interner Organisationskultur und externer Netzwerkorganisation. Versteht man unter Organisationskultur die von den Organisationsmitgliedern im Grundsatz geteilten Werte und Sichtweisen (vgl. z.B. Staehle 1999, S. 497 ff.) bzw. – strukturationstheoretisch formuliert – die organisationsinternen Sicht- und Legitimationsweisen, so lässt eine interne *Vertrauenskultur* beispielsweise eher erwarten, dass die Unternehmung auch ihren Netzwerkpartnern Vertrauen schenkt und damit eine Spirale der Vertrauensbildung in Gang setzt, die entscheidend zur Senkung der Koordinationskosten und damit zu erhöhter Effizienz des Netzwerkhandelns beiträgt. In Folge könnte es zu einem zurückhaltenderen oder zumindest vertrauensbewussteren Einsatz der Instrumente beispielsweise des Netzwerkcontrollings kommen (vgl. z.B. Hess 2002). Gelingt es nicht, diese positive Spirale der Netzwerkentwicklung in Gang zu setzen, werden sich die weniger produktiven Verhältnisse fortschreiben und das Modell „Toyota" wohl für die europäische Industrie nicht einzuholen sein; selbst dann, wenn dieses vermutlich mehr auf Kontrolle basiert als ihm gemeinhin unterstellt wird.

5 Pfadabhängigkeiten des Organisierens?

Organisieren zielt trotz um sich greifender Forderungen nach flexiblen Organisationsformen wie einer teamorientierten Arbeitsorganisation, einer schlanken Führungsorganisation oder der unternehmungsübergreifenden Netzwerkorganisation immer auch auf die Schaffung von Stabilität. Anders sind hohe Liefertreue, große Robustheit von Fertigungsprozessen, klare Verantwortlichkeit und letztlich auch wirtschaftliche Effizienz nicht zu erreichen. Man denke in diesem Zusammenhang beispielsweise an die herausragende wirtschaftliche Rolle von intra- wie interorganisationalen Routinen (vgl. Schreyögg et al. 2004).

Routinen tragen ganz entscheidend zu Stabilität, Verlässlichkeit, Verantwortlichkeit und Effizienz bei, selbst wenn sie – gerade auch aus strukturationstheoretischer Sicht – immer wieder auch als Quelle und Ursache von organisationalem Wandel angesehen werden können (vgl. insb. Feldman 2000). Dabei kann Routinisierung die Entwicklung einer Organisation und/oder einer Interorganisationsbeziehung in eine Richtung treiben, die veränderten Feld- oder Umweltanforderungen später einmal nicht mehr gerecht wird. Schlimmer noch, eine Veränderung mag selbst dann, wenn die Notwendigkeit in Folge entsprechendem, in der Organisation systemisch verankertem „reflexive monitoring" (Giddens 1984) bzw. institutionalisierter Reflexivität erkannt wird, nicht mehr so leicht möglich sein. Man spricht in diesem Zusammenhang auch von der Entstehung (inter-) organisationaler Pfadabhängigkeiten.

Was zunächst betriebswirtschaftlich ausgesprochen attraktiv ist, nämlich die Einübung und Verbesserung bestimmter Routinen, mag ab einem bestimmten Punkt ausgesprochen problematisch werden und letztlich in ein „Lock-in" (David 1985) münden, aus dem kaum noch ein Weg herausführt. Pfadabhängigkeit, die in diesem Fall mehr bedeutet als der schlichte Verweis darauf, dass Organisationen sich in der Zeit entwickeln und dabei Geschichte eine große Rolle spielt (Sydow 2010b), stellt sich aus strukturationstheoretischer Perspektive jedoch nicht automatisch ein, sondern ist auf ein entsprechendes, durch Strukturen, durch Regeln und Ressourcen angeleitetes Handeln, genauer durch auf aktive Produktion und Reproduktion durch entsprechende Organisations- und Netzwerkpraktiken angewiesen.

Bei ASC lassen sich zumindest einige dieser organisationalen Pfadabhängigkeiten nachweisen. Beispielsweise konzentrierte sich ASC viele Jahrzehnte, bevor das Unternehmen zum Systemlieferanten avancierte, allein auf das Commodity-Geschäft. Selbst die Internationalisierung des Geschäfts durch externes Wachstum, konkret durch Akquisition und Integration anderer in dem Geschäftsfeld tätigen Unternehmen, verstärkte diesen organisationalen Pfad. Karim und Mitchell (2000) sprechen in diesem Zusammenhang anschaulich von einem „resource deepening". Zwar können gerade Akquisitionen dazu dienen, einmal eingeschlagene Pfade auch aufzubrechen; diese Option ist im Fall von ASC zunächst aber erst einmal nicht vom Top-Management ergriffen worden.

Bis heute, wo ASC eine deutlich breiter diversifizierte Unternehmung und eben auch im Systemgeschäft tätig ist, wirkt die Tatsache auf das Integrationsmanagement deutlich nach, nämlich dass ASC ursprünglich ein auf bestimmte Komponenten- bzw. Commodities spezialisierter Produzent war und diesen Pfad zunächst im Zuge seiner Globalisierungsstrategie noch vertieft hatte. Zwar nimmt der Anteil des Commodity-Geschäfts am Gesamtumsatz seit Jahren ab, gleichwohl ist es nach wie vor sehr bedeutsam. Eine Krise des entsprechenden Geschäfts bindet beispielsweise einen nicht unerheblichen Teil der Aufmerksamkeit des Top-Managements, verlangt ggf. gar nach einer Quersubventionierung dieses Geschäftsfeldes. Dennoch trennt sich ASC nicht von diesem Komponenten- bzw. Commodities-Geschäft.

Die Schwierigkeit, das Commodity-Geschäft mit dem Systemgeschäft organisatorisch zu verbinden, spiegelt sich zudem in der Zurückhaltung des Top-Managements bei jeder neuen Akquisition: Die Integration wird hier lange nicht soweit getrieben wie es eine Spartenorganisation *eines Konzerns* zuließe. Auch dieses „sanfte" Integrationsmanagement reflektiert den schon früher im Commodity-Geschäft eingeschlagenen organsationalen Pfad, wo die akquirierten Unternehmen ebenfalls viele Jahre ein hohes Maß an Eigenständigkeit – und damit eigene Strukturen – bewahren konnten.

Schließlich spiegeln sich Pfadabhängigkeiten auch in den aktuell anhaltenden Schwierigkeiten, die ASC damit hat, unter deutschen bzw. europäischen Bedingungen aus dem Toyota-Netzwerk bekannte Verhältnisse herzustellen. Erinnert sei hier noch einmal an die Tatsache, dass viele OEMs hierzulande in die Organisation der Beziehungen der Systemlieferanten zu ihren Komponentenlieferanten hineinreden und dass Lieferanten in der europäischen Automobilindustrie in der Regel ihr Geschäft nicht auf einen Abnehmer konzentrieren. Dies zeigt, dass bei aller Bedeutung organisationsinterner Prozesse für die Entstehung und Überwindung organisationaler Pfade, organisationsexterne Bedingungen von erheblicher Relevanz sind.

Weiterführende Literatur

Giddens, A. (1984):
The constitution of society. Cambridge.
In diesem Buch präsentiert Anthony Giddens die von ihm über viele Jahre in intensiver Auseinandersetzung mit handlungstheoretischen Ansätzen einerseits und strukturtheoretischen Ansätzen andererseits entwickelte Strukturationstheorie. Eine erste kompakte Einführung, die sehr lesenswert, aber auch sehr voraussetzungsreich ist, bietet bereits das einleitende Kapitel dieses Buches. Die weiteren Kapitel illustrieren die Anwendung der Theorie auf Soziales, allerdings kaum auf Phänomene in oder zwischen Organisationen.

Ortmann, G./Sydow, J./Windeler, A. (1997):
Organisation als reflexive Strukturation.
In: Ortmann, G./Sydow, J./Türk, K. (Hrsg.): Theorien der Organisation.
Opladen, S. 315-354.
Dieser Beitrag stellt erstmalig im deutschsprachigen Raum die Theorie der Strukturation einem wissenschaftlichen, an Fragen des Managements interessierten Publikum vor, gibt einen Überblick über die Rezeption dieser Theorie als Organisations- und Interorganisationstheorie und diskutiert zudem die Grenzen einer strukturationstheoretischen Perspektive auf Organisation und Management.

Ortmann, G./Sydow, J. (2001)(Hrsg.):
Strategie und Strukturation. Wiesbaden.
Dieser Band versammelt wissenschaftliche Beiträge zur Anwendung der Strukturationstheorie auf zentrale Fragen des strategischen Managements in Unternehmen, Netzwerken und Konzernen. Unter anderem geht es um kooperative Kernkompetenzen, strategische Gestaltung der Unternehmensumwelt, Netzwerkberatung sowie Fragen des Grenzmanagements.

Sydow, J./Möllering, G. (2009):
Produktion im Netzwerk. 2. Aufl. München.
Dieses Lehrbuch führt in Fragen des „make“, „buy“ und „cooperate“ in Unternehmungsnetzwerken ein und lässt an manchen Stellen eine strukturationstheoretische Sicht der Dinge durchscheinen. Zusätzlich werden eher klassische Grundfragen der Produktion und der Beschaffung in Unternehmungen behandelt, stets allerdings aus einer managementorientierten Sicht, die die Notwendigkeit des rekursiven Zusammenwirkens von Strategie, Organisation und Operation betont.

Sydow, J./Duschek, S. (2011):
Management interorganisationaler Beziehungen. Stuttgart.
Dieses die Thematik des Managements interorganisationaler Beziehungen vertiefende Lehrbuch konzentriert sich vor allem auf die Netzwerkorganisation, thematisiert allerdings auch regionale Cluster und strategische Allianzen, sogar die aktuelle Thematik der Clusterallianzen. Darüber hinaus wird ein Überblick über die Vielfalt der Formen marktlicher, hierarchischer und netzwerkförmiger Organisationsformen geboten und systematisch aus einer Entwicklungsperspektive die verschiedenen Funktionen eines Managements interorganisationaler Beziehungen – nicht zuletzt mittels Rückgriffs auf die Strukturationstheorie – diskutiert.

Walgenbach, P. (2006):
Die Strukturationstheorie.
In: Kieser, A./Ebers, M. (Hrsg.): Organisationstheorien. 6. Aufl. Stuttgart, S. 403-426.
Dieser Aufsatz führt in die Theorie der Strukturation ein, erläutert die mit ihr notwendig einhergehende theoretische und methodische Reorientierung der Organisationsforschung und entwirft eine kritische Perspektive auf diesen Ansatz.

Windeler, A. (2001):
Unternehmungsnetzwerke. Wiesbaden.
Diese Monographie ist die erste, die die Strukturationstheorie systematisch für die Analyse der Entstehung und die Koordination von Unternehmungsnetzwerken fruchtbar macht. Dabei bietet sie eine strukturationstheoretisch informierte Netzwerkperspektive auf Unternehmungsnetzwerke, thematisiert demzufolge diese Organisationsform ökonomischer Aktivitäten als reflexiv koordinierten, relativ dauerhaften Beziehungszusammenhang.

Lernfragen

1. Was versteht man unter Organisation als Institution und was als Funktion?
2. Warum ist es zweckmäßig, Organisation bzw. Organisieren als Management-*praktik* zu begreifen?
3. Welche Einsichten eröffnet das Konzept der Dualität von Handlung und Struktur auf das Organisieren?
4. Warum ist zu erwarten, dass selbst absichtsvolles Organisieren unbeabsichtigte Folgen zeitigt?
5. Warum bringt das Konzept der „dialectic of control" eine politische Dimension des Handelns in und zwischen Organisationen zum Vorschein?
6. Wie stellt sich der Zusammenhang von Diversifikation und Divisionalisierung aus strukturationstheortischer Sicht dar?
7. Diskutieren Sie die Intensivierung interorganisationaler Zusammenarbeit bzw. den Aufbau einer Netzwerkorganisation zwischen OEM und Systemlieferanten mit Blick auf die Herrschaftsdimension. Welche Rolle spielt in diesem Zusammenhang das – ebenfalls vom Konzept der Dualität von Struktur betonte – rekursive Verhältnis zwischen den drei Dimensionen des Sozialen?
8. Was heißt es, auch das Verhältnis von (interner) Führungsorganisation und (externer) Netzwerkorganisation als ein rekursives zu fassen? Geben Sie ein Beispiel.

Literatur

Becker, A. (1996): Rationalität strategischer Entscheidungsprozesse. Ein strukturationstheoretisches Konzept. Wiesbaden.
Beckmann, P./Fechtel, A./Heuskel, D. (2009): Comeback der Konglomerate? Diversifikation wird als Wachstums- und Risikostrategie wieder salonfähig – und strategisch interessant. In: Zeitschrift Führung+Organisation 78 (2), S. 88-94.
Buono, A.F./Bowditch, J.L. (1989): The human side of mergers and acquisitions. San Francisco und London.
Burawoy, M. (1985): The politics of production. London.
Child, J. (1997): Strategic choice in the analysis of action, structure, organizations and environment: Retrospect and prospect. In: Organization Studies 18 (1), S. 43-76.
Conrad, P./Sydow, J. (1984): Organisationsklima. Berlin und New York.
David, P.A. (1985): Clio and the economics of QWERTY. In: American Economic Review 75 (2), S. 332-337.
DiMaggio, PJ./Powell, W.W. (1983): The iron cage revisited: Institutional isomorphism and collective rationality in organizational fields. In: American Sociological Review 48, S. 147-160.
Dyer, J.H./Cho, D.S./Chu, W. (1998): Strategic supplier segmentation: The next "best practice" in supply chain management. In: California Management Review 40 (2), S. 57-77.
Endres, E./Wehner, T. (1995): Störungen zwischenbetrieblicher Kooperation – Eine Fallstudie zum Grenzstellenmanagement in der Automobilindustrie. In: Managementforschung 5, S. 1-45. Wieder abgedruckt in: Sydow, J. (2010) (Hrsg.): Management von Netzwerkorganisationen. 5. Aufl. Wiesbaden, S. 295-339.
Feldman, M.S. (2000): Organizational routines as a source of continuous change: In: Organizational Science 11, S. 611-629.
Friedrich von den Eichen, S.A./Hinterhuber, H.H./Mirow, M./Stahl, H.K. (2003): Das Netz knüpfen – Netstructuring. In: Harvard Business Manager 8, S. 99-107.
Gaitanides, M./Stock, R. (2004): Interorganisationale Teams: Transaktionskostentheoretische Überlegungen und empirische Befunde zum Teamerfolg. In: Zeitschrift für betriebswirtschaftliche Forschung 56, S. 436-451.
Giddens, A. (1984): The constitution of society. Cambridge.
Gittell, J.H./Weiss, L. (2004): Coordination networks within and across organizations: A multi-level framework. In: Journal of Management Studies 41 (1), S. 127-153.
Gomez-Casseres, B. (1994): Group versus Group: How Alliance Networks Compete. In: Harvard Business Review 72, S. 62-74.
Hess, T. (2002): Netzwerkcontrolling. Wiesbaden.
Kanter, R.M./Meyer, P.S. (1991): Interorganizational bonds and intraorganizational behavior – How alliances and partnerships change the organization forming them. In: Etzioni, A./Lawrence, P.R. (Hrsg.): Socioeconomics. Armonk, N.Y., S. 329-344.
Karim, S./Mitchell, W. (2000): Path-dependent and path-breaking change: Reconfiguring business resources following acquisitions in the U.S. medical sector, 1978-1995. In: Strategic Management Journal 21, S. 1061-1081.
Kieser, A. (1996): Moden und Mythen des Organisierens. In: Die Betriebswirtschaft 56 (1), S. 21-39.
Kieser, A./Ebers, M. (2006)(Hrsg.): Organisationstheorien. 6. Aufl. Stuttgart etc.

Kieser, A./Walgenbach, P. (2010): Organisation. 6. Aufl. Stuttgart etc.
Kogon, E. (1988): Der SS-Staat. 13. Aufl. München.
Manning, S./Sydow, J./Windeler, A. (2012): Securing access to lower-cost talent globally: the dynamics of acive embedding and field structuration. In: Regional Studies 45, S. 1201-1218.
Müller-Seitz, G./Sydow, J. (2012): Maneuvering between networks to lead – A longitudinal case study in the semiconductor Industry. In: Long Range Planning 45 (2-3), S. 105-135.
Müller-Stewens, G./Spickers, J. (1993): Akquisitionsmanagement als Organisation des Wandels. In: Managementforschung 3, S. 203-270.
Ortmann, G. (2003): Regel und Ausnahme. Frankfurt.
Ortmann, G./Sydow, J. (2001)(Hrsg.): Strategie und Strukturation. Wiesbaden.
Ortmann, G./Sydow, J./Windeler, A. (1997): Organisation als reflexive Strukturation. In: Ortmann, G./Sydow, J./Türk, K. (Hrsg.): Theorien der Organisation. Wiesbaden, S. 315-354.
Schreyögg, G. (2008): Organisation. 5. Aufl. Wiesbaden.
Schreyögg, G./Sydow, J. (2007)(Hrsg.): Managementforschung 17. Wiesbaden.
Schreyögg, G./Koch, J./Sydow, J. (2004): Routinen und Pfadabhängigkeit. In: Schreyögg, G./von Werder, A. (Hrsg.): Handwörterbuch der Organisation. 4. Aufl. Stuttgart, Sp. 1296-1303.
Staehle, W.H. (1999): Management. 8. Aufl. München.
Sydow, J. (1992): Strategische Netzwerke. Wiesbaden.
Sydow, J. (2010a): Management von Netzwerkorganisationen – Zum Stand der Forschung. In: Sydow, J. (Hrsg.): Management von Netzwerkorganisationen. 5. Aufl. Wiesbaden, S. 373-470.
Sydow, J. (2010b): Organisationale Pfade: *Wie* Geschichte zwischen Organisationen Bedeutung erlangt. In: Endreß, M./Matys, T. (Hrsg.): Die Organisation von Ökonomie – die Ökonomie der Organisation. Wiesbaden, S. 15-31.
Sydow, J./Duschek, S. (2011): Management interorganisationaler Beziehungen. Netzwerke, Cluster, Allianzen. Stuttgart.
Sydow, J./Möllering, G. (2009): Produktion im Netzwerk. 2. Aufl. München.
Sydow, J./Windeler, A. (2003): Reflexive development of inter-firm networks The role of managers and consultants. In: Buono, A.F. (Hrsg.): Enhancing inter-firm networks and interorganizational strategies. Greenwich, Conn., S. 169-186.
Walgenbach, P. (2006): Die Strukturationstheorie. In: Kieser, A./Ebers, M. (Hrsg.): Organisationstheorien. 6. Aufl. Stuttgart, S. 403-426.
Werder, A. v. (2006): Führungsorganisation. Wiesbaden.
Whittington, R./Melin, L. (2003): The challenge of organizing/strategizing. In: Pettigrew, A.M./Whittington, R./Melin, L./Sánchez-Runde, C./van den Bosch, Frans A.J./Ruigrok, W./Numagami, T. (Hrsg.): Innovative forms of organizing. London etc., S. 35-48.
Wilhelm, M. (2009): Kooperation und Wettbewerb in Automobilzuliefernetzwerken. Marburg.
Windeler, A. (2001): Unternehmungsnetzwerke. Wiesbaden.
Wirth, C./Sydow, J. (2004): Hierarchische Heterarchien – heterarchische Hierarchien: Zur Differenz von Konzern- und Netzwerksteuerung in der Fernsehproduktion. In: Sydow, J./Windeler, A. (Hrsg.): Organisation von Content-Produktion. Wiesbaden, S. 125-147.

Kapitel 2

Strategisches Management eines Netzwerkorganisators: Ressourcenbasierte Wettbewerbsvorteile aus strukturationstheoretischer Perspektive

Stephan Duschek

Lernziele

Ressourcenbasierte Ansätze des strategischen Managements sind seit einiger Zeit en vogue. Relationale Beziehungen zur Generierung von Ressourcenvorteilen im Rahmen von Netzwerken stehen erst seit Kurzem im Fokus. In diesem Kapitel werden anhand eines Fallbeispiels die Bedeutung kollektiver Strategien und das Erklärungsvermögen der relationalen Perspektive des strategischen Managements dargestellt. Diese Ausführungen werden mittels einer strukturationstheoretischen Netzwerkperspektive erweitert, die auch sozial- und arbeitspolitische Zusammenhänge integriert. Die Studierenden lernen in diesem Kapitel insbesondere kennen

- das Verständnis von organisationaler und kollektiver Strategie,
- relationale Ressourcenansätze des strategischen Managements,
- konkrete Quellen und Imitationsbarrieren zur Entwicklung kooperativer Kernkompetenzen (relationaler Wettbewerbsvorteile),
- eine strukturationstheoretische Netzwerkperspektive als Ergänzung der Generierung relationaler Wettbewerbsvorteile,
- die Rolle von organisationsinternen Strukturen für die Entwicklung interorganisationaler Strukturen und darauf basierender Wettbewerbsvorteile,
- die Bedeutung industrieller Beziehungen und eines strategischen Co-Managements als Motor und Schutz organisationaler und interorganisationaler Wettbewerbsvorteile.

Die Besonderheiten dieses Kapitels liegen in der konzeptionellen und illustrativen Darstellung der Etablierung und Aufrechterhaltung relationaler Wettbewerbsvorteile sowie der Hervorhebung sozial- und arbeitspolitischer Aspekte in diesem Prozess. Üblicherweise fehlt es an konkreten Ausführungen zur Organisation und Implementation kollektiver Strategien. Überdies werden sozial- und arbeitspolitische Zusammenhänge zumeist ausgeblendet oder ökonomische und sozial- und arbeitspolitische Ziele als nur schwer zu vereinbarende Gegensätze im Konkurrenzkampf zwischen Unternehmen und/oder Unternehmensnetzwerken angesehen, was in diesem Fall widerlegt werden kann.

Inhaltsübersicht

1. Das strategische Dienstleistungsnetzwerk der FAG: Ein Überblick
2. Strategisches Management und relationale Wettbewerbsvorteile
   2.1 Konzeptionelle Grundlagen
   2.2 Ressourcenorientierte Ansätze des strategischen Managements: Zwei Perspektiven auf Unternehmenskooperation
   2.3 Relationale Wettbewerbsvorteile im Dienstleistungsnetzwerk: Die Grundideen
   2.4 Der relationale Wertschöpfungsprozess in der Praxis: Rekursive Kompetenzbeziehungen
3. Strategisches Co-Management als Motor und Schutz organisationaler und relationaler Wettbewerbsvorteile: Eine strukturationstheoretische Erklärung
   3.1 Der institutionell-regulative Kontext der Entwicklung
   3.2 Kooperative Konfliktverarbeitung in der fokalen Unternehmung als Basis
   3.3 Praktiken des strategischen Co-Managements
   3.4 Strategisches Co-Management in der Praxis: Drei Beispiele aus der Historie der FAG
4. Implikationen für ein strategisches Management

Weiterführende Literatur
Lernfragen
Literatur

1 Das strategische Dienstleistungsnetzwerk der FAG: Ein Überblick

Die Fraport AG (FAG) ist Eigentümerin und Betreibergesellschaft des Frankfurter Flughafens. Sie trägt maßgeblichen Anteil an der überregional wirtschaftspolitischen Bedeutung ihres Flughafens, der mit über 70.000 Beschäftigten die größte lokale Arbeitsstätte Deutschlands ist. Unter der Regie der FAG entwickelte sich der Frankfurter Flughafen zu einem international führenden Drehkreuz des Luftverkehrs. Er ist heute der bedeutendste Luftfrachtumschlagplatz in Europa und gemessen am Passagieraufkommen europaweit der dritt- und weltweit der neuntgrößte Flughafen.[1]

Die FAG erbringt als Flughafenbetreibergesellschaft eine Vielzahl von Dienstleistungen. Das Leistungsprogramm umfasst zum Beispiel im Geschäftssegment „Ground Handling“, dem der umsatzstärkste Geschäftsbereich „Bodenverkehrsdienstleistungen“ untergeordnet ist, das Be- und Entladen von Flugzeugen in Form von Gepäck- und Frachttransport, den Personal- und Passagiertransfer, Ver- und Entsorgungsarbeiten „rund um das Flugzeug“ u.v.m. Im Segment „Aviation“ wird im Rahmen des Geschäftsbereichs „Flug- und Terminalbetrieb“ eine breite Palette an entsprechenden Tätigkeiten inklusive Sicherheitsdienstleistungen für den Frankfurter Flughafen angeboten. Und das Geschäftssegment „Retail & Real Estate“, dem der gewinnstärkste Geschäftsbereich „Handels- und Vermietungsmanagement“ zuzurechnen ist, dient u.a. der Akquisition von Konzessionären etwa für Handels- und Gastronomiebetriebe, der Handelsflächenvermietung sowie der Parkraumbewirtschaftung am Frankfurter Flughafen. Die Geschäftsbereichsorganisation, die auch als Sparten- oder divisionale Organisation bezeichnet wird (s. auch Kapitel 1), wird im Falle der FAG noch durch Zentralbereiche ergänzt, durch die das Gesamtunternehmen organisatorisch integriert wird. Die Zentralbereiche dienen der Nutzung von Geschäftsbereiche übergreifenden Synergien. Zudem erbringen sie allgemeine Serviceleistungen für die Geschäftsbereiche. „Zentraler Einkauf“ und „Recht & Verträge“ sind exemplarisch zwei dieser Zentralbereiche der FAG. Zusätzlich untergliedern sich die Geschäfts- und Zentralbereiche der FAG noch in so genannte strategische Geschäftseinheiten (z.B. „Zentrale Infrastruktur“, „Flughafensicherheit“ und „Bauinstandhaltung“) (s. Abb. 1).

1 Die Grundlagen und wesentliche Passagen dieses Beitrags sind – zum Teil aktualisiert und erheblich verändert – folgenden eigenen Originalpublikationen entnommen: Duschek (1998), Duschek/Wirth (1999).

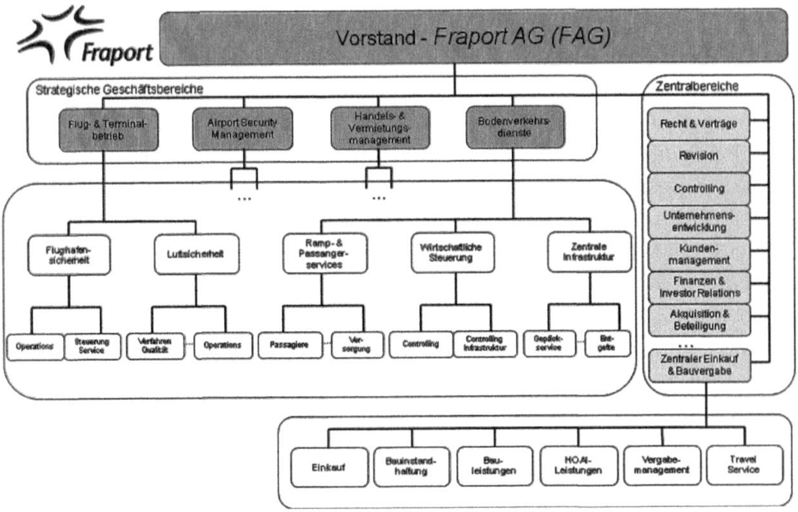

Abbildung 1 Die Organisationsstruktur der FAG (Quelle: Sydow/Duschek 2011, S. 142, leicht verändert)

Trotz dieser außergewöhnlichen Leistungsbreite und -tiefe ist die FAG zusätzlich auf die Zusammenarbeit mit anderen Unternehmen angewiesen. Allein am Frankfurter Flughafen kann und muss die FAG hierzu auf mehr als 500 Unternehmen und andere Organisationen (z. B. Behörden wie Zoll und Polizei oder die Deutsche Flugsicherung) zurückgreifen. Zumeist sind die zur Ergänzung der Dienstleistungsangebote am Frankfurter Flughafen notwendigen Beziehungen zwischen der FAG und anderen Unternehmen nach *marktlichen* Gesichtspunkten gestaltet, also primär über (Markt-)Preise bzw. über Angebot und Nachfrage nach zumeist klar spezifizierbaren Gütern oder Dienstleistungen koordiniert. Einen Teil ihrer Beziehungen organisiert die FAG jedoch *netzwerkartig*. Derartige Beziehungen werden von der FAG insbesondere dann bevorzugt, wenn Dienstleistungen zu erbringen sind, die von ihr selbst nicht oder nicht allein angeboten werden (können), zugleich aber von besonderer Relevanz für einen reibungslosen Ablauf von Prozessen am Frankfurter Flughafen sind. Diese Netzwerkbeziehungen entstehen üblicherweise auf zwei Wegen (vgl. grundsätzlich Sydow 1992): Zum einen indem vormals marktliche Geschäftsbeziehungen der FAG mit rechtlich selbständigen Unternehmen vermehrt kooperativ, d.h. in enger und intensiver Abstimmung mit den Partnern koordiniert werden. Da es hierbei nicht zu einer vollständigen Integration der Aktivitäten der Partner kommt, spricht man von einer *Quasi-Internalisierung.* Zum anderen entstehen netzwerkartige Beziehungen indem die FAG betriebliche Funktionen, die sie bisher selbst (vertikal in die eigene Hierarchie integriert) organisiert hat, auslagert bzw. anderen Unternehmungen überträgt, mit denen sie jedoch gleichzeitig eine diesbezügliche Zusammenarbeit vereinbart. Diese Form der Netzwerkbildung wird auch als *Quasi-Externalisierung* bezeichnet, da die Erbringung der betreffenden Dienstleistung notwendig einer intensiven Abstimmung zwischen der FAG und den Kooperationspartnern bedarf (z. B. im Sinne einer Funktionsaufteilung und -spezialisierung oder eines beständigen Austauschs kritischer Informationen). Da im Zentrum der Netzwerkbeziehungen der FAG üblicherweise die kooperative Erbringung von Dienstleistungen steht, kann man auch von dem *Dienstleistungsnetzwerk* der FAG sprechen.

Durch die wachsende Bedeutung und den steigenden Umfang der Netzwerkbeziehungen ist die FAG im Laufe der Zeit zu einem „Netzwerkorganisator" (Sydow et al. 1995) geworden. Damit ist gemeint, dass die Organisation der Netzwerkbeziehungen immer mehr in den Fokus der operativen und strategischen Managementaufgaben rückt. Bei komplexen Dienstleistungen im Netzwerk, die dauerhaft für den reibungslosen Ablauf am Frankfurter Flughafen relevant erscheinen, übernimmt die FAG üblicherweise im Sinne einer fokalen Unternehmung die strategische Führung im Netzwerk. *Strategische Führung* meint, dass die FAG, mehr als die anderen am Netzwerk beteiligten Unternehmen, die Art und den Inhalt der Strategien des Dienstleistungsnetzwerks als Ganzem bestimmt (vgl. Sydow 1992, S. 81 f.). Die Übernahme dieser Funktion im Netzwerk ist von entscheidender Bedeutung, da die anderen Netzwerkpartner überwiegend nur einzelne Dienstleistungen übernehmen, während die FAG an allen Beziehungen und Dienstleistungserbringungen beteiligt ist und somit fokal das Geschehen des gesamten Netzwerks – zumindest potenziell – überblickt und steuern kann. Die zentrale Steuerungsaufgabe der FAG im Netzwerk besteht also darin, dauerhaft eine aufeinander abgestimmte Planung und Implementierung der Netzwerkstrategie und letztlich auch der konkreten Produktion der Dienstleistungen in diesem Netzwerk am Frankfurter Flughafen zu gewährleisten. Entsprechend kann man auch von einem *strategischen Dienstleistungsnetzwerk* sprechen, in der die *kollektive Strategie* insbesondere von der FAG geprägt wird.

Seinen konkreten Ausdruck findet der strategische Netzwerkcharakter des Dienstleistungsnetzwerks der FAG beispielsweise darin, dass Tätigkeiten, die in Zusammenhang mit dem An- und Abtransport der Luftfracht und Luftpost stehen, in intensiver Abstimmung zwischen der fokalen Unternehmung – genauer dem strategischen Geschäftsbereich „Bodenverkehrsdienste" der FAG – und Spediteuren, Luftfracht- und Luftfrachtabfertigungsgesellschaften erfolgt.

Dies geschieht beispielsweise über die langfristige Entwicklung und Umsetzung von kollektiven Abfertigungsstandards und -verfahren, die zum Ziel haben, die diversen Abfertigungsleistungen der beteiligten Unternehmen und Behörden eng aufeinander abzustimmen, um die komplexen Abfertigungsprozesse für die Kunden (z. B. Luftverkehrsgesellschaften und Logistikunternehmen) als homogene Einheit und reibungslosen Gesamtprozess anbieten zu können. Bei besonders bedeutsamen Dienstleistungen, etwa zur Gewährleistung zeitkritischer Prozesse beim Übergang zwischen Lufttransport und „Off-Airport"-Transport, gründet die FAG gelegentlich auch Gemeinschaftsunternehmen mit ihren Partnern (z. B. Tradeport: seit 2006 Fraport Cargo Services und 100 % Tochter, Perishable Center oder Airmail Center Frankfurt; s. Abb. 2).

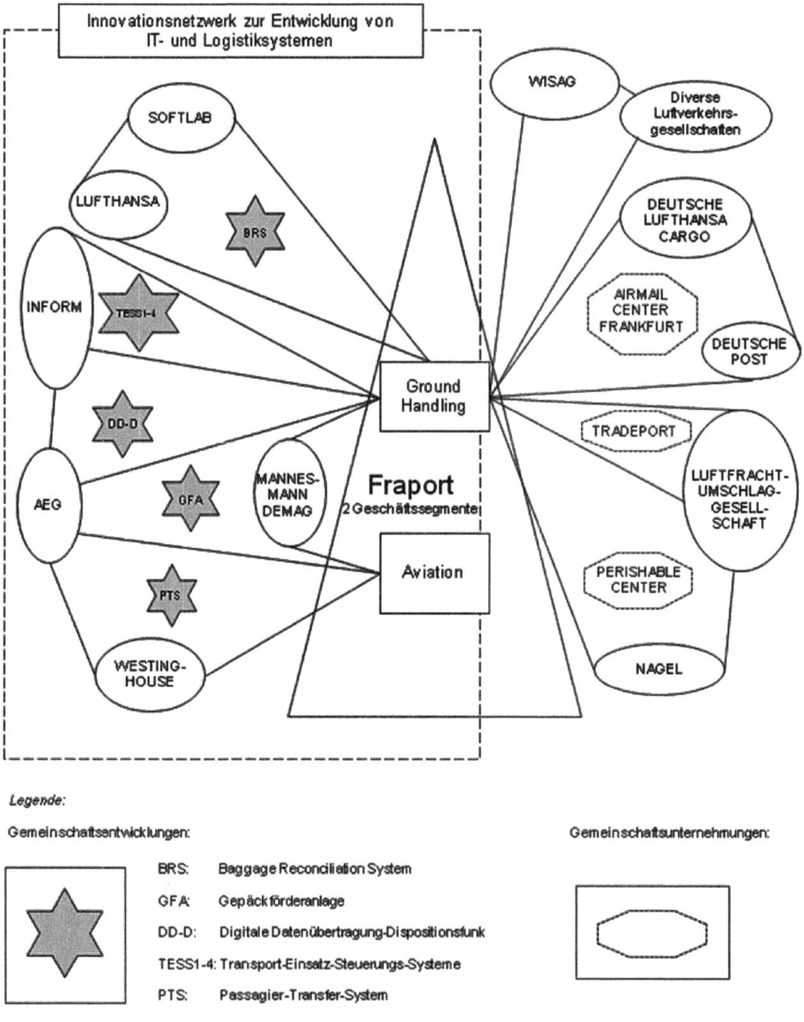

Abbildung 2 Das Dienstleistungsnetzwerk der FAG mit integriertem Innovationsnetzwerk – Ein Ausschnitt (Quelle: Duschek/Sydow 1999, S. 23, leicht verändert)

Mit mehreren Luftverkehrsgesellschaften wird darüber hinaus die Dienstleistungserbringung mittels langfristiger Verträge dauerhaft geregelt. Hierunter fallen etwa Dienstleistungen zum Handling des Passagier- und Gepäckaufkommens sowie Ent- und Versorgungsdienstleistungen an Flugzeugen, aber auch die Planung von ganzen Terminals und Flugsteigen (z. B. mit Lufthansa und anderen Airlines der Star Alliance). Darüber hinaus plant und organisiert die FAG in einigen Fällen für diese Luftverkehrsgesellschaften sogar langfristig die sicherheits- und zeitsensiblen Dienstleistungen des „Ramp-Handling" etwa bei der Gepäckabfertigung, was auf anderen Flughäfen oftmals von den Airlines selbst wahrgenommen wird. Zudem übernimmt die FAG die Verkehrsplanung und -führung der Flugzeuge auf dem Vorfeld des Flughafens, eine Aufgabe, die auf anderen (deutschen) Flughäfen von der Deutschen Flugsicherung wahrgenommen wird. Im Rahmen der Dienstleistungspakete mit Fluggesellschaften quasi-externalisiert die FAG wiederum selbst bestimmte Funktionen wie zum Beispiel die Flugzeuginnenreinigung (an die WISAG), wobei diese Funktionsübertragungen üblicherweise auf langjährigen Erfahrungen in der Zusammenarbeit mit den Subunternehmen basieren und – im Falle positiver Erfahrungen – auch zu weiteren Netzwerkbeziehungen führen können. Dies ist zum Beispiel erst kürzlich der Fall gewesen, als die FAG, WISAG und STRABAG die Gründung der Arbeitsgemeinschaft „ARGE Facility Management @ THE SQUAIRE GbR" bekannt gegeben haben, die zur umfassenden Bewirtschaftung eines Großteils des neuen Gebäudekomplexes über dem Fernbahnhof am Frankfurter Flughafen dient.

Auch über den Frankfurter Flughafen hinaus ist die FAG aktiv. Beispielsweise verantwortet der Zentralbereich „Akquisition und Beteiligung" (s. noch einmal Abb. 1) Aufgaben wie die Gründung von Frachtabfertigungs-, Sicherheits- oder Managementgesellschaften, um allein oder in Kooperation in- und ausländische Flughäfen zu betreiben. Die FAG ist aktuell neben Frankfurt national in Hannover und international u. a. in Antalya (Türkei), Xi'an (China), Delhi (Indien) und Lima (Peru) tätig. Üblicherweise bringt die Frankfurter Flughafenbetreibergesellschaft im Rahmen von Mehr- oder Minderheitsbeteiligungen hierbei das für die Konstruktion und das Betreiben eines Flughafens land- und luftseitige Management-Know-how sowie die Reputation eines erfahrenen Betreibers eines internationalen Großflughafens ein.

Aus Sicht des strategischen Managements ist die Gestaltung der kooperativen Beziehungen der FAG zu diversen Technologieunternehmen, die zum Teil schon über eine Zeitspanne von drei Dekaden anhalten, besonders wichtig. Speziell diese Beziehungen bilden die Grundlage der dauerhaften Wettbewerbsvorteile des Frankfurter Flughafens und sind ein wesentlicher Garant für eine reibungslose Erbringung der zahlreichen Dienstleistungen am Flughafen. Der überwiegende Teil der von der FAG koordinierten Dienstleistungsangebote baut nämlich auf innovativen Produkten und Verfahren auf, die zumeist im Rahmen eines *Innovationsnetzwerks* zwischen der FAG, einer Reihe von Technologieunternehmen (z.B. AEG, Inform sowie Softlab: seit 2008 NTT Data) sowie oftmals der Lufthansa als Endanwender entstehen (s. Abb. 2). Wenngleich es im Rahmen der einzelnen Technologieprojekte natürlich immer um die konkrete Entwicklung von spezifischen Produkt- oder Verfahrensinnovationen geht, so steht aus Sicht des strategischen Netzwerkmanagements der FAG eine grundlegendere Intention im Mittelpunkt: Die Strategie der kontinuierlichen Entwicklung von Innovationen. Die Basis dieser Strategie ist die *nachhaltige Entwicklung von kooperativen* bzw. *relationalen Kompetenzen.*[2] Seine besondere, nämlich anhaltende Innovations- und Wettbewerbsfähigkeit zieht das Dienstleistungsnetzwerk der FAG folglich aus einem außergewöhnlich erfolgreichen strategischen Management eines kompetenzbasierten Innovationsnetzwerks.

Durch die Strategie der kompetenz- und innovationsorientierten Netzwerkorganisation gelingt es der Frankfurter Flughafenbetreibergesellschaft einerseits, fehlende eigene (technische) Kompetenzen, die sie als Dienstleistungsunternehmen selbst nicht bereithalten kann oder will, dauerhaft zu kompensieren. Andererseits wird es der FAG möglich, die spezifischen Kompetenzen der Innovations- und Wettbewerbsfähigkeit eines Netzwerkorganisators zu entwickeln und beständig auszubauen:

> „Als reines Dienstleistungsunternehmen betreibt Fraport keine Forschung und Entwicklung im engeren Sinne. Wissen und Innovationsfähigkeit sind jedoch auch für Fraport entscheidende Erfolgsfaktoren im globalen Wettbewerb und Grundlage für nachhaltiges Wachstum. (...) Fraport arbeitet zum Beispiel mit verschiedenen Partnern zusammen, um die Kapazität des Airports auch im bestehenden System weiter zu erhöhen. Beispiele dafür sind die Entwicklung von Verfahren, die es ermöglichen, die Start- und Landefrequenzen ohne Einbußen bei der Sicherheit zu optimieren. Des Weiteren bieten wir mit innovativen Steuerungssystemen für den Rollverkehr Lösungen, um das Verkehrswachstum auch auf dem Vorfeld zu bewältigen" (o.V. 2006, S. 46).

Die enorme Relevanz einer kontinuierlichen Entwicklung derartiger innovativer Verfahren und Technologien findet sich in den außergewöhnlich beengten räumlichen Verhältnissen des Frankfurter Flughafens, die durch das beständig ansteigende Verkehrsaufkommen noch verstärkt werden. „Die Kapazitätsengpässe

2 Um es in einer gut bekannten bildlichen Metapher auszudrücken, die einem Artikel von Prahalad/Hamel (1990) entlehnt ist (s.u. auch bei „Weiterführende Literatur"): Die nachhaltige Entwicklung von kooperativen bzw. relationalen Kompetenzen bildet den Nährboden bzw. das Wurzelwerk dieser Strategie. Die zahlreichen Produkt- und Verfahrensinnovationen sind hingegen die Früchte, die auf diesem Nährboden wachsen.

in Frankfurt sind meine Hauptsorge" hebt in einem einführenden Interview des Geschäftsberichts von 2006 entsprechend auch der damalige Vorstandsvorsitzende der FAG die Dringlichkeit der Entwicklung entsprechender Lösungen hervor.

Trotz dieser Widrigkeit gelingt es der FAG dauerhaft, – und sogar trotz der aktuell wieder einmal umfassenden Baumaßnahmen – am Frankfurter Flughafen beispielweise „eine [weiterhin] im internationalen Wettbewerb führende minimale Umsteigezeit für Passagiere sowie deren Gepäck" (o.V. 2011, S. 19) zu gewährleisten. Dies kommt nicht nur Flugpassagieren zugute. Die am Frankfurter Flughafen garantierte minimale Umsteigezeit von 45 Minuten ermöglicht insbesondere den Luftverkehrsgesellschaften den Einsatz einer geringeren Anzahl von Fluggeräten und somit eine mitunter ganz erhebliche Kostenreduzierung. Eine Verlängerung der Umsteigezeit am Frankfurter Flughafen um nur 15 Min. würde nämlich, so eine Berechnung aus den 90er Jahren, für die Lufthansa einen Mehreinsatz von nicht weniger als 20 Flugzeugen pro Tag verursachen (vgl. o.V. 1994, S. 34); heute wären dies noch deutlich mehr. Der Kapazitätsengpass des Flughafens wird also nicht zuletzt zugunsten des größten Kunden der FAG sowie seines Airlineverbundes, der Star Alliance, seit fast zwei Jahrzehnten mehr als wettgemacht.

Um die dauerhafte Wettbewerbsfähigkeit des Frankfurter Flughafens zu bewahren und sogar auszubauen, bedarf die FAG also ihrer Innovationsfähigkeit im Netzwerk. Ohne eine darauf ausgerichtete Netzwerkstrategie der FAG wären die Wettbewerbsvorteile des Frankfurter Flughafens und somit der dort aktiven Unternehmen land- und luftseitig kaum möglich: „Ausgehend von unseren Prozessen können wir Wettbewerbsvorteile in der Zukunft eigentlich nur erzielen, wenn wir auch in den Technologien führend sind" (MA6).[3]

3 Zitierte Interviewpassagen werden in diesem Beitrag durch die Vergabe eines Codes gekennzeichnet und anonymisiert: Die Mitarbeiter der FAG erhalten die Kennung (MA1 bis n), Betriebsräte und Arbeitnehmervertreter im Aufsichtsrat der Unternehmung erhalten die Kennung (BR1 bis n), Gewerkschaftssekretäre die Kennung (GWS1 bis n) und Mitarbeiter externer Unternehmungen sowie externe Experten werden als (EXT1 bis n) aufgeführt. Die Interviews wurden im Rahmen des Drittmittelforschungsprojekts „Flughafenbetreibergesellschaften als Netzwerkorganisationen?" erhoben, das im Zeitraum Juli 1995 bis Dezember 1996 an der Freien Universität Berlin (Leitung: Prof. Dr. Jörg Sydow) durchgeführt wurde. Überdies wurden 1997 und 1998 Nacherhebungen speziell zum Thema des kompetenzbasierten Managements im Rahmen von Innovationsnetzwerken durchgeführt. Insgesamt wurden 42 leitfadengestützte Interviews mit Mitarbeitern verschiedener Managementebenen und zahlreicher Fachabteilungen von vier europäischen Flughafenbetreibergesellschaften, einer weiteren Dienstleistungsunternehmung sowie einigen externen Experten geführt.

Wie die FAG es mit ihrem strategischen Netzwerkmanagement nun konkret schafft, sich im nationalen und internationalen Wettbewerb dauerhaft erfolgreich zu behaupten, soll im Folgenden detailliert dargestellt werden. Denn der Fall bietet ein Lehrbeispiel in Sachen kollektiven strategischen Managements. Im Einzelnen kann auf diese Weise die Entwicklung von „kooperativen Kernkompetenzen“ (Duschek 1998) sowie eines „strategischen Co-Managements“ (Duschek/Wirth 1999) illustriert werden, die gemeinsam die originäre Grundlage für die über viele Jahre und Jahrzehnte anhaltende Innovations- und Wettbewerbsfähigkeit des Frankfurter Flughafens bilden. Zunächst sollen jedoch ein paar grundlegende Ausführungen zum strategischen Management erfolgen, die eine umfassendere Einordnung und Einführung in dieses Forschungsfeld ermöglichen.

2 Strategisches Management und relationale Wettbewerbsvorteile

Das strategische Management befasst sich *traditionell* mit der Formulierung und Implementierung von Strategien auf der Ebene der Geschäftsbereiche sowie (vornehmlich) der gesamten Unternehmung (vgl. z.B. Staehle 1999; Steinmann/Schreyögg 2005). *Neuerdings* tritt zu dieser organisationalen oft eine weitere Analyseebene hinzu: die Ebene der Unternehmensnetzwerke, auf der es um die Formulierung und Implementierung nicht mehr nur organisationaler, sondern *kollektiver Strategien* geht (vgl. schon Astley/Fombrun 1983; Bresser 1989). Ein einheitliches Verständnis strategischen Managements existiert bis heute in Forschung und Praxis nicht – und ist allein schon aufgrund der unterschiedlichen Betrachtungsebenen (z.B. Geschäftsbereichs- oder Netzwerkebene) schwerlich möglich. Eine gewisse Mehrdeutigkeit ist darüber hinaus auch dem geschuldet, dass unterschiedliche Verständisweisen auf einer Reihe von unterschiedlichen Denktraditionen, Schulen, Ansätzen und Theorien aufbauen. Letztlich kann diese Vielfalt der geistigen Durchdringung des strategischen Managements in Praxis und Theorie nur gut tun und sollte als ein Zeichen für eine rege Diskussion und stete Weiterentwicklung des Forschungsfeldes verstanden werden. An dieser Stelle können gleichwohl nur einige Grundlagen dieser Teildisziplin der Managementlehre aufgezeigt werden, um rasch auf das spezielle Thema des

Darüber hinaus wurden betriebliche Interessenvertreter und die für sie zuständigen Gewerkschaftssekretäre befragt. Dieser Datenbestand wurde für den hier vorliegenden Beitrag durch aktuelle und öffentlich zugängliche Literatur- und Dokumentenanalysen wo möglich ergänzt.

strategischen Managements von Netzwerken sowie des strategischen Innovations- und Kompetenzmanagements im Dienstleistungsnetzwerk der FAG zu sprechen zu kommen.

2.1 Konzeptionelle Grundlagen

Eine Möglichkeit, die konzeptionell-theoretische Vielfalt zu kanalisieren, besteht zunächst darin, *grundlegende Merkmale* herauszustellen, die üblicherweise mit dem Strategiebegriff in Verbindung gebracht werden. Einen weit akzeptierten Katalog an derartigen Merkmalen legen Steinmann/Schreyögg (2005, S. 168 f.) vor. Ein Vorteil der hier zum Ausdruck kommenden Allgemeingültigkeit ist, dass diese Merkmale auch für *kollektive Strategien* gelten und sich folglich direkt am Beispiel der FAG und ihres Dienstleistungsnetzwerks verdeutlichen lassen:

1. Strategien legen die *Domänen* fest, in denen Unternehmen oder ganze Unternehmensnetzwerke geschäftlich aktiv sein wollen. Im Falle der FAG umfasst dies auf der Ebene der *Gesamtunternehmung* die zentrale Geschäftsaufgabe, als Flughafenbetreiber tätig zu sein. Es umfasst darüber hinaus auch eine Spezifizierung der konkreten *Geschäftsbereiche*, in denen die FAG aktiv ist oder sein möchte. Hier besteht eine ganz erhebliche Bandbreite und somit strategische Wahlmöglichkeit. Während die FAG beispielsweise bis heute daran festhält, einen umfassend ausdifferenzierten Geschäftsbereich „Bodenverkehrsdienste" an ihrem Flughafen anzubieten, haben die meisten anderen nationalen und internationalen Flughafenbetreiber diesen (früher originären) Geschäftsbereich eines Flughafenbetreibers inzwischen ausgelagert bzw. (quasi-) externalisiert. Sie konzentrieren sich stattdessen im Wesentlichen auf die Aufgaben der Grundstücksverwaltung und insbesondere auf das Geschäftsfeld der Vermietung und Verpachtung („Retail & Real Estate"). Die direkten Wettbewerber der FAG um die Vormachtsstellung in Europa, die Betreiber der Flughäfen London-Heathrow, Amsterdam-Schiphol und Paris-Charles-de-Gaulle, haben sich schon vor Jahren für diese Strategie entschieden. Das große Geschäftsfeld der Bodenverkehrsdienstleistungen („Ground Handling") überlassen sie an ihren Flughäfen (inzwischen) Drittanbietern. Entsprechend bieten sie – im Gegensatz zur FAG – im Rahmen ihrer jeweiligen Auslandsgeschäftsaktivitäten auch nicht (mehr) die Übernahme oder die Organisation von Bodenverkehrsdienstleistungen an. Strategien, so wird hier auch deutlich, beziehen sich zum einen auf die *langfristige Gesamtausrichtung* einer Unternehmung. Sie streben zum anderen aber auch auf eine *gesamthafte Ausrichtung*

der Aktivitäten eines Unternehmens und gehen somit über die Ausrichtung einzelner Funktions- und Geschäftsbereiche hinaus.

2. Strategien werden unter Bezugnahme auf die (aktuelle) *Umweltsituation* und (zukünftige) *Umweltentwicklung* und entsprechende *Chancen* und *Risken* gebildet. Die Entscheidung der FAG, auch weiterhin auf einen Geschäftsbereich „Bodenverkehrsdienstleistungen" zu setzen, hat zum Beispiel damit zu tun, dass die komplexe Dienstleistungspalette aufgrund der (auch in Zukunft) beengten räumlichen Gegebenheiten besser „aus einer Hand" (Vorstandsvorsitzender FAG, in: o.V. 1995a, S. 24) – und somit unter vollständiger (hierarchischer) Kontrolle – angeboten wird. Wo das nicht möglich oder sinnvoll ist, wird zumindest auf Netzwerkbildung gesetzt, um sich hierdurch eine partielle Steuerungsoption zu sichern. Ein (gänzlicher) Ausstieg aus dem Geschäftsbereich „Bodenverkehrsdienstleistungen" wäre aufgrund des sich auch in Zukunft weiter verstärkenden räumlichen Engpasses – nach Ansicht der FAG – mit ganz erheblichen Risiken wie etwa der Gefahr des Verlustes der außergewöhnlich schnellen Umsteigezeit verbunden. Andersherum gewendet: In der Sicherstellung des Angebots der Bodenverkehrsdienstleistungen durch die FAG selbst wird (auch in Zukunft) eine Chance erkannt, unter den spezifischen Umweltbedingungen des Frankfurter Flughafens auch weiterhin strategische Wettbewerbsvorteile zu erzielen.
3. Strategien weisen eine hohe Bedeutung in Hinsicht auf die *aktuellen und zukünftigen Erträge* (z.B. Umsatz und Gewinn) auf. Das ist auch am Beispiel der FAG deutlich erkennbar. Die Bodenverkehrsdienstleistungen der FAG bilden beispielsweise seit je her den umsatzstärksten, zugleich aber auch den (personal-)kostenintensivsten Geschäftsbereich. Den größten Anteil am Unternehmensgewinn der FAG steuert der Geschäftsbereich „Handels- und Vermietungsmanagement" bei, der insbesondere die „Retail & Real Estate" Aktivitäten am Frankfurter Flughafen verantwortet. Genau darauf ausgerichtete Geschäftsbereiche stellen inzwischen, wie schon hervorgehoben, an anderen Flughäfen das Kerngeschäft dar. Bei Strategien handelt es sich folglich um „große", Rahmen setzende Entscheidungen – um Entscheidungen also, die die Schaffung und Sicherung der Erfolge einer Unternehmung betreffen, was auch „große" Entscheidungen in Hinsicht der Inkaufnahme aktueller und zukünftiger Kosten umfasst.
4. Strategien werden in Relation zur *Konkurrenz* gebildet. Das meint beispielsweise, dass Flughafenbetreiber sich an überdurchschnittlich gewinnbringenden Geschäftsaktivitäten ihrer Wettbewerber orientieren und diese ggf. ebenfalls anbieten (z.B. „Retail & Real Estate") und sich womöglich zugleich von personal- und kostenintensiven Geschäftsbereichen (z.B. „Ground

Handling") trennen. Wenn man sich die gesamte Branche der internationalen Flughafenbetreiber anschaut, dann scheint – zumindest in der Wahrnehmung des Managements – das Strategiebündel der Konzentration auf Handels- und Vermietungsmanagement und die Aufgabe von Bodenverkehrsdienstleistungen seit einiger Zeit die „(best) industry practice" darzustellen. Zugleich macht es aber auch deutlich, dass sich Flughafenbetreiber durch eine andere Geschäftsbereichsstrategie durchaus von der Konkurrenz absetzen können, um hierüber ein Alleinstellungsmerkmal im Wettbewerb zu etablieren. Man denke hier nur an die minimale Umsteigezeit am Frankfurter Flughafen, die im internationalen Wettbewerb den Spitzenwert darstellt und wesentlich dem Geschäftsbereich der Bodenverkehrsdienstleistungen der FAG zugeschrieben werden kann. Eine Orientierung an der Konkurrenz kann entsprechend nicht nur eine Imitation von bestimmten Strategien umfassen, sondern auch eine bewusste strategische Abgrenzung mit dem Ziel der Anders- und letztlich gar Einzigartigkeit.

5. Strategien nehmen Bezug auf die *unternehmenseigene Ressourcenausstattung* und *Ressourcenentwicklung.* Wenngleich eine diesbezügliche Einordnung natürlich sinnvoll (wieder) nur in Relation zur Konkurrenz stattfinden kann, so stehen hier doch die *Stärken* und *Schwächen* des eigenen Unternehmens im Fokus. Das ist bei der FAG nicht anders, weist jedoch im hier betrachteten Fall unmittelbar auf eine *unternehmensübergreifende Ressourcenperspektive* des strategischen Managements hin. Die FAG ist – wie oben schon dargestellt – zur Generierung und Aufrechterhaltung ihrer Wettbewerbsvorteile insbesondere auf technologische Kompetenzen und Ressourcen angewiesen, die sie (selbst) als originäres Dienstleistungsunternehmen nicht vorhalten kann (und will). Um diesen eigenen Ressourcenengpass nun langfristig auszugleichen und zugleich eine möglichst weitgehende Steuerungsoption gewährleisten zu können, geht die FAG als fokaler Netzwerkorganisator und strategischer Netzwerkführer ressourcenbasierte Kooperationen ein. Die FAG entwickelt hierbei sogar ganz besondere *relationale Ressourcenvorteile* wie zum Beispiel die Fähigkeit, unternehmensübergreifende Beziehungen besonders erfolgreich zu gestalten sowie eine dauerhafte Innovationsfähigkeit.
6. Strategien sind *zukunftsorientiert.* Sie orientieren sich einerseits an Erwartungen bezüglich der Entwicklung des Marktes, also der Konkurrenten, Kunden, Zulieferer usw., wobei dies auch eine Orientierung an den Potenzialen der jeweiligen unternehmensübergreifenden Partnerschaften (mit Konkurrenten, Kunden und/oder Zulieferern usw.) umfassen sollte. Andererseits orientieren sie sich an Erwartungen bezüglich der Entwicklung von unternehmenseigenen Ressourcen, wobei auch dieses in Relation zu den entsprechenden potenziellen

Partnern geschehen sollte. Die Zukunftsorientierung von Strategien – in Hinsicht auf Chancen und Risiken des Marktes sowie Stärken und Schwächen der eigenen Ressourcenausstattung – sollte entsprechend stets auch unter Rekurs auf kollektive Potenziale ausgerichtet und längerfristig angelegt sein.

7. Strategien reflektieren *zentrale Wahrnehmungen, Wertvorstellungen* und *Einstellungen* von Entscheidungsträgern. Das umfasst am Beispiel der FAG etwa die seit je her bestehende Einstellung, dass zu den zentralen Kunden einer Flughafenbetreibergesellschaft (weiterhin) Luftverkehrsgesellschaften gehören, die Bodenverkehrsdienstleistungen benötigen und nachfragen. Flughafenbetreibergesellschaften, die sich primär dem Vermietungs- und Verpachtungsgeschäft zuwenden, haben hingegen andere Kunden-, Anspruchs- und Bezugsgruppen (nämlich insb. die Passagiere der Airlines sowie Handelsunternehmen) und entsprechend andere Wahrnehmungen und Einstellungen bezüglich des Kerngeschäfts, auf das sie sich konzentrieren (vgl. auch Sydow/Duschek 2000). Eine weitere zentrale Wertvorstellung der FAG ist überdies, das Angebot der Bodenverkehrsdienstleistungen soweit möglich „aus einer Hand" anzubieten.[4]
8. Strategien sind, und das mag zunächst überraschen, *nicht notwendig Ergebnis eines systematischen und gezielten Planungs- und Umsetzungsprozesses.* Strategien können ebenso gut (mehr oder weniger) ungeplant entstehen. Diese so genannten *emergenten Strategien* (vgl. insb. Mintzberg 1978) haben ihren Ursprung in den alltäglichen Handlungsvollzügen. Sie entstehen also in der Praxis und stellen *dauerhafte Praktiken* dar. Sie basieren zum Beispiel darauf, etwas immer schon auf eine bestimmte Art und Weise gemacht zu haben oder etwas im Laufe der Zeit gelernt zu haben, was man besonders gut und letztlich besser als die Konkurrenz kann. Entsprechend werden derartige Strategien auch erst nachträglich als solche rekonstruierbar (vgl. auch Steinmann/Schreyögg 2005, S. 266) und stellen dann akzeptierte und dauerhafte Praktiken dar, die von Entscheidungsträgern (nachträglich) mit getragen und mit entsprechender Legitimität ausgestattet werden. Strategien sind entsprechend keinesfalls immer das Ergebnis von Entscheidungsprozessen oder gar das Ergebnis systematischer Analysen. Mitunter sind sie das Ergebnis zahl-

4 Der wesentliche Grund hierfür klang oben schon an, kann aber zusätzlich unter Nutzung von Begriffen und Konzepten des strategischen Managements verdeutlicht werden: Der FAG geht es hierbei um die Erhöhung des *Nutzungswerts* ihrer zentralen Kundengruppe (Luftverkehrsgesellschaften) im Rahmen ihrer *Differenzierungsstrategie* in Relation zu ihren Konkurrenten (z. B. Flughafen London-Heathrow) unter den gegebenen und zukünftigen (räumlichen) Gegebenheiten des Frankfurter Flughafen (vgl. zur Strategie der Differenzierung insb. Porter 1980).

reicher Kompromisse zwischen internen und – im Falle kollektiver Strategie – externen Entscheidungsträgern oder -gruppen und in ihrer konkreten Ausprägung bisweilen dann von keinem in dieser Form intendiert gewesen. Gelegentlich sind Strategien auch das Ergebnis schlichter Interessendurchsetzung machtvoller Akteure (z. B. einflussreicher Funktions- und Geschäftsbereiche). Und – last but not least – können sie auch eine Mischung aus all den genannten Möglichkeiten der Entstehung darstellen.[5]

Spätestens an dieser Stelle ist erkennbar, dass eine Darstellung von allgemeingültigen Strategiemerkmalen nur einen ersten – gleichwohl wichtigen – Schritt zum Verständnis darstellen kann. Zusätzlich bedarf es der Hinzuziehung weiterer Erklärungs- und Klassifizierungsmöglichkeiten, die zum Beispiel helfen zu verstehen, inwiefern Strategien etwa sowohl intendiert als auch emergent entstehen oder sowohl das Ergebnis analytischer Planung als auch machtvoller Prozesse sein können. Bei der FAG als fokalem Akteur in ihrem Dienstleistungsnetzwerk spielt ja beispielsweise eine interessengeleitete Durchsetzung der strategischen Zielrichtung – nämlich die der FAG – stets eine entscheidende Rolle. Gleichwohl kann man gerade am Beispiel der FAG erkennen, dass man hier sicherlich nicht von reiner oder gar willkürlicher Machtpolitik sprechen kann. Stattdessen basiert die kollektive Strategiebildung auf einer Einbindung der externen und internen Partner in den Prozess der Strategieimplementation und ist zudem stets auch Ergebnis von positiven Erfahrungen und Praktiken langjähriger Zusammenarbeit. In der Praxis des „strategizing" der FAG verschmelzen also sogar scheinbar widersprüchliche Erscheinungen (zugleich Machtausübung und Kooperation oder Planung und langjährige Erfahrung) zu einer kohärenten kollektiven Strategie. Eine umfassende und realistische Konzeption von (kollektivem) strategischem Management sollte also eine Reihe von vermeintlich widersprüchlichen Verwendungsarten des Strategiebegriffs differenzieren können.

Einen derartigen Weg zeigt schon Henry Mintzberg (1987) auf. Er unterscheidet fünf Verwendungsarten, die als die „five p's for strategy" (Plan, Ploy, Pattern, Position und Perspective) weite Akzeptanz in Forschung und Praxis gefunden haben und jeweils mal mehr mal weniger stark ausgeprägt Kennzeichen

5 Ganz offensichtlich liegt dieses Strategiemerkmal „quer" zu den vorangehenden, da es nicht auf einem normativen Argument aufbaut, sondern die Realität bzw. die reale Praxis des „strategizing" (s. auch den einstimmenden Beitrag) hervorhebt. Es liegt überdies auch insofern „quer" zu den anderen Merkmalen, als diese anderen stets auch Ergebnisse eines „strategizings" bzw. Ergebnisse dauerhafter Praktiken sein können bzw. sind.

einer Strategiebildung und -umsetzung von Unternehmen (und Netzwerken) sein können (vgl. auch Müller-Stewens/Lechner 2005, S. 20):

1. „Plan“ stellt nach Mintzberg auf das klassische Verständnis von Strategie ab, eine analytisch durchdrungene Ziel-Mittel-Beschreibung der Formulierung und Durchsetzung der langfristigen Unternehmensziele und -erfolge darzustellen. Es hebt also die explizite und systematische Bewusstmachung bzw. die Rationalisierung (oder Rationalität) strategischen Denkens und Handelns hervor.
2. „Ploy“ stellt hingegen auf den Wettkampf- oder Spielzugcharakter von Strategie im Konkurrenzgefüge (nach innen und außen) ab. Der Kampf untereinander, der auch (bewusste) List, Tücke oder Winkelzüge umfassen kann, aber auch Domestizierung von Macht oder mikropolitische Aktionen zugunsten des Unternehmenserfolges stehen hier im Fokus. Aus der Warte kollektiver Strategie rekurriert „Ploy“ dann zum Beispiel auf die Gleichzeitigkeit von Konkurrenz und Kooperation in Netzwerken, die es zum Vorteil aller Netzwerkpartner zu kanalisieren gilt.
3. „Pattern“ bezieht sich auf die Vorstellung von Strategie als erkennbares und dauerhaftes Muster bzw. Regelmäßigkeiten von Entscheidungen und Handlungen von Unternehmungen (in Netzwerken), wobei es unerheblich ist, ob diese „Pattern“ intendiert (bewusst) oder emergent (nicht-intendiert) zu Stande gekommen sind.
4. „Position“ bezieht sich auf die Verständnisweise von Strategie als Verortung der betrachteten Einheit (z. B. Geschäftsbereich oder Kooperationspartner) in seiner Wettbewerbsumwelt. Unter Rekurs auf kollektive Strategie umfasst dies beispielsweise die Positionierung innerhalb eines Netzwerkverbundes und somit etwa die zentrale Position eines Netzwerkführers oder die eher periphere Position eines Zulieferers von Standarddienstleistungen, aber auch eine Verortung des Gesamtnetzwerks sowie der einzelnen Netzwerkorganisationen im Wettbewerb zum Beispiel mit anderen Netzwerken.
5. Darauf, dass Strategien auch Weltanschauungen bzw. Interpretationen der Umwelt im Sinne eines „kollektiven Bewusstseins“ darstellen, stellt letztlich der Begriff „Perspective“ ab. Hierunter fallen dann Erscheinungen wie eine dominante Logik ganzer Unternehmen bezüglich der Einschätzung, was etwa die wichtigen Kunden, Konkurrenten oder Kooperationspartner sind und was entsprechend zentrale Aufgaben und Geschäftsbereiche darstellen.

Es ist gut erkennbar, dass diese Klassifikationen von Strategie die oben genannten Strategiemerkmale erfassen und zum Teil bündeln. Üblicherweise wird die Klassifikation von Mintzberg nur zur Abgrenzung von Schulen und Denktraditionen des strategischen Managements herangezogen. Dass diese fünf Verwendungsweisen auch gemeinsam auftreten können, reale Strategien somit mehrere dieser Deutungen zugleich zulassen, geht zumeist unter. Eine umfassende Konzeption von strategischem Management sollte jedoch eine Reihe von (mitunter) heterogenen Deutungsweisen des Strategiebegriffs *integrieren*, um die Mehrdeutigkeit von Strategien in der Praxis abbilden zu können. Aber selbst wenn durch das Konzept eine eher integrative Perspektive eingenommen wird, die Strategie als Amalgam mehrerer der fünf Interpretationen versteht, so wird damit nicht zwangsläufig eine *prozessuale Perspektive* eingenommen. Anders gesagt: die Möglichkeit, die konkrete „Praktizierung von Strategien" (s. den einstimmenden Beitrag) ins Visier zu nehmen, die ja erst die Mehrdeutigkeit sichtbar macht, besteht zwar, sie kann aber ebenso gut durch eine rein (statische) Analyse der Bedingungen etwa der Strategieformulierung und ihren möglichen (statischen) Effekten bei der Strategieimplementierung gänzlich in den Hintergrund gedrängt werden. Eine letzte Problematik liegt darin, dass die Forschung zu den „five p's" insbesondere die Warte von Gesamtunternehmen ins Blickfeld rückt. Erst im Zuge der zunehmenden Aufmerksamkeit, die Netzwerkorganisationen im Rahmen eines „alliance capitalism" (Dunning 1997) erfahren, gerät zunehmend auch die Ebene kollektiver Strategien in den Fokus, jedoch auch hier eher auf der Basis der Differenzierung und nicht der Integration.

Entsprechend soll im Folgenden ein anderer Weg eingeschlagen werden. Ein Weg, der sich ausdrücklich des strategischen Managements von Netzwerken im Verständnis der Praktizierung von Strategie(n) verschreibt, dabei – den spezifischen Anforderungen des FAG-Falles entsprechend – die Bedeutung von relationalen Beziehungen und entsprechenden Ressourcen ins Zentrum der Erklärung stellt und zudem grundlegend auf Inhalte *und* Prozesse von kollektiver Strategieformulierung (z.B. Eruierung und Generierung von ergänzenden Stärken) und kollektiver Strategieimplementierung (z.B. Form und Umsetzung der interorganisationalen Koordination) abstellt. Der „Relational View" (Dyer/Singh 1998) und der Ansatz der „kooperativen Kernkompetenzen" (Duschek 1998) stellen derartige Erklärungsperspektiven bereit.[6] Bevor (zunächst) diese Ansätze kollektiver Strategiebildung am Beispiel der FAG verdeutlicht werden,

6 U.a. verorten auch Müller-Stewens/Lechner (2005, S. 13 f.) ressourcenbasierte Ansätze des strategischen Managements an der „Schnittstelle" zwischen Inhalts- und Prozessforschung. Regnér (2008) zeigt darüber hinausgehend eine Reihe von Gemeinsamkeiten zwischen der „Strategy-as-Process"-Forschung und den eher prozessualen Konzepten der ressourcenbasierten Ansätze des strategischen Managements auf.

erscheint eine kurze Einordnung ins Forschungsfeld so genannter ressourcenorientierter Ansätze des strategischen Managements sinnvoll.

2.2 Ressourcenorientierte Ansätze des strategischen Managements: Zwei Perspektiven auf Unternehmenskooperation

Im Wesentlichen lassen sich zwei miteinander verbundene Ressourcenperspektiven des strategischen Managements unterscheiden (vgl. ausführl. Duschek/Sydow 2002): *zum einen* die primär unternehmens*intern* orientierten Ansätze des strategischen Managements, wie insbesondere der „Resource-based View" (vgl. insb. Barney 1991) und der Kernkompetenzenansatz (vgl. insb. Prahalad/Hamel 1990), und *zum anderen* der im Wesentlichen auf unternehmens*übergreifende* Beziehungen ausgerichtete „Relational View" (vgl. insb. Dyer/Singh 1998) sowie das hiermit eng verbundene Verständnis „kooperativer Kernkompetenzen" (vgl. insb. Duschek 1998). Obgleich diese beiden Ressourcenperspektiven kooperative Unternehmensbeziehungen als strategische Option berücksichtigen, stehen sie sich in ihrer jeweiligen Einschätzung bezüglich des Potenzials zur Generierung von ressourcenbasierten Wettbewerbsvorteilen mittels Kooperationen und somit in ihren konkreten Strategievorschlägen unversöhnlich gegenüber.

Im „*Resource-based View*" (RBV) wird grundlegend davon ausgegangen, dass nur ganz bestimmte Ressourcen Unternehmen in die Lage versetzen, anhaltende Wettbewerbsvorteile zu erzielen. Prinzipiell können „all assets, capabilities, organizational processes, firm attributes, information, knowledge, etc. controlled by a firm that enable the firm to conceive of and implement strategies that improve its efficiency and effectiveness" (Barney 1991, S. 101) zu *strategischen Ressourcen* werden. Damit diese unternehmensintern kontrollierten Ressourcen jedoch zu den „crown jewels" (Montgomery 1995) eines Unternehmens werden, müssen sie ganz besonderen Anforderungen entsprechen, die in der Literatur als *Quellen* und *Imitationsbarrieren* ressourcenbasierter Wettbewerbsvorteile (vgl. z. B. Barney 1991; Grant 1991) oder kurz als VRIN-Kriterien bezeichnet werden. Sie müssen:

- *wertvoll* (*V*aluable) sein, also die Unternehmenseffizienz und/oder -effektivität im Vergleich zu den Wettbewerbern erhöhen, also beispielsweise eine Dienstleistung besser (z. B. schneller und zugleich mit hohem Nutzungswert für die Kunden) und/oder preiswerter anbieten,
- *knapp* (*R*are) bzw. bestenfalls *einzigartig* sein, da Ressourcen, die Wettbewerber ebenfalls besitzen, keine außergewöhnlichen Vorteile ermöglichen können,

- *nicht imitierbar* (Inimitable) sein, wobei dieses Kriterium im Wesentlichen durch die *Historizität* von Unternehmen (Einzigartigkeit der unternehmerischen Entwicklung), die *kausale Ambiguität* (Mehrdeutigkeit der konkreten Ressourcenvorteile) und die *soziale Komplexität* (Interdependenz der strategischen Ressourcen) gebildet werden. Diese drei *Imitationsbarrieren* verhindern, dass Ressourcenvorteile von Wettbewerbern nachgeahmt werden können (vgl. etwa Reed/DeFillippi 1990),
- *nicht substituierbar* (Non-Substituable) sein, d.h. es dürfen keine alternativen Ressourcen bei Konkurrenzunternehmen existieren, die eine vergleichbare Performance erbringen könnten.

Eine spezifische Bezeichnung und Heraushebung unternehmensinterner strategischer Ressourcen wird mit dem Begriff der *Kernkompetenzen* gefasst. Dieser in der Praxis populäre, allerdings oft nicht wirklich verstandene Begriff stellt im Wesentlichen auf die gleichen Quellen und Imitationsbarrieren ressourcenbasierter Wettbewerbsvorteile ab, hebt zusätzlich jedoch die *prozessualen* und *integrativen* Zusammenhänge der Generierung und Aufrechterhaltung von Geschäftsbereiche und strategische Geschäftseinheiten überspannenden Ressourcen hervor und fokussiert hierbei vornehmlich technische Fähigkeiten von Unternehmen als Kernkompetenzen (vgl. insb. Prahalad/Hamel 1990).

Die Möglichkeit der Entstehung und Aufrechterhaltung von Kernkompetenzen sowie der die VRIN-Kriterien erfüllenden strategischen Ressourcen wird *ausschließlich im Rahmen von hierarchischen Organisationen* verankert – konkret im Rahmen geschäftsbereichsübergreifender Zusammenarbeit und Ressourcenvernetzung. Nicht-hierarchischen Organisationsformen, also zum Beispiel Unternehmensnetzwerken, wird hingegen prinzipiell das Potenzial zum Aufbau lang anhaltender kompetenzbasierter Wettbewerbsvorteile abgesprochen. Grundlage dieser Annahme ist, dass im Rahmen von kooperativen Beziehungen – und im Gegensatz zur Hierarchie – nur ungenügende Kontroll-, Steuerungs- und Anreizmechanismen zur Verfügung stehen, die zum Aufbau (Quelle) und zum Schutz (Imitationsbarriere) von strategischen Ressourcen vonnöten sind. In Bezug auf die Entstehung und Aufrechterhaltung von Kernkompetenzen bietet sich für kooperative Beziehungen somit nur eine sinnvolle strategische Option an, das „Outlearning“ (Hamel 1991), also eine Kooperation mit dem Ziel des Erwerbs bzw. der Internalisierung von (Kern-)Kompetenzen der Kooperationspartner. Die erlernten Kompetenzen können dann *intern* (hierarchisch kontrolliert) zu unternehmenseigenen und einzigartigen Kompetenzen bzw. zu lang anhaltenden Ressourcenvorteilen weiterentwickelt werden. Eine partnerschaftliche Zusammenführung von Erfolgspotentialen mit dem Ziel, *innerhalb* des institutionellen Arrangements „Netzwerk" einzigartige und nachhaltige Ressourcenvorteile zu schöpfen, und zwar sowohl für die Einzelunternehmung im Netzwerk als auch für das Netzwerk als Ganzes, ist in dieser Argumentationslogik nicht vorgesehen (vgl. dazu ausführlich Duschek 2004). Stattdessen ist „Lernen von den Partnern (...) oberstes Gebot" (Hamel et al. 1989, S. 88). Kooperationen sind „races to learn" bzw. „competitive collaborations" (Hamel 1991). Entsprechend kann festgehalten werden, dass „all resource-based analysis has been moving on a strict firm level. For example, the possibility that firms may develop valuable assets in dyadic relationships, assets that may benefit both of the collaborating parties, has not been investigated, in spite of its prominence in much recent literature on, for example networks and innovation" (Foss/Ericsen 1995, S. 47).

Genau in diese Lücke stößt der *„Relational View"* (RV). Der RV stellt der hierarchiezentrierten Logik kompetenzbasierter Wertschöpfung die Annahme entgegen, dass auch Kooperationen ein ressourcenbasiertes Eigenpotenzial der strategischen Wertschöpfung aufweisen können: Auch im Rahmen interorganisationaler Beziehungen, so die zentrale Argumentation des RV, sind lang anhaltende Wettbewerbsvorteile auf der Basis so genannter *relationaler Ressourcen* grundsätzlich möglich. Relationale Wettbewerbsvorteile können sich immer dann einstellen, wenn Netzwerkunternehmen (materielle und immaterielle) Ressourcen austauschen bzw. in unternehmensübergreifende Ressourcenbeziehungen investieren und hierbei Steuerungs- und Kontrollmechanismen nutzen, die die Koordinations- oder Transaktionskosten senken und/oder die Realisierung von „added value" durch eine synergetische Kombination von Partnerressourcen zulassen (vgl. Dyer/Singh 1998, S. 662). Die grundlegenden Unterschiede des RV zum RBV sind also, dass der primäre „Ort" der Entstehung und Aufrechterhaltung von lang anhaltenden Wettbewerbsvorteilen das *Netzwerk* – und nicht die Einzelunternehmung – und die generelle Grundlage dieser Vorteile *Netzwerkressourcen* – und nicht Unternehmensressourcen – darstellen (vgl. dazu auch Gulati 2007).

Adäquat zum RBV und zum Kernkompetenzenansatz macht auch der RV spezifische Quellen der Entstehung sowie Barrieren der Imitation von ressourcenbasierten Wettbewerbsvorteilen aus. Der RV stellt jedoch konsequent auf Quellen und Imitationsbarrieren von „relation-specific rents" (Dyer/Singh 1998) bzw. von „kooperativen Kernkompetenzen" (Duschek 1998) ab.

Zu den *Quellen* relationaler bzw. kooperativer Wettbewerbsvorteile zählen:

- Komplementäre Ressourcen und Kompetenzen (relationale Synergieeffekte),
- beziehungsspezifische Ressourcen (relationale Ressourcenspezifität),

- interorganisationale Routinen für den Austausch und die Kombination von Wissen und
- effektive Netzwerksteuerung.

Zu den *Imitationsbarrieren* von in Kooperationen etablierten relationalen Ressourcenvorteilen werden gerechnet:

- Wechselseitige Verknüpfungen interorganisationaler Ressourcen,
- Knappheit an Netzwerkpartnern (first mover advantage),
- mangelnde Teilbarkeit von Ressourcen und
- globale institutionelle Rahmenbedingungen.

Je stärker die einzelnen Quellen und Barrieren der Imitation ausgeprägt sind und je stärker sie im Zusammenspiel auftreten, desto größer ist die Chance für die beteiligten Unternehmungen, mittels des Netzwerks dauerhafte relationale Wettbewerbsvorteile zu erzielen.

Anhand des durch die FAG strategisch geführten Netzwerks lassen sich die Grundidee sowie ausgewählte Quellen der Entstehung sowie Barrieren der Imitation von kooperativen Kernkompetenzen exemplarisch aufzeigen. Überdies wird hierdurch eine zentrale Praxis der Formulierung und Implementierung der kollektiven Strategie im Dienstleistungsnetzwerk der FAG deutlich.

2.3 Relationale Wettbewerbsvorteile im Dienstleistungsnetzwerk: Die Grundideen

Um gezielt auf heterogene Kundenanforderungen reagieren zu können, bedient sich die FAG einer Geschäftsbereichsorganisation, die von Zentralbereichen strategisch ergänzt wird, um neben den Spezialisierungsvorteilen der einzelnen Geschäftsbereiche und strategischen Geschäftseinheiten auch übergreifende Synergie- und Skaleneffekte zu gewährleisten (s. grundlegend auch Kapitel 1 in diesem Band sowie noch einmal Abb. 1). Die derartig vertikal tief integrierte und intern ausdifferenzierte Organisation der FAG wird jedoch insbesondere zur langfristigen Entwicklung neuer Technologien und Verfahrensweisen der zahlreichen aufeinander abzustimmenden Bodenverkehrsdienstleistungen durch eine *kollektive Ressourcenstrategie der Netzwerkbildung* ergänzt und komplettiert. Ein dauerhaft erfolgreicher Wettbewerb des Frankfurter Flughafens wäre ohne ein erfolgreiches strategisches Management der Generierung relationaler Ressourcen- und Kompetenzvorteile kaum denkbar, da die Wettbewerbsvorteile ganz entscheidend auf der anhaltenden Innovationsfähigkeit basieren, die dieser kollektiven Strategie entstammen.

Die FAG setzt im Wesentlichen auf zwei eng miteinander verbundene kollektive Strategien innovations- und kompetenzbasierten Managements:

1. eine *langfristige Nutzung* der komplementären Ressourcen und Kompetenzen der Kooperationspartnern und
2. eine Entwicklung von *relationalen Kompetenzen.*

Das Management der FAG ist sich der Besonderheit und der (vermeintlichen) Gefahr einer derartigen kollektiven Strategie zwar bewusst, jedoch rechnet sie ebenso bewusst nicht mit einer egoistischen Aneignung von (Kern-)Kompetenzen der jeweiligen Partner untereinander. Eine Strategie des „Outlearnings", wie es die auf die Erzielung interner Ressourcenvorteile ausgerichteten ressourcenbasierten Ansätze des strategischen Managements empfehlen, erscheint der FAG als eine inzwischen überwundene und sogar fehlgeleitete Strategie:

> „Also, wer heute behauptet, dass er alleine bestehen kann, hat verloren, weil die Technologiesprünge, die Innovationssprünge insbesondere im Bereich Informationstechnik und Kommunikation – auch im Fall der Gepäckförderanlagen – nicht mehr allein machbar sind. Von daher wäre das der falscheste Weg. (...) Früher habe ich die Unternehmen erlebt, dass jeder Angst hatte, Know-how preiszugeben. Das war eine typische Erfahrung, und man ließ sich nicht in die Karten schauen und schaute danach, sich stärker abzugrenzen. Das ist in solch komplexen Projekten, wie das beispielsweise auch die Gepäckförderanlagen sind, schon sehr früh aufgegeben worden, da es nicht zum Erfolg führte" (MA6).

> „Und wenn man das zum Ziel hat, dann muss man sich ein ganzes Stück weit öffnen und auch den Hersteller relativ weit in diesen Kernprozess hineinschauen lassen. Und damit kommt man zwangsläufig auch auf eine strategische Ebene" (MA8).

Das im originären Kernkompetenzenansatz im Sinne kurzfristiger und ausschließlich auf einzelunternehmerische Wertgenerierung verstandene Potenzial von Kooperationen wird im Rahmen des strategischen Netzwerkmanagements der FAG somit durch eine kooperative Wertgenerierung mittels Unternehmensgrenzen überschreitender Beziehungen ersetzt. Ein gewisses Maß an Offenheit und Öffnung üblicherweise innerhalb der Grenzen einer Unternehmung verschlossener Prozesse ist hierzu notwendig.

Diese kollektive Strategie – der Öffnung der Grenzen und des Austauschs wettbewerbsrelevanten Wissens – wird sogar verfolgt, obwohl es sich bei den Netzwerkbeziehungen zumeist um *Projektbeziehungen* handelt, die aufgrund ihrer zeitlichen Begrenzung egoistische bzw. opportunistische Defektions-Strategien (betrügerische, nicht-kooperative Strategien) durchaus rational erscheinen lassen, wie es besonders die Spieltheorie lehrt (vgl. etwa Wurche 1994). Dieser Strategie stehen jedoch gute Gründe entgegen. Die Praxis der Projektorganisation zeigt nämlich, dass Projekte bzw. genauer: „Projektnetzwerke" (Sydow/Windeler 1999), in denen projektbezogen und projektübergreifend kooperiert wird, mehr als nur temporäre Systeme darstellen und oftmals über „einmalige Spiele" hinausreichen,

> „(...) weil es ein iterativer Prozess ist: Es wird ein Projekt erfolgreich abgeschlossen, dann entsteht sofort ein Folgeprojekt oder aus der üblichen Notwendigkeit entstehen Folgeprojekte und dann liegt es natürlich nahe, mit denen zusammenzuarbeiten, mit denen man sich dieses Know-how gemeinsam erworben hat und es natürlich auch kontinuierlich weiterpflegt und weiterentwickelt" (MA8).

> „Wir arbeiten zum Teil mit den Unternehmen schon seit 1980 zusammen" (MA7).

Neben dieser prozessualen Praxisperspektive trägt ein weiterer Punkt zur Latenz von Projektbeziehungen im Netzwerk der FAG bei: Die Netzwerkpartner haben jeweils derart „spezifische Fähigkeiten, die wir uns auch gar nicht aneignen wollen" (MA7), wie ein Mitarbeiter der FAG erklärt. Stattdessen ist es eher so, dass man „erst voneinander lernt, und mit der Zeit wird es ein Miteinander", denn nur hierdurch „entsteht auch für alle Seiten ‚added value' und auch der Zugewinn an Kompetenz oder der Zugewinn an Ideen und umsetzbaren Lösungen" (MA6). Die Praxis und Grundidee der kooperativen Zusammenarbeit in den Innovationsprojekten der FAG werden folglich getragen durch eine Strategie der dauerhaften, projekt*übergreifenden* und *-interdependenten* Verknüpfung von unternehmensinternen Kompetenzen der FAG und den externen Kompetenzen der Technologiepartner und Luftverkehrsgesellschaften. Erst die fortwährenden kompetenzbasierten Verknüpfungen ermöglichen es der FAG, dauerhaft innovative Verfahren und Technologien zu entwickeln. Eine jeweils unabhängige und egoistische Nutzung interner und externer Kompetenzen hätte dieses strategische Potenzial nicht generieren können.

Die Erreichung des Ziels, langfristig angelegte Wettbewerbsvorteile im Rahmen von Kooperationen anzustreben, bedingt eine grundlegende konzeptionelle Erweiterung des Referenzsystems des originären Kernkompetenzenansatzes: Das Bezugssystem *Einzelunternehmen* wird auf das *Netzwerk* ausgedehnt. Während im System der Einzelunternehmen, laut Kernkompetenzenansatz, insbesondere die strategischen Geschäftseinheiten der Unternehmung durch Bereichsgrenzen überschreitende Lern- und Synergieprozesse für den Entstehungsprozess der Kernkompetenzen verantwortlich zeichnen, zeichnen im Netzwerk darüber hinausgehend

- die unternehmungsübergreifenden kompetenzbasierten Synergieprozesse zwischen den einzelnen Netzwerkunternehmungen sowie
- das interdependente Zusammenwirken von geschäftsbereichsübergreifenden und unternehmungsübergreifenden Prozessen

für den Entstehungsprozess von Kernkompetenzen verantwortlich. Die in diesem System der internen und externen Ressourcenverkopplung sich herausbildenden Kompetenzen, die dauerhaft Wettbewerbsvorteile generieren, sind schon oben als „kooperative Kernkompetenzen" (Duschek 1998) bezeichnet worden. Kooperative Kernkompetenzen sind dabei stets Resultat und Medium einer angemessenen Gestaltung der Qualität der Netzwerkbeziehungen (vgl. dazu auch Sydow/Duschek 2011, S. 31 ff.).

Das Potenzial kooperative Kernkompetenzen zu entwickeln, entsteht im hier betrachteten Fall in einem zum Teil schon seit mehren Jahrzehnten existierenden Innovationsnetzwerk, welches sich aus der FAG, einer im Wesentlichen stabilen Gruppe von Technologieherstellern sowie der Lufthansa als bedeutendsten Endanwender zusammensetzt. In dieser Zeit entstand kontinuierlich eine große Anzahl innovativer, flughafenbezogener (Dienstleistungs-)Produkte, die weltweit Standards setzen und sowohl den einzelnen Unternehmungen als auch dem Dienstleistungsnetzwerk der FAG strategische Wettbewerbsvorteile ermöglichen. Ein typisches Beispiel hierfür ist die inzwischen weit über 30 Jahre alte und 74 km (!) lange Gepäckförderanlage, die nicht nur weltweit die erste, einen gesamten Flughafen abdeckende Förderanlage war, sondern auch heute noch, durch ständige Weiterentwicklung im Netzwerk, eine der effektivsten Gepäckförderanlagen darstellt.[7] Ein weiteres Beispiel ist das „Baggage Reconciliation System", ein Gepäcksicherheitssystem, das seit einigen Jahren zum internationalen Standard avancierte und inzwischen weltweit eingesetzt wird (z.B. in London-Heathrow, Manchester, Wien und Singapur).

Diese beiden Produkte sind nur als zeitliche Eckpunkte der kooperativen Innovationsgeschichte einer Vielzahl von kumulativ aufeinander aufbauenden

---

7 Erst im Oktober 2008 wurde der FAG und der Lufthansa der Deutsche Logistik-Preis für das Gemeinschaftsprojekt „Integrierte Passagier- und Gepäcklogistik am Aviation-Hub Frankfurt/Main" verliehen (vgl. z.B. http://www.fraport.de/content/fraport/de/kompetenzen/aviation-services/ground-services.html, Zugriff am 17.12.2012.)

Projekten des Innovationsnetzwerks der FAG zu verstehen. Die Basis für die Entwicklung der innovativen Informations-, Kommunikations- und Transportsysteme verkörpert indes die im Netzwerk verankerte *kooperative Kernkompetenz* immer wieder innovative (Boden-)Verkehrsdienstleistungssysteme zu entwickeln. Deren Grundlage wiederum stellt ein komplexes Management des Zusammenspiels interner und unternehmensübergreifender Kompetenzen dar, welches im Folgenden ausführlicher dargestellt werden soll.

2.4 Der relationale Wertschöpfungsprozess in der Praxis: Rekursive Kompetenzbeziehungen

Das Management der FAG geht bei der Entwicklung von flughafenbezogenen Innovationen prozessorientiert vor. Austauschprozesse, die die Entwicklung von Innovationen betreffen, „durchfließen" quasi die horizontalen und vertikalen Geschäftsbereichs- und Abteilungsgrenzen und überwinden diese. Die für Innovationen notwendigen Ressourcen der Gesamtunternehmung werden auf diese Weise miteinander verbunden und Synergien ermöglicht. In die internen Ressourcenströme und Synergiebeziehungen integriert werden *zusätzlich* ausgewählte Kunden der innovativen Produkte (insb. Lufthansa) sowie Lieferanten bzw. Hersteller von Technologien (s. oben). Das Koordinationszentrum der Ressourcenbeziehungen bildet das Netzwerkmanagement der FAG

> „immer genau dann, wenn es sich um Individualentwicklungen handelt, also wenn es keine Projekte sind, wo man ein am Markt befindliches Produkt einfach kauft und implementiert. Da kann es sein, dass wir keine Führung übernehmen. Aber bei Individualentwicklungen hat immer die FAG die Führungsrolle" (MA8).

Der Grund, die *operative Führung* durch die FAG im Innovationsnetzwerk festzuschreiben, liegt an eigenen leidvollen Erfahrungen:

> „Wir haben einmal den Fehler gemacht, als Auftraggeber, der Firma X einen Auftrag gegeben zu haben (…) und der Firma Y. Jetzt haben beide Firmen trefflich vor sich hin gearbeitet, zusammengekommen sind sie dazu aber nicht. (…) Es fehlte dann die Koordination" (MA7).

> „Aus unserer Erfahrung ist es so, dass wir auf jeden Fall steuernd eingreifen (…). Das ist dann stets sehr zentral, zu dem ganzen Netzwerk" (MA9).

Die *strategische Führung* im Netzwerk zu übernehmen, liegt hingegen nicht einzig an der zentralen Position der FAG im Gesamtnetzwerk, sondern daran, dass das „materielle“ Ziel der einzelnen Innovationsprojekte im Netzwerk zwar die jeweilige Entwicklung von spezifischen innovativen Bodenverkehrsdienstleistungssystemen darstellt, jedoch aus der Sicht des strategischen Netzwerkmanagements der FAG die *kontinuierliche Entwicklung und Sicherstellung der Innovations- und Wettbewerbsfähigkeit im Netzwerk* im Mittelpunkt steht. Projektbeziehungen werden im Innovationsnetzwerk der FAG ja ausdrücklich nicht einfach temporär angelegt, sondern wo möglich als iterative, einzelne Projekte überspannende Innovationssysteme aufgebaut, die auf eine dauerhafte Kombination und Transformation komplementärer interner und externer Kompetenzen ausgerichtet werden.

Im Kern baut diese langfristige Ressourcenstrategie zunächst auf der Notwendigkeit der *kooperativen Verknüpfung komplementärer Ressourcen der Kooperationspartner* auf, die im RV als eine Quelle der Generierung relationaler Wettbewerbsvorteile gefasst wird. Um eine Notwendigkeit handelt es sich insofern, als (zunächst) die Überwindung fehlender Kompetenzen der einzelnen Netzwerkpartner im Zentrum der Ressourcenverknüpfung steht, da beispielsweise „den Mitarbeitern der Technologieunternehmen das ganze verkehrstechnische Know-how fehlt, das die FAG seit 30 Jahren aufgebaut hat“ (GWS3). Darüber hinausgehend geht es jedoch auch um den Aufbau neuartigen gemeinsamen Wissens, also um eine *Entwicklung beziehungsspezifischen Wissens*, welches eine weitere Quelle relationaler Wettbewerbsvorteile darstellt:

> „Beide lernen voneinander, der eine in der Technologie und der andere in den betrieblichen Prozessen, und aus diesem gemeinsamen Lernen und Befruchten entstehen innerhalb des Projekts oder innerhalb der Projektphasen neue Ideen, wie man etwa bestimmte Dinge umsetzt“ (MA6).

Zudem wird aus strategischer Perspektive der FAG darauf geachtet, dass die Ressourcenbeziehungen im Netzwerk einen möglichst „iterativen Prozess“ entfalten. Denn es liegt „nahe, mit denen zusammenzuarbeiten, mit denen man sich dieses Know-how gemeinsam erworben hat und es natürlich auch kontinuierlich weiterpflegt und weiterentwickelt“ (MA8). So kann man im Sinne des RV auch von einer Strategie der *Co-Spezialisierung* bzw. der *wechselseitigen Verknüpfung von Ressourcen* sprechen, die als eine wesentliche Imitationsbarriere im Konkurrenzkampf angesehen wird.

Der fortlaufende, iterative Innovationsprozess ist jedoch noch durch eine weitere Qualität gekennzeichnet: er ist in seinem konkreten Verlauf ein ungeplanter bzw. emergenter Prozess. Allerdings hat sich dieses inzwischen dauerhaft akzeptierte Merkmal der Projektorganisation erst langsam zu einem übergeordneten Prinzip der strategischen Netzwerkführung durchgesetzt. Der Ursprung lag indes einmal mehr in der Praxis gescheiterter Projekte:

> „Es gibt keinen festen Projektrahmen, wo wir sagen, wir denken das ganze Projekt von vorn bis hinten durch, das können Sie vergessen (...). Wir haben solche Projekte schon gemacht (...). Beispielsweise das Projekt A, das wir hier mal begonnen haben im Jahre 1980. Das ist so gelaufen, weil wir nicht diejenigen waren, die auf den Projektablauf Einfluss haben nehmen können. Da waren Leute dabei von verschiedenen Firmen (...), die haben eine ganz spezielle Projektvorgehensweise gewählt, die dann auch zum Schiffbruch geführt hat. Die wollten das Projekt von vorne bis hinten genau, mit den Inhalten, bis ins kleinste, zum Beispiel in Netzplanreihen, beschreiben. Deshalb sind wir auch gescheitert" (MA7).

Diese bewusste Offenheit des Innovationsprozess im Netzwerk kann durchaus als *effektive Netzwerksteuerung* der FAG gefasst werden, die sich zunehmend in der Praxis und Forschung als inkrementaler Ansatz des Innovationsmanagements durchsetzt (vgl. für viele Hauschildt/Salomo 2010).

Aus der strategischen Perspektive der Netzwerksteuerung geht es im Kern um die Entfaltung eines Prozesses, der hier als *„Kompetenzrekursionen"* (Duschek 1998) bezeichnet werden soll. Um diesen Prozess beschreiben zu können, muss man zwischen internen und externen Kompetenzquellen sowie internen und unternehmensübergreifenden Kompetenzrekursionen unterscheiden. Unter *internen Kompetenzquellen* sind ausdifferenzierte Sach- und Fachkompetenzen unterschiedlicher Abteilungen, strategischer Geschäftseinheiten und Geschäftsbereiche eines Unternehmens zu verstehen, die – im hier betrachtete Fall – zur Entwicklung im Innovationsnetzwerk und anschließenden Umsetzung der Innovationen im Dienstleistungsnetzwerk der FAG benötigt werden (s. Abb. 3).

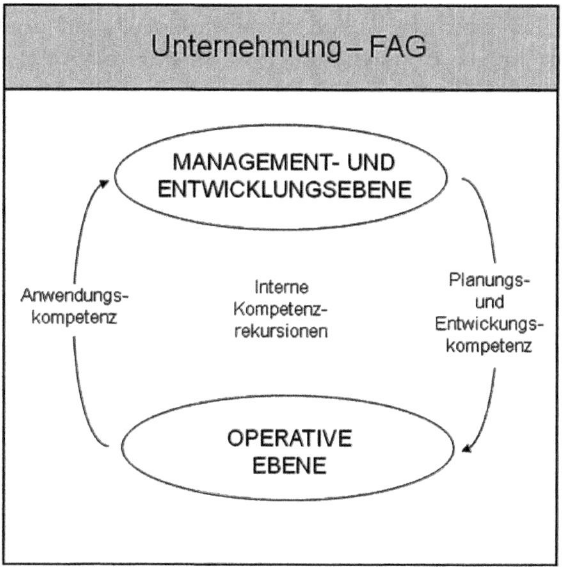

Abbildung 3 Interne Kompetenzrekursionen am Beispiel der FAG

Hierbei bringt jeder „Bereich" seine komplementären (Teil-)Kompetenzen ein: betriebliche Praktiker der FAG etwa ihr Erfahrungswissen des täglichen Anwendens von Flugzeugabfertigungstechnologien unter extremen räumlichen und zeitlichen Restriktionen, Ingenieure und Funktionsmanager beispielsweise ihre Fachkompetenzen in Bezug auf spezielle Gepäckabfertigungs- oder Flughafensicherheitsverfahren und Produkt- bzw. Objektmanager zum Beispiel Planungs- und Steuerungskompetenzen von Innovationsprojekten. Die in eine Produkt- oder Prozessinnovation einfließenden Kompetenzen stellen immer ein in der Interaktion zwischen den Teilgruppen entstandenes Bündel an Kompetenzen dar. *Interne Kompetenzrekursionen* meint dann den konkreten inkrementalen Aushandlungs- und Umsetzungsprozess zwischen betrieblichen Anwendern und Systemingenieuren sowie Managern aus den betroffenen Geschäftsbereichen und strategischen Geschäftseinheiten der FAG.

Zu diesen internen Kompetenzquellen und -rekursionen treten im Fall der Innovationskooperation *externe Kompetenzquellen*, etwa die von den Technologieunternehmungen sowie der Lufthansa eingebrachten Wissensbestandteile, Ressourcen und Fähigkeiten. Die primären organisatorischen Zentren der Verknüpfung und Koordination interner und externer Kompetenzen stellen die vom Netzwerkmanagement eingesetzten und von der FAG strategisch geführten Netzwerkprojekte auf unterschiedlichen Ebenen dar (s. Abb. 4). Diese Zentren fungieren als *Gremien bzw. Steuerungsorgane eines effektiven Netzwerkmanagements* und bilden den Nukleus der *unternehmensübergreifenden Kompetenzrekursionen*. In ihnen werden Mitarbeiter unterschiedlicher hierarchischer Ebenen der an dem Entwicklungsprojekt beteiligten Partnerunternehmungen einbezogen. Es handelt sich bei den Ebenen (hierarchisch geordnet) um den IT-Steuerkreis, Projektlenkungsausschüsse, Projektworkshops und letztlich die Projektausschüsse, „wo dann die reinen Sach- und Fachfragen auf der reinen Fachebene geklärt werden" (MA8).

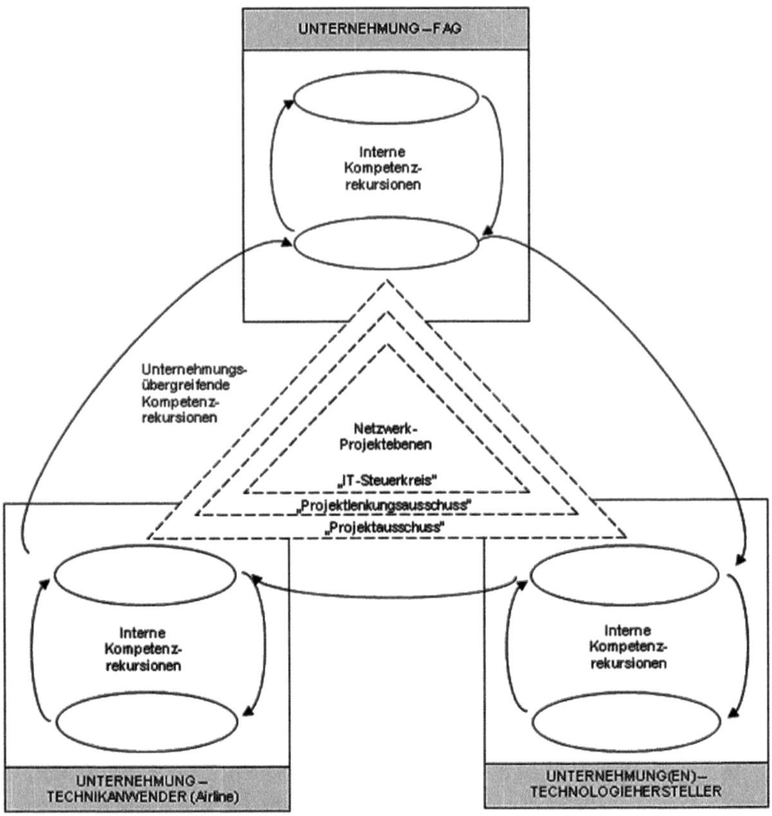

Abbildung 4 Kompetenzrekursionen und Projektsteuerung im Innovationsnetzwerk der FAG (Quelle: Duschek 1998, S. 234, leicht verändert)

Es ist leicht ersichtlich, dass es im Rahmen dieses Prozesses zu einer intensiven *wechselseitigen Verknüpfung organisationaler und interorganisationaler Ressourcen* kommt, die eine ganz außergewöhnliche Barriere der Imitation aufbaut. In den mannigfaltigen Kompetenzrekursionen entsteht ein eng geflochtenes Netzwerk an Ressourcenbeziehungen und neuartigen Ressourcen und Kompetenzen, das schwerlich imitierbar ist. Tatsächlich kristallisieren sich in diesem Prozess auch die aus dem RBV bekannten Imitationsbarrieren – Historizität, kausale Ambiguität, und Ressourceninterdependenz – heraus, gleichwohl auf einem höheren Aggregationsniveau (vgl. prinzipiell auch Dyer/Singh 1998). Darüber hinaus kommt es im Rahmen der wiederkehrend durchgeführten Projektorganisation zur Verknüpfung von internen und externen Kompetenzen durch unternehmensübergreifende Kompetenzrekursionen, was faktisch zu einer *Unmöglichkeit der Teilbarkeit der interdependenten Ressourcen* bei gleichzeitiger Aufrechterhaltung der Wettbewerbsvorteile führt – und im RV eine weitere Barriere der Imitation darstellt.

In den (interorganisationalen) Projektausschüssen, als exemplarischem Beispiel der Funktionsfähigkeit der Netzwerksteuerung, treffen sich in regelmäßigen Abständen (oftmals wöchentlich) Mitarbeiter der beteiligten Unternehmungen. Zumeist handelt es sich hierbei um Ingenieure und Manager aus dem mittleren Management, jedoch werden (auch hier) Mitarbeiter der betrieblichen (operativen) Ebene der Anwender (auch der Luftverkehrsgesellschaften) involviert. Gerade letzteres scheint für den Erfolg der materiellen Verkörperungen der Kompetenzrekursionen, der neuartigen Produkte, von außerordentlicher Bedeutsamkeit – und zwar sowohl in Hinsicht auf deren grundsätzliches Innovationspotenzial als auch in Bezug auf deren Einbettung in die späteren Praxisabläufe. Bei Innovationsprojekten muss nämlich immer auch die „Transmission der Innovation auf Routine" (Ortmann et al. 1990, S. 469) bedacht werden: Hierbei gilt es zu erwartende Ablehnungshaltung der Anwender gegenüber Neuerungen von vornherein abzufedern, um einen möglichen Widerstand der Betroffenen bezüglich der Implementation der Innovation zu vermeiden. Im potenziellen Widerstand besteht eine ganz erhebliche und viel zu oft unterschätzte Machtressource der Anwender, die selbst sachlich notwendige und fachlich ausgezeichnet umgesetzte Innovationen scheitern lässt. Insofern gilt es, neben dem üblichen Verständnis von Ressourcen im Sinne spezifischer Kompetenzen (z. B. Fach- und Sachwissen) Ressourcen immer auch in ihrer insbesondere von der Strukturationstheorie betonten *Machtdimension* zu berücksichtigen (s. dazu Kapitel 1 sowie später ausführlich). Nur wenn sich dieser Doppelcharakter von Ressourcen als Wissens- *und* Machtressource in den Überlegungen der Entstehung von Innovation, also in dem Netzwerkmanagement, widerspiegelt, können Ansprüche auch der operativen

Ebenen effizient in den Innovations- und Kompetenzentwicklungsprozess integriert werden. In der Praxis der Netzwerksteuerung der FAG hat sich hierzu eine fundamental wichtige *interorganisationale Routine für den Austausch und die Kombination von Wissen* herausgebildet, die aus der Perspektive des RV eine wesentliche Quelle relationaler Wettbewerbsvorteile darstellt:

> „(…) Wir haben dann angefangen, den Weg der kleinen Schritte zu gehen (…). Der ganze Prozess [des Betriebsablaufs] ist für uns klar und transparent. Wir wissen, zu welchem Zeitpunkt des Prozesses welche Aktionen laufen und wie die verbunden sind mit den EDV-Systemen. (…) Was wir immer gemacht haben, bei allen Projekten: Wir haben *alle* Entscheidungsträger, *alle* Know-how-Träger mit einbezogen. Außerdem gibt es kein System bei uns, wo nicht die Mitarbeiter, die später mit diesen Systemen arbeiten, voll integriert waren. Da haben Einsatzleiter gesessen, sehr schwierige Leute, die kein EDV-Verständnis hatten, die noch überhaupt keine Ahnung hatten, die ablehnend waren, die keine Akzeptanz für EDV-Systeme gefunden haben – das sind ja auch immer Rationalisierungsprojekte, die wir da machen, ganz klar. Und wir haben ‚Prototyping' gemacht, wir haben also richtig an den Systemen geübt, weiterentwickelt, wir haben uns dann abgestimmt und mit den Leuten gemeinsam entwickelt, so dass wir Schritt für Schritt und sehr, sehr schnell Entwicklungsstufen erreicht haben, mit denen man dann in den Betrieb gehen kann" (MA7).

> „Der wesentliche Vorteil hierbei ist, dass wir die Leute mit in die Entwicklung von Anfang an einbezogen haben. Und aus dem Grunde wird denen das Produkt nicht fertig vorgegeben, sondern man beteiligt sie sehr intensiv daran, so dass der Widerstand gegen das Altgewohnte gemäßigt wird" (MA10).

Aufgrund dieser sehr bedeutsamen und grundsätzlich immer vorhandenen Widerstandsmöglichkeit der (späteren) Technologieanwender, die man strukturationstheoretisch auch als „dialectic of control" bezeichnen kann (s. Kapitel 1), ist es folglich *doppelt wichtig*, dass im Rahmen des von der FAG geführten Innovationsnetzwerks „in der Regel die Kompetenzen schon aus dem Betrieb heraus entstehen" (MA6) und in einem transparenten Steuerungsprozess der frühzeitigen Einbindung aller Prozessbeteiligten gebündelt werden.

Die unterschiedlichen Ebenen in den Netzwerkprojekten stellen letztendlich das Herzstück der Entstehung kooperativer Kernkompetenzen im Netzwerk dar, also der dauerhaften Fähigkeit, innovative (Boden-)Verkehrsdienstleistungssysteme für den Frankfurter Flughafen zu entwickeln. Zum einen sind sie die Orte, in denen interne und externe Kompetenzen und Ressourcen in rekursiven Prozessen interdependent kombiniert und gebündelt werden. Und zum anderen stellen sie das koordinative Steuerungs- und Kontrollzentrum aller Kompetenzbeziehungen dar.

Um in den verschiedenen Gremien der Netzwerkebenen dauerhaft Wettbewerbsvorteile ermöglichen zu können, bedarf es einer besonderen *institutionellen Rahmenordnung der Netzwerksteuerung*, die im Idealfall koordinations- bzw. transaktionskostensenkend wirkt und sich beispielsweise in (informellen) „self-enforcement-governance mechanisms“ ausdrückt. Das entspricht zum Beispiel, in „Vorleistungen zu treten, die nicht im Vertrag stehen“ (MA7). Derartige Steuerungsstrukturen können sogar zu so intensiven Beziehungen zwischen den beteiligten Partnern führen, dass sie die alltägliche Arbeit im eigenen Unternehmen in den Hintergrund drängt:

> „In den Projektphasen sind die Mitarbeiter dann, und ich habe es selbst auch erlebt, als ich in solchen Projekten mitgearbeitet habe, man ist mehr mit dem Projekterfolg verbunden, als mit eigenen Dingen im Unternehmen, die dann weit weg sind“ (MA6).

Im Zeitablauf drückt sich dieser Prozess, der alle Prozessbeteiligten eng aneinander koppelt, in beständigen Rückkopplungsschleifen und Überschneidungen von internen und unternehmungsübergreifenden Kompetenzbeziehungen, aktuellen und neuen Projekten, Prototypenentwicklung, -testeinsatz und -weiterentwicklung aus. In diesem Austausch- und Handlungsprozess werden kontinuierlich explizites und implizites Wissen produziert und reproduziert sowie technische und kaufmännische Leistungsdaten dargestellt, ergänzt, überprüft und wieder eingebracht. Grundsätzlich handelt es sich aufgrund der beständigen Fortführung des Prozesses um eine Organisationsform der Kompetenzen, die sehr routinisiert abläuft:

> „Das ist ja ein ständiger Prozess. Das ist nichts, wo man sagt: ‚Ja, die treffen sich halt ab und zu mal und reden darüber und dann passiert mal irgendwie was.‘ Das ist ja ein ständiger Prozess. Wir haben feste Termine. Jede Woche einen Termin, das sind regelrechte festgelegte Routinetermine und Routineabläufe. So machen wir das mit allen Projekten“ (MA7).

Die hier (wieder) zum Ausdruck kommende interorganisationale Routine für den Austausch und die Kombination von Wissensbeständen begünstigt überdies die Entstehung einer weiteren Quelle relationaler Wettbewerbsvorteile: die *Entwicklung beziehungsspezifischer Ressourcen*. Diese Wettbewerbsvorteilsquelle drückt sich im Fall des Innovationsnetzwerks der FAG zum Beispiel in einer relationalen „human asset specificity" aus, die auch im Rahmen des RV hervorgehoben wird: ein wichtiger Bestandteil davon ist eine „gemeinsame Sprache" der Kooperationspartner (vgl. auch Dyer/Singh 1998, S. 662).

Um das Innovationspotential *zusätzlich* auszudehnen, sorgt das Netzwerkmanagement der FAG dafür, dass gelegentlich immer wieder neue Technologieunternehmungen ins Netzwerk integriert werden. Diese Unternehmungen bringen im Idealfall komplementäre und neuartige Kompetenzen in das etablierte Netzwerk ein. Die Integration neuer Technologieunternehmungen erfolgt gleichwohl zunächst ausschließlich im Rahmen von Einzelprojekten. Diese scheinbare Abkehr von der Grundidee der „mehr als temporären" Projektorganisation hat entscheidende Gründe: Die neuen Partner müssen sich einerseits in diesen Projekten bewähren, d.h. sie werden in Bezug auf ihr *komplementäres Ressourcenpotenzial* – als zentraler Quelle relationaler Wettbewerbsvorteile – in praktischer Zusammenarbeit überprüft. Das umfasst immer auch eine Überprüfung in Hinsicht auf die Anschlussfähigkeit im Sinne eines „(inter-)organisationalen und (inter-)kulturellen Fits", der aus der Perspektive des RV neben einem komplementären Fit technologischer Kompetenzen als ein wesentlicher konstitutiver Faktor der Generierung von relationalen Wettbewerbsvorteilen gilt (vgl. Dyer/Singh 1998, S. 668). Es „spielt eben nicht nur die technische Kompetenz des Herstellers eine Rolle, sondern auch die Vorgehensweise" (MA8) der neuen Netzwerkpartner. Andererseits bleibt ihnen die Möglichkeit des „outlearning" kooperativer Kernkompetenzen verschlossen, da sich ihnen allenfalls ein kleiner Ausschnitt der tief in das Netzwerk eingebetteten Kompetenzen eröffnet.

Das strategische Netzwerkmanagement sorgt durch diese Form der anfänglich nur temporären Quasi-Integration von neuen Unternehmungen sowohl für den Schutz von kooperativen Kernkompetenzen, was zur vertrauensvollen Aufrechterhaltung und Weiterentwicklung etablierter Beziehungs- und Kompetenzstrukturen von zentraler Bedeutung ist, als auch für das Potenzial zusätzlicher Innovationskraft im kompetenzorientierten Innovationsnetzwerk. Gleichwohl wird durch diese Strategie des Netzwerkmanagements der fokalen FAG versucht, auch zwischen den etablierten Unternehmungen ein Stück weit Wettbewerb zu fördern:

> „Es gibt einen weiteren Grundsatz [der Projektorganisation]. Es wäre fahrlässig, wenn man auf Dauer nur einen Partner aufbaut. Das kann bei bestimmten Produkten wichtig sein, aber ein Stück weit, beispielsweise im Gepäcksektormarkt, versuchen wir immer, drei Firmen auf dem gleichen Stand zu halten, auch unterschiedliche Entwicklungen voranzutreiben. Jeder hat auch seine unterschiedlichen Stärken. Darüber versuchen wird dann, den Wettbewerb ein Stück weit zu beflügeln. (…) also Vielfalt,

> aber nicht die Vielfalt, dass es dann 20 oder 30 Hersteller sind, aber dass es zwischen zwei und vier sind und jeder auch seine Stärken einbringen kann" (MA6).

Selbstverständlich führt die generelle kollektive Strategie des Innovationsnetzwerks dennoch zu fundamentalen Abhängigkeiten zwischen den etablierten Partnern des Netzwerks. Das kann neben „Trägheiten" innerhalb des Netzwerkverbundes auch opportunistische Verhaltensweisen fördern, die Abhängigkeit einseitig auszunutzen. Letztere Gefahr wird im Rahmen des Kooperationsverständnisses des RBV derart (über)betont, dass von der kollektiven Strategie der FAG abgeraten würde (vgl. insb. Hamel 1991; vgl. zur Kritik Hennart et al. 1999). Faktisch ermöglichen aber erst diese Abhängigkeiten im Netzwerk die zur Erzielung von relationalen Wettbewerbsvorteilen notwendige Quelle der *Ressourcenspezifität*:

> „Es wäre unsinnig, [mit Folgeprojekten] zu einer anderen Firma zu gehen. (...) Denn wenn Firma X schon verschiedene Systeme gemacht hat, für digitale Datenübertragung (...), wäre es Blödsinn, eine andere Firma zu nehmen (...). Natürlich ist die Beziehung immer intensiver geworden. Aber: Das Wichtige ist ja das wahnsinnige Know-how, das sich die Leute *mit uns* angeeignet haben, das spezifische Flughafen-Know-how – das hat überhaupt keinen Zweck, dass man da wechselt. Obwohl etwa Bündelfunktechnik weltweit von vielen Firmen angeboten wird" (MA7).

> „Es liegt natürlich nahe, dieses Know-how, was schon da ist, entsprechend weiter anzuzapfen" (MA8).

Neben der in den Aussagen der FAG-Managerin beschriebenen „human asset specificity" drückt sich die Abhängigkeit auch in einer weiteren Form von *Ressourcenspezifität* aus: der „physical asset specificity", die etwa durch gemeinsame Investitionen in bestimmte infrastrukturelle Einrichtungen am Frankfurter Flughafen entstehen (z. B. die Gepäckförderanlage in Kooperation mit AEG).

Zusammenfassend kennzeichnen den Prozess der Kompetenzrekursionen in dem hier vorgestellten Innovations- und Kompetenznetzwerk, ganz den Forderungen des Kernkompetenzenansatzes entsprechend, drei charakteristische Merkmale:

- die *Historizität des Entstehungskontextes*,
- das *Zusammenspiel systemweiter Kompetenzen* (die Interdependenz von relationalen Ressourcen sowie die soziale Komplexität) und
- der zumeist *unklare Erfolgszusammenhang relationaler Ressourcenbeziehungen* (kausale Ambiguität).

Diese Merkmale ermöglichen neben den spezifischen Quellen und Imitationsbarrieren des RV erst eine Entstehung von kooperativen Kernkompetenzen bzw. relationalen Renten und zeichnen für die *Nicht-Imitierbarkeit* kooperativer Kernkompetenzen verantwortlich. Eine eindeutige Zuordnung der einzigartigen kooperativen Kernkompetenz zu den *einzelnen* Unternehmen des Netzwerks ist kaum möglich. Aufgrund der Kompetenzrekursionen ist ein institutioneller Zusammenhang entstanden, welcher, zumindest auf die Kompetenzengenerierung und -aufrechterhaltung bezogen, Einzelunternehmungsgrenzen überwindet und ein neues und offensichtlich beständig erfolgreiches System entstehen lässt: das von der FAG strategisch geführte Innovations- und Kompetenznetzwerk.

Das hier vorgestellte Innovations- und Kompetenznetzwerk ist, wie einführend erläutert, integraler Bestandteil des strategischen Dienstleistungsnetzwerks der FAG: Die ressourcenbasierten Beziehungen beeinflussen einerseits die Interaktionen und Abläufe im Dienstleistungsnetzwerk (z. B. Ermöglichung informationstechnisch bedingter Ablaufoptimierung) und sind andererseits von eben diesem Dienstleistungsnetzwerk rekursiv geprägt (z. B. durch die spezifischen betrieblichen und zwischenbetrieblichen Abfertigungsprozeduren). Überdies sind sowohl das Dienstleistungsnetzwerk als auch das Innovations- und Kompetenznetzwerk insbesondere von der fokalen Netzwerkunternehmung beeinflusst (z. B. durch die spezifischen betrieblichen Kompetenzen der Mitarbeiter und die typischen Governance-Strukturen der FAG). Die kooperativen Kernkompetenzen, und damit die Chance auf dauerhafte relationale Wettbewerbsvorteile, sind in dieses komplexe Geflecht organisationaler und interorganisationaler Beziehungen eingewoben.

Während der RBV die Unternehmung als die primäre Analyseeinheit und Quelle von anhaltenden Wettbewerbsvorteilen fokussiert, betrachtet der „relational view (…) the dyad/network as the unit of analysis and the rents that are generated to be associated with the dyad/network" (Dyer/Singh 1998, S. 674). Der RV basiert im Kern auf dem Anliegen, dem RBV eine relationale Ressourcenperspektive *entgegenzustellen*. Es geht dem RV gleichwohl *nicht* darum, die beiden Perspektiven miteinander zu vereinen. Eine realistische Erklärung ressourcenbasierter Wettbewerbsvorteile – wie hier am Beispielfall aufgezeigt – bedarf jedoch notwendig einer Berücksichtigung des Zusammenspiels interorganisationaler *und* organisationaler Geschehnisse und Beziehungen.

Das strategische Netzwerkmanagement der FAG ist ein geradezu idealtypisches Beispiel für eine ausgesprochen reflexive Organisation der ressourcenbasierten Beziehungen in einem interorganisationalen Netzwerk. Im Folgenden wird gezielt und vertieft aus einer *strukturationstheoretischen Perspektive* heraus die Notwendigkeit einer expliziten Berücksichtigung des komplexen Geflechts organisationaler und interorganisationaler Beziehungen und Praktiken für die Entstehung und Aufrechterhaltung relationaler Wettbewerbsvorteile bzw. kooperativer Kernkompetenzen aufgezeigt. Hierbei werden weitere Mechanismen zur Entfaltung kooperativer Kernkompetenzen dargestellt, die den Fokus ressourcenbasierter Anätze vergrößern und auch der Einbettung von Ressourcen in übergreifende Regelsysteme Rechnung tragen. Insbesondere *strategisch relevante Strukturmerkmale* (die Strategie und Organisation betreffende Sets von Regeln und Ressourcen) der *fokalen Netzwerkunternehmung* aus der Perspektive der Strukturationstheorie, die als Motor und Schutz der kooperativen Kernkompetenzen des Innovationsnetzwerks dienen, werden hervorgehoben. Es wird überdies aufgezeigt, dass im Fall der FAG insbesondere *industrielle Beziehungen* zwischen Management und (unternehmensinternen und -externen) Arbeitnehmervertretern relationale *und* organisationale Wettbewerbsvorteile erst ermöglichen (s. dazu auch Kapitel 4).

Überdies wird im Folgenden – zumindest ein Stück weit – eine „Vereinigung" der hierarchischen Perspektive des RBV und der relationalen Perspektive des RV mittels einer strukturationstheoretischen Mehrebenenanalyse angestrebt. Im Zentrum der Untersuchung stehen Strategie- bzw. Strukturmerkmale kompetenzorientierter organisationaler *und* interorganisationaler Beziehungen. Es geht also folglich um Quellen und Imitationsbarrieren von organisationalen *und* interorganisationalen Strukturmerkmalen.

3 Strategisches Co-Management als Motor und Schutz organisationaler und relationaler Wettbewerbsvorteile: Eine strukturationstheoretische Erklärung

Trotz des fortschreitenden Wandels zu einer zunehmend vernetzten Unternehmung ist die FAG weiterhin eine vergleichsweise vertikal tief integrierte Unternehmung. Es kommt gerade nicht zu einer oftmals propagierten „Auflösung der Unternehmung" durch Netzwerkbildung (vgl. insb. Picot/Reichwald 1994). Die FAG erbringt auch heute noch zahlreiche Dienstleistungen weiterhin eigenständig. Die beiden Organisationsformen „Hierarchie" und „Netzwerk" stehen einander dabei jedoch auch nicht unversöhnlich gegenüber; vielmehr bedingen sie einander, wie am ressourcenbasierten Netzwerkmanagement der FAG schon aufgezeigt wurde. Die netzwerkartige Produktion von Dienstleistungen und Entwicklung von Technologien impliziert somit keinesfalls zwangsläufig einen Bruch mit (sämtlichen) tradierten hierarchischen Strukturen – Sets von Regeln und Ressourcen einer Unternehmung im Verständnis der Strukturationstheorie (s. auch Kapitel 1). Stattdessen kann man vielmehr davon sprechen, dass bei der Gestaltung des *Dienstleistungsnetzwerks* die strategiebeeinflussenden personalen und organisationalen Akteure bewusst auf zahlreiche bewährte Strukturmerkmale der *Unternehmung FAG* zurückgreifen. Das strategische Anliegen dieser Akteure liegt in entscheidendem Maße darin begründet, zweckdienliche ökonomische, aber auch arbeits- und sozialpolitische Sets von Regeln und Ressourcen der fokalen Unternehmung auch im Rahmen des Dienstleistungsnetzwerks zu bewahren. Dies geschieht, indem diese Strukturen, soweit möglich, in das *Netzwerk* „hineinverlängert" werden.

Dass ein „Strukturtransfer" aus Sicht eines strategischen Netzwerkmanagements gelingen kann, zeigt die obige Darstellung der Entwicklung kooperativer Kernkompetenz und darauf basierender Technologieentwicklungen, die ja nicht zuletzt auf einer konsequenten „Übertragung" von Projektkoordinationsmechanismen und weiteren Managementprinzipien der FAG aufbauen (z.B. Integration auch der Anwender in den Innovationsprozess, Transparenz in allen Projektphasen und -ebenen, Gleichzeitigkeit von Kooperation und Wettbewerb usw.). Strategie und Struktur stehen in einem engen und interdependenten bzw. rekursiven Zusammenhang (s. ebenfalls Kapitel 1).

Ein Vorgehensweise, die die FAG über viele Jahrzehnte immer wieder erfolgreich wählte, war, dass der „Strukturtransfer" nicht nur auf der Basis eines „rein ökonomischen" Strategie- und Steuerungsverständnisses, sondern auch in Hinsicht auf arbeits- und sozialpolitische Steuerungsmechanismen durchgeführt wurde. Das soll einführend an einem kurzen Beispiel skizziert werden: Bei einem Personalkosten bedingten Übergang von 570 Mitarbeitern der FAG an die Frachtabfertigungstochtergesellschaft „Tradeport" im Jahr 2004 wurde beispielsweise trotz des ökonomischen Drucks, den die damals 18 (Frachtabfertigung-) Konkurrenzunternehmen (!) am Frankfurter Flughafen produzierten, zumindest versucht, die Grundsätze hoher Sozialleistungen der fokalen Unternehmung für die quasi-externalisierten Mitarbeiter beizubehalten. Nichtsdestotrotz sind für die 570 Mitarbeiter die „finanziellen Einbußen sicherlich schmerzhaft", so der damalige Arbeitsdirektor der FAG, Herbert Mai, dafür aber seien die Beschäftigten „nach wie vor bei Fraport und damit sozial hoch abgesichert" (Schubert 2003, S. 15).[8]

8 Tradeport firmiert inzwischen unter dem Namen „Fraport Cargo Services GmbH" und ist eine 100 % Tochter der FAG. Der tatsächliche Betriebsübergang war für die Beschäftigten nicht nur „schmerzhaft", sondern keinesfalls konfliktfrei, wie hier nur angedeutet werden kann.

Es geht in den folgenden Abschnitten um die detaillierte Darstellung und strukturationstheoretische Analyse, wie eine Entwicklung, Erhaltung und (netzwerkweite) Ausdehnung sowohl wettbewerbsstrategisch als auch arbeitspolitisch erfolgreicher Koordinationsmechanismen (Strukturen) von Arbeit *im allgemeinen* durch die FAG organisiert wurde, und wie diese Koordinationsmechanismen dann *im speziellen* zur Generierung von organisationalen und kooperativen Kernkompetenzen beitragen konnten. Eine entscheidende Rolle in diesem Zusammenhang spielen insbesondere die für die FAG typischen Ausprägungen der Beziehungen zwischen Arbeitgeber und Arbeiternehmer bzw. ihrer Vertreter in Verband bzw. Gewerkschaft, mit anderen Worten: die so genannten *industriellen Beziehungen* (s. auch Kapitel 4 in diesem Band, den Leserinnen und Leser ohne Vorkenntnisse im Gebiet der industriellen Beziehungen vor dem Weiterlesen dieses Kapitels studieren sollten).[9]

3.1 Der institutionell-regulative Kontext der Entwicklung

Die Gründe für die Entwicklung und Ausgestaltung der Organisationsform des strategischen Managements und der industriellen Beziehungen der FAG sind eng mit ihrem regulativen Kontext verknüpft. Um diese Verknüpfung gezielt zu berücksichtigen, bedarf es folglich einer *Mehrebenenperspektive*, die zur Analyse neben der Organisations- und der Interorganisationsebene auch eine Ebene institutioneller Rahmenbedingungen umfasst (s. auch Kapitel 1 in diesem

9 An dieser Stelle muss noch einmal ausdrücklich darauf verwiesen werden, dass der grundlegende Datensatz und somit die im Text herangezogenen Interviewpassagen im Kern aus den Jahren 1996/1997 stammen. An einigen Stellen wurden zwar Aktualisierungen auf der Basis öffentlicher Daten hinzugezogen, gleichwohl darf gerade im Vorgriff auf die kommenden Ausführungen nicht der Eindruck erweckt werden, dass es sich um die Darstellung eines aktuellen Fallgeschehens handelt. Inzwischen hat sich bei der FAG vieles verändert. Das betrifft ganz besonders auch die im Rahmen des folgenden Abschnitts ins Zentrum gerückten „industriellen Beziehungen" der FAG und entsprechend auch die sich daraus ableitenden Ausführungen zum „strategischen Co-Management" und zur „mitbestimmten Netzwerkbildung" (Duschek/Wirth 1999). Unberührt davon bleibt jedoch, dass die hier referierten Zusammenhänge einen ganz wesentlichen Beitrag zum strategischen Management der FAG geleistet haben. Und genau um diesen außergewöhnlichen Beitrag soll es im Rahmen der folgenden Ausführungen gehen. Er ist geradezu ein Lehrbeispiel für ein umfassend verstandenes strategisches Management einer im internationalen Wettbewerb erfolgreichen Dienstleistungsunternehmung im Wandel zu einem strategischen Netzwerkorganisator.

Band und neuerdings auch Sydow/Duschek 2011). Die Entwicklung des hohen vertikalen Integrationsgrads und zahlreichen sich daraus ableitenden Strategie- und Strukturentscheidungen der FAG sind entscheidend auf eine Direktive der Alliierten in den Nachkriegsjahren in Deutschland zurückzuführen, die einen ausschließlich *behördlichen* Auf- und Ausbau sowie Betrieb des Luftverkehrs am Boden vorschrieb (vgl. Piper 1994, S. 51). Diese Auflage hat *bis heute* Auswirkungen auf alle deutschen Flughafenbetreibergesellschaften: „History matters!" Der Herausbildung der konkreten Organisationsform ökonomischer Aktivitäten lag dementsprechend der Gedanke zugrunde, dass die Verkehrsdienstleistungen am Boden von nur *einem* – und zwar einem öffentlichen – Unternehmen angeboten werden durften. Hierdurch entwickelte sich an den deutschen Fughäfen eine *Praxis der Bodenverkehrsdienstleistungen*, die sich von der der meisten ausländischen Flughäfen unterscheidet. Während es dort nämlich durchaus Praxis war und ist, dass sich Luftverkehrsgesellschaften entweder selbst abfertigen und/oder diese Dienstleistungen von anderen Luftverkehrsgesellschaften bzw. von *unabhängigen* und *privatrechtlichen* Bodenabfertigungsgesellschaften beziehen, sind es in Deutschland die Flughafeneigentümer, die das Abfertigungsgeschäft organisierten und sich dementsprechend auch auf die Erbringung von zahlreichen Dienstleistungen konzentrierten. In Konsequenz führte das zu den typisch vertikal tief integrierten Flughafenbetreibergesellschaften in Deutschland. Auch heute noch ist es so, dass einige *luftseitige* Abfertigungsdienstleistungen, also die Dienstleistungen auf dem sogenannten Vorfeld der Flughäfen, ausschließlich von den Flughafenbetreibergesellschaften erbracht werden.

Das für die Organisationsform also bedeutungsvolle Ergebnis der „Monopolanordnung" durch die Alliierten hatte für die deutschen Flughafenbetreibergesellschaften allerdings weitere weit reichende Konsequenzen. Das gilt ganz besonders in Hinsicht auf die baulichen Planungen und räumlichen Ausgestaltungen der Flughäfen: Es entstanden die für deutsche Flughäfen typischen, sehr knapp bemessenen Vorfeld- bzw. Abfertigungsflächen, die ja nur *einer* Bodenverkehrsdienstleistungsgesellschaft – und deren umfangreichen Fahrzeug- und Fördertechnik – Platz zur Erbringung der Dienstleistungen bieten mussten. Dass sich allein im *Fracht*abfertigungsbereich am Frankfurter Flughafen heute – nach einer ganzen Reihe von Marktderegulierungen – ca. 20 Unternehmungen mit kompletten Fuhrparks usw. den Platz teilen müssen, den früher eine Gesellschaft zur Verfügung hatte, macht schnell die inzwischen massiven Raumprobleme deutlich.

Letztlich hat aber auch die ursprüngliche Direktive der Zulassung ausschließlich *öffentlicher Gesellschaften* auf den deutschen Flughäfen bedeutsame Konsequenzen; ermöglicht sie doch über den Einfluss der öffentlichen Eigner sowie über typische Stakeholder eines öffentlichen Unternehmens – wie beispielsweise Parteien und Gewerkschaften – eine vermehrte Einbringung gesellschafts-, arbeits- und sozialpolitischer Interessen in die Entscheidungs- und Organisationsstrukturen der Flughafenbetreibergesellschaften. Festgehalten werden kann also, dass deutsche Flughafenbetreibergesellschaften aufgrund des institutionellen Kontextes (oftmals auch heute noch) *öffentliche Unternehmen* sind und sich auf knappen Flächen eine Praxis der Erbringung von *Verkehrsdienstleistungen „aus einer Hand"* (BR3, MA1, MA3, BR1, GWS1; s. auch oben) entwickelt hat.

Aus einer strukturationstheoretischen Perspektive muss darüber hinaus hervorgehoben werden, dass die konkrete Entwicklung der FAG und ihres Dienstleistungsnetzwerks zwar ein *strukturell* – auch infrastrukturell – *gebundenes*, aber in letzter Konsequenz immer auch *kontingentes* (so-und-auch-anders-mögliches) Produkt darstellt. Letztlich sind nämlich die konkreten sozialen Praktiken der beteiligten Akteure entscheidend für die tatsächliche Entwicklung: Die genannten strukturellen Faktoren repräsentieren also zwar globale Rahmenbedingungen, die außerhalb der direkten Einflussnahme der FAG oder ihres Netzwerks liegen, jedoch entsteht der auf der öffentlichen Anteilseignerstruktur basierende tatsächliche gewerkschaftliche Einfluss der Interessenvertretung (z. B. eher reagierend oder proaktiv) und die tatsächliche strukturelle Ausprägung der Integrationstiefe (z. B. wie viele Geschäftsbereiche, welche Dienstleistungen usw.) erst in einem Aushandlungsprozess zwischen den beteiligten Akteuren. In dem hier betrachteten Licht bringt somit der Aushandlungsprozess zwischen Management und Interessenvertretung spezifische und die weiteren Handlungen leitende Strukturmerkmale hervor, die etwa die Münchner Flughafenbetreibergesellschaft und ihre Auffassung vom Bodenverkehrsdienstleistungsgeschäft deutlich von der Auffassung und Umsetzung der FAG unterscheidet – obwohl beide prinzipiell den gleichen strukturellen Vorgaben ausgesetzt waren. Reale Organisationen – und entsprechend ihre realen Organisationsstrukturen – sind folglich ein Ergebnis der jeweils *konkreten Prozesse des Organisierens*, also ein Produkt der Praktiken spezifischer Organisation und spezifischer Akteure (s. auch den einleitenden Beitrag).

Eine Organisation – vor diesem Hintergrund – als soziale Praktik zu verstehen meint genauer, dass die *spezifischen (Organisations-)Strukturen*, die in der Strukturationstheorie als *Strukturmerkmale* bezeichnet werden, für das Management und die Interessenvertretung der Organisation immer zugleich als Machtmittel, Interpretationsmuster und Normen in die Aushandlungsprozesse eingebracht werden. Strukturmerkmale sind in diesem Produktions- und Reproduktionsprozess als Medium und Ergebnis der spezifischen Organisationsstrukturen zu verstehen. Sie erzeugen Stabilität und Ordnung, sie sind aber zugleich dafür immer wieder auf Reproduktion im Alltag angewiesen. Genau dadurch sind sie prinzipiell für Veränderungen offen. In diesem durch eine *Dualität von Struktur* gekennzeichneten Prozess werden also die Besonderheiten spezifischer Organisationen etabliert (s. ausführlich Kapitel 1). Die (hier betrachteten) spezifischen Strukturmerkmale der Unternehmung sowie des strategischen Dienstleistungsnetzwerks der FAG sind insbesondere Ergebnis *und* Medium eines rekursiven Aushandlungsprozesses zwischen Management und Interessenvertretung (im Rahmen der relevanten „Mehrebenen" der sozialen Aushandlungspraxis).

Die *konkrete Entwicklung* vollzieht sich aufgrund einer engen Interaktion zwischen Management (z.B. Führungskräften der Geschäftsbereiche), unternehmungsinterner Interessenvertretung (z.B. Betriebsräte) und -externer Interessenvertretung (Gewerkschaftsvertreter), den so genannten industriellen Beziehungen. Dabei bilden die öffentliche Anteilseignerstruktur einerseits sowie die vertikal tiefe Integration andererseits einen zentralen strukturellen Hintergrund der Entwicklung. Letztlich entsteht in diesem Zusammenspiel ein *spezifischer* Stil betrieblicher industrieller Beziehungen der FAG. Die hierin zum Ausdruck kommende, auch in anderen Unternehmungen und Branchen vorfindbare Form industrieller Beziehungen im Sinne „kooperativer Konfliktverarbeitung" (Weltz 1977) bildet den Nährboden für ein betriebliches „Co-Management" (Müller-Jentsch 1989) und eine *kompetenzorientierte und mitbestimmte Netzwerkbildung*. Genau diese Besonderheit der FAG, dieser komplexe Aushandlungsprozess, soll im Folgenden dargestellt werden. Dadurch wird deutlich werden, auf welche Art und Weise sich die FAG zu einer – auch im internationalen Vergleich – außergewöhnlich erfolgreichen Flughafenbetreibergesellschaft entwickeln konnte. Darüber hinaus kann hierüber verdeutlicht werden, wie dauerhafte Erfolgspotentiale (Struktur- und Strategiemerkmale) der Unternehmung FAG auf das strategisch geführte Dienstleistungsnetzwerk ausgedehnt werden und hierdurch die Entstehung und Aufrechterhaltung kooperativer Kernkompetenzen des Innovationsnetzwerks ermöglicht wird.

3.2 Kooperative Konfliktverarbeitung in der fokalen Unternehmung als Basis

Die Interessenvertretung der Arbeitnehmer der FAG protegiert konsequent eine vertikal tiefe Integration. Diese Organisationsform liegt zumindest implizit (bislang) auch dem bundesdeutschen Arbeits- und Sozialrecht zugrunde (s. auch Kapitel 4 in diesem Band). Das findet sein Begründung darin, dass die vertikale Integration mit seinem hohen Anteil an Stammbelegschaft eine ideale Voraussetzung darstellt, die Entwicklung der Strukturen nach arbeits- und sozialpolitischen Normen und Sanktionsmöglichkeiten sowie entsprechenden „Weltanschauungen" auszurichten: Der am Frankfurter Flughafen lange Zeit dominanten Gewerkschaft ÖTV (Gewerkschaft Öffentliche Dienste, Transport und Verkehr, mittlerweile in der Vereinten Dienstleistungsgewerkschaft „ver.di" aufgegangen) ist es in der Vergangenheit gelungen, in den für die Produktion von Verkehrsdienstleistungen wichtigsten Geschäftsbereichen und Abteilungen der Unternehmung einen hohen Organisationsgrad und eine starke Bindung der Mitglieder zu erreichen. Der gewerkschaftliche Organisationsgrad des strategischen Geschäftsbereichs „Bodenverkehrsdienste" betrug zeitweise über 90 %. Das spiegelt sich insbesondere in einem an Mitglieder starken *Vertrauensleutekörper* wider. Dieser stellt vor allem die Kommunikation zwischen Gewerkschaft, Betriebsrat und Beschäftigten sicher (s. auch Kapitel 4). Hierdurch kann die gewerkschaftliche Interessenvertretung (aber auch das Management!) mit einer hohen Folgebereitschaft und somit beispielsweise mit einer prinzipiell hohen Verpflichtungsfähigkeit (z.B. in Arbeitskämpfen) rechnen. Die gewerkschaftliche Interessenvertretung ist somit in ihrem Handlungsspektrum durch eine ganz erhebliche Legitimität, Akzeptanz und Macht in die Unternehmung hinein gekennzeichnet.

Diese ausgesprochen guten Bedingungen für die Interessenvertretung wurden – im der Fallerhebung zugrundeliegenden Zeitraum – von einer aufgrund der Zusammensetzung der *Anteilseigner* besonderen Konstellation im *Aufsichtsrat der FAG* noch verstärkt: Das Land Hessen und die Stadt(werke) Frankfurt, die bis heute größten Anteilseigner von Fraport, sind über lange Zeit hinweg durch Vertreter sozialdemokratisch dominierter Gebietskörperschaften im Aufsichtsrat der Unternehmung repräsentiert worden. Für den Zeitraum von 1969 bis 1982 wurden die Vertreter des Anteilseigners des Bundes von einer sozialliberalen Koalition gestellt. Das historisch gewachsene, enge Bündnis von Sozialdemokratie und Gewerkschaften schafft eine institutionelle Rahmenbedingung, die betriebliche und gewerkschaftliche Interessenvertretung nicht bekämpft, sondern respektiert.

Aufgrund der engen Kopplung zwischen betrieblicher und gewerkschaftlicher Interessenvertretung, also zwischen unternehmungsinternen und -externen Arbeitnehmervertretern, die sich als ein Team wahrnehmen und eine „solidarische Zusammenarbeit" (GWS1) pflegen, steht der Interessenvertretung der Unternehmung prinzipiell ein besonders *hohes Potential autoritativer Ressourcen* zur Verfügung (s. grundlegend zur Unterteilung in allokative und autoritative Ressourcen der Macht in der Strukturationstheorie Kapitel 1). Beispielsweise ist in dieser Phase das Abstimmungsverhalten der *Arbeitnehmervertreter*, einschließlich des Vertreters der *leitenden Angestellten* im Aufsichtsrat, von besonders großer Geschlossenheit gekennzeichnet. Da sich andererseits die *Anteilseignerbank* aus Vertretern mehrerer Gebietskörperschaften sowie (vornehmlich) Vertretern verschiedener privatrechtlicher Organisationen zusammensetzt, ist ein einheitliches Vorgehen dieser Vertreter im Aufsichtsrat nicht immer gewährleistet. Dies verschafft den Arbeitnehmervertretern im Aufsichtsrat bei einigen Entscheidungen eine tendenzielle Mehrheit. Aber auch seitens der Interessenvertretung wird Wert darauf gelegt, die kooperativen Beziehungen zu den Vertretern der Anteilseigner nicht zu gefährden. Genau ein derartiger, von beiden Seiten gelebter Stil der Zusammenarbeit wird als „kooperative Konfliktverarbeitung" (Weltz 1977) bezeichnet. Deutlich wird die kooperative Konfliktverarbeitung zum Beispiel dadurch, dass die tendenzielle Geschlossenheit der Arbeitnehmervertreter im Aufsichtrat nicht konfliktär (aus-)genutzt wird:

> „Wir nutzen die Situation nicht aus (…). Grundsätzlich könnten wir Störmanöver fahren. Aber wir gehen vor jeder Aufsichtsratssitzung in Vorgespräche mit Vertrauensleuten der ÖTV und leitenden Angestellten. Eine weitere Vorbesprechung findet mit den Referenten der Anteilseigner statt. Man versucht, zu einer gemeinsamen Lösung zu kommen" (GWS2).

Nicht zuletzt infolge dieser für die Interessenvertretung günstigen Konstellation nimmt der Aufsichtsrat der FAG zu dieser Zeit eine „Sprecherfunktion für alle Mitbestimmungsgremien" (GWS1) wahr. Die gleichermaßen als Macht-, Legitimations- und Signifikationsbasis fungierende Stärke der Arbeitnehmervertretung im Aufsichtsrat wird entsprechend durchaus erkannt, wo möglich zur Beeinflussung anderer Gremien auch gezielt eingesetzt, jedoch stets im Stile kooperativer Konfliktverarbeitung.

Darüber hinaus werden Arbeitnehmerinteressen auch über die Führungsebene repräsentiert. Einige Vorstandsmitglieder und zahlreiche weitere Führungskräfte, insbesondere aus dem größten Geschäftssektor „Ground Handling", rekrutieren sich aus gewerkschaftsnahen Institutionen oder sind Mitglieder von Gewerkschaften und ermöglichen somit prinzipiell eine über das übliche Maß hinausgehende Mitbestimmung im Aufsichtsrat (zur Aufsichtsratsmitbestimmung vgl. grundlegend Kißler et al. 2010). Die institutionellen Rahmenbedingungen der öffentlichen Anteilseignerstruktur und der vertikal tiefen Integration gehen also im Fall der FAG mit einem ausgeprägten Einfluss, einer großen Legitimation sowie Akzeptanz betrieblicher und gewerkschaftlicher Interessenvertretung einher – und zwar sowohl auf betrieblicher Ebene als auch auf der Unternehmens- bzw. strategischen Ebene (s. zu dieser Differenzierung ebenfalls Kapitel 4).

Obgleich die Interessenvertretung der FAG also über eine erhebliche Stärke verfügt, drücken sich die *konkreten Sets von Regeln und Ressourcen* keinesfalls in einer einseitigen und machtvollen Ausnutzung autoritativer Ressourcen aus, wie etwa einer Androhung der Nutzung des prinzipiell hohen Streik- und Verpflichtungspotenzials. Der Einfluss der Beschäftigtenvertreter der Unternehmung basiert stattdessen auf der Etablierung und Aufrechterhaltung der kooperativen Konflikthandhabung. Hierdurch wird nicht zuletzt darauf abgezielt, dass auch bei wettbewerbsstrategischen Entscheidungen stets soziale und arbeitspolitische Interessen der Beschäftigten dauerhaft gewährleistet werden können. Diese grundlegende Intention führt dazu, dass die konkrete Art und Weise der kooperativen Interaktion von Management und Interessenvertretung – die kooperative Konfliktverarbeitung – in der FAG zu einem „strategischen Co-Management" (Duschek/Wirth 1999) weiterentwickelt wird, sich also zu einem ganz besonderen Strukturmerkmal der FAG etabliert hat.

Grundsätzlich ist unter „Co-Management" (Müller-Jentsch 1989) eine stärker gestaltende denn reaktive Einflussnahme der (über-)betrieblichen Interessenvertretung auf Unternehmenskonzepte zu verstehen. Im Rahmen eines Co-Managements werden die (personellen und strukturellen) Ressourcen der Interessenvertretung derart genutzt, dass in Zusammenarbeit mit den Beschäftigten – wenn nötig – sogar Alternativkonzepte zu den unternehmerischen Vorstellungen des Managements entwickelt werden, die dann zum Verhandlungsgegenstand zwischen Interessenvertretung und Management werden. Die besondere Ausprägung des *strategischen Co-Managements* als Strukturmerkmal der FAG ist also speziell dadurch gekennzeichnet, dass Interessenvertreter in politischen Aushandlungsprozessen die Interessen der Beschäftigten *proaktiv* unter Berücksichtigung markt- und produktionsökonomischer Erfordernisse und Ziele vertreten. Im Rahmen einer Konzeptkonkurrenz mit dem Management nehmen die Interessenvertreter beispielsweise Einfluss auf die Unternehmensstrategie und deren Umsetzung, um damit Arbeits- und Entlohnungsbedingungen abzusichern bzw. zu verbessern. Dabei vernachlässigt dieses strategische Co-Management nicht traditionelle Handlungsfelder der Interessenvertretung, sondern erschließt sich neue (z. B. die Unternehmungsvernetzung), gerade um alte – etwa den Stil einer kooperativen Konfliktverarbeitung – abzusichern. Das strategische Co-Management der FAG ist konkret für die Schaffung ökonomischer Spielräume *mit*verantwortlich, die erst eine kooperative Konfliktverarbeitung über lange Zeiträume hinweg ermöglichen. Kooperative Konfliktverarbeitung und strategisches Co-Management sind rekursiv miteinander verknüpft.

Aufgrund der im Vergleich zur kooperativen Konfliktverarbeitung verstärkten Übernahme ökonomischer Verantwortung durch die Interessenvertretung wird das strategische Co-Management gleichwohl zu einer spannungsgeladenen Gratwanderung zwischen den Interessen der Beschäftigten und den wettbewerblichen Anforderungen und Unternehmungszielen. Die Komplexität der Vermittlungsprozesse zwischen Management und Interessenvertretung, innerhalb der Interessenvertretung und zwischen der Interessenvertretung und den Beschäftigten(-gruppen), steigt und erfordert erhebliches (mikro-)politisches Geschick.[10]

Ein konkretes Beispiel für das Co-Management der FAG findet sich in der *kontrollierten Rationalisierungsschutzpolitik*. Rationalisierungsmaßnahmen werden bei einer kontrollierten Rationalisierungsschutzpolitik von der Interessenvertretung grundsätzlich als möglich, mitunter sogar als notwendig erachtet, sofern die Wettbewerbsfähigkeit der Unternehmung hierdurch gewährleistet werden kann. Rationalisierungsmaßnahmen werden aber nicht bedingungslos mitgetragen. Vielmehr wird nur solchen Konzepten zugestimmt, die eine „soziale Balance" (BR2) aufweisen, also einen Ausgleich von ökonomischen Ansprüchen und sozialer Verträglichkeit ermöglichen. Diese spezielle Regel (oder der Regelkomplex) der sozialen Balance stellt im Grundsatz eine unauflösbare Bedingung des Strukturmerkmals kontrollierter Rationalisierungsschutzpolitik dar. Was diese Regel gleichsam abfedernd unterstützt ist ein *interner Arbeitsmarkt* (vgl. Sengenberger 1987), auf den die Interessenvertretung (mit-)gestaltend Einfluss nimmt. Mit der organisationalen Flexibilität des internen Arbeitsmarkts der FAG stellen die Akteure industrieller Beziehungen beispielsweise sicher, dass durch Umstrukturierungen Betroffene die Veränderungen akzeptieren und wenn möglich, wie am Beispiel des Innovationsnetzwerks expliziert, sogar aktiv mittragen. Hierdurch werden Konflikte vermieden und eine zügige und erfolgreiche Implementation etwa von Verfahrensinnovationen gewährleistet. Aufgrund der Stabilität der Beschäftigungsverhältnisse im internen Arbeitsmarkt erfüllt die FAG eine der zentralen Voraussetzungen der kooperativen Konfliktverarbeitung, denn seit ihrer Gründung im Jahre 1924 kam es noch nie zu betriebsbedingten Kündigungen. Der interne Arbeitsmarkt ermöglicht folglich eine verhältnismäßig spannungsfreie Suche nach Kompromissen auch und gerade bei prekären

10 An dieser Stelle soll noch einmal an die durch Mintzberg (1979) geprägte Strategieverständnisweise des „Ploy" erinnert (s.o.). Politisches Geschick ist ein – wenngleich viel zu selten hervorgehobener – Aspekt strategischen Managements.

Reorganisationsmaßnahmen, wie sie Innovationsprojekte aber auch das oben schon angesprochene Outsourcing-Beispiel von „Tradeport" darstellen.

Wie für die kooperative Konfliktverarbeitung charakteristisch, lösen die Akteure industrieller Beziehungen Konflikte intern. Management, unternehmungsinterne und -externe Interessenvertretung beziehen sich hierbei auf weitere Strukturmerkmale in Form von „self-enforcement-governance mechanisms", die sich (zur Zeit der Fallerhebung) etwa in einer „zwingenden Vereinbarungspflicht" (BR2) ausdrücken und u.a. den prekären Rückgriff auf Einigungsstellen und Arbeitsgerichte grundsätzlich ausschließt.[11] Als Set von Regeln und Ressourcen umfasst dieses Strukturmerkmal zum Beispiel, dass im Rahmen von Verhandlungsprozessen externe Regulierungsmechanismen nicht als adäquate Lösungsmöglichkeit „wahrgenommen" werden; sie sind nicht Bestandteil des „kollektiven Bewusstseins" der Parteien der Konfliktlösung. Entsprechend würde auch ein Rekurs darauf außerhalb der beidseitigen Akzeptanz und Legitimation liegen.

Die Akteure etablieren also eine interne und informelle Konfliktlösung unter Bezug auf Sets von Regeln und Ressourcen kooperativer Konfliktverarbeitung und handeln dabei wiederkehrend Kompromisse aus. Beispielsweise unterstützte die Interessenvertretung die Optimierung innerbetrieblicher Abläufe im Rahmen eines Projekts. Gleichzeitig sorgte sie aber dafür, dass die (einseitig personalkostenorientierten) Vorschläge einer Unternehmungsberatung, die gegen die Regeln der kooperativen Konfliktverarbeitung verstoßen, nicht umgesetzt werden. Hierzu greift die Interessenvertretung jedoch nicht einfach auf die autoritative Ressource der „Aufkündigung der Kooperation" zurück, sondern stattdessen auf *eigene Konzeptvorschläge* (mitunter ebenfalls durch externe Experten gestützt): Wettbewerbliche Strategien werden hierüber mit den Interessen der Beschäftigten im Zuge der Konzeptkonkurrenz und in den Aushandlungsprozessen zwischen den Akteuren industrieller Beziehungen in Einklang gebracht. Der von der Unternehmung kultivierte kooperative und konstruktive Umgang von Management und Arbeitnehmervertretung stellt letztlich eine spezifische, abteilungs- und geschäftsbereichsübergreifende Kompetenz dar. Sie stiftet einen erheblichen wettbewerblichen Nutzen, da Rationalisierungsmaßnahmen mit weniger Reibungsverlusten angegangen und effektiver realisiert werden können. Durch die vermehrte Einbindung der Arbeitnehmerseite wird überdies darauf abgezielt, das Commitment und die Motivation der Mitarbeiter nicht nur zu erhalten, sondern sogar zu erhöhen.

11 Eine *inter*organisationale Ausprägung selbstverpflichtender Steuerung wurde oben am Beispiel des Innovations- und Kompetenznetzwerks der FAG dargestellt.

Es gibt jedoch auch Kritik: Der kooperativen Konfliktverarbeitung und dem Co-Management haftet der Verdacht an, dass Management und Interessenvertretung interessenpolitische Standpunkte aufgeben und immer wieder mal „kungeln". Kritisiert wird etwa, dass sich Interessenvertreter nicht mehr als politische Akteure im Kampf „Arbeit versus Kapital" gerieren, ihre Aufgabe also nicht mehr entsprechend wahrnehmen und machtvoll umsetzten, sondern quasi zu Handlangern des Kapitals werden. Die Durchsetzung dieser Stile industrieller Beziehungen am konkreten Beispiel der FAG können jedoch einerseits mit dem interessenpolitischen *und* wettbewerbsstrategischen Kalkül begründet werden. Andererseits waren die genannten Strukturmerkmale des Co-Managements zum Zeitpunkt der Fallanalyse aber derart fest im Organisationsgefüge der FAG verankert, dass sie eine weitgehend geteilte Akzeptanz und Legitimation besitzen. Das strategische Co-Management besaß folglich normative Wahrnehmungs- und Handlungskraft, die sich jedoch immer wieder in der Praxis bewähren muss und zudem unter immanenten Legitimationsdruck steht (vgl. zu späteren Veränderungen Windeler/Wirth 2005).

3.3 Praktiken des strategischen Co-Managements

Der Frankfurter Flughafen ist, wie schon erwähnt, einerseits durch die geringste räumliche Ausdehnung aller internationalen Großflughäfen und eine extrem hohe und ständig steigende Verkehrsauslastung gekennzeichnet; andererseits wird dennoch eine Wettbewerbsvorteile erzeugende „Minimum Connecting Time" von 45 Min. garantiert (s.o.). Um die garantierte Umsteigezeit zu erbringen, die sich aus zahlreichen Einzeldienstleistungen zusammensetzt, bedarf es ganz bestimmter Abläufe, die aufgrund der hierfür benötigten aufwendigen Steuerungs- und Kontrollmechanismen, nach Ansicht des damaligen Top-Managements, „aus der Hand" *einer* Organisation stammen sollten:[12]

12 Oben wurde diese zentrale Sichtweise der FAG schon unter zwei Gesichtspunkten des strategischen Management hervorgehoben: zum einen als spezifisches Merkmal von Strategie im Sinne zentraler Wahrnehmung von Entscheidungsträgern sowie zum anderen als eine Ausprägung von Strategie als „dominate Logik" oder „Weltanschauung" einer Unternehmung. Vgl. zum rekursiven Zusammenhang und -spiel von Strategie und Struktur auch schon den Beitrag von Jörg Sydow. Dort wird etwa die Regel deutscher Automobilhersteller und -zulieferer, sich einer Qualitäts- oder Premiumstrategie verpflichtet zu fühlen, als Strukturmerkmal einer ganzen Branche definiert.

> „Ohne *professionelle Abläufe aus einer Hand* wird bei den gegebenen Platzverhältnissen der Flughafen Frankfurt nicht wie heute funktionieren" (Vorstandsvorsitzender FAG, in: o.V. 1995a, S. 24; Hervorh. S.D.).[13]

Die benötigten Kompetenzen für die (Re-)Produktion des Strategie- und Strukturmerkmals „professionelle Abläufe aus einer Hand" setzen sich aus einer raum-zeitlich optimierten Abstimmung und Verzahnung der zahlreichen Bodenverkehrsdienstleistungen sowie der komplexen Informations-, Kommunikations- und Transportsysteme zusammen. Von ursächlicher Bedeutung hierbei sind, wie schon am Beispiel der Entstehung von Innovationen im Rahmen des Netzwerks dargestellt, insbesondere hochqualifizierte Mitarbeiter auf der betrieblichen Ebene – also die Anwender eben jener Technologien. Es sind nämlich diese Mitarbeiter, die in der täglichen Erbringung der Abfertigungs*praxis* das Strukturmerkmal „professionelle Abläufe aus einer Hand" aktiv (re-)produzieren und folglich mit den raum-zeitlich komplexen Gegebenheiten des Frankfurter Flughafens kompetent umzugehen verstehen. Dieses Potenzial ist nicht nur essentiell notwendig für den Erfolg der Kompetenzrekursionen im Rahmen des Innovationsnetzwerks, sondern es drückt sich auch in ganz spezifischen Fähigkeiten und Qualifikationen der Erstellung der Abfertigungsdienstleistungen aus:

> „Wir brauchen Mitarbeiter, die in der Lage sind, über die Steuerungsvorgaben hinaus, und dies ist bei den Dienstleistungserfordernissen der FAG normal, mit Problemen fertig zu werden. Die Arbeit zum Beispiel der Mitarbeiter der Abteilung ‚Flugzeugabfertigung' ist einfach aufgrund externer Einflüsse nicht exakt vorplanbar. Sie müssen die Grundsystematiken kennen, aber auch erkennen, dass diese Grundregeln nicht immer funktionieren. Sonst wäre dieser Bereich auch schon automatisiert. Man muss wissen, wann man eine Regel auch mal außer Kraft setzt, um sie dann aber sofort wieder als Grundsatz zu definieren und als Grundsatz einzuhalten. Sie müssen also über die Gesamtzusammenhänge, über ihr Einwirken im Gesamtmechanismus, informiert sein und müssen damit ihr Handeln logisch einrichten" (BR3).[14]

---

13 Und auch heute noch wird die FAG nicht müde zu betonen, dass der Frankfurter Flughafen weltweit zu den schnellsten Flughäfen zählt, da hier die komplette Dienstleistungspalette der Bodenverkehrsdienstleistungen als „Service aus einer Hand" angeboten werden kann (vgl. z.B. http://www.fraport.de/content/fraport/de/kompetenzen/aviation-services/ground-services.html, Zugriff am 17.12.2012).

14 Vgl. zu einer tiefschürfenden Auseinandersetzung zum hier anklingenden Zusammenhang zwischen „Regel und Ausnahme" Ortmann (2003).

„Immerhin schaffen wir es, 600 Flugzeuge am Tag abzufertigen – 50 bis 60 gleichzeitig. Wir schaffen es, mit Verfrühung und mit Verspätung fertig zu werden. (...) Das können andere Bodenverkehrsdienstleister nicht" (MA2).

Dass am Frankfurter Flughafen trotz des offenkundig hochkomplexen Abfertigungsprozesses international einzigartige Abfertigungsdienstleistungen entstehen, liegt nun jedoch nicht ausschließlich an einem auf die Entwicklung von Humanressourcen und technologischen Innovationen ausgerichteten Unternehmungsführung durch das Management der FAG. Die Interessenvertretung der Unternehmung trägt hierzu im Rahmen des *Co*-Managements ihrerseits durch eine strategisch orientierte, sozial- und arbeitspolitisch fundierte Ausrichtung der kompetenzbasierten operativen Organisationsabläufe bei. D.h. sie trägt sowohl zur Etablierung und Aufrechterhaltung des Strategie- und Strukturmerkmals „professionelle Abläufe aus einer Hand" als auch zur Generierung und Aufrechterhaltung der Kompetenzrekursionen des Innovationsnetzwerks bei (s. Abb. 5), die dann gemeinsam die lang anhaltenden Wettbewerbsvorteile der Flughafenbetreibergesellschaft und des Frankfurter Flughafens rekursiv reproduzieren.

Um in Form einer Konzeptkonkurrenz (oder Konzeptergänzung) zugleich soziale Interessen der Beschäftigten und die markt- und produktionsökonomische Wettbewerbsfähigkeit der Unternehmung sowie des Frankfurter Flughafens im allgemeinen zu gewährleisten, nutzt die Interessenvertretung zum Beispiel die Sets von Regeln und Ressourcen der *kontrollierten Rationalisierungsschutzpolitik*. Sie agiert hierüber als Motor und Schutz der spezifischen Kompetenzen der FAG und der kooperativen Kernkompetenz des Innovations- und Dienstleistungsnetzwerks und treibt deren weitere Entwicklung mit voran. Insbesondere hat die Interessenvertretung der FAG schon vor mehr als zwanzig Jahren über die Einforderung der „sozialen Balance" strategische Optionen wie rein kostenorientierte Make-or-Buy-Entscheidungen im personalintensiven Bereich der Abfertigungsdienstleistungen zurückgewiesen und statt dessen auf *Differenzierungsstrategien* im Sinne einer „Qualitätsführerschaft" bzw. einer Erhöhung des „Nutzungswertes" der originären Kunden eines Flughafens (Luftverkehrsgesellschaften) gedrängt (s. auch oben), die dann den Aufbau von einzigartigen Kompetenzen der Unternehmung und des von ihr geführten Netzwerks erst ermöglichten:

„Früher waren die Bodenverkehrsdienste der schmutzige Teil der FAG, das waren die ölverschmierten, grauen Typen. Wenn wir uns an einen Tisch gesetzt haben, sind andere aufgestanden und weggegangen: ‚Mit denen wollen wir nichts zu tun haben'. Heute spricht jeder vom Kerngeschäft Bodenverkehrsdienste. Früher waren

> sie unwichtig, man hätte sie damals am liebsten weggegeben, denn sie arbeiteten noch nicht einmal kostendeckend. Heute kann man sich das kaum vorstellen. (...) Unsere strategische Verzahnung in die Entscheidungszentralen hinein hat diese Stärke und Stabilität erst bewirkt" (BR4).

Statt die Wettbewerbsfähigkeit also durch Personalabbau und eine Strategie der Kostenführerschaft zu erhöhen, oder sich schlicht an der internationalen Konkurrenz zu orientieren, die sich inzwischen gänzlich aus dem Geschäft des „Ground Handling" zurückgezogen hat (s.o.), erreichen die Akteure industrieller Beziehungen in einem Aus- und Verhandlungsprozess stattdessen eine Einigung auf eine Differenzierungsstrategie im Sinne einer Qualitätsführerschaft der Bodenverkehrsdienstleistungen. Dies ermöglicht nicht nur die Fortschreibung der kooperativen Konfliktverarbeitung, sondern insbesondere die Sicherung kompetenzorientierter Wettbewerbsvorteile. Die Aufrechterhaltung des Strukturmerkmals „professionelle Abläufe aus einer Hand" ist eben gerade kein „Selbstläufer" der „guten alten" institutionellen Rahmenbedingungen: Sie ist stattdessen ein Produkt der spezifischen Verhandlungserfolge der Akteure industrieller Beziehungen der FAG. Das zeigen nicht zuletzt nationale und internationale Wettbewerber der FAG, die sich vom Geschäftsfeld der Bodenverkehrsdienste inzwischen getrennt haben.

In diesem Zusammenhang besonders bedeutsam ist, dass eine zusätzliche Leistungsbereitschaft der Beschäftigten gefördert wird. Gerade die Gewährleistung von Leistungsbereitschaft der Mitarbeiter der Bodenverkehrsdienstleistungsbereiche ist von immenser Relevanz für den reibungslosen Ablauf am Flughafen. Die Mitarbeiter müssen dazu nicht nur ein subtiles Wissen über die raum-zeitlich komplexen und vernetzten Betriebsverfahren der Bodenverkehrsdienstleistungen aufweisen und dieses zudem – zumindest zum Teil eigenverantwortlich und entscheidungsautonom – umsetzen, sondern sie sind überdies zumeist auch extremen körperlichen Belastungen ausgesetzt:

> „Wir wissen, dass wir Menschen hier verbrauchen. Die können diesen Job nur 20 bis 25 Jahre auf dem Vorfeld machen. Dann muss klar sein, wenn sich jemand so hineinwirft, dass er dann auch einen Schutz hat, wenn er das nicht mehr kann. Aber nicht in der Bittposition, sondern im Selbstverständnis" (BR2).

> „Das sind wir unseren Leuten da unten schuldig. Wenn ich von ihnen jeden Tag eigenverantwortliche Mitarbeit verlange, dann können wir uns als Abteilung doch auch nicht von oben fremdbestimmen lassen, dann müssen doch auch wir eigenverantwortlich dafür Sorge tragen, dass die Entscheidungen im Gesamtunternehmen nicht zum Schaden der Bodenverkehrsdienstleistungen getroffen werden" (BR4).

Der interne Arbeitsmarkt übernimmt also, indem er die unterschiedlichen Leistungsniveaus der Beschäftigten in ihrer Erwerbsphase internalisiert, die Funktion eines „präventiven sozialen Sicherungssystems“, das zugleich Leistungsbereitschaft schafft. Dieses System ist nicht zuletzt aufgrund seiner „Selbstverständlichkeit“ und Akzeptanz zum Zeitpunkt der Fallerhebung tief in die Strukturen der FAG eingewoben und schafft hierüber eine bedeutende Sicherheits- und Motivationsbasis für die Beschäftigten, die wiederum von erheblicher Relevanz für die Entwicklung und Aufrechterhaltung spezifischer Kompetenzen der FAG und der kooperativen Kernkompetenzen ist. Mit anderen Worten: Die *strukturell tief eingebettete Funktion des internen Arbeitsmarktes der FAG* hat *leistungssteigernde Wirkungen* und ermöglicht der Interessenvertretung und dem Management zudem die Gewährleistung optimaler Geschäftsprozesse. Die Kopplung der Sets von Regeln und Ressourcen der kontrollierten Rationalisierungsschutzpolitik und des internen Arbeitsmarkts kann insoweit als Motor und Schutz für die Reproduktion und somit auch den Wandel der spezifischen Abfertigungsdienstleistungen der Unternehmung sowie der kooperativen Kernkompetenzen des Unternehmungsnetzwerks angesehen werden.

Deutlich wird hier auch noch einmal die elementare Rolle der Arbeitnehmer: Neben den Interessenvertretern und dem Management sind es die Beschäftigten, die in ganz erheblichem Maße in die (Re-)Produktion der erfolgreichen Strukturmerkmale der FAG involviert sind. Die kontrollierte Rationalisierungsschutzpolitik, der interne Arbeitsmarkt, die professionellen Abläufe aus einer Hand usw. müssen immer auch und gerade von den Beschäftigten der Unternehmung als akzeptable Normen, Leitbilder und Einflussmöglichkeiten in Anschlag gebracht bzw. umgesetzt werden, um sich letztlich als Strukturmerkmale zu verfestigen. Werden beispielsweise im Zuge des Co-Managements durchgeführte Rationalisierungsmaßnahmen überzogen (etwa dadurch, dass Mitarbeiter aus der unternehmungsübergreifenden Entstehung von Innovationen, also aus den kooperativen Kompetenzrekursionen, ausgegrenzt würden), so ist durchaus eine von den Beschäftigten initiierte Erosion der Strukturmerkmale möglich. Die Entstehung und Aufrechterhaltung dieser Merkmale steht also nicht nur in einem Spannungsverhältnis zwischen Management und Interessenvertretung, der sogenannten „Konfliktpartnerschaft“ (Müller-Jentsch 1999), sondern immer sind auch die Beschäftigten in dieses prekäre Verhältnis der Praktiken der Entwicklung und Aufrechterhaltung von Strukturmerkmalen involviert.

Seit Mitte der 1990er Jahre werden die Strukturmerkmale der FAG und somit auch die Erbringung der Abfertigungsdienstleistungen durch die FAG „aus einer Hand“ allerdings von einer anderen Seite gefährdet: Nach einer umfassenden Liberalisierung des Luftverkehrs Ende der 1980er Jahre wurde im Januar 1998 von der EU-Kommission endgültig entschieden, ab 1999 sämtliche luftseitigen Bodenverkehrsdienstleistungen (auch auf den knappen Vorfeldflächen) dem vollständigen Wettbewerb für (weitere) Dritt- und Selbstabfertiger zu öffnen. Diese Öffnung des Bodenverkehrsdienstemarkts bedrohte aber nicht nur massiv den Umsatz des Kerngeschäftes „Bodenverkehrsdienstleistungen" der FAG. Sehr viel entscheidender war, dass die zu erwartende Entstehung der „mörderischen Konkurrenzverhältnisse" (vgl. o.V. 1995b, S. 34) zwischen den Abfertigungsgesellschaften in Frankfurt aufgrund der besonders begrenzten Kapazitäten des Vorfeldes die (Re-)Produktion der Strukturmerkmale wie die „professionelle Ablaufverzahnung aus einer Hand" sowie die einzigartige kompetenz- und qualifikationsorientierte Ausgestaltung der Abfertigungsprozeduren stark gefährden würden. Die Gefahr bestand massiv, dass die FAG und somit auch der Frankfurter Flughafen aufgrund des „Chaos auf dem Vorfeld" (MA4) einzigartige Konkurrenzvorteile verlieren könnten.

Die Akteure der FAG reagieren auf diese Gefahr u. a. auch mit einer Forcierung der *Netzwerkbildung im Bereich der Produktion von Verkehrsdienstleistungen*. Die Gründe hierfür sind offensichtlich: Die FAG zielt darauf ab, durch kompetenzorientierte Quasi-Internalisierung und Quasi-Externalisierung ein *strategisches* Dienstleistungsnetzwerk aufzubauen, um konkret die für diese Organisationsform typischen Steuerungs-, Kontroll- und Anreizmechanismen, zum Beispiel für einen Erhalt der engen Ablaufverzahnung der Abfertigungsdienstleistungen, zu nutzen. Eine netzwerkartige Organisationsform ermöglicht es der fokalen Unternehmung, gezielt einen größeren Einfluss etwa auf die Bodenverkehrsdienstleistungspartner auszuüben, als es eine marktlich regulierte Beziehung zulässt. Überdies scheint auch nur eine netzwerkartige Koordinationsform mit externen Unternehmungen geeignet, die kompetenzorientierten Standards (Strukturmerkmale in Form von gleichermaßen arbeits- und wettbewerbspolitischen Strategien) über die fokale Unternehmung hinausgehend aufrechtzuerhalten. Wirtschaftlich vollständig unabhängige Unternehmungen könnten etwa eine zu den Qualitätsstandards der FAG konträre Strategie verfolgen. Eine Aufrechterhaltung der kompetenz- und qualitätsorientierten Verzahnung der Abfertigungsdienstleistungen sowie die Nutzung dieses Kompetenzpotenzials im Rahmen der Kompetenzrekursionen des Innovationsnetzwerks wären hierdurch zweifelsfrei stark gefährdet. Eine durch die FAG strategisch geführte, netzwerkartige Produktion von Dienstleistungen scheint also aufgrund der wettbewerbsorientierten Marktöffnung die einzige Möglichkeit zu sein, einen vollständigen Bruch mit den tradierten und erfolgreichen Strukturmerkmalen zu vermeiden: „Wir bekennen uns zum Wettbewerb *und halten gleichzeitig an bewährten Strukturen fest*" (o.V. 1995b, S. 34; Hervorh. S.D.).

Und hierzu gehört aufgrund der Konflikt*partnerschaft* von Management und Interessenvertretung auch die Praxis des Co-Managements, d.h. die Interessenvertretung nimmt auch bei der Unternehmungsvernetzung eine strategische Sichtweise ein:

> „Das vorhandene Know-how wollen wir extern vermarkten und auch Verbindungen eingehen, um das Netzwerk um die Vorgänge hier zu ziehen. Da haben wir total umgedacht. 1986 haben wir gesagt: ‚Wir konzentrieren uns auf unseren Teil hier. Da können die Arbeitgeber umdenken. Das bleibt hier, das ist ganz stabil, aus, fertig'. Wir sind viel beweglicher geworden und sagen: ‚Man muss [aufgrund der Gefahren der Deregulierung] auch hier in strategischen Dimensionen denken'" (BR2).

Mittels der zumindest zum Teil de facto mitbestimmten Unternehmungsvernetzung versucht die Interessenvertretung in Aushandlungsprozessen mit dem Management zum einen, neue Ertragsquellen zu erschließen (z.B. durch die Vermarktung der Abfertigungs- und Sicherheitstechnologien und des Anwendnungsknow-hows), nicht zuletzt um die Arbeits- und Entlohnungsbedingungen innerhalb der FAG abzusichern. Zum anderen beabsichtigt sie, durch eine (zwischenbetriebliche) Vernetzung der bisher vertikal integrierten „Vorgänge" das vorhandene Know-how gleichsam schützend in einem Dienstleistungsnetzwerk fortzuentwickeln. Zur kooperativen Konfliktverarbeitung und zum Co-Management der Interessenvertretung gehört also auch das reflexive Mitorganisieren von Netzwerkbeziehungen.

3.4 Strategisches Co-Management in der Praxis: Drei Beispiele aus der Historie der FAG

Um die eingangs genannten Risiken der Unternehmungsvernetzung für die Interessenvertretung, die Beschäftigten und die Unternehmung zu minimieren sowie die für einen reibungslosen Ablauf des Flugzeugabfertigungsgeschehens am Frankfurter Flughafen notwendigen hohen Dienstleistungs- und Sicherheitsstandards aufrechtzuerhalten, entwickelt die Interessenvertretung über die Jahre soziale Praktiken einer „mitbestimmten Netzwerkbildung" (Duschek/Wirth 1999). Mitbestimmte Netzwerkbildung meint ein *innovatives Mitbestimmungsmodell* bzw. ein *innovatives Strategiemodell industrieller Beziehungen im Netzwerk*, bei dem die Interessenvertretung der fokalen Unternehmung des strategischen Dienstleistungsnetzwerks die in ihr entwickelten und etablierten Strukturmerkmale sowie die mit der Steuerung verbundenen ökonomischen bzw. wettbewerblichen Überlegungen in das Unternehmungsnetzwerk „hineinverlängert". Dies geschieht vor allem durch die Formulierung von Vergabebedingungen für die Produktion im Dienstleistungsnetzwerk, die entweder vertraglich oder informell festgehalten werden. Dazu gehören zum Beispiel die repressionsfreie Bildung von Betriebsräten, die Anwendung der jeweiligen Branchentarifverträge und der Verzicht auf sozialversicherungsfreie Beschäftigungsverhältnisse in den anderen Netzwerkunternehmen.

Die Interessenvertretung kontrolliert die Einhaltung der Vereinbarungen über ihre Kontakte zu den Betriebsräten in den Netzwerkunternehmungen und den zuständigen Branchengewerkschaften. Die Interessenvertretung im Netzwerk geht, wie das Management des Dienstleistungsnetzwerks, von der fokalen Unternehmung aus und wird für die Arbeitnehmervertretung zu einer *unternehmensübergreifenden Interessenvertretung*: Parallel zu den Netzwerkbeziehungen der Unternehmungen entwickeln sich Kooperationsbeziehungen zwischen Betriebsräten, Arbeitnehmervertretern im Aufsichtsrat und Gewerkschaftssekretären. Für die Durchsetzung und die Kontrolle der Regulierung im Unternehmungsnetzwerk bleibt die Interessenvertretung in der fokalen Unternehmung zentral. Schließlich ist sie es, die die mitbestimmte Netzwerkbildung initiiert und – im Fall von Problemen – über das Management der fokalen Unternehmung durchsetzt. Es entsteht in Folge eine konstruktive, die Wettbewerbsfähigkeit über viele Jahre absichernde *Parallelität von managementinitiierter Unternehmungsvernetzung und mitbestimmter Netzwerkbildung*. Mit der mitbestimmten Netzwerkbildung ebnet die Arbeitnehmervertretung den Weg für die Heranziehung der Strukturmerkmale der kooperativen Konfliktverarbeitung und des Co-Managements sowie für die damit verbundenen ökonomischen Vorteile kompetenzorientierter Ablauforganisation in dem von ihr strategisch geführten Unternehmensnetzwerk.

Beispiele, anhand derer sich die zentralen Merkmale der mitbestimmten Netzwerkbildung demonstrieren lassen, sind (1) die Quasi-Externalisierung der Flugzeuginnenreinigung (WISAG), (2) die Gründung der Airmail Center Frankfurt GmbH (ACF), einer Gemeinschaftsunternehmung, an der die Lufthansa Cargo (40 %), die Deutsche Post (20 %) und der FAG (40 %) beteiligt sind, sowie (3) Tradeport, die oben schon kurz erwähnt wurde (s. Abb. 5).

(1) Nachdem bei einem Betriebsübergang an die WISAG § 613a BGB angewandt und langjährige Beschäftigte der FAG intern umgesetzt wurden, wird bei dieser Unternehmung ein Betriebsrat gebildet, der 80 % der Beschäftigten gewerkschaftlich organisiert und über einen entsprechenden Rückhalt in der Belegschaft verfügt.

> „Das sind noch gute patriarchalische Verhältnisse. (…) Und wenn der Betriebsratsvorsitzende [des Dienstleisters] in die Bütt geht und sagt: ‚Freunde, das ist der Weg', dann marschieren die mit. (…) Das ist eine der entscheidendsten Positionen. Ein Vorstand muss ständig in dem Bewusstsein leben, dass es, wenn die Verantwortlichen die und die Position beziehen, mit höchster Wahrscheinlichkeit zum Streik kommt. Das heißt aber, dass die Position abgeklärt und ausgewogen ist, aber mit aller Konsequenz" (BR2).

Die Zusammenarbeit der Interessenvertretungen im Dienstleistungsnetzwerk, hier der FAG und WISAG, führte zu einer rekursiven Stabilisierung und Erweiterung von etablierten Strukturmerkmalen der FAG, da der Betriebsrat der Netzwerkunternehmung beispielsweise auf die „solidarische Zusammenarbeit" (GWS1) im Team der Gewerkschaft und der betrieblichen Mitbestimmungsträger zurückgreift und hierbei auf die (Signifikations-)Regeln und (Wissens- und Einfluss-)Ressourcen des Co-Managements der FAG-Interessenvertretung rekurriert. Umgekehrt kann aber auch die Interessenvertretung ihr Ressourcenpotential ausbauen, weil ihre Bedeutung für den Erfolg des potentiell fragilen und störanfälligen Just-in-time-Zuliefererverbunds „Flughafen Frankfurt" im Zuge der Unternehmungsvernetzung durch den „Export" der Strukturmerkmale der Interessenvertretung in das Netzwerk steigt. Denn der ausschließlich auf dem Ressourcenpotential beruhende Entzug der Kooperation (z.B. durch Streiks) *einer* Interessenvertretung einer Netzwerkunternehmung kann zu erheblichen Störungen in den eng verzahnten Betriebsabläufen führen.

Durch diese *netzwerkweite Aufrechterhaltung „professioneller Abläufe"* bzw. die *Re*formulierung der „professionellen Abläufe aus einer Hand" liefert die FAG-Interessenvertretung neben der Absicherung sozialer Interessen – wie für die kooperative Konfliktverarbeitung und das Co-Management typisch – Beiträge zur Erhöhung der Wettbewerbsfähigkeit. Durch die Befriedung des latent vorhandenen Konflikts zwischen Management und Beschäftigten in den Netzwerkunternehmen sorgt die Interessenvertretung für eine Harmonisierung im Netzwerk und eine Sicherung, wenn nicht gar Steigerung der Dienstleistungsqualität. Zudem kann das *zeit*kritische Unterfangen „Flugzeuginnenreinigung" in den stabilisierten Beschäftigungsverhältnissen und internen Arbeitsmärkten der Netzwerkunternehmungen, die überdies im Vergleich zu anderen Unternehmen dieser Branche für die Rekrutierung geeigneter Mitarbeiter auch noch attraktiver sind, optimiert und routinisiert, also besser auf die weiteren Abfertigungsprozesse abgestimmt werden. Damit wird ein Beitrag geleistet, die „Minimum Connecting Time" von 45 Minuten zu garantieren und somit Wettbewerbsvorteile für die FAG und das von ihr geführte Dienstleistungsnetzwerk aufrechtzuerhalten.

(2) Im Fall der Quasi-Externalisierung der Luftpostbearbeitung in das „Airmail Center Frankfurt“ (ACF) umgeht die Interessenvertretung eine Quasi-Externalisierung von Arbeit und damit eine explizite Regulierung von Arbeit und Mitbestimmung im Unternehmensnetzwerk, indem sie „vertragsgestaltend tätig“ (GWS1) wird. Sie sorgt dafür, dass die Beschäftigten der Netzwerkunternehmungen – zunächst befristet für drei Jahre – auf Basis eines Dienstleistungsvertrages arbeiten und somit im Zuständigkeitsbereich ihrer alten Interessenvertretungen verbleiben. Falls die Aufgaben von Dritten übernommen werden, haben die FAG-Beschäftigten ein Rückkehrrecht. Der interne Arbeitsmarkt der Unternehmung und seine Gestaltung nach den Regeln der kooperativen Konfliktverarbeitung sorgt für (inter-)organisationale Flexibilität. Er ermöglicht den Beschäftigten, für andere Netzwerkunternehmungen zu arbeiten, ohne zusätzlichen Risiken ausgesetzt zu werden. Ähnlich wie im Fall der WISAG verringert die Interessenvertretung der FAG das Konfliktpotential, verhindert somit Störungen in der eng verzahnten und zeitkritischen Bearbeitung der Luftpost und erhöht damit die Dienstleistungsqualität. Die Interessenvertretung der FAG trägt also durch die auf das Netzwerk ausgedehnte Nutzung der Regeln und Ressourcen von kooperativer Konfliktverarbeitung und Co-Management entscheidend zur Ermöglichung eng verzahnter „professioneller Abläufe“ *im Dienstleistungsnetzwerk* bei. Dies gewährleistet wiederum erst die Aufrechterhaltung von einzigartigen Kompetenzen im Netzwerk und in der das Netzwerk führenden FAG. Zudem sorgt die Interessenvertretung dafür, dass eine Konkurrenz dieses Gemeinschaftsunternehmens zur FAG vertraglich ausgeschlossen wird. Sie sichert so die Funktionsweise des internen Arbeitsmarktes und damit seine ökonomische Rationalität proaktiv mit ab. Eine Kontrolle der Regelungen übernimmt ein Arbeitnehmervertreter im Aufsichtsrat dieser Gesellschaft, was die Sonderrolle des FAG-Aufsichtsrats nochmals eindrucksvoll belegt.

(3) Ein weiteres Beispiel für die Sonderrolle der Aufsichtsratsmitbestimmung der FAG ist die Tochterunternehmung Tradeport. Für die ehemaligen FAG-Beschäftigten gelten, wie oben schon erwähnt, weiterhin eine ganze Reihe von Sozialbedingungen, wodurch im Unternehmungsnetzwerk zumindest eine partielle Reproduktion der Strukturmerkmale der fokalen Unternehmung stattfindet. Eine Kontrolle der Arbeitsbedingungen findet auf Basis einer informellen Regelung statt, die deutlich macht, dass hier die Strukturmerkmale der FAG herangezogen werden:

> „Die Interessenvertretung ist durch die Kollegen gewährleistet. Wir haben gesagt: ‚Wir wollen einen Aufsichtsrat haben‘, der sonst nicht installiert worden wäre. Den haben wir bekommen, und wir haben genau die Bedingungen festgelegt. Und einer

[von uns] sitzt im Aufsichtsrat mit drin. Wenn etwas schief läuft, kriegen wir das mit. Da wird in unserem Aufsichtsrat abgefragt: ‚Was ist da los?' … Diese Kontrolle ist positiv. Und so soll es bleiben" (GWS1).

Die informelle Regelung geht von den Arbeitnehmervertretern im Aufsichtsrat aus, die über die Bildung eines Aufsichtsrats für eine netzwerkweite Durchsetzung der Regeln mitbestimmter Netzwerkbildung der fokalen Interessenvertretung sorgen. Dies zeigt einmal mehr, in welcher Form über die Aufsichtsratsmitbestimmung etablierte Konzepte der Interessenvertretung der FAG in das Netzwerk ausgeweitet werden. Dies erleichtert zum einen die erfolgskritische Implementation und den Einsatz interorganisationaler Informationssysteme, der in der Frachtabfertigung für die ökonomische Bewältigung des Frachtaufkommens erforderlich ist. Zum anderen wird so ein Einbezug dieser Dienstleistungskooperation in das kompetenzbasierte Innovationsnetzwerk ermöglicht und das Anknüpfen an die Routinen der FAG über die mitbestimmte Netzwerkbildung gefördert, indem die Beschäftigung im Unternehmensnetzwerk stabilisiert wird. Dies ist allerdings für eine primär kostenorientierte ökonomisch erfolgreiche Produktion von Frachtabfertigungsdienstleistungen nicht ausreichend, was auf Grenzen einer mitbestimmten Netzwerkbildung hindeutet. Trotzdem stellt Tradeport den Betrieb nicht ein, sondern wird *auf Drängen* der Arbeitnehmervertreter im Aufsichtsrat der FAG für die Spitzenlastabdeckung im Luftfrachtbereich genutzt. Hierbei stehen nicht zuletzt kompetenzorientierte Überlegungen im Vordergrund des Kalküls. Denn gerade hier wird die Fähigkeit, komplexe interorganisationale Informationssysteme der FAG zu nutzen, zu einer wichtigen Kompetenz, die durch die mitbestimmte Netzwerkbildung erheblich gefördert wird. Gleichzeitig wird die Qualitätssicherung durch die Stabilität der Beschäftigungsverhältnisse erleichtert.

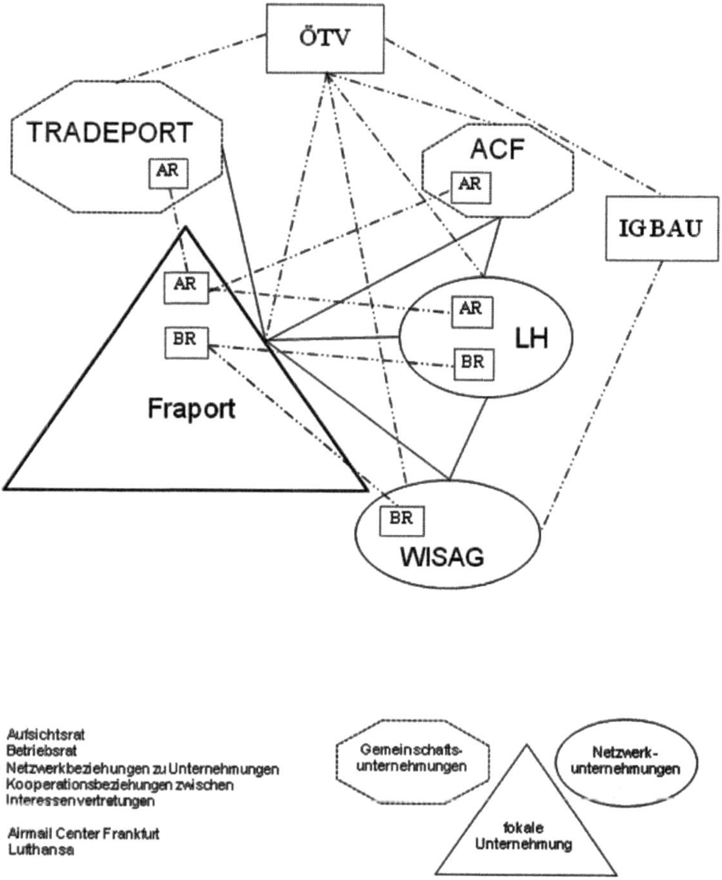

Abbildung 5 Mitbestimmte Netzwerkbildung durch strategisches Co-Management – Ein Ausschnitt (Quelle: Duschek/Wirth 1999, S. 100, leicht verändert)

Abb. 5 zeigt die zentralen Merkmale der mitbestimmten Netzwerkbildung. Ausgehend von der fokalen Unternehmung und ihrer Interessenvertretungspraxis, der kooperativen Konfliktverarbeitung und dem strategischen Co-Management, knüpft die Interessenvertretung der FAG Kooperationsbeziehungen zwischen den Interessenvertretungsorganen oder sichert (in-)formell eine Mitbestimmung im Unternehmungsnetzwerk ab. Dadurch entsteht eine (teilweise) Überlagerung von Dienstleistungsnetzwerk und Mitbestimmungsnetzwerk, für die die Akteure in der fokalen Unternehmung FAG zentral sind. Ein grundsätzliches Wesensmerkmal einer erfolgreichen Implementation einer mitbestimmten Netzwerkbildung ist offensichtlich ein „thinking in networks“ (Mattson 1987, S. 239), das auch die Interessenvertretung erfasst hat.

So wie die kooperative Konfliktverarbeitung und das Co-Management der Interessenvertretung, insbesondere über die *Mit*wirkung an der Etablierung und Sicherung von Kompetenzen der Unternehmung FAG sowie der kooperativen Kernkompetenz des Innovationsnetzwerks, positive ökonomische Wirkungen auf Unternehmungs- und Netzwerkebene realisieren, so liefert die mitbestimmte Netzwerkbildung – trotz der etwa mit ihr einhergehenden Übernahme besserer arbeitspolitischer Schutzmechanismen und einer zum Teil eingeschränkteren quantitativen Flexibilität – aus mindestens *drei Gründen* einen Beitrag zur Steigerung der Wettbewerbsfähigkeit der Dienstleistungsproduktion im gesamten Netzwerk.

1. Indem die FAG-Interessenvertretung im Netzwerkverbund soziale Mindeststandards absichert, befriedet sie industrielle Beziehungen im Unternehmungsnetzwerk und sorgt damit dafür, dass die oben geschilderten Strukturmerkmale und Vorteile der kooperativen Konfliktverarbeitung (und zum Teil sogar die des Co-Managements) netzwerkweit wirksam werden.[15] Nicht zuletzt wird die Interessenvertretung der FAG hierüber auch zu einem vehementen Protagonisten netzwerkweiter Verkopplung der Abfertigungsprozesse, die zur Gewährleistung einzigartiger Dienstleistungen am Frankfurter Flughafen unumgänglich sind (s.o.). Damit leistet die Interessenvertretung bzw. die enge Zusammenarbeit mit ihr einen wesentlichen Beitrag zur Steigerung und zum Schutz der kompetenzbasierten Dienstleistungsqualität, indem sie inner- und zwischenbetriebliche Störungen reduziert, teilweise sogar eliminiert sowie eine unternehmensübergreifende Ablaufverzahnung protegiert. Die Interessenvertretung der FAG wird offensichtlich als „Netzwerk-*Co*-organisator“ tätig. Gleichzeitig zeigt dieses Beispiel, dass eine einflussreiche Interessenvertretung, die durch die Kooperation mit anderen Interessenvertretungen eher noch an Einfluss gewinnt, für eine Unternehmung keinesfalls ein wettbewerblicher Nachteil sein muss. Sie ist in diesem Fall sogar ein entscheidender Vorteil, da sie für eine *integrierte Unternehmungs- und Netzwerkentwicklung* sorgt,

15 Wie ausgesprochen bedeutsam die Praxis der kooperativen industriellen Beziehungen zur „Befriedung“ sein kann, wird besonders deutlich, wenn man sich das Fehlen dieser Praxis vor Augen führt. Die aktuell vermehrt auftretenden Streiks auch von kleinen Beschäftigungs- oder Berufgruppen an Flughäfen (oder auch bei der Bahn) mit ihren weitreichenden Folgen zeigen dies eindrucksvoll.

die den Kunden mannigfaltigen Nutzen stiftet und der Unternehmung hilft, Kundenbeziehungen zu stabilisieren. Es zeigt sich – wie eingangs bemerkt –, dass nicht die generellen Kontextfaktoren oder die Eigenschaft „öffentliches Unternehmen" über die Wettbewerbsfähigkeit entscheiden, sondern wie die relevanten Akteure diese institutionellen Rahmenbedingungen in ihrer konkreten sozialen Praxis aufgreifen und zu Strukturmerkmalen der Unternehmung bzw. des Unternehmungsnetzwerks entwickeln.

2. Indem die Interessenvertretung netzwerkweit agiert und damit, von Ausnahmen abgesehen, immer ihre sozialen Mindeststandards – und oftmals auch spezifische (kompetenzorientierte) Abfertigungsstandards der FAG – im Netzwerk implementiert, richtet sie den Frankfurter Flughafen als „intermodale Verkehrsdrehscheibe" strategisch auf eine „high-road-Ökonomie" (Thelen/Turner 1997) mit aus, in der die Kosten der sozialen und arbeitspolitischen Mindeststandards typischerweise durch ökonomische Vorteile an anderer Stelle deutlich (über-)kompensiert werden.
3. Schließlich gelingt es ihr durch die Stabilisierung der Beschäftigung in den Netzwerkunternehmungen nicht nur – wie beschrieben –, die Qualität der komplexen Dienstleistungsproduktion am Frankfurter Flughafen zu sichern. Vielmehr erleichtert sie die Vertrauensbildung in und zwischen Unternehmungen am Flughafen, die für ökonomisch gelingende Netzwerkbeziehungen unerlässlich ist (vgl. Loose/Sydow 1994). Hiermit trägt sie entschieden dazu bei, dass die Transaktionskosten gesenkt und der Transaktionswert erhöht werden (vgl. dazu auch Zajac/Olson 1993). Letztlich schafft sie die Voraussetzungen für die Entwicklung *inter*organisationaler Routinen (vgl. dazu auch Schreyögg et al. 2004), die für das reibungslose Ineinandergreifen der sozialen Praktiken der Netzwerkunternehmungen am Frankfurter Flughafen zwingend erforderlich sind. Die strategische Konzeption lässt sich so leichter in eine operative Praxis übersetzen. Gleichzeitig erleichtert sie – und dies ist mit den interorganisationalen Routinen eng verbunden – interorganisationalen Wandel, weil die Netzwerkakteure *gemeinsam* Routinen des Wandels entwickeln können.

4 Implikationen für ein strategisches Management

Trotz der Einzigartigkeit des spezifischen Falls implizieren die dargestellten Prozesse der Generierung von kooperativen Kernkompetenzen im Innovationsnetzwerk und im Dienstleistungsnetzwerk der FAG auch einige *generelle Zusammenhänge* für ein strategisches Management:

- Bei der Entwicklung und Umsetzung von Strategien muss ganz im Sinne des RV bedacht werden, dass (strategische) Wettbewerbsvorteile nicht nur innerhalb der eigenen Unternehmensgrenzen entstehen können, sondern auch im Kontext von Netzwerkbeziehungen zwischen Unternehmen. Mehr noch: Die Aufrechterhaltung derartiger relationaler Wettbewerbsvorteile ist mitunter fest an das Netzwerkgefüge gekoppelt.
- Die Möglichkeit, relationale Wettbewerbsvorteile zu erzielen, setzt zumeist einen fundamentalen Wandel des bisher dominanten Strategieverständnisses voraus, welches eine Strategieformulierung und -implementation zumeist in den (engen) Grenzen von (Einzel-) Unternehmungen verortet. Relationale Wettbewerbsvorteile bedingen folglich eine Veränderung des bisherigen „Weltbilds" eines strategischen Managements und somit einen „Perspektivenwandel": Statt sich ausschließlich auf die vom RBV empfohlene Möglichkeit einzuengen, rein (unternehmungs-)egoistisch Wettbewerbsvorteile zu erzielen, können Strategien und strategische Wettbewerbsvorteile (auch) in einem „größeren", netzwerkartigen bzw. unternehmungsübergreifenden Rahmen konzipiert und umgesetzt werden.
- Trotz der Relevanz kollektiver Strategiebildung und kollektiver Unternehmungsstrategien darf ein strategisches Management die Bedeutung *intra*organisationaler Ressourcen nicht unterschätzen. Auch im Kontext der Erzielung relationaler Wettbewerbsvorteile stellen *intra*organisationale Ressourcen einen wesentlichen Eckpfeiler des (gemeinsamen) strategischen Erfolges dar. Unternehmungen bzw. Unternehmungsgrenzen „lösen sich nicht auf". Ganz im Gegenteil, die (heterogenen) Ressourcen der beteiligten Unternehmungen liefern einen wesentlichen Rohstoff relationaler Wettbewerbsvorteile.
- Institutionelle Rahmenbedingungen spielen im Zusammenhang der Strategieentwicklung und -umsetzung von Unternehmungen und Unternehmungsnetzwerken mitunter eine gewichtige Rolle. Im Fallbeispiel konnte sogar aufgezeigt werden, dass institutionelle Rahmenbedingungen relevante Einflussfaktoren der Generierung von (organisationalen und relationalen) Wettbewerbsvorteilen darstellen. Ein strategisches Management muss folglich auch gesellschaftliche, regionale und politische Kontextfaktoren mitberücksichtigen. Nichtsdestotrotz stellen sich Wettbewerbsvorteile faktisch erst in einem Prozess spezifischer und innovativer unternehmungs- und/oder netzwerkartiger Umsetzungen von „extrahybrid institutions" (Borys/Jemison 1989) ein. Institutionelle Rahmenbedingungen können also zwar eine wesentliche (strukturelle) Grundbedingung strategischer Wettbewerbsvorteile darstellen, hierzu ist jedoch eine auf die spezifischen Zielrichtungen

eines konkreten strategischen Managements abgestimmte Interpretation und Nutzung der Institutionen Voraussetzung.

- Sowohl organisationale als auch relationale Wettbewerbsvorteile basieren nicht einfach auf ökonomischen Ressourcen und ökonomischen Transaktionen, sondern fundamental auf sozialen Konstitutionsprozessen. Dauerhafte Wettbewerbsvorteile entstehen, indem kompetente Akteure in ökonomischen Interaktionsprozessen systemspezifische Ressourcen der Domination sowie Regeln der Signifikation und Legitimation heranziehen und reproduzieren (oder transformieren). Wettbewerbsvorteile sind aus dieser Strategieperspektive also Resultat *und* Mittel von Herrschaftsausübung, Sinngenerierung und Legitimierung bzw. positiver und negativer Sanktionierung. Wettbewerbsvorteile sind dementsprechend sozio-ökonomisch fundiert. Ein strategisches Management muss folglich sensibel für die „sozialen Wurzeln" von Wettbewerbsvorteilen sein.
- Ein (auch) unter arbeits- und sozialpolitischen Gesichtspunkten ausgerichtetes strategisches Management ist keinesfalls *per se* ein Hindernis für die Erzielung von dauerhaften Wettbewerbsvorteilen. Ganz im Gegenteil können „sozialverträgliche" Arbeitsstrukturen wesentliche Grundfesten der Qualität, Leistungsfähigkeit und -bereitschaft sowie eines dauerhaften Commitments der Beschäftigten darstellen. Arbeits- und sozialpolitisch verträgliche Strukturen können somit einen wichtigen Erfolgsfaktor eines strategischen Managements darstellen – und zwar sowohl im Rahmen von Unternehmungen als auch in unternehmungsübergreifenden Beziehungen.

Weiterführende Literatur

Barney, J. B. (1991):
Firm resources and sustained competitive advantage.
In: Journal of Management 17 (1), S. 99-120.
Einer der ersten und bis heute wohl wichtigsten Beiträge zum RBV. Hier werden gut verständlich die zentralen Quellen und Imitationsbarrieren lang anhaltender Wettbewerbsvorteile aus einer Ressourcenperspektive des strategischen Managements erläutert. Überdies wird eine kurze Abgrenzung zur Perspektive der Industrieökonomik vorgenommen, die lange Zeit die Forschung zum strategischen Management dominiert hat.

Steinmann, H./Schreyögg, G./Koch, J. (2013):
Management. 7. Aufl. Wiesbaden.
Dieser Klassiker der Managementlehre gibt den aktuellen Stand des Wissens auch zum Forschungsfeld des strategischen Managements umfassend und mit zahlreichen Beispielen aus der Praxis wieder. Das Buch eignet sich sowohl zum systematischen Einstieg in das Gesamtthema, zur separaten Vertiefung einzelner Themenschwerpunkte als auch als Nachschlagewerk.

Duschek, S. (2004):
Inter-firm resources and sustained competitive advantage.
In: Management Revue 15 (1), S. 53-73.
In diesem Beitrag werden der RBV und der RV in ihren jeweils differierenden Verständnisweisen bezüglich des Wettbewerbspotenzials von unternehmungsübergreifenden Beziehungen gegenübergestellt. Der Artikel ist aufgrund der Konzentration in Hinsicht auf die Bedeutung von kooperativen Beziehungen im Rahmen des RBV grundlegend für eine umfassende Verständnisweise ressourcenbasierter Ansätze des strategischen Managements.

Dyer, J. H./Singh, H. (1998):
The relational view: Cooperative strategy and sources of interorganizational competitive advantage.
In: Academy of Management Review 23 (4), S. 660-679.
Dieser Artikel begründet den RV und ist somit Grundlagenliteratur. In dem Beitrag werden ausführlich – und in kurzer Gegenüberstellung zum RBV – die Quellen und Imitationsbarrieren relationaler Wettbewerbsvorteile eingeführt und erläutert.

Hamel, G. (1991):
Competition for competence and interpartner learning within international strategic alliances.
In: Strategic Management Journal 12, Special Issue, Summer, S. 83-104.
Dieser Beitrag stellt ganz besonders deutlich die originäre Verständnisweise unternehmungsegoistischer Ziele im Rahmen von Kooperationen im ressourcenbasierten Ansatz des strategischen Managements dar. In diesem Beitrag werden Kooperationen als kompetitive Lernarenen bzw. strategische Übergangslösungen zur hierarchischen Integration erlernter Fähigkeiten der „Partner" verstanden und anhand von Allianzbeispielen verdeutlicht.

Ortmann, G./Sydow, J. (Hrsg) (2001):
Strategie und Strukturation: Strategisches Management von Unternehmen, Netzwerken und Konzernen. Wiesbaden.
Dieser Sammelband enthält eine Reihe von Beiträgen der Berliner Forschungsgruppe „Unternehmungsnetzwerke" sowie der Forschungsgruppe um Günther Ortmann (Helmut-Schmidt-Universität, Universität der Bundeswehr, Hamburg), die sich aus strukturationstheoretischer Perspektive mit der Forschung zum strategischen Management befassen.

Prahalad, C. K./Hamel, G. (1990):
The core competence of the corporation.
In: Harvard Business Review 68 (3), S. 79-91; deutsch (1991):
Nur Kernkompetenzen sichern das Überleben.
In: Harvard Business Manager 13 (2), S. 66-78.
In diesem Artikel wird der Kernkompetenzenansatz in die wissenschaftliche Diskussion eingeführt. An einer Reihe von Beispielen aus der Praxis werden der Begriff und das Verständnis von Kernkompetenzen erläutert. Der Beitrag richtet sich insbesondere an eine managementorientierte Leserschaft, plädiert inhaltlich für ein ganzheitliches bzw. unternehmensweites strategisches Ressourcenmanagement und letztlich eine Überwindung von Ressortegoismen divisionalisierter Großunternehmen.

Lernfragen

1. Erläutern Sie wesentliche definitorische Merkmale eines strategischen Dienstleistungsnetzwerks.
2. Was versteht man unter kollektiver Strategie und was sind die drei typischen Merkmale einer kollektiven Strategie.
3. Stellen Sie die Quellen und Imitationsbarrieren ressourcenbasierter Wettbewerbsvorteile aus der Perspektive des RBV dar und erläutern Sie, welches Verständnis kooperativer Beziehungen sich aus dieser Perspektive ableitet.
4. Skizzieren Sie Grundüberlegungen des RV in Abgrenzung zum RBV und gehen Sie auf folgende Aussage ein: „Eine Management relationaler Wettbewerbsvorteile führt zur ‚Auflösung der Unternehmung'".
5. Erläutern Sie je zwei Quellen und Imitationsbarrieren relationaler Wettbewerbsvorteile und stellen Sie in knappen Worten den prinzipiellen Unterschied zwischen Quellen und Imitationsbarrieren dar.
6. Legen Sie dar, warum aus einer strukturationstheoretischen Perspektive „institutionelle Rahmenbedingungen" einen Einfluss auf die Strategie- und Strukturbildung von Organisationen und Netzwerken haben und warum die konkreten Strategien und Strukturen jedoch immer ein „kontingentes Produkt" bleiben.
7. Erläutern Sie ein wesentliches Strukturmerkmal industrieller Beziehungen der FAG und warum es auch aus einer „ökonomischen Perspektive" Sinn macht, dieses Merkmal auf das von dieser Unternehmung strategisch geführte Dienstleistungsnetzwerk zu „übertragen"?
8. Warum könnte (strategisches) Co-Management gerade aus der Perspektive von Interessenvertretungen (im Allgemeinen) in einem „negativen Licht" erscheinen?
9. Warum sollte eine Ressourcenperspektive des strategischen Managements Ressourcen immer auch in ihrem Verständnis als Machtfaktor berücksichtigen?

Literatur

Astley, W. G. (1984): Toward an appreciation of collective stategy. In: Academy of Management Review 9 (3), S. 526-535.
Astley, W. G./Fombrun, C. J. (1983): Collective strategy: Social ecology of organizational environments. In: Academy of Management Review 8 (4), S. 576-587.
Barney, J. B. (1991): Firm resources and sustained competitve advantage. In: Journal of Management 17 (1), S. 99-120.
Borys, B./Jemison, D. B. (1989): Hybrid arrangements as strategic alliances: Theoretical issues in organizational combinations. In: Academy of Management Review 14 (2), S. 234-249.
Bresser, R. K. F. (1989): Kollektive Unternehmensstrategien. In: Zeitschrift für Betriebswirtschaft 59 (5), S. 545-564.
Dunning, J. H. (1997): Alliance capitalism and global business. London.
Duschek, S. (1998): Kooperative Kernkompetenzen – Zum Management einzigartiger Netzwerkressourcen. In: Zeitschrift Führung+Organisation 67 (4), S. 230-236.
Duschek, S./Sydow, J. (1999): Netzwerke als Quelle neuer Produkte und Prozesse. In: Thexis 16 (3), S. 21-25.
Duschek, S. (2004): Inter-firm resources and sustained competitive advantage. In: Management Revue 15 (1), S. 53-73.
Duschek, S./Sydow, J. (2002): Ressourcenorientierte Ansätze des strategischen Managements – Zwei Perspektiven auf Unternehmungskooperationen. In: Wirtschaftswissenschaftliches Studium 31, S. 426-431.
Duschek, S./Wirth C. (1999): Mitbestimmte Netzwerkbildung – Der Fall einer außergewöhnlichen Dienstleistungsunternehmung. In: Industrielle Beziehungen 6 (1), S. 73-110.
Dyer, J. H./Singh, H. (1998): The relational view: Cooperative strategy and sources of interorganizational competitive advantage. In: Academy of Management Review 23 (4), S. 660-679.
Grant, R. M. (1991): The resource-based theory of competitive advantage: Implications for strategy formulation. In: California Management Review 33 (3), S. 114-135.
Gulati, R. (2007): Managing network resources. Oxford.
Hamel, G. (1991): Competition for competence and interpartner learning within international strategic alliances. In: Strategic Management Journal 12 (special issue, summer), S. 83-104.
Hamel, G./Doz, Y. L./Prahalad, C. K. (1989): Mit Marktrivalen zusammenarbeiten – und dabei gewinnen. In: Harvard Manager 11 (1), S. 87-94.
Hauschildt, J./Salomo, S. (2010): Innovationsmanagement. 5. Aufl. München.
Hennart, J.-F./Roehl, T./Zietlow, D. S. (1999): ‚Trojan horse' or ‚workhorse'? The evolution of U.S.-Japanese joint ventures in the United States. In: Strategic Management Journal 20 (1), S. 15-29.
Kowol, U. (1998): Innovationsnetzwerke: Technikentwicklung zwischen Nutzungsvision und Verwendungspraxis. Wiesbaden.
Loose, A./Sydow, J. (1994): Vertrauen und Ökonomie in Netzwerkbeziehungen – Strukturationstheoretische Betrachtungen. In: Sydow, J./Windeler, A. (Hrsg.): Management interorganisationaler Beziehungen: Vertrauen, Kontrolle und Informationstechnik. Opladen, S. 160-193.

Mattsson, L.-G. (1987): Management of strategic change in a ‚market-as-networks' perspective. In: Pettigrew, A.H. (Hrsg.): The management of strategic change. Oxford, S. 234-260.

Mintzberg, H. (1987): The strategy concept I: Five p's for strategy. In: California management Review 30 (1), S. 11-24.

Montgomery, C. A. (1995): Of diamonds and rust: A new look at resources. In: Montgomery, C. A. (Hrsg.): Resource-based and evolutionary theories of the firm: Towards a synthesis. Boston etc., S. 251-278.

Müller-Jentsch, W. (1982): Gewerkschaften als intermediäre Institutionen. In: Schmidt, G./Braczyk, H.-J./Knesebeck von dem, J. (Hrsg.): Materialien zur Industriesoziologie. Kölner Zeitschrift für Soziologie und Sozialpsychologie. Sonderheft 24, Opladen, S. 408-432.

Müller-Jentsch, W. (1989): Qualitative Tarifpolitik im sozio-ökonomischen Strukturwandel. In: Dabrowski, H./Jacobi, O./Schudlich, E./Teschner, E. (Hrsg.): Gewerkschaftliche Tarif- und Betriebspolitik im Strukturwandel. Band 1, Düsseldorf, S. 79-98.

Müller-Stewens, G./Lechner, C. (2005): Strategisches Management. 3. Aufl. Stuttgart.

Ortmann, G. (2003): Regel und Ausnahme. Paradoxien sozialer Ordnung. Frankfurt a. M.

o.V. (1994): Flughäfen bangen um ihre Haupteinnahmequelle. In: Süddeutsche Zeitung, 28.9.1994, S. 34.

o.V. (1995a): Flughafen Frankfurt mit Punktlandung. In: Süddeutsche Zeitung vom 1./2.7.1995, S. 24.

o.V. (1995b): Die deutschen Bodenverkehrsdienste öffnen. Forderung der Fluggesellschaften – Londoner Flughafen Heathrow als Vorzeigemodell. In: Süddeutsche Zeitung vom 1.4.1995, S. 34.

o.V. (2006): Geschäftsbericht Fraport.

o.V. (2011): Geschäftsbericht Fraport.

Picot, A./Reichwald, R. (1994): Auflösung der Unternehmung. In: Zeitschrift für Betriebswirtschaft 64 (5), S. 547-570.

Piper, H. P. (1994): Bodendienste der deutschen Verkehrsflughäfen: Deregulierung im Flughafenbereich? In: Internationales Verkehrswesen 46 (1/2), S. 51-52.

Porter, M. E. (1980): Competitive Strategy: Techniques for analyzing industries and competitors. New York.

Prahalad, C. K./Hamel, G. (1990): The core competence of the corporation. In: Harvard Business Review 68 (3), S. 79-91; deutsch (1991): Nur Kernkompetenzen sichern das Überleben. In: Harvard Business Manager 13 (2), S. 66-78.

Reed, R./DeFillippi, R. J. (1990): Causal ambiguity, barriers to imitation, and sustainable competitive advantage. In: Academy of Management Review 15 (1), S. 88-102.

Schreyögg, G./Koch, J./Sydow, J. (2004): Routinen und Pfadabhängigkeit. In: Schreyögg, G./von Werder, A. (Hrsg.): Handwörterbuch der Organisation. 4. Aufl. Stuttgart, Sp. 1296-1303.

Schubert, W. (2003): Tochterfirma soll Frachtgeschäft billiger machen. In: Frankfurter Rundschau Online, 25.08.2003, S. 15.

Sengenberger, W. (1987): Struktur und Führungsweise von Arbeitsmärkten. Die Bundesrepublik im internationalen Vergleich. Frankfurt/M. und New York.

Staehle, W.H. (1999): Management. 8. Auf. München.

Steinmann, H./Schreyögg, G. (2005): Management. 6. Aufl. Wiesbaden.

Steinmann, H./Schreyögg, G./Koch, J. (2013): Management. 7. Aufl. Wiesbaden.

Sydow, J. (2010): Management von Netzwerkorganisationen – Zum Stand der Forschung. In: Sydow, J. (Hrsg.): Management von Netzwerkorganisationen. 5. Aufl. Wiesbaden, S. 373-470.

Sydow, J./Duschek, S. (2000): Starke Beziehungen, durchlässige Grenzen – Grenzmanagement in einem Dienstleistungsnetzwerk. In: Die Betriebswirtschaft 60 (4), S. 441-458.

Sydow, J./Duschek, S. (2011): Management interorganisationaler Beziehungen. Stuttgart.

Sydow, J./Windeler, A. (1999): Projektnetzwerke: Management von (mehr als) temporären Systemen. In: Engelhard, J./Sinz, E. (Hrsg.): Kooperation im Wettbewerb. Wiesbaden, S. 211-235.

Sydow, J./Windeler, A./Krebs, M./Loose, A./Well van, B. (1995): Organisation von Netzwerken: Strukturationstheoretische Analysen der Vermittlungspraxis in Versicherungsnetzwerken. Opladen.

Thelen, K./Turner, L. (1997): German codetermination in comparative perspective. Expertise im Rahmen des Gemeinschaftsprojekts „Mitbestimmung und Neue Unternehmenskulturen" der Bertelsmann Stiftung und der Hans-Böckler-Stiftung. Gütersloh.

Wernerfelt, B. (1984): A resource-based view of the firm. In: Strategic Management Journal 5 (2), S. 171-180.

Windeler, A./Wirth, C. (2005): Strukturation von Arbeitsregulation: eine relationale Mehrebenenperspektive. In: Faust, M./Funder, M./Moldaschl, M. (Hrsg.): Organisation von Arbeit. München und Mering, S. 163-191.

Wurche, S. (1994): Vertrauen und ökonomische Rationalität in kooperativen Interorganisationsbeziehungen. In: Sydow, J./Windeler, A. (Hrsg.): Management interorganisationaler Beziehungen, Opladen, S. 142-159.

Zajac, E. J./Olson, C. P. (1993): From transaction cost to transaction value analysis: Implications for the study of interorganizational strategies. In: Journal of Management Studies 30 (1), S. 131-145.

Kapitel 3

Controlling und kalkulative Praktiken: Eine strukturationstheoretische Perspektive auf Steuerungsprozesse in und zwischen Organisationen

Albrecht Becker

Lernziele

Controlling ist in den letzten Jahren mehr und mehr zum selbstverständlichen Bestandteil des Managements von Organisationen geworden. Das gilt nicht nur für Unternehmen, sondern auch für Nonprofit-Organisationen. In diesem Kapitel wird das Phänomen Controlling aus strukturationstheoretischer Perspektive als ein bestimmtes Set organisationaler Praktiken der Steuerung von Organisationen – als kalkulative Praktiken – analysiert. Die Studierenden lernen in diesem Kapitel,

- wie Controlling als Teilaspekt reflexiver Strukturation von Organisationen verstanden wird,
- warum die zentrale Unterscheidung von Controllingsystemen und Controllingpraxis bedeutsam ist,
- wie funktionale und dysfunktionale, intendierte und nicht-intendierte Effekte von Controlling entstehen können, sowie
- dass Controlling auch zwischen Organisationen rekursiv in die Netzwerkbeziehungen eingebettet ist.

Inhaltsübersicht

1 Austria University: Autonomie, Reorganisation und Controlling
2 Management Control
  2.1 Accounting, Accountability und Kontrolle
  2.2 Controlling
  2.3 Controllinginstrumente: ein Überblick
3 Controlling in strukturationstheoretischer Perspektive
  3.1 Grundlagen
  3.2 Controlling und Signifikation: Politik der Sichtbarkeit
  3.3 Controlling und Legitimation: Accounts und Legitimität
  3.4 Controlling und Herrschaft: Macht der Zahlen
4 Quantifizierung und kalkulative Praktiken in der Austria University
  4.1 Objektivierung der Personalauswahl: Berufungsverfahren
  4.2 Quantifizierung von Exzellenz: Die Bildung von "Research Excellence Units"
  4.3 Die Quantifizierung der Austria University
5 Management Control in interorganisationalen Netzwerken: Zwei Beispiele
  5.1 Das Entwicklungsnetzwerk von *NewTech*
  5.2 Das Produktionsnetzwerk von *LeanTech*
6 Die Herrschaft der Quantifizierung?

Weiterführende Literatur
Lernfragen
Literatur

1 Austria University: Autonomie, Reorganisation und Controlling

In Österreich wurden im Jahr 2002 durch ein neues Universitätsgesetz, das UG 2002, die Rahmenbedingungen für die Universitäten grundlegend verändert. Die Veränderungen betreffen insbesondere die Governancestruktur der Universitäten, d.h. Fragen der Führung, Verantwortung und Kontrolle.

Österreich hat 21 staatliche Universitäten; es handelt sich um klassische Volluniversitäten, medizinische Universitäten, technische und spezialisierte Universitäten sowie Universitäten für Musik, Kunst und Design. Durch das UG 2002 wurden diese Universitäten zu autonomen öffentlichen Körperschaften; vorher waren sie öffentliche Verwaltungen unter der direkten Kontrolle des Ministeriums für Wissenschaft und Forschung. Hinter dieser Entwicklung steht das Leitbild des New Public Management (für einen Überblick s. die Beiträge in Budäus et al. 1998) mit der Idee, dass stärker privatwirtschaftliche Elemente das Management und die Effizienz der Hochschulen verbessern. Mit der größeren Autonomie der Universitäten soll außerdem ein Wettbewerbselement eingeführt werden. Universitäten sollen eigenständig strategische Schwerpunkte definieren, um sich voneinander zu unterscheiden. Profilbildung lautet das Stichwort.

Zwei Merkmale kennzeichnen das neue Governancemodell der österreichischen Universitäten in besonderer Weise. Erstens ist die interne Führungsstruktur deutlich zentralisierter bzw. autokratischer geworden. An der Spitze der Universität steht ein/e Rektor/in mit sehr umfassenden Befugnissen. Insbesondere entwickelt das Rektorat den Organisationsplan (und damit die formale Organisationsstruktur) sowie den Entwicklungsplan (d.h. die Strategie) der Universität. Außerdem werden die Dekane bzw. Dekaninnen der Fakultäten von der Rektorin ernannt – und nicht mehr von den Fakultäten gewählt – und sind ihr gegenüber weisungsabhängig. Zweitens wurde der Universitätsrat als oberstes Aufsichtsgremium geschaffen; dieser hat eine Aufsichtsratsfunktion. In ihm sitzen Vertreter/innen, die je zur gleichen Anzahl von der Universität und vom österreichischen Ministerium für Wissenschaft und Forschung ernannt werden und die gemeinsam ein weiteres Mitglied wählen. Aktive Politiker/innen sind von der Mitgliedschaft explizit ausgeschlossen. Der Universitätsrat bestellt und überwacht Rektorin und Vizerektoren und genehmigt den Organisations- und Entwicklungsplan.

Das Ministerium für Wissenschaft und Forschung ist in dreifacher Weise in die Governance der Universitäten involviert: Erstens ist es die rechtliche Aufsichtsbehörde, die im Falle von Gesetzesverstößen einzugreifen hat. Zweitens beeinflusst es die Zusammensetzung des Universitätsrats. Drittens kontrolliert das Ministerium die Ressourcenzuweisung an die Universitäten über das Instrument der Zielvereinbarung (*management by objectives*). In dreijährigem Zyklus schließt jede Universität mit dem Ministerium eine so genannte Leistungsvereinbarung ab, auf deren Basis ein Teil des Budgets zugewiesen wird. Ein weiterer Teil des Budgets wird indikatorgestützt zugewiesen. Das UG 2002 verpflichtet dazu die Universitäten zur Vorlage einer Wissensbilanz mit Kennzahlen zu insgesamt 32 Sachverhalten. Diese dienen zur Ermittlung des indikatorbasierten Budgetanteils.

Die betrachtete Austria University wurde im Zuge der Implementierung des Universitätsgesetzes grundlegend umgestaltet. Der Zuschnitt der Fakultäten wurde verändert und ihre Zahl wurde fast verdoppelt. Viele Funktionen der Dekanate wurden ausgelagert in eine zentrale Serviceeinheit, die dem Rektorat untersteht. Mit den Dekaninnen und Dekanen werden alle zwei Jahre Zielvereinbarungen im Zuge des *management by objectives* getroffen, die dann innerhalb der Fakultäten weiter heruntergebrochen werden. Auf Grund der Verpflichtungen durch das UG 2002, zur Kontrolle der internen Leistungsvereinbarungen sowie im Zuge der Einrichtung von Forschungsschwerpunkten sind an der Austria University umfangreiche Controlling- und Reportingsysteme eingeführt worden.

Mit diesen Merkmalen ist die Austria University einerseits ein typisches Beispiel einer österreichischen Universität, die die Universitätsreform umsetzt. Andererseits scheint die Austria University besonders Controlling-orientiert vorzugehen. An ihrem Beispiel können Kontrollprozesse und ihre Wirkungen deshalb in besonderer Weise illustriert werden. Die umfangreichen Controllingsysteme führen ein neues Element in die Organisation ein, das in deutlichem Konflikt mit der etablierten Organisationskultur steht. Zudem werden neue Elemente in die Herrschaftsstruktur der Organisation eingeführt. Daher werden hier die spezifischen Aspekte der quantifizierenden, auf Kennzahlen gestützten Kontrolle beinahe wie in einer Laborsituation sichtbar.

2 Management Control und Controlling

2.1 Accounting, Accountability und Kontrolle

Controlling ein deutschsprachiger Begriff. Zwar ist das Controlling, wie es in Unternehmen und mittlerweile auch in vielen anderen Organisationen im deutschsprachigen Raum verstanden wird, unter dem Einfluss US-amerikanischer Kontrollpraktiken seit den Fünfzigerjahren des 20. Jahrhunderts in Deutschland und Österreich und im deutschsprachigen Teil der Schweiz entstanden (vgl. dazu Binder 2006 und Djelic 1998). Allerdings erfuhr das Controlling gegenüber dem ursprünglichen angelsächsischen Konzept des *management accounting* eine besondere Ausprägung (s. dazu Abschnitt 2.2.). Die Entstehung des Begriffs „Controlling" lässt sich dabei relativ genau auf den Anfang der Siebzigerjahre des zwanzigsten Jahrhunderts terminieren; er wurde in dieser spezifischen Verwendung durch Albrecht Deyhle geprägt, den Gründer der Controller Akademie, einer Ausbildungsinstitution für Controller/innen:

> „Wir haben das [die Verbreitung des Begriffs „Controlling"] selber in Gang gesetzt. Wahrscheinlich ich selber. Das habe ich gemacht als Zwillingsschwester zu Marketing. Marketing vom Kunden her und Controlling auf die Ergebnisse hin" (Deyhle, zit. in Binder 2006, S. 100).

Für eine Annäherung an das Phänomen „Controlling" – gerade aus strukturationstheoretischer Perspektive – ist es hilfreich, mit den im Kern soziologischen und strukturationstheoretisch höchst anschlussfähigen Konzepten *accountability, accounting*, und *management control* zu beginnen.

Das Konzept der *accountability* beinhaltet "the giving and demanding of reasons for conduct" (Roberts/Scapens 1985, S. 447). Giddens verbindet *accountability* mit der „intersection of interpretative schemes and norms" (Giddens 1984, S. 30), also insbesondere mit den Dimensionen der Signifikation und der Legitimation. „To be ‚accountable' for one's activities is both to explicate the reasons for them and to supply the normative grounds whereby they may be ‚justified'" (ebd.). *Accountability* steht somit im Zentrum der Handlungsrationalisierung (*rationalization of action*). Zur Erinnerung: Als *rationalization of action* bezeichnet Giddens (1984, S. 376; vgl. auch das Akteursmodell der Strukturationstheorie in Abb. 5, Kapitel 1 dieses Bandes) die Fähigkeit von Akteuren, über die Gründe und Kontexte ihres Handelns Auskunft zu geben. Man kann auch sagen, dass die Akteure ihr eigenes Handeln interpretieren und gegenüber sich selbst und anderen als sinnvoll und legitim begründen.

Damit lässt sich an die Ethnomethodologie, einen interpretativen Ansatz der Soziologie, anschließen: Dort bezeichnet man Praktiken des Aufweisens von Sinn in der Interaktion als *account* (Garfinkel 1967). Ein Akteur nimmt damit eine „Indexikalisierung" vor, d.h. er oder sie versieht die eigene Handlung, die von anderen zumindest theoretisch in verschiedener Weise interpretiert werden kann, mit einem Index, der sie als eine in bestimmter Weise zu interpretierende Handlung kennzeichnet. Die Indexikalisierung weist dem Handeln somit einen eindeutigen Sinn zu. Die Ethnomethodologie befasst sich nun mit Interaktionen auf der Mikroebene und analysiert einzelne Worte, Floskeln, Gesten usw., die die Interpretation des eigenen Handelns durch Interaktionspartner/innen lenken sollen. So kann Ironie etwa durch Mimik und Gestik signalisiert werden. Damit wird das mehrdeutig interpretierbare Handeln, etwa die Äußerung eines Satzes, als in bestimmter Weise zu interpretieren gekennzeichnet. Ein *account* im Sinne der Ethnomethodologie kann aber auch verbal erfolgen. Wenn ich allerdings mein eigenes Handeln erläutern muss, trete ich aus dem Fluss des selbstverständlichen Alltagshandelns heraus. Die Notwendigkeit der Erklärung von Handeln wird daher in vielen (Alltags-) Situationen als Krisensymptom anzusehen sein. *Accounts* und *accountability* sind damit auf das Engste verbunden mit der Anerkennung von Personen – und Organisationen – als kompetenten Akteuren sowie mit der sozialen Konstitution von Identität (Roberts 1991).

To account bzw. *accounting* stehen dann für das Ablegen von Rechenschaft gegenüber anderen. Übertragen wir dies auf die Ebene von Organisationen, dann beinhaltet *accounting* das Ablegen von Rechenschaft in und von Organisationen. Dabei steht das *financial accounting* für die Rechenschaft gegenüber externen Individuen oder Gruppen, insbesondere den Besitzern bzw. Anteilseignern (*shareholder*), aber auch gegenüber der Gesellschaft, dem Staat und dem Fiskus. In der Betriebswirtschaftslehre wie der Unternehmenspraxis spricht man daher auch vom externen Rechnungswesen. Es beinhaltet im Kern Buchhaltung und Bilanzierung. *Management* oder *managerial accounting* steht hingegen für Rechenschaft bzw. Berichte gegenüber internen Adressaten, insbesondere dem Management. Klassischerweise spricht man hier auch vom internen Rechnungswesen (Coenenberg et al. 2009), wobei zu beachten ist, dass Controlling mittlerweile deutlich mehr umfasst als finanzielle (Kosten-) Informationen (Hoitsch/Lingnau 2007; Weber/Schäffer 2011).

Accounting ist in Organisationen ein zentraler Bestandteil von umfassenderen Kontrollsystemen und Kontrollprozessen. In Organisationen werden *accounts* häufig in formalisierter Form als Berichte und Kontrollinformationen eingefordert und institutionalisiert. Linstead et al. (2004) definieren Kontrolle in Organisationen als „the activity that seeks to bring order to other activities“ (S. 234). Mit Otley (2003) lässt sich entsprechend *management control* verstehen als Bearbeitung des Problems: “how can organizations ensure that managers (and workers) act in the organizational interest?” (S. 313). *Management control* basiert auf „information and accountability systems“, die Informationen darüber liefern sollen, ob korrekt gehandelt wird und ob die erwünschten Handlungsergebnisse erzielt werden (ebd.). Das Phänomen, das im Deutschen als Controlling bezeichnet wird, wird daher im internationalen Diskurs in der Regel als *management accounting and control* bezeichnet.[1]

In Definitionen von *management accounting* wird zumeist darauf hingewiesen, dass dieses nicht nur auf finanzielle Informationen zurückgreift. So definieren Bhimani et al. (2008) beispielsweise: „Management accounting measures and reports financial information as well as other types of information that are intended primarily to assist managers in fulfilling the goals of the organisation“ (Bhimani et al. 2008, S. 5). Allerdings ist faktisch fast allen *management accounting* Systemen inhärent, dass sie auf quantitativen Informationen basieren. Sie reflektieren das viel zitierte Diktum: „If you can‘t measure it, you can‘t manage it“ (vgl. Messner et al. 2007, S. 87). Entsprechend lässt sich die grundlegend angenommene Funktionsweise von *management control* in Form der Abbildung 1 darstellen, die einem Lehrbuchklassiker (Anthony/Govindarajan 1965/2003) entnommen ist.

1 Synonym auch: *management control and performance measurement* (z. B. Otley 2003).

Abbildung 1 Funktionsmodell für *management control* (Anthony/Govindarajan 2003, S. 494)

Das Funktionsmodell in Abbildung 1 ist ursprünglich ein normatives Modell, das die Grundlage für die Gestaltung von Kontrollsystemen bilden soll. Insbesondere ist die in der Abbildung angedeutete Abstimmung der Performanceindikatoren, also der erhobenen Kenngrößen ("what gets measured"), mit den strategischen Erfordernissen der Organisation von Bedeutung. So resümiert beispielsweise Otley (2003) als eine zentrale Erkenntnis seiner dreißigjährigen Forschungserfahrung im Bereich *management accounting and control*, dass die in dem Zirkel beschriebene Anreizwirkung und Aufmerksamkeitssteuerung sehr wohl funktioniere. Er sieht jedoch ein großes Problem darin,

> "that what is not measured gets rather less attention paid to it. Because some aspects of performance are more difficult to quantify and measure, the main danger inherent in modern control systems design is that it is these aspects that get relatively less emphasis, and that we show an almost inevitable tendency towards various forms of short-termism" (Otley 2003, S. 325).

Mit Hilfe des Zirkels aus Abbildung 1 lässt sich auch die grundlegende Kontrolllogik in der Austria University beschreiben. In den Leistungsvereinbarungen zwischen dem Rektorat und dem Ministerium für Wissenschaft und Forschung werden Ziele und Vorhaben definiert, die über Kennzahlen operationalisiert werden ("what counts, gets measured"); diese Vorhaben werden von der Universitätsleitung prioritär verfolgt ("what gets measured, gets done"); die Erreichung der Ziele bzw. die Durchführung der vereinbarten Vorhaben werden in der Evaluation durch das Ministerium positiv gewürdigt und durch Mittelzuweisung im Rahmen des indikatorgestützten Budgetanteils belohnt ("what gets done, gets rewarded"); diese positiv gewürdigten Vorhaben und Strategien beeinflussen, was als sinnvoll (Signifikation) und erstrebenswert (Legitimation) für die Universität angesehen wird, und beeinflusst so die weitere strategische Planung ("what gets rewarded, really counts") und die interne Ressourcenallokation sowie die Positionierung der Austria University im interuniversitären Wettbewerb (Domination). Mit diesem Zirkel wird somit zugleich die grundlegende Funktionsweise des *management by objectives* beschrieben, welches das zentrale Steuerungsinstrument für und in österreichischen Universitäten darstellt.

2.2 Controlling

Wie bereits angedeutet, ist der Begriff "Controlling" in der gebräuchlichen Form in Deutschland geprägt worden (Binder 2006). Die Herausbildung einer eigenständigen betrieblichen Funktion Controlling und parallel dazu einer Funktionslehre im Rahmen der akademischen Betriebswirtschaftslehre in den Sechziger- und verstärkt den Siebzigerjahren des letzten Jahrhunderts lässt sich vermutlich insbesondere auf drei Faktoren zurückführen. Erstens waren in dieser Zeit amerikanische Großunternehmen für deutsche Unternehmen auf Grund ihres wahrgenommenen größeren wirtschaftlichen Erfolgs Vorbild (vgl. dazu die Interviews mit führenden Controllingforschern in Binder 2006), andererseits gab es seit 1945 systematische Bemühungen, das "American model" nach Europa zu exportieren (Djelic 1998). Im Zuge dieser Einflüsse wurden Veränderungen des eindeutig von der Kostenrechnung dominierten internen Kontrollmodells deutscher, österreichischer und Schweizer Unternehmen durch die organisationale Praxis inspiriert (Becker/Saxl 2007). Als dritter Grund lässt sich anführen, dass sowohl die Kostenrechner in den Unternehmen als auch die Vertreter der akademischen Kostenrechnung sich eine Erweiterung ihrer Kompetenzen und Einflussmöglichkeiten sowie ihres Prestiges versprachen (Messner et al. 2008).

In der Betriebswirtschaftslehre gibt es unterschiedliche Ansätze, Controlling zu definieren. Die Controllinglehre ist dabei stets einer funktionalistischen Tradition gefolgt, das heißt sie hat Controlling an Hand der Funktion, die es für den Fortbestand von Organisationen als Sozialsystemen erfüllt bzw. erfüllen soll, definiert. Dabei ist zu konstatieren, dass diese funktionalen Definitionen eher in normativer als in deskriptiver Absicht entstanden sind. Es lassen sich unterschiedliche Schulen der Controllinglehre unterscheiden, die dem Controlling jeweils unterschiedliche Funktionen zuschreiben (vgl. für einen Überblick Becker 2003). Neben der Funktion der Informationsbereitstellung wird dem Controlling die Koordination der Führung von Organisationen (Horváth 2004), die Sicherung der Rationalität der Führung (Weber/Schäffer 2011) oder die Reflexion von Führungsentscheidungen (Pietsch/Scherm 2004) als Kernfunktion zugewiesen. Obwohl diese Charakterisierungen durchaus einen gewissen Einfluss auf das Selbstverständnis von Controller/innen in der Unternehmenspraxis haben (Scheytt et al. 2005) und Merkmale einer deutschsprachigen Management- und Controllingkultur reflektieren (Ahrens/Chapman 2000), fällt doch auf, dass jenseits der unterschiedlichen abstrakten und normativen Funktionsbestimmungen ein sehr einheitliches Verständnis der Controllinginstrumente und -methoden vorherrscht (s. für einen Überblick den folgenden Abschnitt 2.3).

Controlling wird verstanden als Unterstützung bzw. Dienstleistung für das Management von Organisationen. Dieser unterstützende Service besteht im Kern in der Versorgung mit Informationen über die Zielerreichung und ihrer Interpretation und basiert auf der Methodenkompetenz von Controller/innen im Bereich der Planung und Kontrolle. Sehr prägnant kommt dieses Verständnis in der Darstellung der International Group of Controlling (IGC), einer im deutschsprachigen Raum entstandenen Vereinigung von professionellen Organisationen, Beratungsunternehmen, Softwareanbietern sowie Controllingwissenschaftler/innen, zum Ausdruck. Das "Controllerleitbild" der IGC definiert: "Controller leisten begleitenden betriebswirtschaftlichen Service für das Management zur zielorientierten Planung und Steuerung" (IGC 2001, S. 42). Controlling umfasst den "gesamte[n] Prozeß der Zielfestlegung, der Planung und der Steuerung im finanz- und im leistungswirtschaftlichen Bereich" (ebd., S. 46f.). Dabei wird Wert darauf gelegt, dass Controlling ein Prozess ist, der von Manager/in und Controller/in gemeinsam getragen wird; der Controller bzw. die Controllerin ist Lotse und betriebswirtschaftliches Gewissen zugleich (s. Abb. 2).

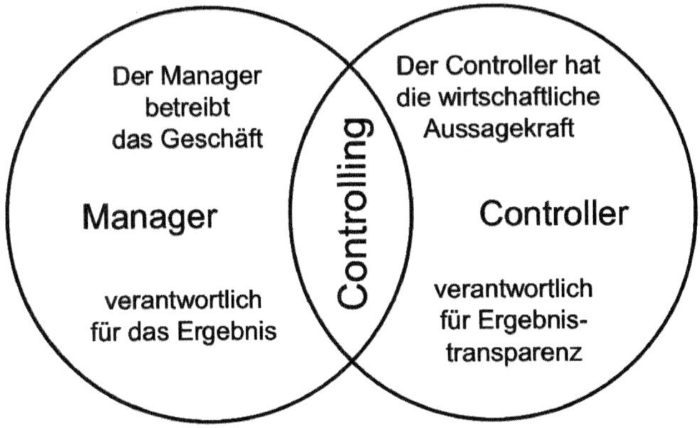

Abbildung 2 Modell des Controlling (International Group of Controlling 2001, S. 46)

Während sich für Unternehmen Ergebnisorientierung stets auf das ökonomische Ergebnis, Gewinn bzw. Rentabilität, bezieht, muss dies für Nonprofit-Organisationen weiter gefasst werden. Zwar umfasst die Leistungsvereinbarung zwischen Austria University und Ministerium ökonomische Sachverhalte, insbesondere Fragen der Budgetierung und der Budgeteinhaltung, aber es gibt auch andere bedeutsame Ziele wie die wissenschaftliche Exzellenz. Hier gilt es dann, quantifizierbare Indikatoren zu definieren, beispielsweise in Form von Statistiken über Publikationen, Auszeichnungen und Vorträgen von Mitgliedern der Universität. Grob vereinfachend könnte man sagen, dass bei Nonprofit-Organisationen nichtfinanzielle Perfomanceindikatoren die obersten Organisationsziele, finanzielle Indikatoren hingegen eher Leistungspotenziale messen, während bei Unternehmen die nicht-finanziellen Indikatoren die Leistungspotenziale und die finanziellen Indikatoren den letztendlichen Erfolg messen. Controlling umfasst dann idealtypisch Praktiken der Steuerung von Organisationen auf der Basis quantitativer finanzieller wie nicht-finanzieller Informationen.

2.3 Controllinginstrumente: ein Überblick

Bei aller Differenz zwischen den oben angeführten Begriffsdefinitionen von Controlling besteht jedoch Einigkeit hinsichtlich dessen, was als Instrumente und Methoden des Controlling zu gelten habe; tatsächlich liegt darauf ein Schwerpunkt der Controllingpraxis und auch -forschung. Für einen groben Überblick lassen sich als wichtigste Controllinginstrumente die Kostenrechnung,

Kennzahlen und Kennzahlensysteme, Verrechnungspreise sowie Planung und Budgetierung nennen.[2]

- Sowohl historisch wie auch materiell kann die *Kostenrechnung* als wesentlicher Kern aller Controllinginstrumente und -aktivitäten gelten. Kosten werden verstanden als monetär bewerteter Verbrauch an Ressourcen zur Leistungserstellung. Ressourcen können zum Beispiel – je nach von der Organisation erbrachter Leistung – sein: Roh-, Hilfs- und Betriebsstoffe für die Fertigung; menschliche Arbeitsleistung in Form ausführender und/oder anleitender Tätigkeiten; von der Organisation bezogene Dienstleistungen, die die Leistungserstellung unterstützen. Dazu gehören zum Beispiel Beratungsleistungen, Fertigungsanlagen und Kapital. Die Kostenrechnung hat dabei mehrere Funktionen: Erstens dokumentiert sie den monetären Wert der eingesetzten Ressourcen. Zweitens liefert sie die Daten für die Planung von Kosten sowie für die Kontrolle der Planeinhaltung. Drittens dient die Kostenrechnung der Kalkulation. Kalkulation bezeichnet die Ermittlung der Kosten der Herstellung eines Produkts bzw. einer Leistung. Das größte Problem besteht dabei in der Verrechnung bzw. Allokation von Gemeinkosten oder indirekten Kosten auf die Endprodukte bzw. Leistungen. Gemeinkosten sind definitionsgemäß Kosten für Ressourcen, die einem Produkt oder einer (Dienst-) Leistung nicht unmittelbar zugerechnet werden können. Beispielsweise kann i.d.R. die Tätigkeit von Manager/innen, die Abnutzung von Gebäuden oder Produktionsanlagen, Kosten für Versicherungen usw. nicht einem konkreten Objekt (Produkt/Dienstleistung) zugerechnet werden, sondern diese Kosten fallen für die Erstellung verschiedener Leistungen zugleich an. Die Allokation dieser Gemeinkosten auf einzelne Produkte/Leistungen mit dem Ziel, die Kosten ihrer Herstellung zu ermitteln, erfolgt nach unterschiedlichen möglichen Methoden, von denen allerdings keine beanspruchen kann, „objektiv richtig" zu sein. Daher gilt – wohl entgegen einer weit verbreiteten Auffassung: Die Kosten eines Produkts oder einer (Dienst-) Leistung sind nicht „objektiv" zu bestimmen, sondern (unter anderem) abhängig von der jeweils angewandten Methode der Gemeinkostenallokation.
- *Kennzahlen* sind Indikatoren für Leistungen oder Wirkungen organisationaler Prozesse; sie dienen zumeist dem *performance measurement*. Absolute Kennzahlen sind zum Beispiel der Gewinn eines Unternehmens oder sein Umsatz. Eine wichtige relative Kennzahl ist etwa die Rentabilität, d.h. der Quotient

2 Gute Überblicke über die Instrumente des Controlling finden sich bei Coenenberg et al. (2009) sowie bei Weber und Schäffer (2011).

aus dem erzielten Gewinn und den eingesetzten finanziellen Mitteln. Kennzahlensysteme wie „Return on Investment" (ROI) oder „Economic Value Added" (EVA) sollen die Rentabilität eines gesamten Unternehmens oder einer Organisationseinheit erfassen.

- *Verrechnungspreise* sind intern zur Anwendung kommende Preise für den Austausch von Leistungen zwischen Unternehmens- bzw. Organisationsbereichen und/oder Tochterunternehmen eines Konzerns. Sie können auch in Unternehmensnetzwerken zwischen den Netzwerkpartnern vereinbart und angewandt werden. Für ihre Festlegung gibt es unterschiedliche Methoden. So können beispielsweise einfach, wie dies in Unternehmensnetzwerken in der Regel der Fall ist, Marktpreise als Verrechnungspreise angesetzt werden. Dies ist in unternehmensinternen Zulieferbeziehungen oft nicht möglich, weil es für die Leistung oder das (Teil-) Produkt keinen Markt gibt. Dann können unterschiedliche andere Methoden der Preisbestimmung angewandt werden. Verrechnungspreise sind besonders deshalb von Bedeutung, weil sie die ökonomische Leistung der einzelnen Einheiten beeinflussen: Der Preis, den eine Unternehmenseinheit an eine andere entrichtet, schmälert ihren eigenen ökonomischen Erfolg und erhöht den der anderen Einheit. Verrechnungspreise sind damit bedeutsam für die interne Zurechnung des Anteils einer Unternehmenseinheit am Gesamterfolg des Unternehmens. Gerade wenn im Rahmen von *performance measurement* das Management von Unternehmenseinheiten nach ihrem Erfolgsbeitrag entlohnt wird, stellen Verrechnungspreise ein bedeutsames Konfliktfeld und Steuerungsinstrument zugleich dar.
- *Planung und Budgetierung* schließlich umfassen sowohl die Organisation von Planungsprozessen als auch ihre informationelle Unterstützung. Von besonderer Bedeutung sind die laufende Überwachung der Zielerreichung und die Analyse von Planabweichungen.

Diese Instrumente stellen den Kern des „Werkzeugkastens" des Controllings dar. Über ihre Organisation, Pflege und Weiterentwicklung definiert sich in Betriebswirtschaftslehre wie betrieblicher Praxis das Controlling als zentrale Servicefunktion für das Management. Wichtig ist dabei, dass alle vier Instrumentalbereiche keineswegs auf Unternehmen, d.h. Wirtschafsorganisationen beschränkt sind, sondern auch in anderen Typen von Organisationen zunehmende Bedeutung erlangen.

3 Controlling in strukturationstheoretischer Perspektive

3.1 Grundlagen

Im einleitenden Kapitel haben wir hervorgehoben, dass die Strukturationstheorie soziale Praktiken in den Mittelpunkt stellt und dass Organisieren sich als Prozess der reflexiven Strukturation (Ortmann et al. 1997) beschreiben lässt. Vor diesem Hintergrund ist es sinnvoll, zwischen Controllingsystemen – den formalen Regeln und Verfahren des Controllings – und Controllingpraxis – den Praktiken im Umgang mit Controllingsystemen – zu unterscheiden. Controllingsysteme haben in strukturationstheoretischer Perspektive den Status kodifizierter Regeln und Ressourcen, auf die sich die Akteure in der Controllingpraxis beziehen. Analog zum Verständnis von Kontrolle als "the activity that seeks to bring order to other activities" (Linstead et al. 2004, S. 234) können wir Controllingpraktiken als organisationale Praktiken verstehen, die andere organisationale Praktiken steuern. In strukturationstheoretischer Lesart definieren wir daher Controlling als Set von quantifizierenden, kalkulatorischen und (ökonomisch) bewertenden Praktiken der reflexiven Steuerung von Organisationen und, im Sinne der im ersten Kapitel thematisierten Einbettung der Organisation (s. das Mehrebenenmodell in Abb. 2, Kapitel 1), ihrer Kontexte.

Controlling lässt sich, im so verstandenen Sinne als Controllingpraxis, mithin als Teilaspekt der reflexiven Strukturation, wie sie im einleitenden Kapitel 1 beschrieben wurde, verstehen. Organisationale Akteure greifen dabei in ihrem Handeln auf Controllingsysteme als formale Systeme von Regeln und Ressourcen zurück und reproduzieren sie. In strukturationstheoretischer Perspektive ist bedeutsam, dass dabei alle Dimensionen der Strukturation involviert werden (Macintosh/Scapens 1990). In der Dimension Signifikation beinhalten Controllingsysteme Konzepte und Theorien, die die Basis für die Interpretation des organisationalen Geschehens bilden. Controllingsysteme bilden aber auch Ressourcen der Herrschaft, indem sie ermöglichen, Akteure zur Verantwortung zu ziehen oder ihre Leistung zu messen (autoritative Ressourcen) und Einfluss auf die Mittelallokation zu nehmen (allokative Ressourcen). Schließlich repräsentieren Controllingsysteme – mit Blick auf die Legitimationsdimension – Regeln für erlaubtes und nicht erlaubtes Handeln, für Belohnung und Bestrafung, und sie dokumentieren finanzielle Verantwortlichkeiten (s. Abb. 3).

In der Systematik der Dualität von Struktur lassen sich die Controllingpraktiken, also die regelbasierten Handlungsweisen im Umgang mit Controllingsystemen, als Modalitäten der Strukturation beschreiben. Controllingsysteme werden als Interpretationsschemata, Normen sowie administrative und allokative Machtmittel genutzt – ermöglicht und beschränkt durch die herrschenden Strukturen. Im Zuge des Prozesses der Strukturation werden diese Strukturen, die durch Controllingsysteme repräsentiert werden, reproduziert.

	Regeln und Ressourcen der...			
Struktur	Signifikation	Herrschaft		Legitimation
	⇳	⇳	⇳	⇳
	Controllingsysteme werden in der Controllingpraxis genutzt und fungieren als ...			
Modalitäten	Interpretations-schemata, z. B. ▪ Zuweisung von (ökonomischem) Wert ▪ Selbstbeschreibung von Organsationen ▪ Selbstverständnis als ökonomische/ effizienzorientierte Akteure	administrative Machtmittel, z. B. ▪ Verfahren der Leistungsmessung ▪ Verfahren der Verantwortungs-zuweisung ▪ interne Seg-mentierung der Organisation	ökonomische Machtmittel, z. B. ▪ Instrumente der Allokation von Ressourcen (Zuteilung/Abzug von Ressourcen)	Normen, z. B. ▪ (ökonomische) Rationalitäts-normen ▪ (ökonomische) Zielformulierungen
	⇳	⇳	⇳	⇳
Interaktion	kommunikative	administrative	ökonomische	sanktionierende
	... Aspekte des Bezugs auf Controllingpraktiken im organisationalen Handeln			

Abbildung 3 Controlling und die Modalitäten der Strukturation (in Anlehnung an Becker 2003, S. 215).[3]

Durch die Nutzung des Instruments der Leistungsvereinbarung zwischen der Leitung der Austria University und dem Ministerium wird also ein *bestimmtes* Bild der „unternehmerischen Universität" (Signifikation) produziert und reproduziert und als normatives Modell einer „guten" Universität (Legitimation) eingeführt bzw. bestätigt. Schließlich werden Mittelzuteilungen (allokative Ressourcen) sowie die Zurechnung von Leistungsverantwortung (autoritative Ressourcen) geregelt und reproduziert. In den folgenden Abschnitten 3.2 bis 3.4

3 Die Darstellungsform unterscheidet sich von Abbildung 3 in Kapitel 1. Sie bezieht die „horizontale Rekursivität" (Ortmann 1995) zwischen den Dimensionen der Strukturation ebenso ein wie die Ausdifferenzierung der Dimension Herrschaft in allokative und administrative Ressourcen.

wird Controlling in Bezug auf die einzelnen Dimensionen der Strukturation und ihre Rekursivität näher beschrieben.[4]

3.2 Controlling und Signifikation: Politik der Sichtbarkeit

Controlling produziert Sichtbarkeit. Das bedeutet zunächst zweierlei: Durch die Beschreibung von organisationalen Sachverhalten mit Hilfe des Controllinginstrumentariums wird erstens die Aufmerksamkeit auf bestimmte Sachverhalte gelenkt. Zweitens werden durch die Nutzung von Controllinginstrumenten im Rahmen von Controllingpraktiken, die Sachverhalte, die sichtbar werden, selbst *als relevante Sachverhalte* erst geschaffen. Das lässt sich gut am Beispiel der Kostenrechnung demonstrieren. Diese lenkt die Aufmerksamkeit der Organisationsmitglieder, aber auch organisationsexterner Akteure, auf die Kostensituation einer Organisation. Kosten werden dadurch als bedeutsam ausgewiesen. Dabei beinhaltet die Produktion von Sichtbarkeit von Kosten durch die Kostenrechnung aber, dass die Kosten selbst eine soziale Konstruktion sind. Kosten hatten wir oben definiert als auf den Organisationszweck bezogener Verbrauch an Ressourcen. Die Kosten einer Ressource sind allerdings keine inhärente Eigenschaft einer Ressource, sondern werden durch soziale Prozesse, u.a. die Praxis der Kostenrechnung, zugewiesen. Was „kostet es" beispielsweise, ein Blech, das Teil einer Autokarosserie ist, in die gewünschte Form zu stanzen? Für manche Ressourcen, z.B. Rohstoffe, lassen sich Kosten relativ pragmatisch als jeweilige Einkaufspreise bestimmen (die allerdings selbst wieder Ergebnis komplexer sozialer Prozesse auf Märkten sind). Wie soll aber der Verbrauch der Ressource „Stanzmaschine" für die Herstellung eines Blechteils berechnet werden? Hier wird man jeweils andere Kosten ermitteln, je nachdem, welche Abschreibungsbasis – historische Anschaffungs- oder Wiederbeschaffungskosten – und welches Abschreibungsverfahren – zeit- oder beschäftigungsbasiert – man wählt. Wie bestimmt sich der Anteil der gesamten Kosten für den Lohn und die Lohnnebenkosten des Maschinenoperateurs, der sinnvoller Weise auf ein einzelnes Produkt zugerechnet werden kann? Hierfür bietet die Kostenrechnung unterschiedlichste Verfahren an, beispielsweise Vollkostenrechnung, Teilkostenrechnung und Prozesskostenrechnung, die hier zu unterschiedlichen Kostensätzen führen (vgl. dazu genauer Hoitsch/Lingnau 2007).

4 Einen Überblick über „25 years of Giddens in accounting research" geben jetzt Englund et al. (2011).

Wenn wir das Beispiel der Kostenrechnung weiter führen, dann können wir auch zeigen, dass Controllinginstrumente Sichtbarkeit in besonderer Weise produzieren: Durch die Kostenrechnung und ihre Verfahren werden Kosten in mess- und rechenbarer Weise sozial konstruiert. Dadurch werden die Kosten einerseits sehr konkret. Andererseits bieten sie die Möglichkeit, sehr unterschiedliche Ressourcen und Sachverhalte miteinander vergleich- und kombinierbar zu machen. Auf der Basis von Kosten können unterschiedliche Ressourcen – z.B. Kosten von menschlicher Arbeitskraft, Kosten von Rohstoffen, Kosten von Versicherungen etc. – hinsichtlich ihrer (Kosten-) Effizienz in organisationalen Prozessen miteinander verglichen und/oder in Bezug auf ihre Kostenwirkung addiert werden. Diese Möglichkeit der Kalkulier- und Kombinierbarkeit ist ein wesentlicher Aspekt der Definitionsmacht des Controlling (Robson 1992); daher sprechen einige Autoren auch statt von Controlling bzw. *accounting* in einem allgemeineren Sinne von „calculative practices“ (Hoskin/Macve 1986; Miller 2004).

Sichtbarmachung, Konstitution von Wert und Kalkulierbarkeit sind nicht auf die Kostenrechnung beschränkte Effekte. In der Austrian University werden beispielsweise die eingeworbenen Drittmittel, d.h. finanzielle Ressourcen für Forschungszwecke, die von universitätsexternen Institutionen vergeben werden, dokumentiert. Gleichzeitig wird universitätsintern von der Universitätsleitung der Erfolg im Bereich Forschung deutlich mit der Einwerbung von Drittmitteln verknüpft. Auf diese Weise wird erstens ein Teilaspekt von Forschungspraxis – also eines zentralen Leistungsbereichs einer Universität – als besonders signifikant herausgehoben. Zweitens ist die Messung bzw. der Indikator selbst in den Prozess der Definition der Leistung involviert: Als Forschungsleistung gilt, was sich in der Einwerbung von Drittmitteln niederschlägt; anderes nicht. Drittens wird Forschungsleistung quantifiziert (vgl. dazu Bogt/Scapens 2012) und damit vergleich- und rechenbar: Die Forschungsleistungen so unterschiedlicher Bereiche wie Quantenphysik und Kunstgeschichte werden vergleichbar und gegeneinander aufrechenbar gemacht.

Controllingpraktiken dienen somit der Herstellung von Diskursivität, indem sie organisationale Sachverhalte in steuerungsrelevanter Weise sichtbar, besprechbar und damit dem steuernden Zugriff verfügbar machen. Bestimmte Aspekte werden als relevant für das Management der Organisation ausgewiesen. Dies beinhaltet gleichzeitig, dass andere Aspekte implizit, zum Teil auch explizit, als irrelevant gekennzeichnet werden. Wir können hier auf das in Abbildung 1 wiedergegebene Funktionsmodell zurückkommen. Wir können die Logik dieses Zirkels mit Hilfe der Dualität von Struktur beschreiben. Steht am virtuellen Beginn die Handlungsregel „what counts, gets measured“, im Beispiel der Universität: Drittmittel, so können wir diese als Resultat eines vorgelagerten Prozesses betrachten, in dem sich die – höchst fragwürdige – Signifikationsregel, dass gute Forschung in der Einwerbung von Drittmitteln zum Ausdruck kommt, herausgebildet hat. Diese Signifikationsregel wird durch die entsprechende Controllingpraxis reproduziert: „What gets measured, really counts". Forschung bzw. Forschungsleistungen, die sich nicht in der Einwerbung von Drittmitteln niederschlagen, weil etwa das Forschungsfeld nicht Drittmittel-intensiv ist, keine Drittmittel für dieses zur Verfügung stehen oder die Forscher/innen nicht auf Drittmittel angewiesen sind, sein wollen oder können, kommen damit potenziell nicht mehr in den Blick.

Indem Controllingpraxis organisationale Sachverhalte ein- bzw. ausblendet, fertigt sie eine (Selbst-) Beschreibung der Organisation an. Eine solche Selbstbeschreibung trägt deutlich rationalistische Züge, weil sie in betriebswirtschaftlich-funktionalistischen Kategorien erfolgt. Gleichzeitig ist in strukturationstheoretischer Perspektive davon auszugehen, dass die formale Beschreibung auf der Basis kodifizierter Regeln und Verfahren, den Controllingsystemen, selbst wesentliche Aspekte der organisationalen Praxis ausblendet. Controlling wirft nicht nur Licht, sondern auch Schatten und zeichnet ein idealisiertes Bild der Organisation. Durch Controlling als rationalisiertem *account* wird die Organisation gegenüber Organisationsexternen und gegenüber den Organisationsmitgliedern als abgegrenzte und abgrenzbare Einheit sichtbar.

Allerdings wird nicht nur die Organisation durch Controlling beschrieben, sondern auch die organisationalen Akteure werden in doppelter Weise kategorisiert. Erstens werden Akteure nicht zuletzt durch die Erfassung im organisationsinternen Controllingsystem der Organisation zugerechnet. Nicht nur durch den Arbeitsvertrag, sondern auch beispielsweise durch die Attestierung der Verursachung von Personalkosten werden Akteure zur Organisation hinzugerechnet.[5] Zweitens wird den Akteuren durch Performancemessung ein Wert zugemessen, ihnen wird ein Wert „eingeschrieben" (*inscription*, s. Robson 1992). Dies bildet die Basis dafür, auf der Ebene der Akteure *accountability* zu konstituieren. Diese Einschreibung und Konstitution von *accountability* wiederum bilden die Basis für eine Selbstbeschreibung organisationaler Akteure (Roberts 1991). Durch die sinnstiftende und interpretative Wirkung von Controllingpraxis wird es Akteuren ermöglicht – oder sie werden dazu gezwungen – ein Selbstverständnis als ökonomisch und effizienzorientiert Handelnde zu entwickeln. Während dieses ökonomisch-effizienzorientierte Selbstverständnis insbesondere in Unternehmen dominiert, ist das vergleichbare Phänomen in der Austria University einerseits an

5 In Form von Personalkosten werden Akteure tatsächlich zur Organisation hinzu-*gerechnet*.

die erwähnte Drittmitteleinwerbung gebunden und reflektiert somit ein genuin ökonomisches Selbstverständnis. Andererseits wird Leistung (*performance*) zugleich und in zunehmendem Maße an der Anzahl von Publikationen gemessen; damit wird ein zwar quantitatives, aber nicht-finanzielles Performancemaß zusätzlich konstitutiv für die Selbstbeschreibung der Organisationsmitglieder der Austria University (Bogt/Scapens 2012). Wissenschaftliche Leistung wird dabei in der Form von „Effizienz" – dem Verhältnis eingesetzter Ressourcen zu Output – als messbar sozial konstruiert. Qualitative Erfolgskriterien wie Originalität von wissenschaftlichen Arbeiten – dies könnte man als Äquivalent von Effektivität verstehen – sind mit diesem Performancemaß nicht messbar und sind daher „unsichtbar", d.h. nicht relevant. In diesen organisationalen und individuellen Selbstbeschreibungen ist der Aspekt der Signifikation allerdings nur analytisch vom Aspekt der Legitimation zu trennen, da in ihnen stets normative Aspekte mitschwingen.

3.3 Controlling und Legitimation: Accounts und Legitimität

Controlling ist also ein wichtiger Faktor für die Produktion von *accountability* in und von Organisationen. Die Selbstbeschreibungen mit Hilfe des Controlling dienen neben der Konstitution von Sinn auch der Rechtfertigung organisationalen Handelns und sind damit ein *account* im oben (Abschnitt 2.1) beschriebenen Sinne. Dies kann sowohl für die gesamte Organisation gelten als auch für Bereiche oder einzelne Akteure innerhalb der Organisation. Zudem können wir die Legitimation durch Controlling auf drei Ebenen diskutieren. Auf einer ersten Ebene werden mit Hilfe von Controlling konkrete Zielvorstellungen transportiert und ihre Einhaltung gesteuert und überwacht. Auf einer zweiten Ebene wird gleichzeitig die oben angesprochene organisationale Selbstbeschreibung als ökonomische bzw. effizienzorientierte Organisation reproduziert. Eine dritte Ebene kommt durch die Einbettung der Organisation in ihre institutionelle Umwelt ins Spiel: Controlling ist ein zentrales Instrument, mit dem eine Organisation signalisiert, dass sie gesellschaftlich institutionalisierten Rationalitätsstandards gerecht wird.

Controlling ist zunächst einmal involviert in Planungsprozesse. Nach einer empirischen Untersuchung von Weber et al. (2006) zählt die Planungsorganisation sowie die Überwachung der Planeinhaltung (Budgetierung und Abweichungsanalyse) zu den gegenwärtig sowie zukünftig erwarteten zentralen Controllingaufgaben. Controlling ist damit involviert in den Prozess der Definition konkreter Verhaltensstandards, die „korrektes" Handeln in Organisationen beschreiben („what counts, gets measured" in Abb. 1). Insbesondere auf dieser Ebene ist Controlling relevant für die personale *accountability* von Akteuren in Organisationen; Controlling wirkt hier an der Einschreibung von „accounting numbers" in die Personen mit. Es wird dadurch ein verantwortliches Individuum konstituiert, das zur Rechenschaft gezogen werden und das an Hand der Leistungskennziffern klassifiziert werden kann (Robson 1992). Roberts (1991) spricht in diesem Zusammenhang von „hierarchical" oder „individualizing form of accountability".

Auf der oben angesprochenen dritten Ebene signalisiert Controlling Konformität mit gesellschaftlichen Erwartungen. In modernen Gesellschaften wird an Organisationen die institutionalisierte Erwartung der formalen Zweckrationalität gerichtet. Da organisationale Prozesse bekannter Maßen nicht oder nur eingeschränkt rational ablaufen (Simon 1976; Becker 1996), nutzen Organisationen Controllingsysteme, um die Einhaltung der Norm der Zweckrationalität nach außen und nach innen zu signalisieren. Häufig kommt es zu einem „decoupling" formal rationaler Systeme und empirisch beobachtbarer organisationaler Prozesse (Meyer/Rowan 1977). Wenn wir oben in Bezug auf die Selbstbeschreibung einer Organisation durch Controlling von einem idealisierten Bild gesprochen haben, so können wir dies nun konkretisieren. Die Idealisierung basiert auf dem Mythos der Zweckrationalität. So schreibt beispielsweise Meyer (1983): „As myths, they [Controllingsysteme] describe the organization as bounded and unified, as rational in technology, as well-controlled and as attaining clear purposes" (S. 235). Ein Beispiel für diese "rationale Fassade" (Horváth 1982) ist die nachträglich angefertigte Investitionsrechnung, die eine bereits getroffene Investitionsentscheidung legitimiert.

Die rationalistische oder sogar rationalisierende Selbstbeschreibung wirkt aber nicht nur legitimierend nach außen, sondern zugleich normativ nach innen. Wenn wir oben von der Konstitution einer Organisation als ökonomisch oder effizienzorientiert durch Controlling gesprochen haben, so hat dies, wie bereits erwähnt, auch einen normativen Gehalt: Ganz analog der oben zitierten Bemerkung Giddens', dass *accountability* mit der „intersection of interpretative schemes and norms" einhergehe (Giddens 1984, S. 30), trägt Controlling dazu bei, ökonomische und andere effizienzorientierte Normen zu etablieren und zu reproduzieren. Wenn wir das Zusammenwirken der Dimensionen Signifikation und Legitimation, von Sinn und Normen, als Organisationskultur bezeichnen, können wir auch sagen, dass Controlling zur Etablierung und Reproduktion einer ökonomischen und effizienzorientierten Organisationskultur in entscheidender Weise beiträgt.

In einer mittlerweile als klassisch geltenden Fallstudie hat Dent (1991) den Prozess der Veränderung einer ingenieurmäßig-technikorientierten hin zu einer ökonomisch orientierten Organisationskultur einer Eisenbahngesellschaft unter dem Einfluss von *management accounting* beschrieben. Er zeigt darin, wie die neuen Controllingpraktiken in die emergenten Veränderungen der Organisationskultur rekursiv eingebettet waren. Unter anderem auf Grund des öffentlichen Drucks werden in der damals noch staatlichen Eisenbahngesellschaft zunächst Positionen so genannter „Business Manager" geschaffen, die als Stabstellen bei der Geschäftsführung Strategien zur Verbesserung der ökonomischen Situation entwickeln sollten; eine konkretere Aufgabenbeschreibung existierte nicht. Sie waren zudem anfangs ohne jede formale Autorität oder Weisungsbefugnis:

> „Their positions were an abstract economic construct. They were made meaningful through the new accounting constructs. Moreover, the accounting measures provided a means through which they could later couple debate on operational and physical concerns to an economic calculus" (Dent 1991, S. 718).

Im Unternehmen existiert ein Kostenrechnungssystem, das Kosten zu analytischen Zwecken erfasst, diese aber nicht mit Budgetverantwortung verknüpft. Ökonomische Aspekte sind den ingenieurmäßig-fachlichen Aspekten untergeordnet. Allerdings ergeben sich durch die Aktivitäten der Business Manager im Laufe der Zeit Veränderungen:

> „[P]lanning and budgeting activities began to assume a new significance. Formerly, they were introverted acts of cost containment. Now they came to symbolize the search for profit-maximizing opportunities" (ebd., S. 720).

Einerseits verändert sich die Bedeutung des vorhandenen Accountingsystems, andererseits das Selbstverständnis in der Eisenbahngesellschaft:

> „Through interaction in meetings and elsewhere, many in the organization began to understand the Business Managers' emerging reality. Most also found it appealing. The continual attacks on the competence of public sector managers [insbesondere durch die Regierung, A.B.] had worn morale down. To be businesslike was ‚good', it gave them pride, and made the railways modern. Increasingly people came to share the normative symbolism of the ‚bottom line'" (ebd., S. 720).[6]

6 Der Begriff *bottom line* steht für Bilanzgewinn.

Das Beispiel der Eisenbahngesellschaft zeigt mithin, dass sich durch die Controllingpraxis ein ökonomisch orientiertes Selbstverständnis herausgebildet hat; das bloße Vorhandensein von Controllinginstrumenten, hier der Kostenrechnung, war nicht ausreichend. Erst durch die Reproduktion der Normen und Interpretationsschemata verändern sich strukturelle Aspekte, normative und Sinnstrukturen, der Organisation.

3.4 Controlling und Herrschaft: Macht der Zahlen

Controlling als Set von quantifizierenden, kalkulatorischen und (ökonomisch) bewertenden Praktiken der reflexiven Steuerung von Organisationen ist ein zentraler Baustein der organisationalen Kontroll – und Controllingpraxis und ist an zentraler Position involviert in die Allokation von Ressourcen (*allocative resources*) sowie die Steuerung des Handelns organisationaler Akteure (*authoritative resources*).

Controlling beinhaltet einerseits ökonomisch orientierte Steuerungseingriffe, d.h. es hat Auswirkungen auf die Verteilung allokativer Ressourcen. Dieser Sachverhalt steht im Zentrum normativ-funktionalistischer Perspektiven in der Controllingwissenschaft: Controlling wird hier als rationales Verfahren der Verteilung von Ressourcen betrachtet. Controlling reguliert Ressourcenflüsse. Andererseits – und nur analytisch von der Dimension der Herrschaft bzw. von allokativen Ressourcen zu trennen – werden durch die Ressourcenallokation die Handlungsmöglichkeiten organisationaler Akteure beeinflusst, d.h. Handeln wird sowohl ermöglicht als auch begrenzt. Damit ist die Dimension der Herrschaft in ihren autoritativen Ressourcen berührt. Es werden nämlich beispielsweise im Zuge der Budgetierung nicht nur Mittel zugewiesen und damit Handeln ermöglicht, sondern es werden durch Plangrößen auch konkrete Bewertungsmaßstäbe für das Handeln etabliert. Dadurch wird das Handeln der Akteure in bestimmte Bahnen gelenkt, zugleich abweichendes Handeln negativ sanktioniert und ggf. verunmöglicht. Als Sanktionspotenzial kann zum Beispiel die Drohung mit dem Entzug von Ressourcen in folgenden Planperioden fungieren. In der Austria University wird beispielsweise die so genannte Research Database, in der alle akademischen Leistungen der Wissenschaftler/innen verzeichnet werden, vom Rektorat genutzt, wenn es im Rahmen von Zielvereinbarungen mit Dekan/innen um die Zuweisung neuer oder die Verlängerung vorhandener Stellen des wissenschaftlichen Personals geht. Durch die Einführung bzw. Gestaltung von Controllingsystemen werden mithin Möglichkeiten geschaffen, über das Handeln anderer in der Organisation machtvoll zu verfügen. Kennzahlensysteme bilden die Voraussetzung dafür, die Leistung von Akteuren zu messen und ihnen Verantwortung für Erfolg oder Misserfolg zuzurechnen. Controllinginstrumente sind administrative Kontrollinstrumente in diesem machtdurchtränkten Prozess.

Unter Bezug auf das Konzept des „responsibility accounting" (Bhimani et al. 2008) können wir noch einen weiteren Aspekt der Kontrolle durch Controlling identifizieren. *Responsibility accounting* beinhaltet einerseits das Prinzip, dass organisationale Akteure nur auf Basis solcher Indikatoren beurteilt und beeinflusst werden sollen, die zu ihrem Einflussbereich gehören. Gleichzeitig werden im Rahmen des *responsibility accounting* so genannte *responsibility centers* geschaffen, d.h. abgrenzbare und abgegrenzte organisationale Verantwortungsbereiche. Sie können beispielsweise als Profit Center oder in anderer Form ausgestaltet sein. Damit werden auch durch das Controlling interne Segmentierungen der Organisation geschaffen, die die Herrschaftsstruktur beeinflussen, indem Verantwortlichkeiten, Befehlsketten etc. geschaffen werden. In der Austria University wurde beispielsweise die Zahl der Fakultäten fast verdoppelt und eine komplette Hierarchieebene – die Lehrstühle als organisatorische Einheiten mit Budget- und Personalverantwortung – abgeschafft. Dadurch wurde in Summe ein widersprüchlicher Effekt hervorgerufen. Durch die flachere Hierarchie wurde der Steuerungsaufwand für das Rektorat verringert, weil faktisch die Dekanate die einzigen zu steuernden Einheiten sind. Gleichzeitig wurde durch die Verdopplung der Zahl der Fakultäten, also der *responsibility centers*, der Steuerungsaufwand erhöht. In der Praxis erweist sich dann zusätzlich, dass „gute Beziehungen" zwischen Akteuren unterschiedlicher Hierarchieebenen – insbesondere Lehrstuhlinhaber/innen und Rektorat – in Zielvereinbarungen definierte Leistungsstandards faktisch aushebeln können. Daher etabliert sich die eigentlich gewünschte Performanceorientierung in der Universität nur zögerlich.

Zusammenfassend können wir konstatieren, dass die Aspekte administrativer und ökonomischer Machtausübung durch Controllinginstrumente rekursiv auf einander bezogen sind. Verfahren der Ressourcenverteilung als ökonomische Machtmittel basieren auf der Möglichkeit, Leistungen und Verantwortung zuzurechnen (administrative Machtmittel); Verfahren der Zuweisung von Verantwortung und der Leistungskontrolle setzen wiederum Verfahren der Mittelallokation voraus. In der Controllingpraxis tragen sie wechselseitig zu ihrer Reproduktion bei. Besonders wirksam sind solche Instrumente in dieser Hinsicht dann, wenn sie als sinnvoll und legitim angesehen werden.

4 Quantifizierung und kalkulative Praktiken in der Austria University

Am 1. Oktober 2003 tritt der neue Rektor der Austria University, wie alle anderen Universitätsrektoren auch, sein Amt an. Er steht vor einer schwierigen Aufgabe: Die Universität muss von einer öffentlichen Verwaltung in eine autonome, quasi-privatwirtschaftliche Organisation umgewandelt werden. Im Jahre 2006 wird die Universität erstmals mit dem Ministerium eine formelle „Leistungsvereinbarung" schließen, die die Ressourcenzuweisung an die Universität für die Jahre 2007 bis 2009 regelt. Die Universität soll daher in mehrfacher Weise "fit gemacht" werden für die Verhandlungen über die Leistungsvereinbarung: Erstens muss eine deutlich erkennbare Strategie formuliert und zumindest teilweise implementiert werden – dies ist eine entscheidende Innovation in der österreichischen Hochschullandschaft. Dabei soll eine Profilierung gegenüber den anderen österreichischen Universitäten erkennbar sein, um eine gute Position in der sich abzeichnenden Ressourcenkonkurrenz aufzubauen. Zweitens sollen die Voraussetzungen geschaffen werden, um strategische Maßnahmen innerhalb der Universität durch- und umzusetzen. Drittens schließlich soll die Universität demonstrieren können, dass sie ökonomisch effizient im Sinne einer nachvollziehbaren und legitimierbaren Ressourcennutzung arbeitet bzw. dass sie entsprechende Maßnahmen ergriffen hat, um diese Effizienz in absehbarer Zeit herzustellen.

An dieser Stelle kann natürlich nicht der gesamte Reorganisationsprozess betrachtet werden. Hier geht es nur um die Rolle des Controlling in diesem Prozess. Generell lässt sich konstatieren, dass die Veränderungsprozesse mit einer massiven Bedeutungszunahme des Controllings einhergehen und dass die Quantifizierung zu einem dominanten Merkmal der Managementprozesse an der Austria University wurden. Dies ist einerseits darauf zurückzuführen, dass viele Berichterstattungsverpflichtungen gesetzlich vorgeschrieben wurden; andererseits sind die extensive Quantifizierung und der umfängliche Ausbau des Controllings ein besonderes Merkmal des Managements der Austria University. Das Rektorat setzt Controllinginstrumente extensiv ein, um die Entscheidungs- und Steuerungsprozesse zu "objektivieren": Prozesse sollen durch Controlling transparent werden (Signifikation), Entscheidungen auf Basis vermeintlich objektiver Verfahren sollen das Handeln stets legitimierbar halten (Legitimation), und Transparenz sowie die vermeintliche Objektivität sollen nicht zuletzt ein wichtiges Instrument der Durchsetzung von Entscheidungen sein (Domination). Im Folgenden wird die Rolle des Controlling an zwei Beispielen erläutert, die erstens deutlich machen, welche Wirkungen mit Controlling in Organisationen einher gehen, aber zweitens demonstrieren, dass diese Wirkung nur versteh- und erklärbar ist, wenn man sich nicht auf die Controllingsysteme beschränkt, sondern die konkreten Praktiken des Controlling betrachtet. Es zeigen sich nämlich deutliche Muster der praktischen Nutzung von Controllingsystemen. Die Beispiele, die im Folgenden diskutiert werden, sind zum einen der Prozess der Berufung von Professorinnen bzw. Professoren sowie zum anderen die Bildung und Evaluierung von Forschungsschwerpunkten.

4.1 Objektivierung der Personalauswahl: Berufungsverfahren

Auch wenn in strukturationstheoretischer Perspektive Organisationen nicht aus Personen "bestehen", sondern es letztendlich die Handlungsmuster oder Praktiken sind, die der Organisation zugerechnet werden, so ist doch klar, dass Personen Organisationen in entscheidender Weise beeinflussen. Der Vollzug der Praktiken und damit die Systemreproduktion ist stets auch vom konkreten Handeln der Akteure abhängig. Insofern kommt der Berufungspolitik einer Universität oder Fakultät eine erhebliche Bedeutung zu, sind es im deutschsprachigen Raum doch in besonderer Weise die Professorinnen und Professoren, die Leistung und Image der Universität prägen. Rekrutierungsentscheidungen auf der Ebene der Professuren sind daher von zentraler strategischer Bedeutung für Universitäten.

Mit der Autonomie der Universitäten ist das Recht zur Berufung von Professoren/innen vom Ministerium für Wissenschaft und Forschung auf den Rektor der Universität übergegangen; gleichzeitig hat das Universitätsgesetz ein Zusammenspiel von Rektorat, Senat, Dekan/innen, Berufungskommissionen der Fakultäten sowie universitätsinternen und -externen Gutachterinnen und Gutachtern vorgesehen. In der Austria University hat das Rektorat einen Ablaufplan für Berufungsverfahren erstellt; diese Prozessbeschreibung enthält 18 Verfahrensschritte mit insgesamt weit über 100 einzelnen Teilschritten. Darüber hinaus hat das Rektorat für die Berufungskommissionen, die letztendlich einen aus drei Bewerbern/innen bestehenden Besetzungsvorschlag erstellen, eine 36-seitige Empfehlung als Bündel von *best practice*-Regeln an die Hand gegeben. Diese Empfehlung ist zwar nicht verbindlich, ein partieller Verstoß gegen die dort festgeschriebenen Verfahrensweisen führt allerdings in der Praxis teilweise zur Zurückweisung des Besetzungsvorschlags. Für das Controlling von besonderer Bedeutung ist die Tatsache, dass die *best practice*-Regeln eine quantifizierende

Systematik für die Auswahl der Bewerber/innen vorsehen und damit eine Controllinglogik implementieren.

Die *best practice*-Regeln beinhalten ein im Grunde recht einfaches Punktbewertungsverfahren (Scoringmodell) zur Auswahl von Handlungsalternativen: Es werden Zielkriterien formuliert, die in diesem Fall die gewünschte Qualifikation einer Stelleninhaberin abbilden sollen; diese Kriterien werden gewichtet; schließlich wird für jede Bewerberin der Erfüllungsgrad jeden Kriteriums durch einen Zahlenwert repräsentiert. Nun kann durch die Addition der gewichteten Werte für die einzelnen Kriterien eine Kennzahl für jede Person ermittelt werden. Die Person mit dem höchsten gewichteten Punktwert erfüllt das Anforderungsprofil am besten und sollte entsprechend für die Berufung vorgeschlagen werden.

Solche Verfahren stellen betriebswirtschaftliche Standardprozeduren dar. Mit der detaillierten Definition des Prozesses sowie der Vorgabe eines Scoringmodells haben wir es hier mit einer typischen Controllingaktivität zu tun. Sowohl die Praxis (Weber et al. 2006) als auch die Controllinglehre (z.B. Horváth 2004; Weber/Schäffer 2011) zählen ja die Gestaltung von Planungs- und Kontrollsystemen zu den genuinen Controllingaufgaben.

Die neu eingeführten Regeln für Berufungsverfahren haben eine deutliche Veränderung in der Arbeit von Berufungskommission an der Austria University bewirkt. Berufungskommissionen sind nun gezwungen, vor Sichtung der Bewerbungsunterlagen einen Kriterienkatalog zur Beurteilung der Eignung der Bewerber/innen zu erstellen. In formaler Hinsicht ist dies ein Rationalitätsgewinn gegenüber der vorher üblichen Praxis. Allerdings zeigt die Praxis auch, dass es sich hier zumeist um eine Rationalitätsfassade handelt. Betrachtet man dann nämlich den Umgang der Berufungskommissionen mit dem Scoringmodell, so lassen sich drei unterschiedliche Umgangsweisen identifizieren. Eine erste Umgangsweise hält sich beinahe sklavisch an die Vorgaben im *best practice*-Modell. Dies geht teilweise so weit, dass, obwohl ursprünglich eigene Kriterien definiert wurden, die im *best practice*-Modell nur beispielhaft angeführten Kriterien nachträglich übernommen werden. Allerdings lässt sich zweitens beobachten, dass zunächst die Auswahlentscheidung getroffen wird und das Scoringmodell dann „entsprechend" mit Daten gefüllt wird. Dies ist eine klassisch zeremonielle, gleichwohl in Organisationen aus guten Gründen selten thematisierte Nutzung dieses Instruments (Meyer/Rowan 1977): Eine bereits getroffene Entscheidung wird in die Sprache des Entscheidungsmodells übersetzt und auf diese Weise legitimiert. Das Rektorat akzeptiert dieses Vorgehen ganz offensichtlich, da beispielsweise die Veränderung der Eignungskriterien im Laufe des Verfahrens zwar „offiziell" bemängelt, die von den Berufungskommissionen vorgelegten Listen aber akzeptiert werden. Die dritte zu beobachtende Strategie von Berufungskommissionen im

Umgang mit dem formalen Verfahren besteht in der zumeist stillschweigenden, in Einzelfällen aber expliziten Weigerung, das Modell anzuwenden. Auch diese Weigerung hat bislang formell keine Sanktionen nach sich gezogen.

Andererseits hat es an der Austria University bereits eine ganze Reihe von Fällen gegeben, in denen sich das Rektorat nicht an die von einer Berufungskommission vorgelegte Reihung der Bewerber/innen in der Berufungsliste gehalten hat. Das Rektorat hat stattdessen zweit- oder drittgereihte Bewerber/innen berufen. Auch hier zeigt sich, dass letztlich der praktische Umgang mit dem formalen System entscheidend ist. Die bloße formale Einhaltung des vorgeschriebenen Verfahrens garantiert im Fall der Austria University offensichtlich nicht, dass das so erzielte Ergebnis vom Rektorat akzeptiert wird. Dieses Offenhalten ist eine Strategie des Rektorats, die im Controllingsystem selbst angelegte Machtwirkung noch zu verstärken. Es schafft hier eine sozusagen darüber liegende „Ungewissheitszone" (Crozier/Friedberg 1979), indem es offenhält, wann formale Verfahren zählen und wann nicht.

In Bezug auf die Versuche, die Berufungsverfahren durch Quantifizierung zu objektivieren, kann an dieser Stelle zunächst festgehalten werden, dass sie innerhalb der Universität einen deutlich zeremoniellen Charakter haben. Sie sollen die Einhaltung von institutionalisierten Rationalitätsnomen signalisieren, wobei die internen Prozesse ganz offensichtlich einer anderen Logik folgen. Genau das ist zuerst von Meyer und Rowan (1977) als *decoupling* institutionalisierter und ritualisierter Verfahren formaler Rationalität einerseits und materieller Prozesse andererseits beschrieben worden. Damit hat Controlling in diesem Bereich zunächst einmal die Funktion der Legitimation und der Inszenierung als rationaler Organisation (Signifikation). Gleichzeitig bleibt auch das quantifizierende Verfahren eine Quelle der Macht für das Rektorat, weil die Verletzung des formal vorgegebenen Verfahrens genutzt werden kann, Entscheidungen der Berufungskommissionen zurückzuweisen oder zu verzögern. Beides hat in Zeiten knapper Ressourcenausstattung an einer Massenuniversität zumeist unangenehme Wirkungen für die betroffenen Fakultäten.

4.2 Quantifizierung von Exzellenz: Die Bildung von „Research Excellence Units"

"Profilbildung" ist ein Eckpfeiler auch der österreichischen Universitätspolitik. Die Autonomie soll einerseits die Universitäten befähigen, Schwerpunkte zu setzen und andererseits durch die größere Spezialisierung und Konzentration auf bestimmte Kompetenzen auch zu einer Qualitätssteigerung im gesamten Universitätssystem führen. Sehr deutlich werden Konzepte aus dem strategischen Management von Unternehmen im hochschulpolitischen Diskurs und in den Formulierungen der rechtlichen Rahmenbedingungen auf die Universitäten übertragen. Die Austria University operationalisiert diese konzeptionellen und politischen Vorgaben unter anderem durch die Einrichtung von so genannten "Research Excellence Units" (REU). REUs sind Gruppen von Wissenschaftler/innen, die in verwandten Gebieten forschen und die besondere Forschungskompetenzen und -leistungen vorweisen können. Die REUs sollen das Forschungsprofil der Austria University fokussieren und weiterentwickeln. Es bestehen mehr als 30 solcher REUs in den Natur-, Geistes- und Sozialwissenschaften; zum Teil sind sie fakultätsübergreifend. REUs bilden eine formale Sekundärorganisation (vgl. dazu z. B. Staehle 1999, S. 762 ff.). Sie werden formal vom Rektorat auf Antrag auf fünf Jahre mit Verlängerungsmöglichkeit eingerichtet. Sie sind mit einmaligen budgetären Mitteln in signifikanter Höhe ausgestattet.

Auch bei den REUs zeigt sich das Bestreben der Leitung der Universität, das Verfahren ihrer Einrichtung durch die Nutzung und die Produktion quantitativer Informationen zu objektivieren. Vier übergreifende Kriterien werden zur Evaluation beantragter bzw. existierender Forschungsschwerpunkte herangezogen.

- Die „Exzellenz in der Forschung" wird insbesondere anhand des Outputs in Form von Publikationen, Einladungen zu *keynote speeches* auf Konferenzen usw. gemessen. Hierzu wird neben dem Reporting der REU selbst insbesondere auf die existierende Research Database zurückgegriffen.
- Die „Interne Kohärenz der REU" ist ein Maß für die interne Vernetzung, das die outputorientierten Maße ergänzen soll. Dieses Kriterium wird insbesondere durch das Ausmaß der gemeinsamen Antragstellung bei Förderinstitutionen und die Anzahl gemeinsamer Publikationen operationalisiert.
- Das dritte, eher inputorientierte Kriterium „Einwerbung von kompetitiven Drittmitteln" misst die relative Höhe der eingeworbenen Drittmittel; eine überdurchschnittliche Drittmitteleinwerbung gilt als erforderlich.
- Schließlich wird die „Internationale Vernetzung" der Forscher/innen gemessen. Auch hier spielen gemeinsame Publikationen und formale Kooperationen, beispielsweise über Drittmittelprojekte, eine entscheidende Rolle.

Im Zuge der Evaluation bei der Antragstellung und nach der Genehmigung einmal jährlich sind die Research Excellence Units verpflichtet, ihre Leistungen zu dokumentieren sowie über Planungen Auskunft zu geben. Ähnlich wie im oben angesprochenen Fall der Berufungsverfahren sollen hier Transparenz durch umfangreiche Dokumentation und Objektivität durch Quantifizierung hergestellt werden. Anders als bei den Berufungsverfahren erfolgt bei der Evaluation der Forschungsschwerpunkte die Ermittlung der entscheidenden Kennzahlen durch die Universitätsverwaltung. Für jedes der vier oben genannten Kriterien (Exzellenz in der Forschung, Interne Kohärenz der REU, Einwerbung von kompetitiven Drittmitteln und Internationale Vernetzung) werden auf Basis des Performance Reports zwischen 0 und 5 Punkten zugewiesen. Es können mithin maximal 20 Punkte erreicht werden; 10 Punkte sind mindestens erforderlich, damit eine REU eingerichtet werden kann. Allerdings existiert keine – oder keine veröffentlichte – Regel, nach der die in den vier Kennzahlen ermittelten Werte in Punkte umgesetzt werden. Auch ist unklar, ob und in welcher Weise Unterschiede zwischen den einzelnen Disziplinen etwa hinsichtlich ihrer Drittmittelintensität oder Publikationskulturen systematisch berücksichtigt werden. Beispielsweise wurde eine beantragte REU wie folgt beurteilt: Exzellenz in der Forschung – 3 Punkte, Interne Kohärenz der REU – 1 Punkt, Einwerbung von kompetitiven Drittmitteln – 1 Punkt, Internationale Vernetzung – 4 Punkte. Mit neun Punkten wurde die Einrichtung der REU abgelehnt. Unabhängig davon, ob etwa das Urteil, dass die Drittmitteleinwerbung und der Grad der internen Vernetzung deutlich unterdurchschnittlich ausgeprägt sind, intersubjektiv validierbar ist, wird hier durch die Quantifizierung ein doppelter Effekt produziert. Erstens erscheint die Beurteilung als exakt, weil sie mit Hilfe einer Kennzahl dargestellt wird; der Prozess der sozialen Konstruktion der Kennzahl verschwindet hinter der scheinbaren Objektivität; die Kennzahl wird zu einer „black box" (Latour 2005). Zweitens ist hier auch der Prozess der „inscription of accounting numbers" (Robson 1992), der ein wesentliches Element autoritativer Ressourcen darstellt, deutlich zu erkennen: Der REU und den an ihr beteiligten Forscher/innen werden diese Kennzahlen eingeschrieben, sie werden kategorisiert. Zusammen mit anderen bildet diese REU die Gruppe der Research Excellence Units *in spe* (im Gegensatz zu schlechter beurteilten und endgültig abgelehnten REUs). Dadurch wird nicht zuletzt eine interne Segmentierung der Austria University hervorgebracht.

Haben wir bei den Berufungsverfahren gesehen, dass Controlling und Controllinginformationen insbesondere zur Legitimation und zur Reproduktion der normativen Ordnung der Austria University genutzt werden, so spielen sie im Prozess der Etablierung von REUs insbesondere als Machtressourcen eine Rolle. Der Schwerpunkt liegt hier auf autoritativer Herrschaft, also der Herrschaft über Personen und Gruppen: Organisationsmitglieder werden kategorisiert und ihr Handeln auf diese Weise massiv beeinflusst. Innerhalb von zwei Jahren bildete sich eine deutliche Hierarchisierung von Forschungsaktivitäten und damit verbunden Forschern/innen heraus; als wertvoller gelten solche, die sich einem Forschungsschwerpunkt zurechnen lassen können (vgl. zu einem ähnlichen Phänomen in Bezug auf die Leistungsbewertung an Hand von Journalpublikationen Bogt/Scapens 2012). Gleichzeitig können wir beobachten, dass der Prozess der Evaluation quasi ein panoptischer Kontrollprozess ist (Foucault 1981; Miller/O'Leary 1987): Die Umsetzung der Controllinginformation in die Kennzahlen (die Werte 0 bis 5) erfolgt durch die Universitätsverwaltung in einem für die der Kontrolle Unterworfenen nicht einsehbaren Prozess. Dies führt zu einer deutlichen Verunsicherung des wissenschaftlichen Personals: Der Wert, der den eigenen Leistungen in der Organisation bzw. von ihrer Führungsspitze zugewiesen wird, ist im Grunde nicht einschätzbar. Die versprochene Objektivierung und Transparenz des Verfahrens wird durch seine konkrete Handhabung konterkariert.

4.3 Die Quantifizierung der Austria University

Wie alle österreichischen Universitäten sieht sich die Austria University deutlich veränderten Rahmenbedingungen gegenüber, die die Konkurrenz um Ressourcen verschärft haben. Charakteristisch an der Situation ist, dass die Universitäten und anderen Einrichtungen des Systems der tertiären Bildung dabei hauptsächlich um die Ressourcenzuweisung durch das Ministerium für Wissenschaft und Forschung konkurrieren. Ein zentrales Instrument in diesem Wettbewerb stellt das Controlling der Universität dar, weil es die Informationen liefert, auf deren Basis der leistungsabhängige Research Database Budgetanteil vergeben wird. Im Fall der Austria University hat das Management eine Strategie der umfassenden Quantifizierung gewählt. Mit der Verwendung von Scoringmodellen in Berufungsverfahren und der Kennzahlen gestützten Einrichtung von REUs sind zwei charakteristische Beispiele angeführt worden. Ein drittes Beispiel ist die Einrichtung der bereits erwähnten Research Database, die nicht nur die im engeren Sinne wissenschaftlichen Leistungen erfasst, sondern auch beispielsweise die Betreuung von Abschlussarbeiten, die Mitarbeit in Gremien der universitären Selbstverwaltung oder außeruniversitäre Aktivitäten. Dadurch soll wiederum ein vermeintlich objektives und transparentes Bild der Performance der Austria University gezeichnet werden.

Wir haben gesehen, dass diese Quantifizierungen alle drei von der Strukturationstheorie zu Grunde gelegten Dimensionen des Sozialen tangieren:

- Die quantifizierenden Verfahren lenken zum einen die Aufmerksamkeit der Universitätsmitglieder auf bestimmte Bereiche bzw. Aktivitäten („what gets measured, really counts"). Für den wissenschaftlichen Bereich umfasst dies alle diejenigen Aspekte, die relativ einfach messbar sind, insbesondere die Zahl von Publikationen und die eingeworbenen Drittmittel.

- Die Sichtbarkeit und Bedeutung, die durch die quantifizierenden Controllinginstrumente produziert wird, hat gleichzeitig einen bewertend-normativen Aspekt: Als wertvoll gelten diejenigen Aktivitäten und Handlungsergebnisse, die mit dem Controllinginstrument messbar sind.
- Schließlich geht von den Controllinginstrumenten in der Austria University ein erheblicher Machteffekt aus, weil die erhobenen Kennzahlen wiederum erstens handlungslenkende Effekte haben und eine neue interne Segmentierung schaffen (autoritative Ressourcen) und zweitens die Basis für die Ressourcenverteilung haben (allokative Ressourcen).

Die Effekte der Quantifizierung der Austria University sind ausgesprochen ambivalent. So hat die deutliche Betonung von Publikationen und Drittmitteln durchaus positive Wirkungen, weil eine höhere Bedeutung dieser beiden Bereiche im Einklang mit weltweit etablierten Kriterien erfolgreicher wissenschaftlicher Tätigkeit steht (Meyer 2005; Münch 2009). Gleichzeitig ergibt sich aber auch das Problem, dass ein Diskurs über die (inhaltliche) Qualität von Forschung in einen Diskurs über (formale) Quantitäten umgewandelt wird (vgl. a. Bogt/Scapens 2012). Ein besonders prägnantes Beispiel ist das in der Leistungsvereinbarung zwischen Austria University und Ministerium festgelegte Ziel, die Qualität von Dissertationen zu sichern und zu verbessern. Als Kennzahl zur Evaluation der Erreichung dieses Ziels wird die Anzahl der abgeschlossenen Dissertationen definiert. In der Logik der Quantifizierung kann die Originalität einer wissenschaftlichen Arbeit nicht gemessen werden. Die „Brille" des Controllings konstruiert hier eine eigene Realität, sie lässt nur die Aspekte in den Blick kommen, die mit dem Instrument gemessen werden können.

Die dominanten Controllingsysteme zeichnen mithin ein bestimmtes Bild der Austria University. Die Rolle der Ziel- und Leistungsvereinbarungen verweist auch darauf, dass diese Quantifizierungslogik vor dem Hintergrund gesellschaftlicher Entwicklungen in der Bildungspolitik sowie der Steuerung staatlicher und quasi-staatlicher Institutionen zu betrachten ist. Das reflektiert die im einleitenden Kapitel 1 angesprochene Verschränkung unterschiedlicher Ebenen strukturationstheoretischer Analyse von Organisationen. Wie in dem oben in Abschnitt 3.3 angesprochenen Beispiel der Eisenbahngesellschaft treffen mit der Implementation von Controllinginstrumenten in der Austria University zudem unterschiedliche Handlungslogiken und Kulturen aufeinander (Townley 1997). Entsprechend ist weder das ursprüngliche Verfahren noch die Praxis des

Controllings in der Austria University konfliktfrei. Neben der Frage der Angemessenheit des quantifizierenden Zugriffs auf akademische Leistungen bzw. Tätigkeiten spielt hier die Herstellung von Sichtbarkeit bzw. von Diskursivität eine zentrale Rolle. Einerseits werden Bereiche an der Austria University der Sichtbarkeit ausgesetzt, die dies vorher nicht waren. Eine systematische Dokumentation wissenschaftlicher Leistungen, die noch dazu zumindest teilweise öffentlich und damit auch Kollegen/innen zugänglich ist, ist tatsächlich neu. Andererseits ist die Herstellung von Sichtbarkeit in der konkret praktizierten Form einseitig. Nicht sichtbar bzw. intransparent sind zum überwiegenden Teil die Verwendung der erhobenen Daten und die auf ihrer Basis erfolgenden Entscheidungsprozesse. Am Beispiel der Einrichtung von REUs wurde dies bereits angeführt: Hier bleibt beispielsweise intransparent, was ein „guter Wert" im Sinne der vier Evaluationskriterien Exzellenz in der Forschung, Interne Kohärenz, Einwerbung von kompetitiven Drittmitteln und internationale Vernetzung ist.

Aber insbesondere bleibt in der Praxis der Kontrolle an der Austria University die Geltung der jeweiligen formalen Verfahren und Kriterien unklar. Wann weist das Rektorat eine unter Verletzung der *best practices* zustandegekommenen Berufungsliste zurück? Unter welchen Voraussetzungen werden trotz dokumentierter geringer Leistung in den von den Leistungskennzahlen erfassten Bereichen Ressourcen zugewiesen? Accountability der Universitätsmitglieder gegenüber dem Management der Universität wird durch formale Verfahren und Controllingsysteme etabliert, das Management selbst verweigert sich der internen Accountability aber durch Aufrechterhaltung der Intransparenz der Prozesse.

5 Management Control in interorganisationalen Netzwerken: Zwei Beispiele

Kalkulative Praktiken der Kontrolle, als die wir oben Controlling in strukturationstheoretischer Perspektive definiert hatten, beschränken sich nicht auf intraorganisationale Praktiken; sie finden sich selbstverständlich auch in der Regulation von Beziehungen zwischen Organisationen. Gerade Kostenüberlegungen spielen eine bedeutsame Rolle bei Entscheidungen über Outsourcing und der damit in der Regel verbundenen Folge einer engeren Zusammenarbeit mit dem Outsourcing-Dienstleister (s. Kapitel 1). Entsprechend finden gerade Kostenrechnungsinstrumente und -systeme bei der Regulierung von Beziehungen mit Zulieferern Anwendung. Bei den beiden Beispielen, die in diesem Abschnitt diskutiert werden, wird sich allerdings zeigen, dass diese Steuerungsinstrumente keineswegs einseitig wirken, sondern im Gegenteil auf das steuernde bzw. fokale

Unternehmen zurückwirken: "The introduction of new inter-organizational controls impacted not only on the firms' ability to influence inter-organizational relations; they also influenced intra-organizational affairs" (Mouritsen et al. 2001, S. 223).

In den folgenden Abschnitten 5.1 und 5.2 werden zwei Fallbeispiele der Regulation interorganisationaler Beziehungen mit Hilfe kalkulativer Praktiken präsentiert. Die Fälle basieren auf einem Aufsatz von Mouritsen et al. (2001) und sind von den Autoren ursprünglich nicht mit einem strukturationstheoretischen Hintergrund beschrieben und analysiert worden. Vielmehr beziehen sich Mouritsen et al. (2001) auf die *sociology of translation* (Callon 1986; Latour 1987; vgl. a. Latour 2005). Die in den Fällen beschriebenen Effekte lassen sich allerdings auch strukturationstheoretisch interpretieren.

5.1 Das Entwicklungsnetzwerk von NewTech

NewTech ist ein Produzent von Alarmanlagen für private und Geschäftskunden. Sein Selbstverständnis ist das eines Technologieführers. Durch die ständige Neu- und Weiterentwicklung der Produkte gelingt es NewTech nicht zuletzt, Marktstandards zu definieren und sich so einen Wettbewerbsvorteil zu sichern (Mouritsen et al. 2001, S. 227). Allerdings sieht sich NewTech mit stetig steigenden Anforderungen insbesondere an die Geschwindigkeit der Innovation konfrontiert: "The company was simply unable to fulfil the market requirements concerning innovation" (Mouritsen et al. 2001, S. 228). Daher werden zunächst einige spezialisierte und hoch kundenspezifische Entwicklungsprojekte an Zulieferer vergeben; im Laufe der Zeit werden schließlich alle Entwicklungstätigkeiten ausgegliedert. Dadurch allerdings entsteht im Unternehmen ein Gefühl des Verlusts der Kontrolle über den Produktentwicklungsprozess. Das Management von NewTech konstatiert bei den Zulieferern, die jetzt die Entwicklungstätigkeiten übernommen haben, zudem einen Mangel an Wissen über und Commitment für die spezifischen NewTech-Produkte (ebd.).

Der Lösungsansatz des Unternehmens zur Kontrolle der (quasi-) externalisierten Entwicklungsprozesse ist Target Costing, ein Instrument zum Controlling von Entwicklungsprozessen; genauer gesagt, wird eine spezifische Komponente des Target Costing letztendlich eingeführt. Generell liegt dem Target Costing die These zu Grunde, dass die Kosten der Herstellung eines Produkts zu bis zu 80 % durch das Design der Komponenten und der Herstellungsprozesse bereits in der Entwicklungsphase festgelegt werden. Daher zielt das Target Costing darauf, Kostenobergrenzen für einzelne Komponenten bereits in der Entwicklungsphase zu definieren. Ohne hier auf Details der Methode einzugehen[7] soll die so genannte „Funktionsanalyse" (*functional analysis*, Nutzwertanalyse) – die im Falle von NewTech zum Einsatz kommende Komponente des Target Costing – als wesentlicher Bestandteil des Verfahrens erwähnt werden. Dabei wird, grob gesagt, definiert, welche Funktionalitäten das zu entwickelnde Produkt für die Kunden erfüllen muss und welche Komponenten in welchem Ausmaß die jeweiligen Funktionalitäten produzieren. Im Automobilbau wäre eine solche Funktionaliät beispielsweise Sicherheit und unterschiedliche Komponenten – Fahrwerk, Elektronik usw. – tragen in unterschiedlichem Ausmaß zur Erfüllung dieser Funktionalität bei.

NewTech implementiert Target Costing zur Steuerung der Beziehungen zu seinem Netzwerk von Zulieferern/Entwicklern. Das Augenmerk liegt hier aber nur sehr begrenzt auf der Kostenkontrolle i.e.S. – dies wird für einen Technologieführer nicht als zentrales Problem angesehen (Mouritsen et al. 2001, S. 229). Vielmehr entdecken die Akteure bei NewTech und seinen Zulieferern, dass die Funktionsanalyse einen gemeinsamen Bezugspunkt für die Diskussion über Produkte, Komponenten und Entwicklungsprozesse bildet: „Through insights into functionality, it was increasingly possible for NewTech to talk about how technology could be fitted to its particular product-line and corporate identity programme" (Mouritsen et al. 2001, S. 229). Dadurch entstehen quasi Richtlinien für die Entwicklungsprozesse bei den Zulieferern. „Functional analysis formalized what a NewTech product was, and it enabled the firm to direct suppliers' development activities towards it" (Mouritsen et al. 2001, S. 231). Durch die Definition von Funktionalitäten wird beispielsweise festgelegt, dass alle entwickelten Komponenten mit einer bestimmten zentralen Steuerungseinheit kompatibel sein müssen, dass sie bestimmte Wartungsanforderungen erfüllen müssen, einem bestimmten optischen Design entsprechen müssen sowie ein relativ geringes Kompetenzniveau der Anwender voraussetzen müssen (Mouritsen et al. 2001, S. 230). „All these functional requirements were to be embedded in the new products; the new products were to be 'NewTech-nified'" (ebd.).

Aber nicht nur das Handeln der Netzwerkpartner wird durch den Einsatz des neuen Steuerungsinstruments beeinflusst. Mit dem Outsourcing der Entwicklungsprozesse geht die Einsicht einher, dass nicht nur Technologie und Innovation, sondern auch die Netzwerkpartner gemanagt werden müssen. Dadurch verändert sich letztendlich einerseits die Selbstbeschreibung des Unternehmens. Hatte es sich ursprünglich selbst als "technology developer" definiert,

---

7 Für einen ausführlichen Überblick über die Funktionsweise des Target Costing vgl. Coenenberg et al. (2009).

so sieht es sich nun als "technology co-ordinator" (Mouritsen et al. 2001, S. 231). Andererseits werden im Zuge der beschriebenen Prozesse schließlich auch formale organisationale Strukturen verändert. War zunächst die Entwicklungsabteilung von NewTech relativ groß, so wird sie radikal verkleinert; und sie wird vom "development department" zum "product department". Hatten die Entwicklungsingenieure das Unternehmen dominiert, so verblieben nun nur noch wenige und diese müssen als Produktmanager/innen wesentlich enger mit Akteuren aus dem Marketing und dem Verkauf zusammenarbeiten (ebd.).

Betrachten wir den Fall NewTech vor dem Hintergrund einer strukturationstheoretischen Perspektive, so lässt sich zunächst einmal konstatieren, dass er eine exzellente Illustration des Phänomens der Rekursivität bietet: Resultate des Handelns bilden zugleich die Voraussetzung des weiteren Handelns. Hier bedeutet das, dass das fokale Unternehmen NewTech nicht unbeeinflusst bleibt von der Implementation eines Steuerungsinstruments, das eigentlich nur die anderen Netzwerkpartner beeinflussen sollte. Wir können auch formulieren: Die Funktionsanalyse ist rekursiv in die Reproduktion des Netzwerks und damit auch des fokalen Unternehmens NewTech eingebettet.

Darüber hinaus können wir hier wiederum die Effekte der Implementation des Controllinginstruments in der Perspektive der Dimensionen des Sozialen nach Giddens (1984) beobachten.

- Ganz offensichtlich stellt die Funktionsanalyse in der Sinndimension eine neue Form der Sichtbarkeit her. Die Entwicklungsprozesse der Zulieferer werden durch die Funktionsanalyse für NewTech in relevanter und anschlussfähiger Weise sichtbar und analysierbar. Damit werden sie als Objekt der Kontrolle (wieder) konstituiert. Allerdings – und dies ist wohl als nicht-intendierter Effekt zu bezeichnen – werden interne Prozesse von NewTech damit ebenfalls auf neue Weise sichtbar und es wird ermöglicht, neue Vorstellungen zu entwickeln, welche Prozesse bzw. Aktivitäten als relevant und bedeutsam anzusehen sind. Es wird eine neue Selbstbeschreibung von NewTech (Technologiekoordinator statt Technologieentwickler) ermöglicht.
- In der Legitimationsdimension haben die Sichtbarmachung und Bedeutungszuweisung normative Implikationen. Gerade durch die Verknüpfung mit einem neuen Selbstverständnis und einer bestimmten Identität der NewTech-Produkte werden Ergebnisse von Entwicklungsprozessen bewertbar. Gute Prozesse resultieren in „NewTech-nified“, also guten Produkten. Genauso ergibt sich – und auch dies ist aus der Perspektive der initiierenden Akteure als nicht-intendiert zu betrachten – eine Veränderung des Werts, der den NewTech-internen Abteilungen und Aktivitäten zugeschrieben wird. Ent-

wicklungsingenieure und ihre Tätigkeiten und Kompetenzen verlieren an Bedeutung, während Marketing und Verkauf an Wert gewinnen.

- Die angesprochenen Verschiebungen innerhalb der Organisationsstruktur von NewTech gehen einher mit Ressourcenwirkungen: Die vormals mächtige und ressourcenstarke Entwicklungsabteilung wird deutlich reduziert und verliert an Dominanz. Gleichzeitig wird deutlich, dass die Steuerungseingriffe von NewTech gegenüber seinen Zulieferern durch das Instrument der Funktionsanalyse deutlich an Durchschlagskraft gewonnen haben. So formuliert ein Produktmanager, dass man sich vor der Einführung des Target Costing und der Funktionalanalyse „der Gnade der Zulieferer ausgeliefert" gefühlt habe (Mouritsen et al. 2001, S. 230); die Machtkonstellation hat sich also grundlegend zu Gunsten von NewTech verändert.

5.2 Das Produktionsnetzwerk von LeanTech

LeanTech ist ursprünglich ein Produzent hochwertiger Komponenten im Audio-/Video-/TV-Bereich. Seine Strategie fokussiert auf Flexibilität im Sinne des flexiblen Reagierens auf spezifische Kundenwünsche (Mouritsen et al. 2001, S. 232). Allerdings verändern sich Marktanforderungen für LeanTech in zweierlei Hinsicht. Erstens werden die Auftragsvolumina größer, weil auf Seiten der Kunden Unternehmensfusionen zunehmen; zweitens legen die Kunden mit der Zeit mehr Wert auf Bedienerfreundlichkeit als auf technologische Finessen. Konfrontiert mit der Notwendigkeit größerer Investitionen zur Erhöhung der Produktionskapazität entschließt sich LeanTech, statt dessen zunächst Teile der Produktion, später die gesamte Produktionsabteilung an Zulieferer auszulagern (ebd.). Damit aber verlagert sich das Problem der Gewährleistung der Flexibilität auf die Zulieferer bzw. Produzenten von Komponenten. Ein Logistikmanager betont, dass Flexibilität „depended on whether we were able to co-operate more closely with the suppliers in an effort to reduce costs and deliver faster" (ebd.). Parallel zum Fall von NewTech entsteht auch bei LeanTech beim Management das Gefühl, die Kontrolle über die ausgelagerten Produktionsprozesse zu verlieren (Mouritsen et al. 2011, S. 233). Dies wird als besonders problematisch gesehen, weil Transparenz und Kontrolle gerade die Voraussetzung für die Gewährleistung von Flexibilität, also des als zentral definierten Wettbewerbsvorteils des Unternehmens, sind.

Das Logistikmanagement von LeanTech implementiert daraufhin ein Controllinginstrument, das – anders als Target Costing – ein spezifisches Instrument zur Kontrolle in interorganisationalen Beziehungen ist: Open Book Accounting. Darunter wird verstanden, dass Organisationen mehr oder weniger unrestringiert, entweder ein- oder wechselseitig Informationen über Kosten, Durchlaufzeiten, Absatzprognosen usw. austauschen; die jeweiligen Kostenrechnungs- und Budgetierungssysteme werden gegenüber den Netzwerkpartnern geöffnet.[8] Im Fall von LeanTech stellen die Zulieferer detaillierte Kosten- und Zeitinformationen zur Verfügung, während LeanTeach den Partnern Informationen über seine Absatzplanung übermittelt (Mouritsen et al. 2011, S. 233). LeanTech erlangt dadurch detaillierte Einsicht in die Kostenstrukturen und Produktionsabläufe bei seinen Zulieferern; dies ermöglicht dem Management von LeanTech, Einfluss auf die Abläufe bei den Zulieferern zu nehmen: „Open book accounting made it possible to benchmark suppliers and to redesign suppliers' production and distribution processes" (ebd.). Im Zuge dieses Prozesses verändert sich aber auch die Rolle und das Selbstverständnis von LeanTech selbst: „Open book accounting made *LeanTech* an organizer of inter-organizational relations setting up a form of virtual organization that used information to co-ordinate other companies" (ebd.). LeanTech ist damit von einem Produzenten zu einem Netzwerkkoordinator geworden.

Das Controllinginstrument Open Book Accounting entfaltet aber darüber hinaus auch noch sehr materielle Wirkungen in das fokale Unternehmen LeanTech hinein. Es stellt sich heraus, dass erst über den „Umweg" des interorganisationalen Controllinginstruments interne Gegebenheiten bei LeanTech sichtbar werden, die für den Unternehmenserfolg wichtig sind. Die vorliegenden sehr detaillierten Informationen über Kostenanfall und Durchlaufzeiten bei den Zulieferern lenkt nun das Augenmerk der Logistikmanager darauf, dass in der Produktentwicklung, die weiterhin bei LeanTech angesiedelt ist, sehr viele verschiedene Komponenten in die Produkte eingebaut werden. Viele verschiedene Komponenten bedeuten höhere Rüstzeiten in der Produktion und damit geringere Produktivität (Mouritsen et al. 2001, S. 234). Die entsprechenden Informationen standen nicht zur Verfügung, solange die Produktion bei LeanTech selbst stattfand; erst das Oursourcing und das interorganisationale Kontrollinstrument ermöglichen diesen neuen Blick auf das fokale Unternehmen selbst. In der Folge wird die Anzahl der verwendeten Komponenten von 15.000 auf 5.000 reduziert (ebd.).

Eine parallele Entwicklung wird durch das Open Book Accounting im Bereich des Verkaufs und ebenfalls der Entwicklung angestoßen. Es sind nicht nur die Vielzahl an Komponenten, die die Produktivität senken, sondern auch die Variantenvielfalt. Aus der Perspektive des Verkaufspersonals ist Variantenvielfalt ein

8 Für einen detaillierten Überblick über Open Book Accounting vgl. Kajüter und Kulmala (2005).

wesentliches Instrument, um Kundenwünsche zu befriedigen. Durch die Kombination vieler Komponenten können kundenindividuelle Lösungen angeboten werden. Die Voraussetzung dafür ist allerdings die Vorhaltung vieler Komponenten im Lager und somit ein hoher Lagerbestand. Das Handeln der Verkäufer beeinflusst damit die Lagerbestände und damit die Produktivität und Rentabilität des Unternehmens. „Open book accounting allowed management to show stocked intermediate products and rate of turnover and it was possible to explain the size of stock as a result of salespeople's behaviour" (Mouritsen et al. 2001, S. 235). Daraus entsteht für die Verkäufer das Dilemma, einerseits dafür zu sorgen, Kundenwünsche individuell zu befriedigen, andererseits aber die Lagerbestände nicht zu sehr zu vergrößern. Dies führt in der Folge dann schließlich zu technologischen Veränderungen an den Produkten selbst sowie zu Veränderungen in den Machtverhältnissen bei LeanTech. Es gelingt nämlich Softwareingenieuren, eine Software-basierte Lösung für die Anpassung von Komponenten an Kundenwünsche zu präsentieren, die die bisherige Hardware-orientierte Variation substituiert. Flexibilität in der Leistung der Komponenten wird nicht mehr über unterschiedliche Hardwarekomponenten – die Lagerbestände bilden – sondern durch Software gewährleistet. Dies kann als eine nicht-intendierte Konsequenz der Implementation von Open Book Accounting verstanden werden. „Open book accounting supported the idea of allocating more resources to software development and it would give software engineers a more prominent role compared with hardware engineers. In turn, this would change the ‚core development competence' of the firm" (Mouritsen et al. 2001, S. 236).

Auch dieser Fall zeigt – durch die strukturationstheoretische Brille betrachtet – wie Controllingpraxis in interorganisationalen Beziehungen, nämlich die Handhabung des Instruments des Open Book Accounting, rekursiv in die Konstitution dieser Netzwerkbeziehungen eingebettet ist. Intendiert als Instrument der Kontrolle der Netzwerkpartner wirken die Resultate der Kontrollpraktiken auf das fokale Unternehmen zurück und verändern dadurch die Netzwerkbeziehungen, das Selbstverständnis und die Prozesse des fokalen Unternehmens LeanTech selbst.

- Die Prozesse der Signifikation werden am Beispiel LeanTech wohl noch prägnanter als im Falle von NewTech beschreibbar. Open Book Accounting schafft zunächst einmal eine Basis, die es ermöglicht über Produktivität im Netzwerk zu kommunizieren. Weiterhin schafft es ein ganz neues Relevanzsystem, das nicht nur „control at a distance" (Robson 1992) der ausgelagerten Produktionsprozesse ermöglicht, sondern auch Dinge bei LeanTech selbst sichtbar macht, die zu dem Zeitpunkt als die Produktion noch nicht ausgelagert war und man das Gefühl hatte, alles zu überblicken und zu verstehen, nicht gesehen wurde oder werden konnten. Man kann auch sagen, dass beispielsweise das Entscheidungsproblem zwischen der Gewährleistung von Flexibilität durch Hardware- oder Softwarelösungen vor dem Open Book Accounting überhaupt nicht existierte.

- Auch in diesem Falle verbindet sich die Frage der Sichtbarkeit und Relevanz eng mit normativen Fragen. Open Book Accounting ermöglicht es beispielsweise, das kundenorientierte Handeln der Verkäufer als problematisch zu definieren und Softwarelösungen gegenüber Hardwarelösungen zu präferieren.
- Open Book Accounting wird schließlich insbesondere von LeanTechs Logistikmanagement als Machtinstrument nach außen wie nach innen eingesetzt. Es stellt Ressourcen zur Verfügung, die es dem Logistikmanagement ermöglichen, das Handeln der Netzwerkpartner, der eigenen Entwicklungsabteilung und des Verkaufspersonals zu steuern bzw. zu beeinflussen. Für die Softwareingenieure bieten die Informationen aus dem Controllingsystem eine wertvolle Ressource im intraorganisationalen Machtkampf mit den Hardwareingenieuren.

6 Die Herrschaft der Quantifizierung?

Controlling ist heute aus der Führung von Unternehmen und anderen Organisationen sowie aus der Steuerung von interorganisationalen Beziehungen nicht mehr wegzudenken. Genauer kann man wohl sagen, dass Management heute ohne Controlling bzw. Controllinginstrumente kaum mehr legitimierbar erscheint. Ohne die entscheidungsunterstützenden Vorarbeiten des Controlling ist die Praxis des Treffens und Umsetzens von Entscheidungen, als die wir Management ja verstehen können, nicht systematisch denkbar (Messner et al. 2007). Dies gilt sogar in doppeltem Sinne: Erstens ist Management ohne systematische informationelle Unterstützung durch formale und quantifizierende Praktiken, wie angesprochen, wohl kaum als rationale Praxis legitimierbar. Zweitens müssen wir uns klar machen, dass die organisationale Realität, die das Management steuern soll, selbst durch Controllingpraktiken sozial (mit-) konstruiert ist. Wie beschrieben ist Controlling ein Instrument der Sinnkonstitution, der Legitimation und der Herrschaft.

Das bedeutet, dass Management unter diesem doppelten Einfluss des Controllings abstrakter wird. So spricht Townley (2002, S. 550) von einem „increasingly abstract or context-independent, disembodied and disembedded model of management“, das moderne Organisationen prägt. Es gründet in den modernen Ideen der Rationalität, Kausalität, Individualität, Sicherheit und Souveränität. Abstraktion erfolgt dabei in Form der Reduktion organisationsrelevanter Sachverhalte auf scheinbar eindeutige Kategorien, Kennzahlen und Kausalbeziehungen, etwa im Rahmen von *performance measurement*-Systemen. „Stress is placed on quantification, hard data and facts" (Townley 2002, S. 563f.). Gerade Controllingsysteme mit ihren standardisierten Instrumenten und Techniken ermöglichen und unterstützen eine Form abstrakten Managements, das abgekoppelt bzw. unabhängig von spezifischer prozessbezogener Kompetenz ist und quantifizierend-kalkulierend funktioniert:

> „To a large extent, computational practices have been developed which can complement, if not replace, the exercise of human judgement. Accounting has been implicated in the design and implementation of many of these changes in management practice. The increasing formalization of investment appraisals and planning processes has increased the sphere and extent of financial calculation. On occasions the financial risks and uncertainties which were important foci for managerial judgement are now being quantified, with the decisions taking more of a computational form" (Burchell et al. 1980, S. 15 f.).

Diese Quantifizierung tilgt einerseits das qualitative Moment der Dinge, indem es das, was sich nicht in Zahlen ausdrücken lässt, als "unwesentlich" zurücklässt. Andererseits ermöglicht diese Abstraktion gerade den Transfer von Daten aus einem Kontext in einen anderen. Während wir in Anlehnung an Power (2004) *counting* als Zählen, Messen und Wiegen beschreiben können, ist *calculation* der Modus, in dem Zahlen in sozialen Zusammenhängen Relevanz erlangen. *Calculation* ist ein *second-order measurement*, das die Aggregation und Weiterverarbeitung der erhobenen Daten und Zahlen beinhaltet. Dies findet häufig in anderen Kontexten statt als jenem, aus dem die betreffenden Zahlen stammen. So wird an der Austria University die Zahl der Publikationen in allen Fakultäten erhoben, unabhängig davon, welche Publikationstraditionen in den jeweiligen Disziplinen herrschen. So mögen in geisteswissenschaftlichen Fächern umfangreiche Monographien vorherrschen, die aus nahe liegenden Gründen eher in geringer Zahl und in längeren Zyklen erscheinen. Im naturwissenschaftlichen Bereich dominieren hingegen oft knappe Journalpublikationen mit relativ kurzen Erscheinungszyklen. Beide erscheinen dann aber in einer aggregierten Form als „Anzahl der wissenschaftlichen Veröffentlichungen des Personals" in der Wissensbilanz. Damit ist zwar ein Leistungsindikator gefunden, der aggregierbar und kalkulierbar ist, spezifische Qualitäten gehen damit aber verloren. Einerseits entsteht so eine Hyperrealität, die abgekoppelt von konkreten Prozessen ist:

> „Objects such as standard costs, returns on investment and net present values move in a virtual world where we no longer remember what any of these things represent" (Power 2004, S. 773).

Gleichzeitig wird diese Hyperrealität aber wieder in die sozial konstruierte Realität der Organisation, zum Beispiel der Austria University, eingeführt: als Interpretationsmuster zur Beschreibung der wissenschaftlichen Leistung, als Norm adäquater wissenschaftlicher Produktivität und als administratives und allokatives Machtmittel zur Steuerung des Handelns und der Allokation von Ressourcen. Die Abstraktion durch Quantifizierung ermöglicht dadurch die spezifische moderne Form des Managements.

Ähnliches gilt natürlich auch für das Benchmarking im Fall der Kosten und Durchlaufzeiten bei LeanTech oder die Funktionalanalyse bei NewTech. Auch hier werden Messgrößen bei jeweils unterschiedlichen Zulieferern (Entwicklern im Fall NewTech, Produzenten im Fall LeanTech) erhoben und dann wieder in das Management des Netzwerks eingeführt und dabei von den Besonderheiten des Einzelfalls oder der jeweiligen betroffenen internen Organisationseinheiten abgesehen. Es ist ja beispielsweise keineswegs klar, dass zum Beispiel der Abbau im Bereich der Hardwareentwicklung bei LeanTech längerfristig dem Unternehmen und seinen Produkten und Kompetenzen qualitativ gerecht wird. Allerdings scheinen uns die Eingriffe in den Beispielen aus dem Profit-Bereich auch deswegen weniger fundamental, weil das Handeln dort schon seit langem ökonomischen Kalkülen unterliegt und dementsprechend die dort herrschenden Strukturen (der Signifikation, Legitimation und Herrschaft) diese ökonomischen Interpretationsschemata, Normen und Ressourcen absorbiert haben, während bei der Austria University der Grad der Radikalität des Wandels deutlich größer ist. Nicht zuletzt erwarten wir als Beobachter/innen von einem Unternehmen ökonomisches Handeln – es entspricht den institutionalisierten Erwartungen, die wiederum rekursiv mit der Quantifizierung als Instrument des modernen Managements rekursiv verwoben sind.

Weiterführende Literatur

Ahrens, T. (1999):
Contrasting involvements: a study of management accounting practices in Britain and Germany. Amsterdam.
Dieses Buch beinhaltet eine umfangreiche qualitative empirische Studie über Controllingpraxis in deutschen und britischen Brauereien. Der Autor argumentiert dabei zwar nicht explizit strukturationstheoretisch sondern ethnomethodologisch, aber diese empirische Untersuchung über Controllingpraxis ermöglicht auf Grund der Fülle gut aufgearbeiteten empirischen Materials einen fundierten Einblick in die Einbettung von Controlling in die Managementpraxis.

Baxter, J./Chua, W. F. (2003):
Alternative management accounting research – whence and whither.
In: Accounting, Organizations and Society 28 (2-3), S. 97-126.
Dieser Aufsatz fasst 25 Jahre so genannter alternativer Accountingforschung zusammen. Er gibt somit einen fundierten und knappen Überblick über kritische und interpretative Ansätze der Accountingforschung. Allerdings setzt er eine gewisse Vertrautheit mit dieser Forschungsrichtung voraus und sollte daher nicht als Einstiegslektüre gewählt werden.

Becker, A. (2003):
Controlling als reflexive Steuerung von Organisationen. Stuttgart.
In diesem Buch wird eine strukturationstheoretische Perspektive auf Controlling entwickelt. Es gibt darüber hinaus einen systematischen Überblick über die konzeptionellen Grundlagen der deutschsprachigen Controllinglehre sowie über die internationale kritische und interpretative Controlling- und Accountingforschung. Daher eignet es sich auch als Einstiegslektüre für diejenigen, die sich vertieft mit dieser Forschungsrichtung befassen wollen.

Englund, H./Gerdin, J./Burns, J. (2011):
25 years of Giddens in accounting research: Achievements, limitations and the future.
In: Accounting, Organizations and Society 36 (8), S. 494-513.
Dieser Aufsatz gibt einen umfassenden und systematischen Überblick über strukturationstheoretische Arbeiten zum Accounting und Controlling. Er setzt allerdings – wie der Aufsatz von Baxter und Chua (2003) ein gewisses Grundwissen über Controlling und/oder Accounting voraus.

Mennicken, A./Vollmer, H. (Hrsg.) (2007):
Zahlenwerk: Kalkulation, Organisation und Gesellschaft. Wiesbaden.
Dieser Band versammelt Aufsätze über die gesellschaftliche Bedeutung von Zahlen, Kalkulation und Rechenpraktiken in unterschiedlichen Bereichen. Das besondere ist, dass hier weitgehend soziologische Beiträge versammelt sind. Die Soziologie hat sich bislang wenig mit dem Phänomen von Kalkulation, Rechenwerken und Auditierung befasst.

Weber, J./Schäffer, U. (2011):
Einführung in das Controlling. 11. Aufl. Stuttgart.
Dieses Lehrbuch gibt eine exzellente Einführung in das Controlling aus betriebswirtschaftlicher Perspektive. Weber und Schäffer haben den so genannten rationalitätsorientierten Controllingansatz entwickelt und geben aus dieser Perspektive einen umfassenden Überblick über Konzepte des Controlling. Zudem ist das Lehrbuch angereichert mit zahlreichen Materialien zur aktuellen Praxis sowie der Geschichte des Controlling.

Lernfragen

1. Was versteht man unter Controlling?
2. Erläutern Sie den Unterschied zwischen Controllingsystemen und Controllingpraxis.
3. Erläutern Sie die Aussage: „Die Kosten eines Produkts oder einer Leistung sind eine soziale Konstruktion."
4. Beschreiben Sie die Funktionsweise von Controlling als Instrument der Machtausübung in Organisationen.
5. Inwiefern kann die Einführung von Controlling die Organisationskultur verändern?
6. Inwiefern kann man davon sprechen, dass Controlling die Phänomene hervorbringt, die es misst und kontrolliert?
7. Welche Probleme können im Fall der Austria University durch die quantifizierende Erfassung wissenschaftlicher Leistungen auftreten?
8. In wie weit sind die in Frage 7 thematisierten Probleme für Unternehmen relevant?
9. Beschreiben Sie, auf welche Weise Controllinginstrumente, die ein fokales Netzwerkunternehmen zur Kontrolle der Netzwerkpartner einsetzt, zu Veränderungen im fokalen Unternehmen selbst beitragen können.

Literatur

Ahrens, T./Chapman, C.S. (2000): Occupational identity of management accountants in Britain and Germany. In: European Accounting Review 9 (4), S. 477-498.

Anthony, R. N./Govindarajan, V. (1965/2003): Management control systems. 11. Aufl. Boston.

Becker, A. (2003): Controlling als reflexive Steuerung von Organisationen. Stuttgart.

Becker, A./Saxl, A. (2007): Global influences and local management accounting practice: cases from German-speaking countries. Paper presented at the Globalizing, Managing, and Management Accounting Conference, University of Alberta Business School, September 21-22, 2007.

Bhimani, A./Horngren, C.T./ Datar, S.M./Foster, G. (2008): Management and cost accounting. 4. Aufl. Harlow.

Binder, C. (2006): Die Entwicklung des Controllings als Teildisziplin der Betriebswirtschaftslehre: Eine explorativ-deskriptive Untersuchung. Wiesbaden.

Bogt, H.J. ter/Scapens, R.W. (2012): Performance management in universities: Effects of the transition to more quantitative measurement systems. In: European Accounting Review 21 (3), S. 451-497.

Budäus, D./Conrad, P./Schreyögg, G. (Hrsg.) (1998): Managementforschung 8: New Public Management. Berlin und New York.

Burchell, S./Clubb, C./Hopwood, A. G./Hughes, J./Nahapiet, J. (1980): The roles of accounting in organizations and society. In: Accounting, Organizations and Society 5 (1), S. 5-27.

Callon, M. (1986): Some elements of a sociology of translation: domestication of the scallops and the fishermen of St. Brieuc Bay. In: Law, J. (Hrsg.): Power, action and belief: a new sociology of knowledge Sociological Review Monograph. London, S. 196-233.

Coenenberg, A.G./Fischer, T.M./Günther, T. (2009): Kostenrechnung und Kostenanalyse. 7. Aufl. Stuttgart.

Dent, J.F. (1991): Accounting and organizational cultures: a field study of the emergence of a new organizational reality. In: Accounting, Organizations and Society 16 (8), S. 705-732.

Djelic, M.-L. (1998): Exporting the American model: the postwar transformation of European business. Oxford.

Englund, H./Gerdin, J./Burns, J. (2011): 25 years of Giddens in accounting research: Achievements, limitations and the future. In: Accounting, Organizations and Society 36 (8), S. 494-513.

Foucault, M. (1981): Überwachen und Strafen. Die Geburt des Gefängnisses. 4. Aufl. Frankfurt a. M.

Garfinkel, H. (1967): Studies in ethnomethodology. Englewood Cliffs.

Hoitsch, H.-J./Lingnau, V. (2007): Kosten- und Erlösrechnung: Eine controllingorientierte Einführung. 6. Aufl. Berlin.

Horváth, P. (1982): Controlling in der „organisierten Anarchie". Zur Gestaltung von Budgetierungssystemen. In: Zeitschrift für Betriebswirtschaft 52 (3), S. 250-260.

Horváth, P. (2004): Zukunftsperspektiven der koordinationsorientierten Controllingkonzeption. In: Scherm. E./Pietsch, G. (Hrsg.): Controlling: Theorien und Konzeptionen. München, S. 367-386.

Hoskin, K./Macve, R.H. (1986): Accounting and the examination: a genealogy of disciplinary power. In: Accounting, Organizations and Society 11 (1), S. 105-136.
International Group of Controlling (Hrsg.) (2001): Controller-Wörterbuch. 2. Aufl. Stuttgart.
Kajüter, P./Kulmala, H. (2005): Open-book accounting in networks: potential achievements and reasons for failures. In: Management Accounting Research 16 (2), S. 179-204.
Latour, B. (1987): Science in action: how to follow scientists and engineers through society. Milton Keynes.
Latour, B. (2005): Reassembling the social: an introduction to actor-network-theory. Oxford.
Linstead, S./Fulop, L./Lilley, S. (2004): Management and organization: a critical text. Houndsmills.
Macintosh, N.B./Scapens, R.W. (1990): Structuration theory in management accounting, In: Accounting, Organizations and Society 15 (5), S. 455-477.
Messner, M./Becker, A./Schäffer, U./Binder, C. (2008): Legitimacy and identity in Germanic management accounting research. In: European Accounting Review 17 (1), S. 129-159.
Messner, M./Scheytt, T./Becker, A. (2007): Messen und Managen: Controlling und die (Un) Berechenbarkeit des Managements. In: Mennicken, A./Vollmer, H. (Hrsg.): Zahlenwerk: Kalkulation, Organisation und Gesellschaft. Wiesbaden, S. 87-104.
Meyer, J.W. (1983): On the celebration of rationality: some comments on Boland and Pondy. In: Accounting, Organizations and Society 8 (2-3), S. 235-240.
Meyer, J.W. (2005): Weltkultur. Wie die westlichen Prinzipien die Welt durchdringen. Frankfurt am Main.
Meyer, J.W./Rowan, B. (1977): Institutionalized organizations: formal structure as myth and ceremony. In: American Journal of Sociology 83 (4), S. 340-363.
Miller, P. (2004): Governing by numbers: why calculative practices matter. In: Amin, A./ Thrift, N. (Hrsg.): The Blackwell cultural economy reader. Malden, MA, S. 179-189
Miller, P./O'Leary, T. (1987): Accounting and the construction of the governable person. In: Accounting, Organizations and Society 12 (3), S. 235-265.
Mouritsen, J./Hansen, A./Hansen, C.Ø. (2001): Inter-organizational controls and organizational competencies: Episodes around target cost management/functional analysis and open book accounting. In: Management Accounting Research 12 (2), S. 221-244.
Münch, R. (2009): Globale Eliten, lokale Autoritäten. Bildung und Wissenschaft unter dem Regime von PISA, McKinsey & Co. Frankfurt am Main.
Ortmann, G. (1995): Formen der Produktion. Organisation und Rekursivität. Opladen.
Ortmann, G./Windeler, A./Becker, A./Schulz, H.-J. (1990): Computer und Macht in Organisationen: Mikropolitische Analysen. Opladen.
Otley, D. (2003): Management control and performance management: whence and whither. In: British Accounting Review 35 (4), S. 309-326.
Pietsch, G./Scherm, E. (2004): Reflexionsorientiertes Controlling. In: Scherm. E./Pietsch, G. (Hrsg.): Controlling: Theorien und Konzeptionen. München, S. 529-553.
Roberts, J. (1991): The possibilities of accountability. In: Accounting, Organization and Society 16 (4), S. 355-368.
Roberts, J./Scapens, R. (1985): Accounting systems and systems of accountability: understanding accounting practices in their organizational contexts. In: Accounting, Organizations and Society 10 (4), S. 443-456.

Robson, K. (1992): Accounting numbers as „inscription“: action at a distance and the development of accounting. In: Accounting, Organizations and Society 17 (7), S. 685-708.

Scheytt, T./Unterrieder, A./Becker, A. (2005): Controllingbilder und Controllingpraxis: Epistemologische und methodologische Aspekte internationaler Controllingforschung. In: Weber, J./Meyer, M. (Hrsg.): Internationalisierung des Controlling: Standortbestimmung und Optionen. Wiesbaden, S. 85-109.

Simon, H.A. (1976): Administrative behavior: a study of decision-making processes in administrative organizations. 3. Aufl. New York.

Staehle, W.H. (1999): Management. 8. Aufl. München.

Townley, B. (1997): The institutional logic of performance appraisal. In: Organization Studies 18 (2), S. 261-285.

Townley, B. (2002): Managing with modernity. In: Organization 9 (4), S. 549-573.

Weber, J./Hirsch, B./Rambusch, R./Schlüter, H./Sill, F./Spatz, A. C. (2006): Controlling 2006 – Stand und Perspektiven. Vallendar.

Weber, J./Schäffer, U. (2011): Einführung in das Controlling. 13. Aufl. Stuttgart.

Kapitel 4

Arbeitsregulation in und zwischen Organisationen aus strukturationstheoretischer Perspektive

Carsten Wirth

Lernziele

Eine strukturationstheoretische Perspektive auf die Regulation von Arbeit bietet ein besonderes Verständnis dieses Untersuchungsgegenstands. Die Studierenden lernen in diesem Teil des Bandes

- die Akteure und Institutionen industrieller Beziehungen sowie
- die strukturationstheoretische Perspektive – auch unter Berücksichtigung interorganisationaler Aspekte – auf eine entsprechende Arbeitsregulation kennen und
- erwerben die Kompetenz, sie auf konkrete Fälle anzuwenden.

Insgesamt wird deutlich, dass die Strukturationstheorie ein prozessuales Verständnis von Arbeitsregulation offeriert, das in der Lage ist, das Zusammenspiel von Handlung und Struktur im Feld der Arbeitsregulation zu analysieren. Des Weiteren schärft sie den Blick auf neue Akteure, die jenseits des dualen Systems industrieller Beziehungen aktiv sind, und ihre Praktiken im Prozess der Arbeitsregulation.

Inhaltsübersicht

1 Crossmedia: Ein (Problem-) Fall für die Mitbestimmung
2 Arbeitsregulation im und jenseits des dualen Systems industrieller Beziehungen
2.1 Zum Begriff der Arbeitsregulation
2.2 Arbeitsregulation im dualen System industrieller Beziehungen
2.3 Arbeitsregulation jenseits des dualen Systems industrieller Beziehungen
3 Die strukturationstheoretische Perspektive auf Arbeitsregulation
4 Wandel der Arbeitsregulation bei Crossmedia: Eine strukturationstheoretische Analyse
4.1 Patriarchalische Praktiken der Arbeitsregulation im mittelständischen Verlag
4.2 Praktiken der Arbeitsregulation in einer interessenvertretungsfreien Zone im Medienkonzern
5 Schlussfolgerungen: Praktische Konsequenzen, theoretische und methodische Implikationen

Weiterführende Literatur
Lernfragen
Literatur

1 Crossmedia: Ein (Problem-) Fall für die Mitbestimmung

Die betriebliche Mitbestimmung durch Betriebsräte und die überbetriebliche Partizipation der Beschäftigten über ihre Gewerkschaften an der Regulation von Arbeit ist ein zentraler Stützpfeiler des Sozialstaats in der Bundesrepublik Deutschland (z.B. Müller-Jentsch 1997, 2011; Keller 2008; Kißler et al. 2011). Voraussetzung hierfür ist allerdings, dass sowohl Betriebsräte als auch Gewerkschaften in den Betrieben aktiv sind. Dies ist aber eine Annahme, die angesichts neuer empirischer Ergebnisse über die Verbreitung von Betriebsräten und zur Tarifbindung von Betrieben und/oder der Beschäftigung in tarifgebundenen Unternehmungen immer fragwürdiger wird (z.B. Ellguth 2005, 2006; Hauser-Ditz et al. 2006; Ellguth/Kohaut 2011, 2012). Auch bei Crossmedia ist diese Voraussetzung nicht gegeben.

Crossmedia ist eine mittelständische Verlagsunternehmung, in der die Akteure und Institutionen des dualen Systems industrieller Beziehungen zunächst keinerlei Bedeutung haben. Weder Betriebsräte noch Gewerkschaften sind in dieser Unternehmung präsent; überhaupt sind nur einige wenige der insgesamt 150 Beschäftigten Mitglied einer Gewerkschaft.

Das Geschäft von Crossmedia basierte zunächst auf Print- und Softwareprodukten und später – nach der Ausgliederung entsprechender Betriebsteile – vor allem auf einer Datenbanklösung, die sie für eine öffentliche Verwaltung – ihren wichtigsten Kunden – erstellt und pflegt. Dabei sind täglich neue Daten einzupflegen, damit Interessenten an den Dienstleistungen dieser Verwaltung auf qualifizierte und aktuelle Informationen zurückgreifen können. Die Versorgung mit den Daten übernehmen Unternehmungen, die ein Interesse an der kostenlosen Veröffentlichung der Daten haben.

Die Geschäftsbeziehung zwischen Crossmedia und der öffentlichen Verwaltung hat sich vor dem Hintergrund technologischen Wandels rasant entwickelt. Neue Computertechnologien und – damit verknüpft – das Internet ermöglichen den dezentralen Zugriff auf zentralisierte Informationen. Da die öffentliche Verwaltung in dieses Know-how nicht investieren mochte, schrieb sie die Dienstleistung aus und beauftragte nach Abschluss der Ausschreibung Crossmedia mit der Bereitstellung dieser Informationen. Da diese Auftragsvergabe periodisch wiederkehrend erfolgt bzw. aus vergaberechtlichen Gründen wiederholt werden muss, ist Crossmedia – auch mit Blick auf seine Aktivitäten für andere Kunden – faktisch ein „project-based enterprise" (DeFilippi/Arthur 1998). Der Auftrag und damit die Beschäftigung und die Arbeit der Beschäftigten in diesem zentralen Geschäftsfeld von Crossmedia ist immer mit einem bestimmten Ergebnis verknüpft – hier der zufrieden stellenden Pflege eines Datenbanksystems – und zugleich mit einer Befristung versehen. Die Formierung dieser Geschäftsbeziehung illustriert den auch in anderen Branchen auffälligen Trend zur „Projektifizierung" (Midler 1995) der Produktion, insbesondere auch von Dienstleistungen. Crossmedia kann somit auch als ein Teil einer neu entstehenden Branche begriffen werden, die durch zwischenbetriebliche Kooperationen entsteht und in der durch oft weit reichende Partizipationsangebote des Managements, besondere Bedingungen im Dienstleistungssektor oder durch eine negative Einstellung des Managements gegenüber einer institutionalisierten Form der Mitbestimmung der Beschäftigten die Gründung von Betriebsräten zwar nicht völlig unmöglich ist, aber häufig erschwert ist (Helfen 2005).

Die Projektifizierung dieser Unternehmung führt zu einer spezifischen ökonomischen Logik. Angesichts eines Festpreises für die Erbringung der Dienstleistung, der zudem nur für die Zeit bis zur nächsten Ausschreibung gilt, können die Eigentümer von Crossmedia ihren Gewinn maximieren bzw. ihre Kapitalrendite erhöhen, indem sie die Kosten senken. Neben der sparsamen Ausstattung von Büroräumen, dem kostengünstigen Bezug von IT-Dienstleistungen sind die Personalkosten zentraler Ansatzpunkt zur Kostensenkung. Diese Rahmenbedingungen tragen zur Formation einer spezifischen Personalrekrutierungsstrategie bei. Crossmedia benötigt zwar einerseits (hoch-) qualifizierte Arbeitskräfte, andererseits hängt der ökonomische Erfolg von geringen Personalkosten ab. Aus diesem Grund rekrutiert diese Unternehmung vor allem Studienabbrecher, die Schlüsselqualifikationen, z. B. Lernfähigkeit, mitbringen, aber deutlich schlechter bezahlt werden können als Absolventinnen und Absolventen von Hochschulen. Eine zweite wichtige Zielgruppe der Rekrutierung sind Abgänger/innen von so genannten „Orchideenfächern" wie z. B. bestimmte Geisteswissenschaften (Sinologie, Philosophie, Romanistik etc.), die aufgrund der räumlichen Nähe des Standorts von Crossmedia zu mehreren Universitäten in großer Zahl vorhanden sind. Wegen der schlechteren Arbeitsmarktchancen für Absolventen dieser Studiengänge sind diese bereit, für niedrige(-re) Entgelte zu arbeiten. Eine dritte wichtige Gruppe sind junge Beschäftigte mit kaufmännischen Qualifikationen, die gerade ihre Berufsausbildung abgeschlossen haben. Zudem werden die Beschäftigten in der Regel nur befristet angestellt, so dass sich bis zu 75 % der Arbeitnehmer in befristeten Arbeitsverhältnissen befinden.

Wenige Jahre nach der Gründung von Crossmedia wird diese Unternehmung von einem großen Medienkonzern übernommen. Damit sind Veränderungen im Management und seinen Praktiken verknüpft. Beispielsweise wird – ausgehend vom Konzerncontrolling – die Steuerung der Aktivitäten von Crossmedia den in Medienunternehmungen üblichen Praktiken angeglichen. Das heißt, dass Ergebnisvorgaben erteilt werden und konzernweite Richtlinien in Kraft gesetzt werden. Häufige personelle Änderungen auf der Führungsebene und damit verbundene Veränderungen in Organisation und Management führen zudem zu einer bei Crossmedia bis dato unbekannten Dynamik, der Ausdifferenzierung der Organisation und zu einer Erhöhung der Arbeitsproduktivität.

Auch mehrere Jahre nach der Gründung und selbst nach der Übernahme durch einen – selbstverständlich mitbestimmten – Medienkonzern verfügt Crossmedia, was für die Branche durchaus charakteristisch ist, über keinen Betriebsrat. Eine Bindung an einen Flächentarifvertrag einer Branche (z. B. für das Verlagswesen) oder ein Haustarifvertrag liegen ebenfalls nicht vor. Zentrale Elemente der in der Bundesrepublik Deutschland üblichen Arbeitsregulation sind somit nicht einmal im Ansatz vorhanden. Aus der Perspektive der Arbeitnehmer/innen und der Gewerkschaft ist Crossmedia ein Problemfall für die Mitbestimmung, weil keine repräsentativen Beteiligungsformen vorhanden sind und – insbesondere die Gewerkschaften – im Betrieb keine Ansprechpartner haben. Daraus ergeben sich mehrere Fragen:

a) Gibt es dennoch Ansätze einer Arbeitsregulation?
b) Und wenn ja, wer ist für die Arbeitsregulation verantwortlich?
c) Wie wird die Arbeitsregulation hervorgebracht?
d) Wer kann mit welchen Mitteln die Arbeitsregulation beeinflussen?
e) Wie wird die Partizipation der Arbeitnehmer im Arbeitsprozess sichergestellt?
f) Wie werden Konflikte gelöst?
g) Wer bringt mit welchen Mitteln und welchem Ergebnis einen Wandel der Arbeitsregulation hervor?

Bevor diese Fragen beantwortet werden, sollen der Begriff der Arbeitsregulation sowie zentrale Elemente der Arbeitsregulation im dualen System industrieller Beziehungen vorgestellt werden (Abschnitt 2). Dabei geht es im Kern darum, das immer noch außerordentlich begrenzte Wissen über die Arbeitsregulation in solchen „mitbestimmungsfreien Zonen" (Wirth 1994), also in Betrieben ohne Betriebsrat (dazu insb. Artus et al. 2006), neben einer konzisen Einführung in das duale System industrieller Beziehungen zu präsentieren; dies geschieht vor dem Hintergrund, dass diese Zonen gewachsen sind (s. dazu die Zahlen im Abschnitt 2.2.). Daran anschließend präsentiere ich die strukturationstheoretische Perspektive auf Arbeitsregulation (Abschnitt 3) und am Beispiel von Crossmedia werde ich zeigen, wie Probleme der Arbeitsregulation jenseits des dualen Systems industrieller Beziehungen gelöst werden (Abschnitt 4). Im abschließenden Abschnitt werden einige praktische Konsequenzen für Management und Interessenvertretungen deutlich gemacht. Ein theoretisches und methodisches Fazit rundet diesen Beitrag ab (Abschnitt 5).

2 Arbeitsregulation im und jenseits des dualen Systems industrieller Beziehungen

Der Begriff der Arbeitsregulation bedarf zunächst einer Klärung, bevor unser Wissen über die Regulation von Arbeit im und jenseits des dualen Systems industrieller Beziehungen in gebotener Kürze vorgestellt wird. Dabei erfolgt die Einführung in die Praktiken der Akteure industrieller Beziehungen anhand ausgewählter Studien, die wichtige Forschungsergebnisse referieren. Eine Anwendung der Begriffe und Konzepte auf den Fall ‚Crossmedia' erfolgt erst in der Fallanalyse in Kapitel 4.

2.1 Zum Begriff der Arbeitsregulation

Arbeitsregulation ist, in dieser Formulierung werden schon strukturationstheoretische Anklänge deutlich, „die situationsübergreifende reflexive Gestaltung allgemeiner Bedingungen der Verausgabung von Arbeitskraft“ (Windeler/Wirth 2004, S. 301). Mit diesem allgemeinen Begriff der Arbeitsregulation sind keine Vorannahmen hinsichtlich der für die Arbeitsregulation relevanten Akteure verknüpft. Dies können sowohl Gesetzgeber als auch Tarifvertragsparteien oder das Management und Beschäftigte (nicht zuletzt in Interaktion auch mit dem Betriebsrat) sein. Offen ist dieser allgemeine Begriff auch für die konkreten Formen der Arbeitsregulation. Diese können von eher informellen *tacit understandings* bis hin zu hochgradig formalisierten Formen in Tarifverträgen oder Gesetzen reichen. Formalität basiert vor allem darauf, wie machtvoll die jeweiligen Akteure der Arbeitsregulation in das Geschehen eingreifen können und die Ergebnisse ihres Handelns institutionalisieren können.

Das Ausmaß der Reflexivität, mit der die Akteure diese Arbeitsregulationen hervorbringen, variiert bzw. kann variieren. So werden Arbeitsregulationen beispielsweise durch die Ergebnisse der Interaktionen zwischen Arbeitgeberverbänden und Gewerkschaften in eher reflexiven Tarifverhandlungen konstituiert, in denen die Akteure gesamtwirtschaftliche, branchen-, unternehmungs- und betriebsbezogene Daten aufgreifen, bewerten und in der Interaktion verwerten. Arbeitsregulationen schließen aber auch Resultate der Aktivitäten in scheinbar gänzlich anderen Bereichen ein. So hat beispielsweise in der TV-Content-Produktion für das Fernsehen die Wirtschaftsförderung Einfluss auf die Arbeitsbedingungen zahlreicher Beschäftigter, so z. B. durch die Förderung des Ausbaus eines Überschusses von Studiokapazitäten in der Region Köln (Lutz/Sydow 2002; Windeler/Wirth 2004). Der Begriff der Intentionalität beruht also auf dem Grad der Reflexivität, mit dem die Arbeitsregulationen hervorgebracht werden. Dementsprechend unterscheiden sich Arbeitsregulationen hinsichtlich ihres Grades der Formalität und Intentionalität (s. Abb. 1):

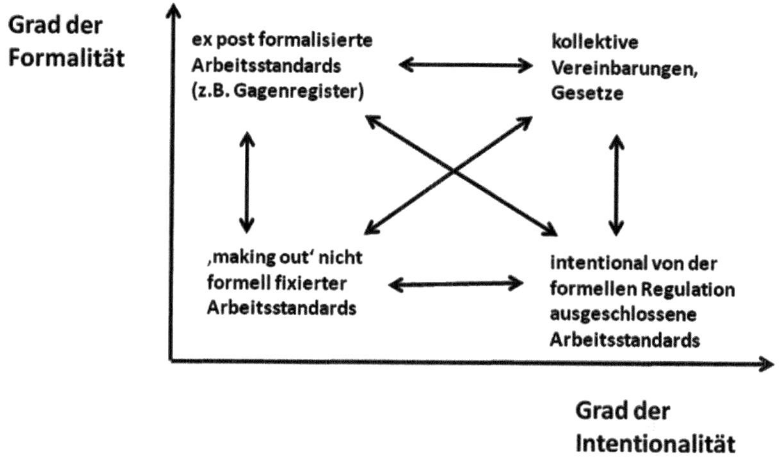

Abbildung 1 Arten und Weisen der Arbeitsregulation – Formalität und Intentionalität (Windeler/Wirth 2004, S. 303; geringfügig modifiziert)

Abb. 1 zeigt unterschiedliche Ausprägungsformen von Formalität und Intentionalität, die mit diesem Begriff der Arbeitsregulation erfasst werden können. Die Aushandlung oder das „making out" (Burawoy 1979) von Arbeitsstandards ist eine Form der Arbeitsregulation mit einem sehr geringen Grad an Intentionalität und Formalität. Zuweilen werden solche Arbeitsstandards stärker formalisiert, z.B. indem sie wie im Fall der Film- und Fernsehproduktion in Gagenregister überführt werden (dazu genauer Windeler/Wirth 2004). Sie könnten aber auch, und das sogar zusätzlich, stärker intentional ausgestaltet werden, indem sie z.B. in Tarifverträge eingehen. Dabei gibt es keine automatische Entwicklung von eher informellen und eher wenig intentional ausgestalteten Arbeitsregulationen hin zu hochgradig formellen und intentional ausgestalteten Arbeitsregulationen. Die Pfeile zwischen den unterschiedlichen Feldern symbolisieren einerseits die Dynamik der Arbeitsregulation in diese Richtung. Andererseits zeigen die Doppelpfeile aber auch, dass sich im Zuge neuer Entwicklungen, z.B. in Form von gesetzlichen Neuregelungen oder anderer Strategien von Unternehmungen, bislang eher formell und intentional regulierte Bereiche in andere Formen transformiert werden können. So können z.B. Unternehmungen aus dem Arbeitgeberverband austreten und eine Mitgliedschaft ohne Tarifbindung (sog. OT-Mitgliedschaften) eingehen (zur Bedeutung von OT-Mitgliedschaften s. Behrens 2011). Dadurch sinkt die Anzahl der Beschäftigten, die von den Mitgliedsunternehmungen im tarifschließenden Arbeitgeberverband beschäftigt werden. Ggfs. ist dann die Allgemeinverbindlichkeitserklärung des Tarifvertrags nach § 5 Absatz 1 Tarifvertragsgesetz nicht mehr möglich, weil nicht 50 % der Beschäftigten in den tarifgebundenen Unternehmen arbeiten. In diesem Fall sind somit mehr als 50 % der Arbeitsverhältnisse in einer Branche nicht mehr hochgradig formell geregelt. Andere Regulationsformen treten an ihre Stelle. Des Weiteren können Arbeitsstandards von der formellen Regulation absichtsvoll ausgeschlossen werden. Beispielsweise verweigern private Fernsehsender – im Unterschied zu öffentlich-rechtlichen Fernsehsendern – die Regulation von Arbeit abhängiger Selbstständiger wie arbeitnehmerähnlicher Personen.[1]

2.2 Arbeitsregulation im dualen System industrieller Beziehungen

Die Untersuchung der Arbeitsregulation in der Bundesrepublik Deutschland konzentriert sich auf das duale System industrieller Beziehungen (Trinczek 2006). Im System industrieller Beziehungen stehen sich die Beschäftigten und die Beschäftiger mit ihren jeweiligen Interessenvertretungen gegenüber. Die von den Gewerkschaften formal unabhängigen Betriebsräte und die jeweilige Branchengewerkschaft (und gegebenenfalls konkurrierende Gewerkschaften) bilden die Akteure des dualen Systems auf der Beschäftigtenseite; Arbeitgeberverbände und das betriebliche Management sind ihr Pendant auf der Beschäftigerseite.[2]

Betriebsräte können in Betrieben von den Beschäftigten gewählt werden, wenn im Betrieb mindestens fünf Beschäftigte arbeiten, von denen mindestens drei wählbar sind. 43 % der Betriebe im Westen Deutschlands und 52 % der Betriebe in Ostdeutschland haben aber weniger als fünf Beschäftigte und erfüllen somit nicht einmal diese grundlegende Norm für die Bildung von Betriebsräten. Dabei ist zu berücksichtigen, dass die Zahl dieser Kleinstbetriebe rasant wächst und zwar in Ostdeutschland noch stärker als in Westdeutschland.

---

1 Arbeitnehmerähnliche Personen sind Selbstständige, die wirtschaftlich abhängig sind und ähnlich wie ein Arbeitnehmer sozial schutzbedürftig sind. Sie erbringen in der Regel ihre Leistungen persönlich und ohne die Mitarbeit anderer. Sie sind überwiegend nur für einen Auftraggeber aktiv und erhalten mehr als die Hälfte ihrer Entgelte von diesem (s. § 12a TVG).

2 Zu den Besonderheiten und neueren Entwicklungen im öffentlichen Dienst, auf die hier nicht eingegangen wird, s. Keller (2010) und zu Veränderungen bei kirchlichen Arbeitgebern s. Jakobi (2007).

Der Anstieg des Anteils der Kleinstbetriebe ist zum Teil durch Veränderungen in Betrieben bedingt. Größere Betriebe erlöschen, neue und damit kleinere Einheiten werden gegründet. Im Extremfall handelt es sich um Solo-Selbstständige oder „Ich-AG's“ (heute Förderung der Aufnahme einer selbstständigen Tätigkeit durch einen Gründungszuschuss nach § 93 SGB III). Oder bestehende Betriebe werden im Zuge von Outsourcing, Vernetzung und Ausgliederungen verkleinert. Insgesamt verfügen schon im Jahr 2004 nur 11 % aller Betriebe in Deutschland über einen Betriebsrat (Ellguth 2006, S. 47 f.; Ellguth 2007, S. 156); heute existiert er nur noch in 10 % der Betriebe in Westdeutschland und in 9 % der ostdeutschen Betriebe (Ellguth/Kohaut 2012, S. 302). In diesen Betrieben mit Betriebsrat arbeiten in der Privatwirtschaft Westdeutschlands im Jahr 2011 44 % der Beschäftigten, in den privatwirtschaftlichen Betrieben Ostdeutschland mit Betriebsrat 36 % der Beschäftigten (Ellguth/Kohaut 2012, S. 304).

Die Aufgaben des Betriebsrats – folgt man dem Katalog in § 80 Betriebsverfassungsgesetz (BetrVG) – bestehen in Überwachungsaufgaben (z. B. der Einhaltung der geltenden Tarifverträge), der Förderung der Interessen bestimmter Personengruppen (z. B. Schwerbehinderter) sowie aller Arbeitnehmerinnen und Arbeitnehmer, der Zusammenarbeit mit anderen Interessenvertretungsorganen (z. B. mit der Jugend- und Auszubildendenvertretung). Darüber hinaus nehmen sie einen Katalog von Informations-, Beratungs-, Mitwirkungs- und Mitbestimmungsrechten wahr (Fitting et al. 2012; s. dazu auch ausführlicher Tabelle 1).

Betriebsräte verfügen über eine gewisse Autonomie von den Gewerkschaften. Sie werden unabhängig von ihnen gewählt, sind aber funktional und personell eng mit ihnen verflochten. Betriebsräte und Gewerkschaften sind *funktional* verflochten, weil Betriebsräte z. B. auf Schulungen und Beratungsdienstleistungen der Gewerkschaften angewiesen sind. Sie sind *personell* verflochten, weil viele Betriebsräte Mitglied einer Gewerkschaft sind, wenngleich sich der Organisationsgrad von Betriebsräten in einer Gewerkschaft zwischen dem industriellen Sektor und dem Dienstleistungssektor erheblich unterscheidet. Im Dienstleistungsbereich präferieren zahlreiche Betriebsräte offensichtlich eine Interessenvertretung als „unabhängiger Betriebsrat“ (Schmidt/Trinczek 1993, S. 182 f.). Untersuchungen deuten darauf hin, dass es in einigen (Dienstleistungs-) Branchen, insbesondere in wissensintensiven Industrien, nicht mehr gelingt, Betriebsräte zu etablieren (Heidenreich/Töpsch 1998). Zudem lockert sich die bislang eher enge Bindung von Gewerkschaften und Betriebsräten (Wassermann 1996; Bosch 1997; Artus 2003) oder „organisierte Unorganisierte“ wie die Arbeitsgemeinschaft Unabhängiger Betriebsangehöriger (AUB) als „Gewerkschaft der Gewerkschaftsgegner“ (Rudolph/Wassermann 2007, S. 223) erlangen in bestimmten Betrieben Bedeutung.

Die funktionale Verflechtung von Betriebsrat und Gewerkschaft wird durch eine *personelle* unterstützt. Zahlreiche Betriebsratsmitglieder sind nicht nur einfaches Gewerkschaftsmitglied sondern in verschiedenen gewerkschaftlichen Gremien (z. B. Orts-, Bezirks- und Landesvorstände, Tarifkommissionen) eingebunden. Hier entsteht eine faktisch enge bzw. engere Kopplung formal voneinander unabhängiger Akteure (Schmidt/Trinczek 1993, S. 182).

Die personelle und funktionale Verflechtung von Betriebsrat und Gewerkschaft konstituiert ein rekursives Abhängigkeitsverhältnis dieser Akteure, das entscheidend zur Verhandlungsstärke der jeweiligen Partei auf Arbeitnehmerseite beiträgt: Starke Betriebsräte, die den Rückhalt und das Vertrauen der Belegschaften genießen, bringen einflussreiche Gewerkschaften hervor; umgekehrt ermöglichen starke Gewerkschaften, die über zahlreiche Ressourcen wie finanzielle Mittel verfügen und hohe Organisationsgrade in Belegschaften erreichen, mächtige Betriebsräte. Die Aktivitäten von Betriebsräten und Gewerkschaften sind also rekursiv miteinander verknüpft (Windeler/Sydow 2001).[3]

Die Zusammenarbeit von Betriebsräten und Gewerkschaften ist der neuralgische Punkt im dualen System industrieller Beziehungen, weil z. B. die Gewerkschaften ohne kooperationsbereite Betriebsräte kaum Zugang zum Betrieb haben, die für die Reproduktion der Gewerkschaften zentrale Mitgliederrekrutierung dann unterbleibt und ein Kontrollorgan im Betrieb fehlt, das die Umsetzung der Tarifverträge überwacht (Artus 2003). Dabei sind diese Beziehungen zwischen betrieblicher Interessenvertretung und Gewerkschaft recht dynamisch, denn beispielsweise können neue Akteure, z. B. neue Betriebsratsvorsitzende bzw. eine neue Mehrheitsfraktion im Betriebsrat, andere Strategien der Interessendurchsetzung oder der Mitgliederrekrutierung initiieren und damit routinisiert fortgeschriebene Praktiken verändern.

Veränderungen in den Beziehungen zwischen Betriebsräten und Gewerkschaften können auch die Gewerkschaften initiieren. Die Gewerkschaften setzen zuweilen auf Ansätze politischer Gemeinwesenarbeit (Alinsky 2010) zur Mit-

3 Die Gewerkschaften können beispielsweise – wie dies gegenwärtig die IG Metall tut – auch Ressourcen intern umverteilen, um die Verankerung in Betrieben zu verstärken (Girndt/Müller 2011) und auf diese Weise eine Umkehrung vorherrschender Entwicklungen (z. B. Mitgliederschwund und abnehmende betriebliche Verankerung von Gewerkschaften in Betriebsräten) bewirken, was sie wiederum selbst und umgekehrt die Betriebsräte in den betroffenen Unternehmungen stärkt. Dies ist der IG Metall offensichtlich gelungen, da sie wieder Mitgliederzuwächse zu verzeichnen hat und neue Beschäftigtengruppen, z. B. Beschäftigte in Leiharbeit, erschließt. Insofern kann auch nicht mehr von generellen Mitgliederverlusten der Gewerkschaften gesprochen werden.

gliedergewinnung und Interessenvertretung (s.a. Dribbusch 2007). Dadurch nähern sich ihre Praktiken stärker denen von sozialen Bewegungen an (dazu auch den Überblick in Bremme et al. 2007 und in Brinkmann et al. 2008). Oder aber Gewerkschaften initiieren Kampagnen wie „besser statt billiger" (dazu Brettschneider et al. 2011 am Beispiel der IG Metall), um Arbeitsplätze zu sichern und neue Mitgliedergruppen zu erschließen. Sie greifen dann stärker funktionalistische Argumente auf, indem sie die Beschäftigten zu „Experten in eigener Sache" (so der Slogan einer etwas älteren Kampagne der IG BCE) machen und darauf vertrauen, dass die Mitbestimmung der Beschäftigten für die Unternehmung einen Wettbewerbsnachteil ausgleichen oder sogar einen Wettbewerbsvorteil (im Weltmarkt) schaffen kann.

Neben den Interessenvertretungsorganen im Betrieb existieren mit *Gesamtbetriebsräten* auf der Unternehmensebene und in Unterordnungskonzernen mit *Konzernbetriebsräten* weitere Interessenvertretungsorgane (dazu z.B. Wirth 1999a) sowie Europäische Betriebsräte in multinationalen Unternehmungen (dazu überblicksartig Müller-Jentsch 2011, S. 178 ff.). Über die Praktiken von Konzern- und Gesamtbetriebsräten ist allerdings nur wenig bekannt; sie sind zudem für das Verständnis unserer Fallstudie genauso wie der Praxis Europäischer Betriebsräte nicht bedeutsam. Aus diesem Grund verzichten wir an dieser Stelle auf weitere Ausführungen zu diesen Interessenvertretungsorganen.[4] Betrieb, Unternehmen und Konzern sind also normative Bezugspunkte für die Organisation der Interessenvertretung, d.h. Interessenvertretungsorgane knüpfen an der Existenz rechtlich definierter sozialer Einheiten an.

Eine Besonderheit des bundesdeutschen Systems industrieller Beziehungen ist die Mitbestimmung über den Aufsichtsrat. Aufsichtsräte von Kapitalgesellschaften mit mehr als 2000 Beschäftigten sind nach dem Mitbestimmungsgesetz von 1976 paritätisch von Anteilseignern und Beschäftigtenvertretern besetzt. Bei einem 20-köpfigen Aufsichtsrat setzt sich die Beschäftigtenbank aus sechs betrieblichen Vertretern, drei Gewerkschaftsvertretern und einem leitenden Angestellten zusammen. Gleichwohl handelt es sich de facto um eine unterparitätische Mitbestimmung (Müller-Jentsch 1997, S. 282 ff.), denn der Bank der Beschäftigten gehört ein leitender Angestellter an, der vor allem unternehmerische Funktionen ausübt. Zudem stellt die Seite der Anteilseigner grundsätzlich den mit einem doppelten Stimmrecht in Patt-Situationen ausgestatteten Aufsichtsratsvorsitzenden. Dieser wird im ersten Wahlgang mit 2/3-Mehrheit gewählt. Kommt die erforderliche Mehrheit im ersten Wahlgang nicht zustande, entscheiden im

4 Siehe aber dazu z.B. Behrens (2005), Behrens/Kädtler (2008), Funder (1999), Becker et al. (1999) und Köhler (1999).

zweiten Wahlgang die Anteilseigner über den Aufsichtsratsvorsitzenden. Die Beschäftigtenvertreter wählen den stellvertretenden Aufsichtsratsvorsitzenden.

In kleineren Kapitalgesellschaften, in Aktiengesellschaften, Kommanditgesellschaften auf Aktien, Gesellschaften mit beschränkter Haftung, Versicherungsvereinen auf Gegenseitigkeit sowie Erwerbs- und Wirtschaftsgenossenschaften mit 500 bis zu 2000 Beschäftigten ist die Mitbestimmung auf der Unternehmensebene durch das Drittelbeteiligungsgesetz vom 18. Mai 2004 geregelt. Demnach sitzen doppelt so viele Vertreter/innen der Anteilseigner den Arbeitnehmervertretern/innen im Aufsichtsrat gegenüber (Kommission zur Modernisierung der deutschen Unternehmensmitbestimmung 2006, S. 10; Kißler et al. 2011, S. 77 ff.).

Die seit Jahren anhaltende Kritik an der Unternehmensmitbestimmung über den Aufsichtsrat, insbesondere der Arbeitgeber- und Industrieverbände, aber auch in Teilen der Wissenschaft (z. B. von Werder 2004; Rieble 2004), hatte die frühere rot-grüne Bundesregierung bewogen, – analog zur so genannten Hartz-Kommission – eine Mitbestimmungskommission unter Vorsitz von Kurt Biedenkopf einzurichten. Sie legte ihre Ergebnisse Ende 2006 vor (Kommission zur Modernisierung der deutschen Unternehmensmitbestimmung 2006). Die Auswertung wissenschaftlicher Arbeiten und von Befragungen, z. B. von Unternehmungsberatungen, sowie die Diskussion in der Kommission belegen jedoch, dass die Mitbestimmung im Aufsichtsrat zumindest keine negativen Auswirkungen auf die wirtschaftliche Performanz von Unternehmungen ausübt. Bei entsprechenden professionellen Praktiken auf Seiten der Arbeitnehmervertreter/innen sowie des Managements gibt es eher Anlass zur Vermutung, dass sie Produktivitätsreserven freisetzt und Wandel unter Berücksichtigung von Unternehmungs- wie Arbeitnehmerinteressen in konstruktiver Art und Weise fördert (Bartölke et al. 2006). Dementsprechend fällt der durch die Kommission konstatierte Reformbedarf auch gering aus. Beispielsweise wird gefordert, die Unternehmensmitbestimmung über den Aufsichtsrat an neue Organisationsformen mittels Vereinbarungen anzupassen oder Verfahren zu schaffen, die es Belegschaften im Ausland ansässiger Tochtergesellschaften ermöglichen, an Wahlen zum Aufsichtsrat teilzunehmen (Kommission zur Modernisierung der deutschen Unternehmensmitbestimmung 2006, S. 12 ff.).[5]

Die unterschiedlichen Interessenvertretungsorgane knüpfen organisatorisch an den normativen Bezugspunkten Betrieb, Unternehmen und Konzern an. Ein weiterer zentraler Anknüpfungspunkt für die Organisation von Interessenvertretung ist die Branche (Stichwort: Industriegewerkschaften). Es existieren somit insgesamt vier normative Bezugspunkte für die Organisation von Interessen-

5 Zu weiteren Details zur Unternehmensmitbestimmung s. vor allem Kißler et al. (2011).

vertretung. Zwischenbetriebliche Beziehungen können, wenn sie einen Unterordnungskonzern begründen, über Konzernbetriebsräte in die Organisation der Interessenvertretung einbezogen werden. Sind diese zwischenbetrieblichen Beziehungen allerdings unternehmungsübergreifend, in Unternehmungsnetzwerken koordiniert, so sah das Betriebsverfassungsgesetz vor 2001 keine Interessenvertretung in diesen sozialen Systemen vor. Allenfalls informelle, häufig von den Gewerkschaften initiierte arbeitskreisähnliche Zusammenschlüsse von Betriebsräten aus Netzwerkunternehmungen existierten (z. B. Roth 1994). Die Folgen waren „mitbestimmungsfreie Zonen" (Wirth 1994)[6] und das „Verbetrieblichungs-Entbetrieblichung-Dilemma" (Sydow 1997). Letzteres verweist auf die Aufwertung von Betriebsräten für die Arbeitsregulation im Zuge der Verbetrieblichung der Tarifpolitik. Gleichzeitig löst sich aber der Betrieb in ein Konglomerat von Betrieben verschiedener Unternehmungen aus unterschiedlichen Branchen auf. In der Konsequenz wird eine Arbeitsregulation deutlich erschwert, wenn nicht gar unmöglich gemacht (auch Wirth 1999a), obwohl die Betriebsräte und die Gewerkschaften nach der Reform der Betriebsverfassung im Jahr 2001 die Möglichkeit haben, per Tarifvertrag oder per Betriebsvereinbarung andere, ergänzende oder kooperierende Interessenvertretungsorgane abzusichern (s. § 3 BetrVG).

Das Betriebsverfassungsgesetz ermöglicht heute eine netzwerkbezogene Organisation der Interessenvertretung. § 3 BetrVG erlaubt „andere Arbeitnehmervertretungsstrukturen, soweit dies insbesondere aufgrund der Betriebs-, Unternehmens- oder Konzernorganisation oder aufgrund anderer Formen der Zusammenarbeit von Unternehmen einer wirksamen und zweckmäßigen Interessenvertretung der Arbeitnehmer dient" (§ 3 Absatz 1 Nr. 3 BetrVG) und „zusätzliche betriebsverfassungsrechtliche Gremien (Arbeitsgemeinschaften), die der unternehmensübergreifenden Zusammenarbeit von Arbeitnehmervertretungen dienen" (§ 3 Absatz 1 Nr. 4 BetrVG). So genannte „Netzwerkräte" (Wirth 1999a, S. 437) sind nun möglich, werden aber kaum eingerichtet (Heinkel 2008). Das Unternehmungsnetzwerk ist also bislang als normativer Bezugspunkt der Interessenvertretung noch wenig konturiert, auch wenn zuweilen von einer „gewerkschaftlichen Verantwortung entlang der Wertschöpfungskette" (Wetzel 2011) gesprochen wird.

6 Bei dem Terminus ‚mitbestimmungsfreie Tonen' handelt es sich um eine Perspektive auf das duale System industrieller Beziehungen mit der klassischen Betriebsratsmitbestimmung. Gleichwohl wird auch in diesem mitbestimmungsfreien Zonen mitbestimmt. Die Akteure und Praktiken verändern sich jedoch grundlegend (s. dazu Wirth 2011 am Beispiel der TV-Content-Produktion).

Aufgrund rekursiv miteinander verknüpfter Prozesse auf der Betriebs-, Unternehmens-, Konzern- und Branchenebene kommt es durch Unternehmungsvernetzung zu z.T. gravierenden Verlusten an Einfluss für Interessenvertreter. Die Betriebräte büßen einen Teil ihrer Arbeitsfähigkeit ein, weil die Betriebe in Folge dieser Prozesse kleiner werden und beim Unterschreiten bestimmter Schwellenwerte (s. § 38 BetrVG) Freistellungen für die Betriebsratstätigkeit wegfallen. Es entstehen durch Vernetzung, so z.B. in Warenhäusern, mitbestimmungsfreie Zonen, weil in den kooperierenden Unternehmungen keine Betriebsräte existieren oder die Beschäftigten von entfernt operierenden Betriebsräten filialisierter Unternehmungen vertreten werden. Der für die bundesdeutschen industriellen Beziehungen konstitutive Grundsatz ‚ein Betrieb – ein Betriebsrat – eine Gewerkschaft – ein Tarifvertrag' gilt nicht mehr, wenn die kooperierenden Unternehmungen in einer räumlichen Einheit zusammenarbeiten. Es entstehen, was die industriellen Beziehungen angeht, „englische Verhältnisse": Mehrere Gewerkschaften sind für die Beschäftigten in einer räumlichen Einheit zuständig. Damit kommt es zugleich zu einem Machtverlust der Gewerkschaften, weil – wie am Beispiel von Warenhäusern gezeigt (Wirth (1999b) – Streikbruch leichter zu organisieren ist. Ganz ähnlich wirken regionale Netzwerke kleinerer und mittlerer Unternehmungen (Knuth/Latniak 1991).

Die Unternehmungsvernetzung weitet aus der Perspektive der Gewerkschaften und eines Teils der betrieblichen Interessenvertreter das Aufgabenfeld der Interessenvertretung aus, denn die Anliegen von den Beschäftigten der Netzwerkunternehmungen sollen vertreten werden. Oder Betriebsräte befinden sich in Konflikten um die Arbeitnehmereigenschaft (Schein-) Selbstständiger in Unternehmungsnetzwerken (Wirth 1994, 1999a, b).

Erste empirische Untersuchungen zur Bedeutung und Funktionsweise dieser neuen Möglichkeiten einer flexiblen Anpassung an Formen unternehmungsübergreifender Zusammenarbeit verwechseln jedoch Unternehmungsnetzwerke mit filialisierten Unternehmungen (so Wassermann/Rudolph 2005) und können somit nichts zum Verständnis neuer Interessenvertretungspraktiken in Unternehmungsnetzwerken beitragen. Eine Auswertung der Ergebnisse der Betriebsratswahlen im Jahr 2006 zeigt jedoch, dass sich die Betriebsräte stärker als im Jahr 2002 der Interessenvertretung von Leiharbeitnehmern/innen widmen und somit – vor dem Hintergrund einer steigenden Bedeutung dieser Beschäftigungsform – beginnen eine unternehmungsübergreifende Interessenvertretung zu praktizieren (Rudolph/Wassermann 2007, S. 221). Gleichwohl besteht auch weiterhin enormer Forschungsbedarf zu Fragen der Interessenvertretung in Netzwerkzusammenhängen, nicht zuletzt weil die Verbreitung unternehmungsübergreifender Interessenvertretungsorgane weit hinter den Erwartungen von Gewerkschaften und Gesetzgeber zurückbleibt.

Die Interaktionen zwischen betrieblichen Interessenvertretern/innen und Vertretern/innen des Managements werden von zahlreichen rechtlichen Vorgaben in der Bundesrepublik Deutschland beeinflusst. Dementsprechend ist die *Verrechtlichung industrieller Beziehungen*, der oftmals kooperativen wie konfliktären Beziehungen zwischen Arbeitnehmerinnen sowie Arbeitnehmern, Arbeitgebern und ihren Repräsentanten auf der betrieblichen und überbetrieblichen Ebene, ein weiteres Merkmal der Arbeitsbeziehungen im dualen System (z. B. Mückenberger 1993; Rogowski 1999). Arbeitsregulation wird angesichts dieser Verrechtlichung – wie in den meisten einschlägigen Lehrbüchern zur Personalwirtschaftslehre (z. B. Oechsler 2011) – gar häufig mit dieser gleichgesetzt.

Im kollektiven Arbeitsrecht werden Rahmenbedingungen und Prozeduren festgelegt, wie die Akteure industrieller Beziehungen ihre jeweiligen Interessen verfolgen können (Müller-Jentsch 1997, S. 303 f.). Dabei unterscheidet sich der Grad der Verrechtlichung der Beziehungen der inner- und überbetrieblichen Akteure industrieller Beziehungen beträchtlich. Während die Tarifvertragsbeziehungen zwischen Arbeitgeberverbänden und Gewerkschaften sowie zwischen Gewerkschaften und Unternehmungen nur durch das Tarifvertragsgesetz und das Grundgesetz gesetzlich sowie durch Richterrecht zu Streik und Aussperrung normiert sind, sind die betrieblichen Austauschbeziehungen zwischen betrieblicher Interessenvertretung und Management umfassend durch Gesetze geregelt (Schmidt/Trinczek 1993, S. 177 ff.).

Das Betriebsverfassungsgesetz steckt den Handlungsrahmen der Betriebsräte ab. Diesen Handlungsrahmen beschreibt Däubler (1988, S. 349 ff.) mit den Begriffen Vertrauen, Frieden und Diskretion. Tatsächlich schreibt § 2 BetrVG dem Betriebsrat eine vertrauensvolle Zusammenarbeit mit dem Arbeitgeber zum Wohle der Beschäftigten *und* des Betriebs vor; § 74 Abs. 2 BetrVG verbietet dem Betriebsrat Arbeitskampfmaßnahmen; § 79 Abs. 1 BetrVG unterwirft den Betriebsrat der Schweigepflicht über Betriebs- und Geschäftsgeheimnisse. Der rechtliche Rahmen der Betriebsverfassung verpflichtet Betriebsräte auf eine kooperative, auf Konsens mit dem Management zielende Zusammenarbeit und trägt so maßgeblich zu den de facto wirtschaftsfriedlichen industriellen Beziehungen in der Bundesrepublik Deutschland bei (Müller-Jentsch 2011, S. 113). Im Fall von Konflikten kann sich der Betriebsrat an Arbeitsgerichte und im Fall von erzwingbaren Mitbestimmungsrechten an eine Einigungsstelle wenden. In einer Einigungsstelle wird unter Leitung eines neutralen Vorsitzenden versucht, einen Kompromiss zu finden. Bei dem neutralen Vorsitzenden handelt sich oft um eine/n Arbeits- oder Sozialrichter/in, der ein Stimmrecht in der paritätisch von Arbeitgeber- und Arbeitnehmervertretern/innen besetzten Einigungsstelle hat (Müller-Jentsch 1997, S. 269 ff.).

Das BetrVG sieht für Betriebsräte einen Katalog von Mitbestimmungsrechten vor, die sich in Mitbestimmungsrechte, Mitwirkungsrechte, Beratungsrechte sowie Informationsrechte unterscheiden. Tab. 1 gibt einen Überblick über diese Rechte.

Tabelle 1 Rechte der Betriebsräte

Informationsrechte	*Beratungsrechte*	*Mitwirkungsrechte*	*Mitbestimmungsrechte*
§ 80 BetrVG allgemeine Aufgaben § 90 BetrVG Unterrichtungs- und Beratungsrechte § 106 ff. BetrVG Wirtschaftsausschuss	§ 92 BetrVG Personalplanung § 92a BetrVG Beschäftigungssicherung § 96 BetrVG Förderung der Berufsbildung § 97 BetrVG Einrichtungen und Maßnahmen der Berufsbildung § 111 BetrVG Betriebsänderungen	§ 99 BetrVG personelle Einzelmaßnahmen § 102 BetrVG Kündigungen	§ 87 BetrVG soziale Angelegenheiten § 91 Mitbestimmungsrecht § 93 BetrVG Ausschreibung von Arbeitsplätzen § 94 BetrVG Personalfragebogen, Beurteilungsgrundsätze § 95 BetrVG Auswahlrichtlinien § 97 BetrVG Einrichtungen und Maßnahmen der Berufsbildung § 98 BetrVG Durchführung betrieblicher Bildungsmaßnahmen § 112 (a) BetrVG Interessenausgleich über die Betriebsänderung, Sozialplan und erzwingbarer Sozialplan bei Personalabbau, Neugründungen

Die genannten Rechte werden bei sozialen Angelegenheiten, personellen Einzelmaßnahmen und wirtschaftlichen Fragen wirksam. Als generelle Tendenz wird dabei erkennbar, dass die Mitbestimmungsrechte bei sozialen Angelegenheiten am stärksten, bei personellen Angelegenheiten schwächer und bei wirtschaftlichen Angelegenheiten am schwächsten sind (Müller-Jentsch 1997, S. 271 f.). Der Betriebsrat kann in wirtschaftlichen Angelegenheiten vor allem die Folgen dieser Entscheidungen für die Beschäftigten mildern. Durch die geschickte Kombination von Mitbestimmungsrechten – einer, wenn nicht der wichtigsten Ressource von Betriebsräten – mit anderen Ressourcen kann er aber ggfs. seinen Einfluss ausweiten.

Das Individualarbeitsrecht greift gestaltend in die Beziehungen zwischen den Beschäftigten und dem Beschäftiger ein. Beispiele für Individualarbeitsrecht sind das Kündigungsschutzrecht, das Arbeitszeitgesetz oder das Bundesurlaubsgesetz. Mit ihm werden vor allem Beschäftigte geschützt, die nicht in den Genuss einer kollektiven Interessenvertretung gelangen und/oder nicht im Geltungsbereich eines Tarifvertrages – wie im Fall von Crossmedia – arbeiten.

Die rechtliche Situation determiniert das Handeln der Akteure industrieller Beziehungen im Betrieb allerdings nicht. Die Verrechtlichung bildet einen Rahmen, der die Interaktionen zwischen Management und Betriebsrat als Kontextbedingung beeinflusst, indem die Akteure industrieller Beziehungen in ihren sozialen Beziehungen und Interaktionen diese gesellschaftsweite Institution in einer jeweils spezifischen Art und Weise aktualisieren. In der durch diesen Rahmen regulierten Interaktion bildet sich ein *Stil industrieller Beziehungen* heraus, der Verfahren, Regeln und Modi der Konflikthandhabung einschließt (Weltz 1977). Oder strukturationstheoretisch reformuliert: Ein solcher Stil industrieller Beziehungen umfasst die Sets von Regeln und Ressourcen, die die Akteure industrieller Beziehungen in ihren Interaktionen und sozialen Beziehungen in einem sozialen System hervorgebracht haben, reproduzieren und ggfs. verändern. Dieser Stil industrieller Beziehungen wird dadurch zu einem Strukturmerkmal eines sozialen Systems (z. B. eines Unternehmens oder auch nur eines seiner Betriebe), auf das sich die Akteure in ihren Interaktionen beziehen und der ihnen vorgibt, wie etwas bezeichnet wird (Signifikation), was angemessenes Handeln ist (Legitimation) und wie ein Interesse durchsetzt wird (Domination).

Weltz (1977) unterscheidet drei Stile industrieller Beziehungen:

- Beim Stil der *offenen Konfrontation* gehen beide Seiten von widerstreitenden Interessen aus. Es werden maximale Forderungen formuliert und versucht, per Arbeitsrecht und/oder Tarifvertrag vor dem Hintergrund der aktuellen Machtkonstellation die jeweiligen Interessen durchzusetzen. Formale Arbeitsregulationen, z. B. Arbeitsrecht, haben in diesen Konflikten, die öffentlich und institutionalisiert ausgetragen werden, eine hohe Bedeutung. Die Ergebnisse werden in Betriebsvereinbarungen formell festgehalten. Die Rolle des Betriebsrates ist die eines Gegenmachtorganisators; eine Disziplinierung der Belegschaft durch den Betriebsrat findet nicht statt.

- Der *Stil der Konfliktverdrängung* zeichnet sich durch die Rolle des Betriebsrates als verlängerter Arm des Managements aus. Dieser orientiert sich nicht an eigenständigen Interessen der Belegschaft, sondern fühlt sich dem „Betriebswohl" verpflichtet. Dem Management nimmt er Disziplinierungsaufgaben ab. Empirische Untersuchungen legen nahe, dass solche Praktiken insbesondere Medium und Resultat so genannter unabhängiger Interessenvertreter/innen sind.[7]
- Bei einem *Stil der kooperativen Konfliktverarbeitung*, der quantitativ besonders bedeutsam ist, sind Personalabbaumaßnahmen tabu, so dass in einer relativen Arbeitsplatzsicherheit Interessenkonflikte von Management und Betriebsrat bearbeitet werden können. Diese münden in der Regel in Kompromisse, die von einem wechselseitigen Geben und Nehmen gekennzeichnet sind. Dabei lenken Management und Betriebsrat ihr Augenmerk auf die Interessen von Betrieb bzw. Unternehmen einerseits und auf die Interessen der Stammbelegschaft andererseits. Sie tragen damit zu einer typischen Arbeitsmarktsegmentation in Stamm- und Randbelegschaft bei (Sengenberger 1987). Dies ist ein Handeln, das die Institution der Betriebsverfassung nahe legt; denn diese enthält als normative Vorgaben für die Interessenvertretung diskrete, wirtschaftsfriedliche und vertrauensvolle Verhaltensweisen, die die wirtschaftlichen Interessen des Betriebes und der Unternehmung respektieren sollen. Rechtliche Vorgaben aus dem Betriebsverfassungsgesetz, insbesondere bei personellen Einzelmaßnahmen, privilegieren zudem die Stammbelegschaft, die zugleich die Wähler der Betriebsräte sind (s. dazu auch Hohn 1991).

In dieser Interaktion zwischen Management und Betriebsrat bilden sich, zumal beim Stil der kooperativen Konfliktverarbeitung, bestimmte *offizielle und inoffizielle Spielregeln* – oder strukturationstheoretisch formuliert: soziale Praktiken der Konfliktlösung, die von bestimmten Sets von Regeln und Ressourcen, eben Strukturmerkmalen, gekennzeichnet sind – heraus. Die Einhaltung dieser Spielregeln durch entsprechende Praktiken verlangt seitens des Managements wie der Interessenvertretung Fingerspitzengefühl hinsichtlich der Frage, was der jeweils anderen Seite zugemutet werden kann. Dabei orientieren sich beide Seiten an

7 Der Stil der Konfliktverdrängung kann mit und ohne Gewerkschaftsmitgliedschaft der Interessenvertreter praktiziert werden. Zuweilen wird sogar bewusst eine Gewerkschaftsmitgliedschaft eingegangen, um die Gewerkschaft in der Belegschaft zu desavouieren.

einem übergeordneten Betriebs- bzw. Unternehmensinteresse. Zumindest stellen sie ihre eigene Position so dar, dass sie mit diesem Interesse kompatibel erscheint.[8]

Die Spielregeln der kooperativen Konfliktverarbeitung werden durch die unterschiedlichen Ressourcen von Management und Interessenvertretung stabil gehalten. Strukturationstheoretisch betrachtet zeigt sich hier im Übrigen sehr deutlich die Bedeutung des rekursiven Zusammenspiels von Regeln *und* Ressourcen: Während das Management mittels seiner Entscheidungsbefugnis über materielle Leistungen und mit seiner Informationspolitik gegenüber dem Betriebsrat der gleichwohl mächtigere Interaktionspartner ist, kann der Betriebsrat durch den Entzug der Kooperation machtvoll in betriebliche Aushandlungsprozesse eingreifen. Dementsprechend wächst sein Einfluss, wenn er sich in zusätzliche Entscheidungsprozesse einbringt. Mit anderen Worten: kompetent agierende Betriebsräte sind einflussreicher, weil sie sich stärker in betriebliche Entscheidungsprozesse einbringen.

Die kooperative Konfliktverarbeitung kommt in Wirtschaftskrisen selbst in die Krise, weil das Management geringere Konzessionsspielräume hat. Oder sie büßt – wie am Beispiel der Unternehmungsvernetzung im Einzelhandel gezeigt (Wirth 1999a) – an Bedeutung ein, weil dieser Stil industrieller Beziehungen in diesem Fall seine eigenen Voraussetzungen untergräbt, nämlich die Existenz funktionsfähiger Interessenvertretungen auf (über-) betrieblicher Ebene. In diesen Phasen kann die kooperative Konfliktverarbeitung zu einem Vehikel für die Durchsetzung von Managementinteressen degenerieren.

Zweifelsohne modernisierten sich die Interaktionsmuster zwischen Betriebsrat und Management in den letzten Jahren (auch Bosch 1997). Mittlerweile wird unter dem Begriff ‚Co-Management' ein weiterer Stil industrieller Beziehungen diskutiert (z. B. Müller-Jentsch 1995), der zentrale Elemente der kooperativen Konfliktverarbeitung fortschreibt. Die Interessenvertretung nimmt machtvoll in politischen Prozessen durch kompetente Interessenvertreter/innen unter Berücksichtigung markt- und produktionsökonomischer Erfordernisse in einer Konzeptionskonkurrenz, dem aktiven Einbringen alternativer Sicht- und Handlungsweisen, Einfluss auf betriebliche Konzepte. Sie nähert sich so einer Mitbestimmung in wirtschaftlichen Fragen an. Hier lässt sich gegebenenfalls sogar von einem *strategischen Co-Management* sprechen, weil neue Handlungs-

8 Dies erklärt auch die aktuelle Beliebtheit funktionalistischer Argumente (z. B. Engelen-Kefer 2001 aus der Sicht einer Praktikerin und Jirjahn 2010 aus wissenschaftlicher Sicht) und den Bedeutungsverlust normativer Argumente (aber Müller-Jentsch 2001, 2008, 2011, S. 197; Kißler et al. 2011) für die Mitbestimmung, die immer noch ein umkämpftes Terrain ist. Dementsprechend entstehen auch immer wieder mitbestimmungskritische Studien (z. B. von FitzRoy/Kraft 2005).

felder für die Interessenvertretung erschlossen werden, um alte abzusichern. Um Legitimationsdefiziten des Co-Managements entgegenzuwirken (so Duschek/Wirth 1999 und Rehder 2006), beziehen kompetente Co-Manager die Belegschaft in die Konzeptionskonkurrenz mit ein und erschließen sich so zusätzliche Ressourcen (Minssen/Riese 2005).[9] Mit diesen können sie wiederum rekursiv ihre eigene Position festigen oder sogar ausbauen, um machtvoller in neue Runden der Konzeptionskonkurrenz eintreten zu können. Co-Management kann also als Medium und Resultat von *strategizing* and *organizing* (dazu Whittington/Melin 2003) durch die aktive und absichtsvolle Beteiligung des Betriebsrats reinterpretiert werden.

Duschek/Wirth (1999) zeigen am Beispiel einer Flughafenbetreibergesellschaft, wie Betriebsräte als Co-Manager ihren Einfluss ausweiten. Dafür ist die Durchsetzung veränderter Sichtweisen in der Interessenvertretung zentral, die sich angesichts der zunehmenden Zusammenarbeit in interorganisationalen Beziehungszusammenhängen nicht mehr nur als Betriebsrat versteht, sondern sich – wie schon angeführt – als „Netzwerkrat" (Wirth 1999a, S. 437) definieren mag. Die Durchsetzung der Rolle als Netzwerkrat ist wiederum mit der Nutzung von Ressourcen verknüpft. Beispielsweise können die Arbeitnehmervertreter/innen im Aufsichtsrat aufgrund einer besonderen Konstellation auf der Seite der Anteilseigner Beschlüsse mit der Folge blockieren, dass eine einflussreiche Interessenvertretung ihre Ressourcen absichern und sogar durch die Einflussnahme auf Arbeitsregulationen im Unternehmungsnetzwerk ausweiten kann. Zugleich belegt dieses Beispiel einmal mehr das rekursive Zusammenspiel der Dimensionen des Sozialen, weil der Ressourceneinsatz an die legitimen Regeln der Signifikation gebunden ist. Und indem sie Interessenvertretungen im Netzwerk organisieren, reduzieren die den Druck auf die Arbeitsbedingungen in der Flughafenbetreibergesellschaft und sichern so zugleich ihren eigenen Einfluss (im Betrieb) ab, um in weiteren Konflikten wieder machtvoll intervenieren zu können.

Die bundesdeutschen Gewerkschaften sind einerseits Industriegewerkschaften auf betrieblicher Grundlage, andererseits parteiunabhängige Einheitsgewerkschaften. Unter *Gewerkschaften* wird ein dauerhafter freiwilliger Zusammenschluss von Beschäftigten mit dem Ziel verstanden, die „Verkaufsbedingungen" der „Ware" Arbeitskraft zu regulieren.

9 Gemäß § 28a BetrVG kann der Betriebsrat nach der Reform des Betriebsverfassungsgesetzes 2001 Aufgaben an Arbeitsgruppen delegieren und sich vor dem Hintergrund einer entsprechenden Rahmenvereinbarung mit dem Management zusätzliches Know-how erschließen, mit dem er in einer Konzeptionskonkurrenz agieren kann.

- Typischerweise organisieren *Industriegewerkschaften* die Beschäftigten in einer Branche, z. B. der Metall- und Elektroindustrie (Müller-Jentsch 1997, S. 105). Durch Gewerkschaftsfusionen, z. B. durch den Zusammenschluss der IG Metall mit der Gewerkschaft Textil und Bekleidung sowie der Gewerkschaft Holz und Kunststoff, sind die bundesdeutschen Gewerkschaften nach der Wiedervereinigung der beiden deutschen Staaten faktisch allerdings zu „Multibranchengewerkschaften" (Müller-Jentsch 2011, S. 162) geworden.
- *Einheitsgewerkschaften* organisieren alle Beschäftigten unabhängig von ihrer Hautfarbe, Geschlecht, weltanschaulichen, parteipolitischen, sexuellen sowie religiösen Orientierung.[10] Territorial betrachtet sind die bundesdeutschen Gewerkschaften *Zentralverbände*. Es gibt also keine in Regionen, Städten und Kommunen eigenständigen Gewerkschaften (Müller-Jentsch 1997, S. 112 ff.).

Gewerkschaften sind – wie andere Organisationen auch – keine monolithischen Blöcke. In ihnen konkurrieren Vertreter/innen unterschiedlicher Gruppierungen. Weischer (1988) unterscheidet Gewerkschaften z. B. nach so genannten *politischen Strategien*, die als interpretative Schemata die Interpretation der Kontexte (z. B. die Veränderungen der Bedingungen auf Absatz- und Arbeitsmärkten) sowie von Fragen im sozialen System ‚Gewerkschaft' (z. B. die Rolle einer Gewerkschaft in der Gesellschaft), die Nutzung von Ressourcen wie die Bezugnahme auf Normen beeinflussen. Beispielsweise orientieren sich so genannte Pragmatiker an Sachzwängen und konzentrieren sich auf die Aushandlung der Verkaufsbedingungen der Ware Arbeitskraft. Diese politische Strategie hat insbesondere in der Industriegewerkschaft Bergbau, Chemie und Energie (IG BCE) eine Dominanz erringen können. Allerdings können sich innerhalb einer Gewerkschaft auf Bezirks- oder Landesbezirksebene oder zwischen Fachbereichen einer Gewerkschaft, die die Beschäftigten bestimmter (Teil-) Branchen organisieren, unterschiedliche Dominanzen herausbilden.[11]

---

10 Zwar existieren auch dem Christlichen Gewerkschaftsbund angeschlossene Branchengewerkschaften. Diese werden aber zuweilen von Arbeitgebern initiiert und werden dementsprechend von DGB-Gewerkschaften als „Dumping-Gewerkschaften" bezeichnet (Müller-Jentsch 2011, S. 167). Sie sollen aufgrund der besonderen Problematiken so genannter „gelber Gewerkschaften" in diesem einführenden Kapitel nicht weiter betrachtet werden (s. dazu aber Bispinck/Dribbusch 2008; Dribbusch 2009).

11 Weischer (1988) belegt anhand der DGB-Gewerkschaften des Weiteren die aktivistische politische Strategie, die radikale politische Strategie und die der Reformer und Modernisierer (zu den konkreten Ausprägungen und ihrer quantitativen Bedeutung in der Gewerkschaft HBV vgl. Wirth 1999a).

Im System der industriellen Beziehungen stehen, wie schon angedeutet, den Gewerkschaften *Arbeitgeberverbände* gegenüber. Dabei handelt es sich um Zusammenschlüsse von Unternehmern, um ihre Interessen – hier im Handlungsfeld der Regulation von Arbeit – durchzusetzen. Arbeitgeberverbände übernehmen heute die Funktionen von Tarifvertragspartei, politischer *pressure group* und Selbsthilfeverband. Als Tarifvertragspartei koordinieren sie die innerverbandliche Willensbildung zu tarifpolitischen Themen, führen gemeinsam mit Vertreterinnen und Vertretern aus Mitgliedsunternehmungen die Tarifverhandlungen und schließen Tarifverträge ab. Im Fall von Arbeitskämpfen beschließen und koordinieren sie Aussperrungen. Als *pressure group* entfalten sie ihre Aktivitäten gegenüber der Öffentlichkeit, Kommunen, Kammern, Gerichten, Behörden, Parlamenten und Parteien. Durch die Unterstützung von Mitgliedern in Arbeitskämpfen, durch Beratung und Information sowie sonstige Dienstleistungen fungieren sie als Selbsthilfeverband (Müller-Jentsch 1997, S. 159 ff.).

Empirische Untersuchungen, die sich mit der Erosion des Tarifvertragssystems auseinandersetzen, registrieren seit vielen Jahren eine Aufwertung betrieblicher Akteure im Zuge von Tendenzen einer „Verbetrieblichung" (Schmidt/Trinczek 1986) industrieller Beziehungen aufgrund tarifvertraglicher Öffnungsklauseln (Trinczek 2006, S. 18; Müller-Jentsch 2011, S. 129) oder „betrieblicher Bündnisse für Arbeit" (Rehder 2003). Mit Blick auf den Akteur ‚Arbeitgeberverband' konstatieren Studien auch dort einen Bedeutungsverlust der überbetrieblichen Interessenvertretung. Dies geschieht aufgrund einer Verbandsflucht der Unternehmungen oder wegen des Übertritts in Arbeitgeberverbände ohne Tarifbindung. Diese Entwicklung ist für die Wirksamkeit der Arbeitsregulation über die Akteure und Institutionen des dualen Systems industrieller Beziehungen ggfs. noch gravierender als der Rückgang der Mitgliederzahlen der Gewerkschaften. Beide Entwicklungen – Verbetrieblichung und Rückgang der Verpflichtungsfähigkeit der Arbeitgeberverbände – haben einschneidende Konsequenzen für die Funktionsfähigkeit und Bedeutung des dualen Systems industrieller Beziehungen (Haipeter/Schilling 2006; Behrens 2011, 2013).

Betrachtet man die in diesem Beitrag bislang vorgestellten Akteure industrieller Beziehungen, die für die Arbeitsregulation immer noch von besonderer Bedeutung sind, so lässt sich deren Zusammenspiel (unter Vernachlässigung des Staates als Akteur industrieller Beziehungen und unter Ausschluss der Beziehungen zwischen dem Management und den Gewerkschaften) wie folgt darstellen:

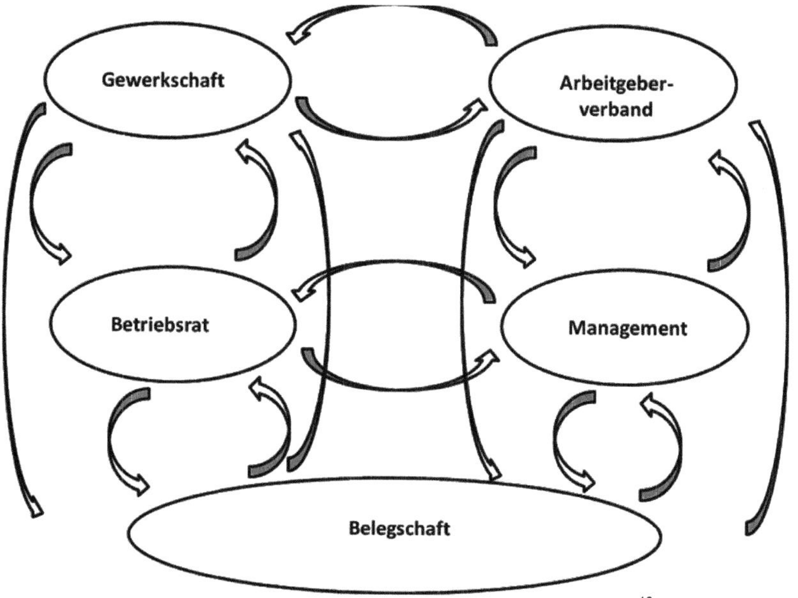

Abbildung 2 Akteure und Interaktionen im dualen System industrieller Beziehungen[12]

Generell gilt, dass sich die Akteure industrieller Beziehungen in ihren sozialen Beziehungen und Interaktionen unter Bezugnahme auf relevante Kontexte (wie z. B. die Branche) wechselseitig beeinflussen. Beispielsweise entwickeln Management und Betriebsrat einen bestimmten Stil industrieller Beziehungen. Je nach Art der politischen Strategie beeinflusst die Gewerkschaft zumindest graduell – z. B. über ihre Bildungsarbeit und ihre Beratungsdienstleistungen – das Betriebsratshandeln; das Management kann indirekt – vermittelt über die Betriebsräte – und direkter über den Arbeitgeberverband auf das Handeln der Gewerkschaft Einfluss nehmen. Die Belegschaft, die nach unterschiedlichen Kriterien segmentiert ist (z. B. Stamm- und Randbelegschaft, nach Geschlecht, Alter, Qualifikation, Tätigkeitsbereich, Interessenlagen etc.), kann beispielsweise im Zuge von Wahlen die Zusammensetzung des Betriebsrates oder als Gewerkschaftsmitglied in Betriebsgruppen das Handeln der Gewerkschaft beeinflussen.

12 Um die Übersichtlichkeit der Grafik nicht noch weiter einzuschränken, wurde darauf verzichtet, Gesamt- und Konzernbetriebsräte sowie die Aufsichtsräte und europäische Betriebsräte in die Abbildung zu integrieren.

Umgekehrt kann die Gewerkschaft über die Wahl und die Qualifizierung von gewerkschaftlichen Vertrauensleuten die Sicht- und Handlungsweisen der Belegschaft (-ssegmente) mitbestimmen. Da auch das Management und die Arbeitgeberverbände im Zusammenspiel mit der Belegschaft interagieren, wird der Betriebsrat zur „Grenzinstitution" (Fürstenberg 1958), der zwischen den unterschiedlichen Akteuren und deren Interessen vermittelt, also in gewisser Weise eine intermediäre Rolle einnimmt (so auch Müller-Jentsch 1982 am Bsp. der Gewerkschaften). Deutlich wird, dass der Beteiligung in demokratischen Prozessen auf Seiten der Beschäftigten und ihrer Interessenvertretungen eine zentrale Rolle zukommt (s. auch Rehder 2006 am Beispiel von Co-Management-Praktiken). Aus der Perspektive des Managements wiederum gilt es die Schwierigkeiten der Interessenaggregation in Arbeitgeberverbänden (dazu Behrens 2011) zu handhaben und in der Akteurskonstellation im Betrieb kompetent zu agieren. Indem derart im System industrieller Beziehungen interagiert wird, entstehen die sozialen Praktiken der Arbeitsregulation in der jeweiligen Organisation (und im interorganisationalen Netzwerk).

Die Interessenvertretung im dualen System industrieller Beziehungen ist zwar die mit Abstand (noch) wichtigste, aber beileibe nicht die alleinige Form der Arbeitsregulation in der Bundesrepublik Deutschland. Zuweilen werden auch andere Vertretungsorgane durch das Management initiiert (Hertwig 2013). Aktuell verliert das duale System industrieller Beziehungen mit der Vertretung von Beschäftigteninteressen über Betriebsräte und der Bindung an einen Tarifvertrag in Ost- und Westdeutschland an Bedeutung. Haustarifverträge gewinnen an Relevanz und insbesondere in Ostdeutschland wächst die Zahl der Betriebe, die nicht (mehr) an einen Branchentarifvertrag gebunden ist, aber über einen Betriebsrat verfügen – eine Folge der Stabilität der Institution Betriebsrat (Ellguth 2007, S. 157).

In vielen Betrieben sind – wie im Fall von Crossmedia – weder Betriebsräte noch Gewerkschaften aktiv. Die entsprechenden Unternehmungen sind häufig auch nicht in einem Arbeitgeberverband organisiert, so dass auch Tarifverträge keine Anwendung finden. Und trotzdem verfügen diese Unternehmungen über eine gewisse Arbeitsregulation. Das Wissen über diese Form eher informeller, aber in ihrer Wirkungsweise nicht zu missachtender Arbeitsregulationen jenseits des dualen Systems industrieller Beziehungen ist jedoch, wie die folgenden Ausführungen zeigen werden, (noch) nicht besonders weit entwickelt.

2.3 Arbeitsregulation jenseits des dualen Systems industrieller Beziehungen

Das duale System industrieller Beziehungen hat für die Festlegung der Bedingungen, unter denen Arbeit in der Bundesrepublik Deutschland verausgabt wird, in der Tat einen erheblichen Bedeutungsverlust erfahren. Hassel (1999) spricht sogar von Erosion, weil Tarifverträge wie auch Betriebsräte seit den 80er Jahren eine deutlich geringere Verbreitung haben (aktuell Ellguth/Kohaut 2012, 2013). Deshalb ist es in einem ersten Schritt bedeutsam, quantitative und qualitative Befunde zur Verbreitung von Betriebsräten und der Bindung an einen Flächentarifvertrag auszuwerten, damit die Zonen *jenseits* des dualen Systems industrieller Beziehungen sichtbar(er) werden.

Die neueren *quantitativen Befunde* zur Bedeutung des dualen Systems industrieller Beziehungen für die Arbeitsregulation gehen davon aus, dass nach relativ starken Veränderungen in den 80er und 90er Jahren, nicht zuletzt bedingt durch die deutsche Wiedervereinigung und den damit verknüpften Veränderungen in der Wirtschaft, eine relative Stabilität in der Verbreitung von Betriebsräten und Tarifverträgen eingetreten ist. Auf Basis von Daten des IAB-Betriebspanels (Erhebung 2003) lässt sich zeigen, dass immerhin 48 % der westdeutschen Arbeitnehmer/innen in einem Betrieb mit Betriebsrat arbeiten. Die Erhebung 2010 des IAB-Betriebspanels zeigt, dass (nur noch) 45 % der westdeutschen Beschäftigten in einem privatwirtschaftlichen Betrieb mit Betriebsrat arbeiten. 2011 sind es 44 %. Lediglich 5 % der Beschäftigten in Westdeutschland arbeiten in einem Betrieb mit einer anderen Form betrieblicher Interessenvertretung (Erhebung 2003); 2010 sind dies 12 % der Beschäftigten (Ellguth/Kohaut 2011, S. 245). Diese gesetzlich nicht legitimierten Formen der Interessenvertretung, gegen die auch erhebliche rechtliche Bedenken bestehen (Däubler 2005), sind zunächst quantitativ wenig verbreitet, gewinnen aber an Bedeutung hinzu.

In ostdeutschen Betrieben arbeiten 2003 40 % der Arbeitnehmer/innen in Betrieben mit Betriebsrat und 4 % im Zuständigkeitsbereich einer alternativen Vertretungsform; 2010 sind nur noch 37 % der Beschäftigten in Betrieben mit Betriebsrat erwerbstätig (2011: 36 %) und 7 % der Beschäftigten erfahren eine Form einer anderen Mitarbeitervertretung (Ellguth/Kohaut 2011, S. 245, 2012, S. 304). Diese anderen Vertretungsorgane sind jedoch zuweilen Vorläufer einer Interessenvertretung durch Betriebsräte (Hauser-Ditz et al. 2009).

Die Flächentarifverträge erfassen 2003 in Westdeutschland 60 % der Beschäftigten, in Ostdeutschland nur 36 %. Allerdings werden die Arbeitsverhältnisse von jedem siebten ostdeutschen Beschäftigten im Vergleich zu nur jedem zwölften Beschäftigten in Westdeutschland von einem Haus- oder Firmentarifvertrag erfasst (Ellguth 2005, S. 153 f.). Diese Zahlen für die Tarifbindung sind weiterhin rückläufig. So arbeiten 2011 in Westdeutschland 50 % der Beschäftigten und 32 % der ostdeutschen Beschäftigten in einem privatwirtschaftlichen Betrieb, der an einen Flächentarifvertrag gebunden ist (Ellguth 2005; Ellguth/Kohaut 2012, S. 304).

Mitbestimmungsfreie Zonen, also Betriebe ohne Betriebsrat, existieren am häufigsten in Kleinbetrieben. In Westdeutschland sind 90 % der Beschäftigten in Betrieben mit fünf bis 50 Beschäftigten ohne Betriebsrat, obwohl eine Betriebsgröße von fünf Arbeitnehmern, von denen drei wählbar sind, die Wahl eines Betriebsrates erlauben würde. In Betrieben in der Größenklasse von über 501 Beschäftigten sind nur acht Prozent der Beschäftigten ohne Betriebsrat. In Betrieben, die hinsichtlich ihrer Größe mit Crossmedia vergleichbar sind, also in der Größenklasse von 101 bis 199 Beschäftigten, sind 37 % aller Beschäftigten ohne Betriebsrat. Im Vergleich zu Kleinunternehmungen sind hier also deutlich weniger Beschäftigte ohne Betriebsrat; der Betriebsrat ist in dieser Größenklasse tendenziell der Normalfall betrieblicher Realität (die Zahlen in Ellguth/Kohaut 2012, S. 302). Gleichwohl wird erwartet, dass aufgrund der sinkenden Betriebsgrößen die Zahl der Betriebsräte abnimmt und aufgrund des Strukturwandels in Richtung Dienstleistungen weniger Beschäftigte von einem Betriebsrat vertreten werden (Trinczek 2006, S. 20 ff.). Diese Entwicklungen werden durch Outsourcing und/oder zwischenbetriebliche Vernetzung zuweilen verschärft (die Beiträge in Sydow/Wirth 1999), wenngleich in ausgegründeten Betrieben überdurchschnittlich häufig Betriebsräte existieren, weil sie diese Institution – nicht zuletzt wegen rechtlicher Veränderungen im Zuge der Reform des Betriebsverfassungsgesetzes (s. § 21a BetrVG) (Wassermann/Rudolph 2005) – übernehmen (Ellguth 2006, S. 57). Zudem gehen immer mehr Betriebe mit Betriebsrat im Rahmen des Strukturwandels verloren, weil die Gründung eines Betriebsrates häufig einen längeren Prozess der Belegschaftskonstitution voraussetzt. Deshalb haben neu gegründete Betriebe überdurchschnittlich oft keinen Betriebsrat (Ellguth 2006, S. 56).

Die Zahlen zur betrieblichen Mitbestimmung und zur Verbreitung von Flächentarifverträgen auf Basis der Daten aus dem IAB-Betriebspanel zeigen – im Unterschied zu anderen Veröffentlichungen, die die Entwicklung in den 80er und 90er Jahren untersuchen (z. B. Hassel/Kluge 1999) – einen verlangsamten Bedeutungsverlust der Akteure und Institutionen des dualen Systems industrieller Beziehungen (Ellguth/Kohaut 2011, 2012). Während die Verbreitung von Betriebsräten in Ost und West ein relativ hohes Maß an Stabilität bzw. nur einen geringen Rückgang im Zeitablauf aufweist (West: 50 %, Ost: 40 % in den 90er Jahren), sinkt die Beschäftigung in Betrieben mit Tarifbindung im Westen im Zeitraum 1996 bis 2003 um 8 % und im Osten um 16 %. Dies verschärft die zwischen Ost sowie West bestehenden Unterschiede und macht – wie von Hassel (1999) prognostiziert – das Zusammenspiel von betrieblicher und überbetrieblicher Regulationsebene schwierig(-er) (auch Ellguth 2005, S. 155 f.). Tab. 2 fasst den Stand zur Verbreitung von Flächen- und Firmentarifverträgen und von Betriebsräten für das Jahr 2011 zusammen:

Tabelle 2 Zur Verbreitung der Institutionen des dualen Systems industrieller Beziehungen im Jahr 2011 (Ellguth/Kohaut 2012)

	West (ohne Berlin)	*Ost (mit Berlin)*
Betriebe mit Betriebsrat	10 %	9 %
Beschäftigte mit Betriebsrat	44 %	36 %
Betriebe mit Flächen- oder Firmentarifvertrag	34 %	21 %
Beschäftigte mit Flächen- oder Firmentarifvertrag	61 %	49 %
Beschäftigte mit Betriebsrat und Tarifvertrag	35 %	27 %
Beschäftigte ohne Betriebsrat und ohne Tarifvertrag	34 %	47 %

Interessenvertretungsfreie Zonen, also Betriebe ohne Betriebsrat und ohne Bindung an einen Tarifvertrag – also eine Konstellation, die dem Fall von Crossmedia zugrunde liegt – bestehen im Jahr 2011 in Westdeutschland für 34 % (2010: 32 %) und – aufgrund der weitaus niedrigeren Bindung an (Flächen-) Tarifverträge – für 47 % der Beschäftigten in Ostdeutschland (2010: 47 %) (Ellguth/Kohaut 2012, S. 304). Deshalb gilt: „In Ostdeutschland ist nicht in erster Linie das Fehlen eines Betriebsrates zur Kontrolle und Umsetzung tariflicher Normen zu beklagen, sondern die Abstinenz jeglicher Form gesetzlich legitimierter Interessenvertretung“ (Ellguth 2005, S. 154). In Ostdeutschland kann man deshalb heute schon beobachten, wie sich die Situation in Westdeutschland in ein paar Jahren darstellen wird, wenn es den Akteuren des Systems industrieller Beziehungen nicht gelingen sollte, dieser Entwicklung gegenzusteuern. Paradigmatisch dafür ist die Medienindustrie. Auch hier kann man schon heute eine Arbeitsregulation in mitbestimmungsfreien und tarifvertragsfreien Zonen – wie im Fall Crossmedia – studieren.

Erste Untersuchungen der *qualitativen* Auswirkungen der Reform des Betriebsverfassungsgesetzes aus dem Jahr 2001 zeigen, dass die vereinfachten Wahlverfahren, die Ausweitung der Zuständigkeit von Gesamt- und Konzernbetriebsräten auf die Initiierung von Betriebsratswahlen sowie die Bildung betriebs- und unternehmungsübergreifender Interessenvertretungsorgane betriebsratsfreie Zonen zurück zu drängen vermögen (Wassermann/Rudolph 2005). Ein „Gründungsboom" ist dennoch ausgeblieben[13] – nicht zuletzt weil z. B. die Bildung von Betriebsräten ein hohes Maß an Unterstützung durch Gewerkschaften erfordert (Rudolph/Wassermann 2006).

Diese hier summarisch dargestellten Befunde geben allerdings nur einen Teil der aktuellen Realität wieder. Beispielsweise kann aus der Existenz eines Betriebsrates noch nicht auf seine Vertretungswirksamkeit geschlossen werden (z. B. Kotthoff 1981, 1994). Deshalb ist es bedeutsam, auch tiefer gehende, zumeist eher *qualitative* Befunde zur Arbeitsregulation in Betrieben, auch jenen ohne Betriebsräte aufzugreifen. Erst diese Art Befunde kann erhellen, was in diesen Betrieben und Unternehmungen tatsächlich geschieht. Solche Studien entstammen z. B. der Kleinbetriebsforschung. Kotthoff und Reindl (1990, 1991) entwickeln auf Basis umfangreicher empirischer Erhebungen in 52 Eigentümerbetrieben, von denen die Hälfte einen Betriebsrat besitzt, entsprechende Typologien, die auch unterschiedliche Formen der Interessenvertretung aufgreifen. Sie ordnen die Betriebe instrumentalistischen und gemeinschaftlichen Sozialordnungen zu. In Letzteren herrscht Kooperation, Achtung von Unternehmer und Beschäftigten gepaart mit der wechselseitigen Berücksichtigung der jeweiligen Interessen und eine gemeinsame Deutung der Welt. In diesen Fällen ist, sofern ein Betriebsrat existiert, er auch ein anerkannter Verhandlungspartner. In instrumentalistischen Sozialordnungen hingegen agieren die Unternehmer und Beschäftigte in einer Subjekt-Objekt-Beziehung, in denen keine wechselseitige Achtung und Respekt vor der jeweils anderen Seite vorliegt. So wird beispielsweise in den Sozialordnungen vom Typ ‚Marktgesellschaft' rein instrumentell agiert. Die betrieblichen Akteure verfolgen – ähnlich wie bei beim Stil industrieller Beziehungen vom Typ der offenen Konfrontation – ihre Interessen, ohne die Belange der jeweils anderen Seite zu berücksichtigen.

Die einflussreiche Studie „Die kleine Fabrik" (Hilbert/Sperling 1993) verweist insbesondere auf die Bedeutung informeller Aushandlungsprozesse sowie von Vertrauensbeziehungen für die Festlegung von Arbeitsbedingungen in Kleinbetrieben (ähnlich auch Kotthoff/Reindl 1990 für einen Teil der Betriebe aus ihrem Sample). Eine Partizipation an Entscheidungen im Betrieb beobachten die Autoren in qualitätszirkelähnlichen Zusammenhängen in diesen Betrieben. Dabei handelt es sich nicht selten um eine „Schattenpartizipation" (Sperling/Hilbert

13 Die quantitativen Auswertungen des IAB-Betriebspanels (Erhebung 2005) belegen ebenfalls keinen Effekt der Reform des Betriebsverfassungsgesetzes auf die Verbreitung von Betriebsräten (Ellguth 2006, S. 53).

1993, S. 245), die den Wunsch nach formalisierter Mitbestimmung durch den Betriebsrat erodieren lässt. Diese Schattenpartizipation ist allerdings selektiv und wird vor allem qualifizierten Facharbeiterinnen und Facharbeitern eingeräumt. Diese Form der Partizipation, die stark der Praxis von anderen Vertretungsorganen ähnelt (s. dazu Hertwig 2010, 2013), bezieht sich in der Regel nicht auf Fragen, die im BetrVG geregelt sind. Im Mittelpunkt dieser Mitarbeiterbeteiligung stehen produktionsorganisatorische und innovationsbezogene Fragen. Offensichtlich gelingt es einem Teil der Klein- und Mittelbetriebe mit diesen Praktiken das Commitment und das Engagement der Beschäftigten zu mobilisieren und die wichtigsten Anliegen der Beschäftigten proaktiv aufzugreifen. In manch anderen Klein- und Mittelbetrieben, insbesondere im Dienstleistungssektor, vermuten die Autoren hingegen die Existenz von *sweat shops*, in denen – in der Terminologie von Karl Marx – die Despotie des Kapitals herrscht (so auch Bormann 2007). So können manche Klein- und Mittelbetriebe aufgrund ihrer zwischenbetrieblichen Beziehungen zu anderen, mächtigeren Unternehmungen ihre spezifische Sozialordnung nicht mehr aufrechterhalten. Vor dem Hintergrund von veränderten Arbeitsmarktbedingungen und einer anderen Arbeitsmarktregulation (Stichwort Hartz I bis IV) ist zu erwarten, dass insbesondere in Kleinbetrieben neue Ungleichheiten gegenüber den Beschäftigten in Großbetrieben entstehen (auch Hilbert et al. 1999).

Empirische Studien zur so genannten Wissensarbeit diagnostizieren eine immer bedeutsamer werdende individualisierte Arbeitsregulation in diesen Tätigkeitsfeldern, die mit klassischen Regulationsformen im dualen System industrieller Beziehungen koexistiert (Töpsch et al. 2001). Die auch hier vorfindbaren Interaktionsmuster zwischen Management und Beschäftigten – mit relevanten Konsequenzen für die Arbeitsregulation – schwanken „zwischen Neopaternalismus und Repression" (Lücking 2009) bzw. „Willkürherrschaft und Human Resource Management" (Böhm/Lücking 2006). Andere Arbeiten können eine zunehmende Vielfalt der Akteure und Praktiken der Arbeitsregulation belegen (z.B. Abel/Ittermann 2006; Pries/Abel 2005; Schmierl 2001, 2006), wobei unklar bleibt, ob dieser „Wandel" nicht nur deshalb bemerkt wurde, weil sich die (industrie-) soziologische Forschung neuen Untersuchungsgegenständen zugewandt hat.

In einer Untersuchung der Arbeitsregulation in der TV-Content-Produktion sind die Akteure aus dem dualen System industrieller Beziehungen nur in einigen wenigen „Inseln traditioneller Arbeitsregulation" (Windeler/Wirth 2004, S. 308) bedeutsam. Sie verlieren aber tendenziell ebenfalls an Bedeutung. An ihre Stelle treten neue Akteure (z.B. Berufsverbände, regional ausgerichtete Filmfördereinrichtungen, Professionals (in Projektnetzwerken) und Medienkonzerne), die für eine fragmentierte und segmentierte Arbeitsregulation wichtig werden. Die relevanten Akteure bringen diese Praktiken der Arbeitsregulation in wiederkehrenden Aus- und Verhandlungsprozessen im Schatten spezifischer (z. B. Branchen-) Standards vor allem in Projektnetzwerken hervor. Insofern existieren kollektive Regelungen, sie haben aber nicht den institutionell abgesicherten Status wie im dualen System industrieller Beziehungen und auch nicht deren „Breite", sondern gelten für kleinere Gruppen von Erwerbstätigen. Anpassungen an veränderte Kontextbedingungen erfolgen in diesem Umfeld nicht – wie Marrs/Boes (2003) behaupten bzw. Marrs (2007) bekräftigt – über den Markt, sondern in relativ dauerhaften Beziehungszusammenhängen, eben in Netzwerken (Windeler/Wirth 2004). Die daran anknüpfende Längsschnittuntersuchung kann den Bedeutungsverlust der Inseln der traditionellen Regulation belegen (Wirth 2010). In diese Studie wird im übrigen gezeigt, wie die Akteure in der TV-Content-Produktion in Aus- und Verhandlungsprozessen entsprechend den jeweiligen Ressourcenausstattungen der Akteure eine „Umverteilung in der Klasse" hervorbringen und dabei (unintendiert) den Kapitalrenditevorgaben von Medienkonzernen und den Kostenvorgaben von öffentlich-rechtlichen Senderverbünden Rechnung tragen. Die Praktiken der Mitbestimmung, z. B. bei der Arbeitskräfteauswahl, werden von anderen Akteuren und vor dem Hintergrund anderer Ressourcen als Arbeitsrecht beeinflusst. Es kommt in dieser Branche, weil kaum betriebliche Interessenvertretungen vorhanden sind und weil in den wiederkehrenden Selektionsprozessen in „Projektnetzwerken" (Sydow/Windeler 1999) individuelle Aus- und Verhandlungsprozesse dominieren, zum Ende der Verrechtlichung industrieller Beziehungen (Wirth 2011).

Trotz dieser ersten Befunde ist unser Wissen über die Regulationen jenseits der Regeln des dualen Systems immer noch rudimentär, basiert auf kleinen Fallzahlen, die zudem auch noch hochgradig spezifische Branchen analysieren. Insofern besteht weiterhin Bedarf an empirischer Forschung, die – wie Minssen (2006) darlegt – keine Megatrends hervorbringen wird. Stattdessen ist eine Vielfalt von Praktiken der Arbeitsregulation mit mindestens ebenso diversen Ergebnissen zu erwarten. Ein ebenso großer Bedarf besteht hinsichtlich der Entwicklung konzeptioneller Überlegungen, die die empirische Forschung anleiten können. Für die Analyse der Arbeitsregulation jenseits und im dualen System industrieller Beziehungen hat Walther Müller-Jentsch (2006) eine Heuristik vorgelegt. Ich will seine Ideen aufgreifen, aber dort nicht stehen bleiben und entwickele im nächsten Abschnitt eine strukturationstheoretische Perspektive auf Arbeitsregulation, um der Vielfalt der Formen der Arbeitsregulation gerecht zu werden.

3 Die strukturationstheoretische Perspektive auf Arbeitsregulation

Eine wichtige Rolle in der Diskussion um Theorieansätze der Arbeitsregulation nehmen interaktionistische und strukturalistische Ansätze ein (für einen Überblick s. Müller-Jentsch 1996). Letztere verstehen Arbeitsregulation vor allem als das Resultat von strukturellen Kontextbedingungen, insbesondere von markt- und produktionsökonomischen Anforderungen sowie von technologischen Entwicklungen, denen Organisationen ausgesetzt sind (z.B. Friedman 1977). Im Unterschied dazu betonen interaktionistische Ansätze die Bedeutung von Personen und von ihren Handlungen für die konkrete Ausprägung von Arbeitsregulationen (z.B. Kotthoff 1981, 1994). Die Strukturationstheorie ist eine Perspektive auf Arbeitsregulation, die wichtige Momente dieser beiden sehr unterschiedlichen Ansätze produktiv integrieren kann. Sie geht davon aus, dass die Akteure auf unterschiedlichen Ebenen, z.B. auf der individuellen und der (inter-) organisationalen Ebene, Praktiken der Arbeitsregulation rekursiv hervorbringen. Abb. 3 illustriert diesen Zusammenhang:

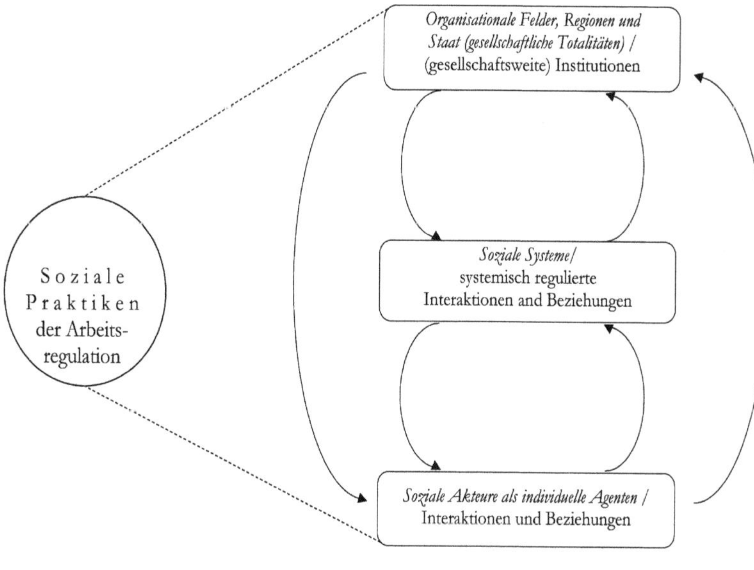

Abbildung 3 Konstitution von sozialen Systemen und ihrer Arbeitsregulation – ein Schichtenmodell (Windeler/Wirth 2004, S. 299 unter Bezug auf Windeler 2001, S. 124; geringfügig modifiziert).

Zentral für das Verständnis von Arbeitsregulationen ist die Analyse sozialer Praktiken, in denen diese Arbeitsregulationen hervorgebracht und reproduziert werden. Unter sozialen Praktiken verstehen wir wiederkehrende Aktivitäten, also z. B. die in einer Organisation im Zuge von Einstellungsgesprächen praktizierten Entgeltverhandlungen. Soziale Praktiken kennzeichnen bestimmte Sicht-, Handlungs- und Legitimationsweisen, d.h. sie beziehen sich auf Strukturen, die z. B. in Einstellungsgesprächen die Akteure orientieren und ihnen vorgeben, was legitimes Handeln ist, wie man etwas bezeichnet und wie man etwas durchsetzt. So ist es in vielen Fällen legitim auf alternative Arbeitsangebote und deren Arbeitsbedingungen zu verweisen, wenn Angebote nicht mit den eigenen Vorstellungen übereinstimmen, um auf diese Weise Macht auszuüben. Die individuellen Akteure bringen die sozialen Praktiken mit rekursivem Bezug auf die Sets von Regeln und Ressourcen sozialer Systeme, z. B. von Unternehmungen, und ihre Arbeitsregulationen hervor und (re-) produzieren sie (grundlegend Giddens 1984; Windeler 2001). Indem sie sich dabei auch an Institutionen, wie z. B. Professionen oder Arbeitsrecht, oder an den Sets von Regeln und Ressourcen anderer sozialer Systeme, also z. B. organisationaler Felder wie Industrien oder von Unternehmungsnetzwerken, orientieren, beziehen sie diese mit in ihr praktischen Handeln ein und (re-) produzieren oder verändern diese Kontexte. In dem rekursiven Zusammenspiel kompetenter Akteure auf mehrere Ebenen entsteht dabei die Arbeitsregulation in oder auch zwischen den Organisationen.

Indem in strukturationstheoretisch informierten Arbeiten eine *Mehrebenenanalyse* vorgenommen wird, sind solche Analysen in der Lage, sowohl der Bedeutung von Personen für Arbeitsregulationen als auch von Strukturen, die in den Sets von Regeln und Ressourcen von sozialen Systemen bis hin zu gesellschaftsweiten Institutionen eingeschrieben sind, Rechnung zu tragen. Damit überwindet die Strukturationstheorie die Einseitigkeit(en) interaktionistischer und strukturalistischer Ansätze.

Die strukturationstheoretische Perspektive auf Arbeitsregulation verweist auf die Bedeutung der kontinuierlichen Reproduktion von Arbeitsregulationen in den Interaktionen und Beziehungen in sozialen Systemen (z. B. Organisationen) und ihren Kontexten. Das bedeutet, dass die Akteure im und jenseits des dualen Systems industrieller Beziehungen sich im Handeln auf bestimmte Strukturen beziehen, z. B. die Inhalte eines Flächentarifvertrags, und indem sie dies tun, tragen sie dazu bei, die in ihm kodifizierten Regelungen, z. B. die Höhe des Entgelts für eine bestimmte Tätigkeit, zu reproduzieren. Damit offeriert die Strukturationstheorie ein prozessuales Verständnis von Arbeitsregulation, das die Untersuchung der routinisierten Fortschreibung etablierter Praktiken ebenso einschließt wie einen (radikalen) Wandel der Praktiken, weil z. B. neue Akteure andere Sicht-, Handlungs- und Legitimationsweisen machtvoll einführen. Beispielsweise fördert die Abkehr vom Flächentarifvertrag von Unternehmungen das Entstehen neuer Praktiken der Arbeitsregulation. Dadurch werden neue Akteure für die Arbeitsregulation bedeutsam. Dies verändert zugleich die Bedeutung etablierter Akteure der Arbeitsregulation.

Arbeitsregulationen zu verändern, heißt anders zu handeln. Damit ist eine machtbezogene Perspektive auf Arbeitsregulation verknüpft. Der Ressourceneinsatz wird stärker als in interaktionistischen und differenzierter als in strukturalistischen Ansätzen thematisiert. Letzteres geschieht beispielsweise, indem die „innerbetriebliche Handlungskonstellation" (Weltz/Lullies 1984) in Organisationen berücksichtigt wird, also indem die sich im Prozess immer wieder transformierende Machtsituation zwischen unterschiedlichen Akteuren und deren Koalitionen thematisiert wird. Oder die Akteurskonstellation im organisationalen Feld wird in die Betrachtung einbezogen (dazu Leblebici et al. 1991) und die damit verknüpften Beziehungen zwischen den Akteuren im Feld werden für die Analyse der Arbeitsregulationen fruchtbar gemacht (Windeler/Wirth 2004; Wirth 2010). Ein Beispiel dafür wäre die Ausweitung der Interessenvertretungsaktivitäten der Industriegewerkschaft Metall entlang der Wertschöpfungskette, um die Arbeitsbedingungen der Mitglieder in den internen Arbeitsmärkten der Großbetriebe wie Daimler, BMW oder Bosch zu schützen (Wetzel 2011).

Der konkrete Einsatz der Ressourcen in organisationalen und organisationsübergreifenden Konstitutionsprozessen von Arbeitsregulationen ist an vor-*herrschen*de Sicht- und Legitimationsweisen gebunden, die zugleich Medium und Resultat des Handelns machtvoller Akteure sind. Dies zeigen die Querpfeile in der Darstellung der Dualität von Handlung und Struktur (Abb. 3 in Kapitel 1). Wenn beispielsweise die Sichtweise vorherrscht, dass der Einsatz von Leiharbeitern/innen ein adäquates Mittel ist, um Kosten zu senken, dann wird dies ggf. machtvoll gegen den Betriebsrat im Betrieb durchgesetzt (Windeler/Wirth 2005 mit einem entsprechenden Beispiel). Unterstützt werden solche Prozesse durch die Legitimierung von Leiharbeit im Zuge gesetzlicher Neuregelungen, also mittels gesellschaftsweiter Institutionalisierung, wenn diese z. B. (auch in wissenschaftlichen Untersuchungen) mit verbesserten Einstellungschancen Arbeitsloser verknüpft wird.[14] Oder wenn DGB-Gewerkschaften durch die Tarifierung von Leiharbeit, die vor wenigen Jahren im Ansehen in der Öffentlichkeit noch „ganz unten" (Wallraff 1985) war, zu ihrer Legitimation auf der Ebene des organisationalen Felds beitragen. Insofern ermöglicht die Strukturationstheorie eine *multidimensionale Analyse von Arbeits-*

14 Mittlerweile vorliegende empirische Untersuchungen zum Übergang von Leiharbeitern in andere Beschäftigung zeigen, dass es sich nur um einen „schmalen Steg" (Lehmer/Ziegler 2010) in „Normalarbeit" handelt.

regulation, weil sie nicht kognitive und normative Strukturen gegen machtbezogene Aspekte ausspielt, sondern diese integrativ in ihrem Zusammenspiel auf mehreren Ebenen betrachtet und analysiert.

Akteure handeln aus strukturationstheoretischer Sicht reflexiv (s. dazu auch Kapitel 1). Es wird davon ausgegagnen, dass sie ihr eigenes Handeln ebenso wie das anderer sowie die Kontexte, in denen sie interagieren, beobachten und analysieren. Gleichwohl handeln sie zugleich stets vor dem Hintergrund nicht vollständig erkannter bzw. gar nicht erkennbarer Handlungsbedingungen und bringen nicht zuletzt deshalb, trotz aller Versuche absichtsvollen Handelns immer auch unintendierte Handlungsfolgen hervor. Empirische Befunde zur Arbeitsregulation in Einzelhandelsnetzwerken können so strukturationstheoretisch reinterpretiert werden (Wirth 1999a). In diesem organisationalen Feld reproduzieren die Interessenvertretungen ihre Routine der kooperativen Konfliktverarbeitung in Fällen von Unternehmungsvernetzung durch „Quasi-Externalisierung" (Sydow 1992), also der Übertragung von Funktionen an andere rechtlich selbstständige Unternehmungen und die netzwerkförmige Koordination dieser Beziehungen (s. dazu auch Kapitel 1). Sie tragen so dazu bei, ihr die Grundlage – nämlich funktionsfähige Interessenvertretungen auf (über-)betrieblicher Ebene – zu entziehen (dazu nochmals die Ausführungen zu den Konsequenzen der Unternehmungsvernetzung im Abschnitt 2 dieses Kapitels). In neuen Konflikten, z. B. über die Unternehmungsvernetzung oder in Tarifrunden, agieren sie deshalb weniger mächtig und geraten in einen Teufelskreis – eine unintendierte Konsequenz der routinisierten Fortschreibung der eigentlich bewährten kooperativen Konfliktverarbeitung. Oder die Gewerkschaften schließen als nahezu machtlose Verhandlungspartner Tarifverträge mit den Arbeitgeberverbänden der Leiharbeitsunternehmungen ab und versuchen auf diese Weise die Arbeitsbedingungen prekär beschäftigter Arbeitnehmer/innen zu regulieren (dazu Aust/Holst 2006). Sie müssen dann aber mit ansehen, wie die Arbeitsregulation der Leiharbeit die Arbeitsbedingungen in den Hochburgen gewerkschaftlicher Organisierung, z. B. bei Automobilendfertigern, erodiert, weil die Automobilhersteller verstärkt mit Leiharbeitsunternehmungen kooperieren oder konzerninterne Leiharbeitsunternehmen gründen, die Personal in den Betrieben der Automobilhersteller einsetzen. Aus der Perspektive der Gewerkschaften handelt es sich um unintendierte Folgen intentionalen Handelns, die in rekursiven Prozessen hervorgebracht werden. Weil aber die Akteure industrieller Beziehungen reflexiv sind, können sie prinzipiell in diese Prozesse eingreifen und solche unbeabsichtigten Handlungsfolgen begrenzen oder sogar beseitigen, z. B. durch Vereinbarungen zur Begrenzung von Leiharbeit wie in der Automobilindustrie oder durch die Vereinbarung von Branchenzuschlägen in der Metall-

und Elektroindustrie, die Leiharbeit verteuern und sie dadurch weniger attraktiv machen. Umgekehrt kann das Management auf Werkverträge ausweichen und auf diese Weise neue Arbeitsregulationen wieder umgehen.

Auch für die Konstitution der Arbeitsregulation gilt, dass die Akteure unterschiedlich mächtig sind, aber niemals dem anderen völlig ausgeliefert sind (*dialectic of control*) (s. dazu auch Kapitel 1 in diesem Band). Beispielsweise könn(t)en Betriebsräte und Gewerkschaften neue Formen der Interessenvertretung im Prozess der Unternehmungsvernetzung einsetzen. Eine Minderheit in der Gewerkschaft Handel, Banken und Versicherungen (HBV) hat z. B. andere Interessenvertretungskonzepte zur Sicherung der Beschäftigteninteressen bei Unternehmungsvernetzung entwickelt (z. B. Absicherung von „Netzwerkräten" mittels Tarifverträgen und Durchsetzung dieser Tarifverträge durch neue Arbeitskampfformen wie Boykotte). Diese Konzepte kommen aber wegen mikropolitischer Auseinandersetzungen innerhalb der HBV, in der sich diese Fraktion dem Hauptvorstand beugen muss, nicht zum Tragen (Wirth 1999a). Dieses Beispiel zeigt auch, wie voraussetzungsvoll die Entwicklung neuer Praktiken der Arbeitsregulation ist: Ein Wandel der Praktiken der Arbeitsregulation impliziert ein abgestimmtes Zusammenspiel der Akteure auf mehreren Ebenen, z. B. im Betrieb, in der Unternehmung (einschließlich des Konzerns) sowie in der Branche. Zudem ist ein entsprechendes Zusammenspiel auf mehreren Dimensionen des Sozialen verlangt, soll nicht eine Aktion beispielsweise von vorherein unter Legitimationsdefiziten leiden. Der Wandel der Regulation in Organisationen, aber auch über Organisationen hinaus bedarf also auch neuer Regeln wie man etwas bezeichnet (Signifikation), wie man etwas als passend oder unpassend beurteilt (Legitimation) und des Einsatzes von Ressourcen zur (inner- und inter-) organisatorischen Durchsetzung (Domination) (auch Windeler 2001, S. 326 ff.).[15]

Um eine strukturationstheoretische Analyse von Arbeitsregulation zu systematisieren, entwickeln Windeler und Wirth (2004, S. 304 f.) eine Heuristik entlang von fünf allgemeinen Problemen, die jede Form kollektiver Arbeitsregulation lösen muss. Erstens muss ein *Kontinuitäts- und Verlässlichkeitsproblem* gelöst werden, weil Arbeitsregulationen kontingent sind und reproduziert werden müssen. Es ist deshalb zu fragen, wer auf welchem Weg dieses Problem löst. Zweitens existiert ein *Problem der Interessenrepräsentation*. Wer repräsentiert auf welchen Ebenen wessen Interessen? Wie geschieht dies (individuell – kollektiv, formell – informell)? Drittens existiert ein *Mitbestimmungs- und Partizipations-*

15 Ein entsprechendes Beispiel ist die Regulation der Leiharbeit in der Stahlindustrie, in der die Entleiher den Lohn der Leiharbeiter bis zum Tarifentgelt der Beschäftigten in der Stahlindustrie aufstocken müssen (Karthaus 2010).

problem, welches zudem ein *Konfliktlösungsproblem* einschließt. Wer kann mit welchen Rechten und Möglichkeiten an Entscheidungen partizipieren bzw. mitbestimmen? Wie und durch wen werden auftretende Konflikte gelöst? Viertens gilt es, ein *Lernproblem* zu lösen. Da sich Arbeitsregulationen wandeln können und eine Weitergabe dieser Informationen nicht automatisch erfolgt, ist zu fragen, wer diese Prozesse organisiert, wie die Akteure Veränderungen aufnehmen und sie weitergeben. Fünftens ist ein *Konsistenzproblem* zu lösen, weil Arbeitsregulationen auf unterschiedlichen Ebenen hervorgebracht werden und verschiedene Dimensionen des Sozialen in diesem Prozess berührt sind. Deshalb ist zu fragen, ob jemand Konsistenz herstellt und wenn ja, wer diese Aufgabe übernimmt und wie dies erfolgt.[16]

Die Lösung dieser allgemeinen Probleme der Arbeitsregulation kann von Fall zu Fall unterschiedlich erfolgen. Am Beispiel der Arbeitsregulation in einer Großunternehmung, in diesem Fall einer Flughafenbetreibergesellschaft, die fest in das duale System industrieller Beziehungen eingebunden ist, und einem anderen Beispiel aus der TV-Content-Produktion, bei der dieses nur ausnahmsweise der Fall ist, lässt sich die Spannbreite der Problemlösungen verdeutlichen (s. Tab. 3).

16 Die Konsistenz der Arbeitsregulationen leistet also einen Beitrag zur Sicherung der Konsistenz der Humanressourcenmanagementpraktiken (s. dazu auch Kapitel 5 in diesem Band).

Tabelle 3 Lösungen allgemeiner Probleme der Arbeitsregulation im und jenseits des dualen Systems industrieller Beziehungen (Windeler/Wirth 2005, S. 185)

Form der Arbeitsregulation *Problem*	*in (Groß-) Betrieben im dualen System industrieller Beziehungen*	*in Projektnetzwerken (der Fernsehproduktion) jenseits des dualen Systems industrieller Beziehungen*
Kontinuität und Verlässlichkeit	Kollektive Akteure wie (über-) betriebliche Interessenvertretungen und der Staat stellen die Kontinuität und Verlässlichkeit unter Rückgriff auf formale Vereinbarungen und informelle Praktiken sicher	Kontinuität und Verlässlichkeit sind oft (nur mitlaufendes) Ergebnis wiederkehrender alltäglicher und weitgehend formell nicht geregelter Aus- und Verhandlungsprozesse
Interessenrepräsentation	Kollektive Interessenrepräsentation auf der Ebene des Betriebs, des Unternehmens, der Branche und des Staates	(Berufs-) Verbände repräsentieren z.T. die Interessen ihrer Mitglieder, eine kollektive Interessenrepräsentation existiert nicht
Mitbestimmung, Partizipation und Konfliktlösung	(richter-) rechtlich kodifizierte Mitbestimmung und Konfliktlösung, ggf. ergänzt um individuelle Partizipation der Beschäftigten im Entscheidungsprozess	Mitbestimmung, Partizipation und Konfliktregulation erfolgen situativ im alltäglichen Geschehen im Schatten kollektiver Netzwerkpraktiken und informeller Vereinbarungen ohne Unterstützung durch formale Vereinbarungen und Gesetze
Lernen	Gemeinsame Auswertung der Ergebnisse und Prozesse der Arbeitsregulation als Grundlage von Lernprozessen	Lernprozesse ereignen sich zumeist individuell und nicht organisiert in Kommunikationen zwischen Projektbeteiligten
Konsistenz	Konsistenz durch Abstimmungsprozesse auf der Ebene des Betriebs, des Unternehmens, der Industrie und des Staates, zuweilen sogar auf der supranationalen Ebene durch europäisches (Arbeits-) Recht	Die Konsistenz der Arbeitsregulation ist Medium und Resultat stärker individuellen Handelns einzelner Akteure und wird nicht organisiert hervorgebracht

Die Gegenüberstellung der Lösungen allgemeiner Probleme der Arbeitsregulation in diesen zwei Beispielen zeigt, dass sich die relevanten Akteure ebenso wie die Praktiken der Arbeitsregulation, mit denen die allgemeinen Probleme gelöst werden, fundamental unterscheiden können. Im Ergebnis kommt es in den Projektnetzwerken in der TV-Content-Produktion zu einer weitaus fragileren, stärker segmentierten und fragmentierten Arbeitsregulation als in Großbetrieben im dualen System industrieller Beziehungen.

Wie diese Probleme bei Crossmedia gelöst werden (einschließlich des Wandels der Problemlösungen über die Zeit), ist nun Gegenstand der strukturationstheoretischen Analyse im folgenden Abschnitt.

4 Wandel der Arbeitsregulation bei Crossmedia: Eine strukturationstheoretische Analyse

Eine umfassende Analyse der Arbeitsregulation bei Crossmedia, die jenseits des dualen Systems industrieller Beziehungen konstituiert wird, würde den Umfang dieses Kapitels sprengen. Ich konzentriere mich deshalb auf die Regulation der Festlegung von Entgelten und Arbeitszeiten, weil sie zentrale Gegenstände der Arbeitsregulation sind, das Betriebsverfassungsgesetz den Betriebsräten bei Arbeitszeit- und Entgeltfragen weit reichende Mitbestimmungsrechte einräumt und die Lohn- und Arbeitszeitfragen zentrale Konfliktpunkte in den industriellen Beziehungen sind (so auch Minssen 2006).

Die Ausführungen zum Fall ‚Crossmedia' basieren auf leitfadengestützten Interviews mit einer Führungskraft (FK 1), zwei Interviews mit später gewählten Betriebsratsmitgliedern (BR 1 und BR 2) und dem für Crossmedia zuständigen Gewerkschaftssekretär der Vereinten Dienstleistungsgewerkschaft (GE 1). Zudem konnten interne Dokumente der Gewerkschaft Handel, Banken und Versicherungen (HBV) gesichtet werden. Auch nach der Fusion der HBV mit der Deutschen Angestelltengewerkschaft (DAG), der Deutschen Postgewerkschaft (DPG), der Industriegewerkschaft Medien (IG Medien), der Gewerkschaft Öffentliche Dienste, Transport und Verkehr (ÖTV) zur Vereinten Dienstleistungsgewerkschaft (verdi) konnte ich weiterhin auf interne Dokumente zurückgreifen.[17]

17 Um die Anonymität des Falls und der befragten Personen zu gewährleisten, werden bestimmte Aussagen verfälscht, ohne jedoch den Sinn zu entstellen.

4.1 Patriarchalische Praktiken der Arbeitsregulation im mittelständischen Verlag

Vor der Übernahme durch einen Medienkonzern ist die Arbeitsregulation in Crossmedia segmentiert und unterscheidet sich deutlich zwischen dem Bereich der IT-Dienstleistungen für die öffentliche Verwaltung und dem der Printprodukte. Dafür ist mitentscheidend, dass der Eigentümer über unterschiedlich stark ausgeprägte Kompetenzen in diesen Bereichen verfügt, denn „er kam aus dem Mediengeschäft" (FK 1). In dem IT-Dienstleistungsbereich erfolgt vor allem eine Ergebnissteuerung, denn „hinterher mussten nur die Zahlen stimmen" (FK 1). Dies lässt sich als Strategie „verantwortlicher Autonomie" (Friedman 1977) bzw. der „Autonomie und Einbindung" (Lücking 2009, S. 64) interpretieren, in der kompetenten Beschäftigten Freiräume eingeräumt werden, damit sie vom Management vorgegebene Ziele verfolgen und erreichen können. Dieser Ansatz geht oftmals mit eher vertrauensvollen Beziehungen einher und einer höheren relativen Beschäftigungssicherheit (zum Wandel interner Arbeitsmärkte Struck et al. 2007; Knuth 2011); er ist insbesondere bei wissensintensiven Dienstleistungen wie z. B. IT-Produkten verbreitet (z. B. Heidenreich/Töpsch 1998). Diese Dienstleistungen sind dadurch gekennzeichnet, dass Wissen wichtigster Input und Output zugleich ist.

Crossmedias Unternehmungsstrategie differenziert zusätzlich zwischen den Produktgruppen IT-Dienstleistungen und Printprodukte. Für die IT-Dienstleistungen gilt, „dass Produkte gedanklich komplex und anspruchsvoll sein müssen, damit sie ein Alleinstellungsmerkmal haben. Damit ist man nämlich eine ganze Menge Konkurrenz los" (FK 1), die in Ausschreibungen immer wieder droht. Im Printbereich hingegen gelten „die Spielregeln des Verlagsgeschäfts. Es muss manchmal bunt sein. Es muss an die Zielgruppe angepasst sein" (FK 1). Während also im IT-Bereich auf eine „Differenzierungsstrategie" (Porter 1983) gesetzt wird, begnügt sich Crossmedia im Verlagsbereich mit einer branchenüblichen „Kundenintegration" (Kleinaltenkamp 1998) und der Realisierung einer Strategie der „Kostenführerschaft" (Porter 1983).

Mit diesen Unternehmungsstrategien in den jeweiligen Geschäftsfeldern korrespondiert eine spezifische Personalstrategie, die von später gewählten Betriebsräten als „hart aber gerecht" (BR 2) überliefert wird. Es gilt für den Umgang mit dem Personal als übergeordnete Regel der Signifikation und Legitimation

> „dass es um die Begründung langfristiger Beziehungen geht. .... Es waren seine, es waren immer *seine* [Betonung durch den Befragten; Anm. d. Verf.] Mitarbeiter, die aber auch für das Unternehmen etwas wert sind. .... Der Betrieb ist eine Familie" (FK 1).

Auf diesen Strukturen basiert eine Mitarbeiterorientierung, die patriarchalisch überformt ist und in der eigentümergeführten Unternehmung machtvoll mit der Ressource ‚Weisungsbefugnis auf Basis eines Arbeitsvertrages' durchgesetzt wird: „Wenn er sagt: ‚Er will das so nicht', dann wird das auch so nicht gemacht" (FK 1). Insofern kennzeichnet Crossmedia auch ein neopaternalistisches Orientierungsmuster des Managements (so Böhm/Lücking 2006, S. 114 ff. am Beispiel ihres Untersuchungssamples).

Der Eigentümer stellt mit diesen Praktiken Konsistenz her und löst zugleich das Kontinuitäts- und Verlässlichkeitsproblem. Dies gilt auch für die Regulation von Entgelten und Arbeitszeiten. Zugleich zeigt diese für die gesamte Personalpolitik zentrale Aussage, dass diese Strukturen immer auch ein Stück (Gegen-) Macht der Beschäftigten im Sinne der *dialectic of control* repräsentieren, denn das Interesse des Eigentümers an langfristigen Beziehungen und der subjektiv wahrgenommene Wert der Arbeitskräfte durch den Eigentümer verschafft den Beschäftigten Verhandlungsmacht, die sie z.B. in Entgeltverhandlungen nutzen können.

Im IT-Bereich von Crossmedia liefern Gehaltsumfragen von Fachzeitschriften eine Orientierung für die Festlegung von *Entgelten* für Professionals. Diese greift der Eigentümer als legitime Strukturen, als Regeln der Legitimation, auf: „Da waren unsere Informatiker immer im guten Durchschnitt angesiedelt" (FK 1). Insofern belegt diese Studie einerseits die qualitativen Befunde von Kotthoff/ Reindl (1990) und die quantitativen Ergebnisse von Backes-Gellner et al. (2006) zur Verbesserung der Arbeitsbedingungen in Klein- und Mittelunternehmungen im Vergleich zu großbetrieblich organisierten Dienstleistungs- und Industrieunternehmungen. Das Handeln des Unternehmers ist auch Anhaltspunkt für die Bedeutung feldspezifischer Standards für die Festlegung von Entgelten. Diese Standards substituieren die Orientierung am Tarif der „Trittbrettfahrer des Tarifsystems" (Artus 2005, S. 394), die sich als nichtverbandsgebundene Unternehmungen an tariflichen Regelungen (mehr oder minder stark) orientieren.

Indem Bewerber und Beschäftigte sich über diese Größen aus den Fachzeitschriften informieren, sich in ihren individuellen Vertragsverhandlungen auf diese Beträge beziehen und damit ihre Interessen individuell repräsentieren, reproduzieren sie diese Strukturen als Standards und stellen sie – für den Betrieb, die Unternehmung, die Branche bzw. die Profession – auf Dauer.[18] Zugleich löst der Wettbewerb um professionalisierte Beschäftigte Prozesse der branchenweiten Angleichung aus, die auch der Eigentümer von Crossmedia nicht ignorieren kann. Dadurch entsteht ein *impliziter Tarifvertrag*, denn der machtvoll agierende Patriarch achtet darauf, „dass er die Ungleichheit [mit anderen Betrieben; Anm. d. Verf.] nicht zu groß werden lässt" (FK 1). Das wiederum belegt, dass die soziale Einbettung von Unternehmungen in umfassendere soziale Systeme – hier das organisationale Feld – für ihre Arbeitsregulation bedeutsam ist.

Der Eigentümerunternehmer stellt die Konsistenz der Arbeitsbedingungen unter Berücksichtigung markt- und produktionsökonomischer Erfordernisse sicher. Er kontrolliert mit der Kostenrechnung dabei eine strategisch bedeutsame Ressource im Umgang mit den Beschäftigten, denn „wir [die Beschäftigten; Anm. des Verf.] hatten zwar z.T. Einblick in unseren eigenen Projekte. Aber natürlich nie in alle Projekte und damit war es ein bisschen intransparent" (FK 1). Dies gibt dem Unternehmer die Möglichkeit, Optionen, die bestehen, zu verdecken und sein Gewinninteresse zu realisieren – nicht zuletzt weil in der Belegschaft, die sich an das arbeitsvertragliche Verbot der Weitergabe der Höhe des Entgelts an Kollegen/innen hält, keine systematischen Lernprozesse über Arbeitsregulationen erfolgen.

Die Konstitution des impliziten Tarifvertrags durch den Unternehmer im Zusammenspiel mit den Beschäftigten zeigt, dass die Entlohnung in Unternehmungen in Gerechtigkeitsvorstellungen als Regeln der Legitimation – hier der Gleichbehandlung – sozial eingebettet ist und damit Werten und Normen, die in einer *Gesellschaft* existieren und die *Personen* teilen, jenseits des dualen Systems industrieller Beziehungen eine zentrale Bedeutung für die Arbeitsregulation zukommt. Die Reproduktion bzw. die reflexive Beeinflussung solcher Strukturen durch Gewerkschaften ist somit in gewisser Weise auch eine Form der Interessenvertretung und wird von der zuständigen Bezirksverwaltung der Gewerkschaft HBV und später verdi z. B. durch ihre Öffentlichkeitsarbeit und das Handeln in anderen Fällen auch praktiziert. Sie verdeutlicht trotz der großen Bedeutung der Person des Eigentümers die Wirksamkeit der sozialen Einbettung in umfassendere Sozialsysteme, hier der Gesellschaft, für die Arbeitsregulation.

Die Praktiken der Entlohnung von Arbeitskräften mit Jedermannsqualifikationen und berufsfachlichen Qualifikationen orientiert sich auch im Fall von Crossmedia an *regionalen Standards*, denn z. B. „bei den Sekretärinnen ging der Weg in das Unternehmen über die Lokalpresse" (FK 1) und zu den vorherrschenden Löhnen am regionalen Arbeitsmarkt, die in den Praktiken der

18 Zu ähnlichen Befunden für die TV-Content-Produktion s. Windeler/Wirth 2004, 2005, 2010 und Wirth 2010.

individuellen Gehaltsverhandlungen fortgeschrieben werden. Dieses Beispiel zeigt, dass in Organisationen unterschiedliche „employment subsystems" (Lepak/ Snell 2010) mit relevanten Konsequenzen für die Arbeitsregulation existieren.

Die Regulation der Entlohnung im Betrieb bzw. im Unternehmen enthält auch Regeln, wann und wie Gehaltserhöhungen ausgehandelt werden. Dies geschieht wiederum in individuellen Verhandlungen, die sich an dem impliziten Tarifvertrag orientieren müssen und einmal im Jahr erfolgen, denn „wir haben jedes Jahr über die gesamte Situation, über Leistung, Nichtleistung, Stärken und Schwächen mit unserem Chef gesprochen und das wäre dann der geeignete Rahmen gewesen" (FK 1). Dabei hilft den Beschäftigten die Orientierung des Eigentümers an langfristigen Beziehungen zu seinen Beschäftigten, denn „er war jederzeit bereit, Geld in die Hand zu nehmen, wenn es darum ging, einen zu halten, der gut war" (FK 1). Das zeigt, dass die (wahrgenommene) Kompetenz der Beschäftigten neben dem langfristigen Bindungsinteresse des Eigentümers eine zentrale Ressource in den Gehaltsverhandlungen der Beschäftigten ist und es auch (aber nicht nur!) auf die Person ankommt, die durch eine geeignete Selbstvermarktung ihre Position verbessern kann.

Die Orientierung des Eigentümers an langfristigen Beziehungen zu seinen Beschäftigten sichert jährliche Gehaltserhöhungen mit ab, wenn ihre Leistung vom Eigentümer als adäquat eingestuft wird. Denn „der Chef hat sich darum gekümmert, dass das halbwegs konsistent ist und da hat er sich auch nicht reinspucken lassen. Aber wenn es angemessen war und passte, dann war ich auch über die Gehaltsfortschritte froh" (FK 1).

Deutlich wird hier nochmals der patriarchalische Charakter der Unternehmungsführung, die eine Mitbestimmung und eine Partizipation über das individuelle Vorbringen von Anliegen hinaus nicht vorsieht. Insofern ist die „diskursive Koordinierung" (Braczyk 1997) bei Crossmedia nur schwach ausgeprägt. Konflikte hinsichtlich der Entlohnung können nur über das Einfühlungsvermögen des Chefs und durch seine Kenntnisse des Arbeitsmarktes vermieden oder durch das Ergreifen der *exit*-Option durch die Beschäftigten, zumindest aber mit der Drohung, den Betrieb zu verlassen, gelöst werden.

Diese Praktiken der Entgeltfindung werden im Printbereich von Crossmedia kopiert. Aufgrund der Größe dieses Bereiches entstehen hier jedoch erste repräsentative Formen der Mitbestimmung in Form der mittlerweile viel diskutierten „anderen Vertretungsorgane" (Hertwig 2010, 2013), denn

> „da gab es zwei Runden. Es gab die Runde der Beschäftigten mit der Chefredakteurin. Sie hat das auch gepflegt – und das soll jetzt nicht negativ sein – es war ihr wirklich ein Anliegen. Und sie hat auch häufiger eine Position aus der Belegschaft in die kleine Runde der Führungskräfte mit dem Geschäftsführer rein getragen" (FK 1).

Mit anderen Worten: Das mittlere Management vertritt partiell Interessen gegenüber dem Eigentümer und agiert in gewisser Weise als Sprachrohr der Beschäftigten. Diese *voice*-Funktion nehmen innerhalb des dualen System industrieller Beziehungen oft die Betriebsräte wahr und senken so die Transaktionskosten (Müller 2005; Bartölke et al. 2006). Das mittlere Management sorgt mit dieser Form der Partizipation im Schatten des dualen Systems industrieller Beziehungen für eine Information des Eigentümers über Anliegen der Beschäftigten und stellt damit sicher, dass der Wunsch nach einem Betriebsrat, eine Institution, die vom Eigentümer strikt abgelehnt wird (so auch die Manager in den Fällen im patronalen Interaktionsmuster im Untersuchungssample von Lücking 2009, S. 66 ff.), reduziert wird. Das derart praktizierte Human Ressource Management (s. dazu Kapitel 5) wird im Fall ‚Crossmedia' zu einem Substitut für die rechtlich abgesicherte Mitbestimmung durch den Betriebsrat.

Die Regulation der *Arbeitszeit* orientiert sich bei Crossmedia formal hinsichtlich der Dauer der Arbeitszeit an einer 40-Stundenwoche. Die tatsächlichen Praktiken unterscheiden sich jedoch hinsichtlich des Professionalisierungsgrades der Beschäftigten und der Produktgruppen erheblich. Für Professionals in der IT gilt die ungeschriebene Regel, die nachhaltig von Management und Beschäftigten reproduziert wird, dass

> „40 Stunden auf dem Blatt Papier stehen. … Für uns andere galten – wie immer – andere Spielregeln. Aber das ist ja überall so. Das braucht man nicht besonders hervorheben. … Es wurde auch erwartet, dass wir im Zweifelsfall die Überstunden machen und die wurden auch nicht extra vergütet" (FK 1).

Dementsprechend bemisst sich die Arbeitszeit – wie auch bei Internetdienstleistern (dazu Mayer-Ahuja 2006) – nach dem Arbeitsanfall und den *milestones* bzw. *deadlines* von Projekten. Begrenzt wird die Arbeitszeit auch hier außer durch die physische Leistungsfähigkeit nur durch die Furcht des Eigentümers von Crossmedia vor dem Ergreifen der *exit*-Option von qualifizierten Beschäftigten. Deren Fluktuation stünde dem Ziel langfristiger Beziehungen und der damit verknüpften Amortisation von Investitionen in das Humankapital sowie dem Risiko des Wissensabflusses entgegen. Dieser nicht unbedeutenden Ressource, die die Beschäftigten als Machmittel einsetzen könnten, wird betrieblich Rechnung getragen, indem bei erhöhtem Arbeitsanfall zusätzliches Personal rekrutiert wird und indem Leiharbeiter/innen eingesetzt werden. Sie sind zugleich ein „erweiterter kontrollierter externer Arbeitsmarkt" (Sengenberger 1987, S. 273), auf den sich Crossmedia mittels Beziehungen zu Leiharbeitsunternehmungen einen privilegierten Zugriff verschafft. Leiharbeit wird in diesem Fall – im Unterschied zu vielen anderen – zum „Türöffner“ (Bolder et al. 2005) in den internen Arbeitsmarkt, weil die Leiharbeiter/innen zuweilen auch rekrutiert werden.

Durch den Einsatz der Leiharbeiter/innen hat die Arbeitszeitregulation auch eine interorganisationale Komponente, und zwar in dem Sinne, dass die Leiharbeiter/innen die Arbeitsbedingungen im internen Arbeitsmarkt stabilisieren und nicht – wie sonst häufig der Fall – zur Aushöhlung von Arbeitszeitstandards beitragen. Leiharbeiter/innen fungieren als „Flexibilitätsreservoir“ (Semlinger 1989). Zudem verhindert diese Regulation von Arbeitszeit die Fluktuation von Beschäftigten in mittelständischen Unternehmungen, die – wie quantitative Studien zeigen (Backes-Gellner et al. 2006) – insbesondere bei allzu häufigen Überstunden eine Unternehmung verlassen.

Die Praktiken der Arbeitszeitregulation knüpfen an die Sozialisation im Studium dieser Professionals an, denn

> „es ist ja auch für Hochschulabsolventen in der Regel anders. Die kommen aus der Forschung oder so. Die funktionieren ja alle so. Eigentlich habe ich das als hochschulartig erlebt. So ging es allen. Das ist auch ein Stück weit die Qualifikation“ (FK 1).

Dies führt dazu, dass die Arbeitszeitregulation unhinterfragt bleibt und indem Beschäftigte und Unternehmer sie im Alltag reproduzieren, wird sie und die mit ihr verknüpften Regeln auf Dauer gestellt, im Betrieb Crossmedia routinisiert fortgeschrieben und auf diese Weise in der Organisation immer stärker institutionalisiert. Ähnlich dauerhaft ist die Arbeitszeitregulation für Beschäftigte mit Jedermannsqualifikationen und mit berufsfachlichen Qualifikationen, die aufgrund ihrer Berufswege auch anders sozialisiert werden. Hier gilt die 40-Stundenwoche wie vertraglich vereinbart. Überstunden werden je nach Arbeitsanfall ausnahmsweise erwartet, aber „wenn sie mal mehr gearbeitet haben, durften sie woanders auch wieder gehen. Aber die gab es und die gehörten auch irgendwie dazu. Und die waren auch stimmungsmäßig akzeptiert“ (FK 1). Insofern knüpft die Arbeitszeitregulation in diesem Beschäftigtensegment an spezifischen Vorstellungen von Leistung und Gegenleistung an, die aus der Perspektive der Beschäftigten in einem ausgewogenen Verhältnis stehen, also auf der personalen, organisationalen und gesellschaftlichen Ebene als legitim aufgrund ihrer Reziprozität angesehen werden (zur Bedeutung von Reziprozität in Austauschbeziehungen im Betrieb s. Voswinkel 2005). Im akademisch geprägten Beschäftigungssubsystem der IT-Professionals prägen auch die Interessantheit und die Bedeutung der Arbeit für den Projekterfolg den reziproken Tausch.

Angesichts der Selbstverständlichkeit, mit der diese Arbeitszeitregulation bei Crossmedia praktiziert wird, fällt es schwer, Elemente von formaler Interessenrepräsentation, von Mitbestimmung, Partizipation und Konfliktlösung zu finden. Dies geschieht in dieser Unternehmung individuell zwischen Beschäftigten und direktem Vorgesetzten, die individuelle Wünsche mit berücksichtigen. Die Grenzen einer individuellen Durchsetzung dieser Wünsche werden dann allerdings auch sehr schnell klar, wenn der direkte Vorgesetzte z. B. andere Vorstellungen hinsichtlich der zeitlichen Lage des Überstundenausgleichs hat. Auch spezifische Lernprozesse über Arbeitszeitregulationen sind angesichts der klaren und vom Eigentümer dominant bestimmten Regeln nicht erkennbar. Dieser stellt auch die Konsistenz zwischen den unterschiedlichen Arten der Arbeitskräfte her, indem er im Zuge der Personalselektion die Kompatibilität der Sicht- und Handlungsweisen überprüft. Gleichwohl trägt er als Patriarch dafür Sorge, dass – ähnlich wie in Betrieben mit Betriebsrat (dazu Ellguth/Promberger 2007) – Zeitkonten existieren und Überstunden in Freizeit abgegolten werden. Dies belegt nochmals die zentrale Rolle des Eigentümers für die Arbeitsregulation.

Die Arbeitszeitregulation in Crossmedia weist produktspezifische Unterschiede auf, die an unterschiedlichen Sozialisationsprozessen an Hochschulen und in der Ausbildung von Redakteuren/innen anknüpfen und diese weiterführen. Dies verweist auf die hohe Bedeutung der (vor-) beruflichen Sozialisation in (Aus-) Bildungseinrichtungen für das Arbeitshandeln.[19] So gilt für die Arbeitszeit im Printbereich

> „bis auf die Projektleiter und die Chefredakteurin für die Redakteure die 40-Stundenwoche. Sie haben sehr stark auf ihrer 40-Stundenwoche bestanden. Nach dem Motto: Das ist auch ein Geschäft, in dem das gut geht. Das ist relativ gut planbar" (FK 1).

Die Regel ‚40-Stundenwoche für Redakteure' knüpft an ihre Sozialisation in Volontariaten in Zeitungsverlagen an, in denen dies damals eine übliche Praxis war. Sie führen berufliche Standards in Crossmedia weiter.

Tabelle 4 gibt einen Überblick über die Akteure und Praktiken, die die fünf allgemeinen Probleme der Arbeitsregulation im Fall Crossmedia zu diesem Zeitpunkt lösen.

---

19 Interessenvertretung kann sich diesen Umstand zu Nutze machen, indem sie die (Aus-) Bildungseinrichtungen und die Curricula mitprägt und auf diese Weise legitime Sichtweisen im Feld verankert.

Tabelle 4 Lösungen allgemeiner Probleme der Arbeitszeit- und der Entgeltregulation im mittelständischen Betrieb Crossmedia

Gegenstand der Arbeitsregulation *Problem*	*Entgelt*	*Arbeitszeit*
Kontinuität und Verlässlichkeit	individuelle Verhandlungen von Professionals im Schatten beruflicher Orientierungen, die einen impliziten Tarifvertrag begründen, der vom Eigentümer unter Berücksichtigung eigener Interessen sowie (arbeits-) markt- und produktionsökonomischer Erfordernisse „erlassen" wird	arbeitsanfallsbezogene Arbeitszeit für Professionals, die durch Entlastungssysteme wie Leiharbeiter/innen abgestützt werden, und unhinterfragt vor dem Hintergrund beruflicher Sozialisation dauerhaft in Zeit und Raum reproduziert werden
	für berufsfachliche und Jedermannsqualifikationen Orientierung an regionalen Standards, die in individuellen Vereinbarungen im Schatten eines impliziten Tarifvertrags reproduziert werden	vertraglich geregelte, aber individuell vereinbarte Arbeitszeiten mit Überstundenausgleich für Beschäftigte mit Jedermanns- und berufsfachlichen Qualifikationen
	Aushandlung wiederkehrender Gehaltserhöhungen in individuellen Verhandlungen unter Bezug auf einen impliziten Tarifvertrag	vertraglich vereinbarte Arbeitszeiten im Print-Bereich von Crossmedia, die an in der beruflichen Sozialisation erworbenen beruflichen Standards anknüpfen
Interessenrepräsentation	(wiederkehrende) individuelle Verhandlungen der Entgelthöhe ergänzt um Formen der Interessenvertretung durch das mittlere Management im Printbereich von Crossmedia	individuelle Interessenvertretung in engen Grenzen vor dem Hintergrund fester Regeln der Arbeitszeitgestaltung
Mitbestimmung, Partizipation und Konfliktlösung	patriarchaler Eigentümer lässt keine Partizipation und Mitbestimmung an der Entgeltfindung jenseits von individuellen Verhandlungen zu	allenfalls individuelle Partizipationsversuche in der Interaktion mit dem direkten Vorgesetzten, die im Rahmen der vom Eigentümer erlassenen Arbeitszeitregulation erfolgen
	Konfliktvermeidung durch kompetentes Agieren mit Bezug auf (regionale) Arbeitsmärkte	
	ggfs. Konfliktlösung durch das Ergreifen der *exit*-Option	

Tabelle 4 *Fortsetzung*

Gegenstand der Arbeits-regulation / *Problem*	*Entgelt*	*Arbeitszeit*
Lernen	keine systematischen Lern-prozesse im Betrieb	keine systematischen Lern-prozesse im Betrieb
Konsistenz	vom Eigentümer erlassener und in individuellen Verhandlungen reproduzierter impliziter Tarif-vertrag stellt unter Berück-sichtigung professioneller und regionaler Standards Konsistenz sicher	Nebeneinander berufsgruppen- und qualifikationsbezogener Arbeitszeitregulationen, deren Konsistenz vor allem der Eigentümer und – in weitaus geringerem Maße – die jeweiligen Gruppen herstellen

Aus gesundheitlichen Gründen verkauft der Eigentümer Crossmedia an einen Medienkonzern. Es kommt zu einem Betriebsübergang nach § 613a BGB, mit dem die Arbeitsbedingungen der Beschäftigten zunächst gesichert werden. Mit diesem neuen Akteur ändern sich die Kontextbedingungen für die Arbeitsregulation radikal. Dies betrifft z. B. den Führungsstil, denn

> „es kamen immer irgendwelche Geschäftsführer, die uns verkündet haben, dass sie aufräumen müssten, dass jetzt Schluss sei mit lustig, dass sie uns sagen würden, wo es jetzt lang geht" (FK 1).

Im Unterschied zum eigentümergeführten Betrieb entfallen Mitarbeitergespräche, die für die Bindung der Beschäftigten und das kompetente Management des Unternehmensgründers zentral waren. Dies gilt auch für diejenigen, in denen Gehaltsverhandlungen geführt werden. Diese Gespräche substituiert ein vom Management verordneter Inflationsausgleich. Zudem wird die Organisation durch die Einführung von Controlling bürokratisiert, fachliche Kompetenzen der Mitarbeiter/innen beschnitten und neue Vorgesetzte eingesetzt, die fachlich aus Mitarbeitersicht inkompetent sind: „Sie konnten nicht mit uns reden. … Wir hatten es dann mit Chefs zu tun, die nicht wissen, wovon wir reden. Das war schon dramatisch" (FK 1) (zu ähnlichen Befunden auch Kotthoff 2005). Durch den Verkauf von Crossmedia wird der Übergang vom patriarchalen zum „patronalen Interaktionsmuster" (Lücking 2009, S. 66) ohne Fürsorge eingeleitet, in dem das Management einen Herr im Hause-Standpunkt vertritt.

Zwar nutzen die Beschäftigten im IT-Bereich zunächst noch ihre Beziehungen zu Kunden, um konstruktive Lösungen intern durchzusetzen. Sehr bald beginnen sie jedoch damit, andere Stellen zu suchen und zu finden. Nach wenigen Jahren wird der IT-Bereich von Crossmedia denn auch verkauft. Nochmals ein Jahr später gewinnt Crossmedia den Auftrag der öffentlichen Verwaltung zur Pflege eingangs angesprochener Datenbank. Damit ist eine nachhaltige Veränderung der Unternehmungsstrategie verknüpft, denn bislang versuchte Crossmedia durch eine Strategie der Differenzierung mittels komplexer Produkte Wettbewerbsvorteile zu erreichen. Nun steigt sie in ein Massengeschäft ein und verfolgt eine reine Strategie der Preis- und Kostenführerschaft. Dies verändert die Kontexte für Arbeitsregulation und erfordert eine andere Belegschaft. Nicht zuletzt deshalb wird der Printbereich von Crossmedia zunächst räumlich getrennt und später ausgegliedert. Das Management homogenisiert seine Belegschaft durch eine administrative Externalisierung von Arbeit (Pfeffer/Baron 1988). Indem die Diversität der Belegschaft – im Unterschied zum derzeitigen Trend eines Diversity Managements (z. B. Krell/Sieben 2011) – verringert wird, wird dem Management von Crossmedia eine „zielgruppen- und strategiekonforme Personalpolitik" erleichtert bzw. eine Ausrichtung der Unternehmungs- und Personalstrategie ermöglicht (s. dazu Marchington et al. 2011 sowie Kapitel 5 in diesem Band).

4.2 Praktiken der Arbeitsregulation in einer interessenvertretungsfreien Zone im Medienkonzern

Aus Sicht der zuständigen Gewerkschaft HBV ist Crossmedia zum Zeitpunkt der Integration in den Medienkonzern ein „total deregulierter Betrieb" (GE 1), weil weder Betriebsräte aktiv sind noch Betriebsvereinbarungen oder Tarifverträge zur Anwendung kommen. Gleichwohl besitzt auch Crossmedia zu diesem Zeitpunkt eine Arbeitsregulation – eine Arbeitsregulation, die vor allem vom Management machtvoll erlassen wird. Die Anwendung des strukturationstheoretisch informierten Arbeitsregulationsbegriffs auf den Fall Crossmedia belegt somit auch die Vorteile eines weiten Verständnisses von Arbeitsregulation, mit Hilfe dessen auch weitgehend einseitig festgelegte Arbeitsregulationen, die situationsübergreifend sind, erfasst werden können. Dieses Verständnis von Arbeitsregulation ist zudem nicht auf Aktivitäten kollektiver Akteure wie Gewerkschaften und Arbeitgeberverbände angewiesen. Formelle und informelle Arbeitsregulationen werden ebenfalls nicht gegeneinander ausgespielt.

Weil die Arbeitsregulation vom Management dominiert wird, unterscheidet sie sich im Konzernunternehmen ‚Crossmedia' in mehreren Punkten von der patriarchalisch geprägten Arbeitsregulation im ehemals mittelständischen Betrieb. Dies äußert sich in anderen Problemlösungen für die fünf grundlegenden Probleme der Arbeitsregulation.

Ausgangspunkt der Konstitution der Arbeitsregulation in Crossmedia sind die individuellen Verhandlungen des Arbeitsvertrages, in denen zentrale Elemente der Arbeitsregulation festgelegt werden: die Höhe des Anfangsgehalts und ggfs. seine Steigerungen im Zeitablauf, die Dauer der Arbeitszeit, die Zahl der Urlaubstage und die möglichen Aufgabenbereiche. Zu einer Einstellung kommt es dabei nur, wenn „man in der Marge drin war, in der man für die jeweilige Position liegen musste" (BR 1). Mit anderen Worten: Das Management definiert grundlegende Arbeitsregulationen und akzeptable Abweichungen davon. Es sucht dann die Arbeitskräfte, die auch diesen Anforderungen entsprechen und indem sich die Bewerber/innen in ihren Vertragsverhandlungen auf diese Arbeitsregulationen und sie kennzeichnenden Regeln beziehen, tragen sie zu ihrer Reproduktion bei. Dass das Management so verfahren kann, liegt vor allem an der ungleichen Ressourcenausstattung von Management und Bewerbern/innen bzw. Beschäftigten. Letztere sind z. B. auf den Verkauf ihrer Arbeitskraft angewiesen; das Management von Crossmedia kann hingegen – zumindest zu diesem Zeitpunkt – aus einer Vielzahl von gut qualifizierten Arbeitskräften auswählen.

Die Äußerung von Gehaltsvorstellungen in Bewerbungsschreiben oder in Vorstellungsgesprächen ermöglicht eine (Vor-) Selektion der Bewerber/innen und indem sich Bewerber/innen auf die Vorstellungen des Managements beziehen, reproduzieren sie rekursiv sowohl die Praktiken der Entgeltaushandlung als auch die Korridore, in denen sich die Entgelte bewegen müssen. Die Bewerber/innen reproduzieren (unintendiert) die damit verknüpften Vorstellungen des Managements, die einen vom Management erlassenen *impliziten Tarifvertrag* konstituieren und die damit verknüpften Strukturmerkmale von Crossmedia. Dieser implizite Tarifvertrag differenziert die Entgelte nach Aufgabe und formaler Qualifikation sowie – wie wir noch sehen werden – in einem gewissen Maß nach Seniorität. Da sich die Interaktionen an den vom Management gesetzten Standards orientieren und diese reproduziert werden, sind – wie in anderen Fällen auch – die Verhandlungsmöglichkeiten im Sinne einer Realisierung anderer Vorstellungen außerordentlich begrenzt (dazu auch die Untersuchung der Hans-Böckler-Stiftung 2007). Nicht zuletzt deshalb verdienen die Akademiker zum Zeitpunkt ihrer Einstellung bei Crossmedia auch nur € 1.700 in Vollzeit. Berufsfachlich qualifizierte erhalten ca. € 1.050.

Damit die Orientierung an den Vorstellungen des Managements ihren eher zufälligen Charakter verliert, bevorzugt das Management von Crossmedia eine Netzwerkrekrutierung (zur weiterhin hohen Bedeutung der Netzwerkrekrutierung s. Kettner/Spitznagel 2007; Brenke/Zimmermann 2007), denn im Unterschied zu Arbeits*märkten* sind Netzwerke in der Lage, Wissen (auch über Arbeitsregulationen) zu transferieren und mittels personaler Beziehungen zu verbreiten (auch Windeler/Wirth 2004 am Bsp. der Arbeitsregulation in der Fernsehproduktion). Diese Beziehungen erleichtern die Verbreitung von Informationen über die grundlegenden Arbeitsbedingungen und akzeptabler Abweichungen von ihnen, den Margen, sowie die Durchsetzung eines impliziten Tarifvertrags (dazu auch Wirth 2006). Das Management von Crossmedia senkt so die Rekrutierungs- und Transaktionskosten, beschleunigt die Personalselektion und sichert mittels personaler Netzwerke die Qualität der Bewerber/innen sowie die Passung der Vorstellungen der Arbeitskräfte zu den Arbeitsbedingungen, insbesondere zum impliziten Tarifvertrag, in Crossmedia. Die personalen Netzwerke der Beschäftigten werden so – unintendiert (?) – zu einer Ressource von Crossmedia, die damit die Personalrekrutierung wirtschaftlicher organisieren und seine Vorstellungen von Entgelten durchsetzen kann.

Die Nutzung personaler Netzwerke für die Personalrekrutierung in neuen Dienstleistungsunternehmungen wie Crossmedia ergänzt die Suchwege ‚Stellenanzeige' und ‚Initiativbewerbungen'. Anders jedoch als von Windolf (1990) prognostiziert, ist die Nutzung personaler Netzwerke mittlerweile auch in neuen Dienstleistungsindustrien weit verbreitet und nicht mehr vorwiegend auf alte Industrien und Verbände konzentriert; wenngleich personale Netzwerke in Industriebetrieben, die berufsfachliche Arbeitskräfte suchen, immer noch am bedeutsamsten zu sein scheinen (Brenke/Zimmermann 2007).

Im Zuge der individuellen Arbeitsvertragsverhandlungen vereinbaren die Bewerber und Bewerberinnen auch die Weiterentwicklung der Entgelte. Hier entsteht im Rahmen dieser Verhandlungen ein *Senioritätsprinzip*, das über mehrere Jahre hinweg Gehaltssteigerungen vorsieht. Im Unterschied zu vergleichbaren Regelungen in der Industrie oder dem öffentlichen Dienst sind diese Steigerungen erstens außerordentlich klein – es handelt sich um Steigerungen in Höhe von € 30 bis € 60 – und zweitens müssen diese auch immer wieder eingefordert werden. Sie sind nicht in einer formalisierten Gehaltstabelle fixiert. Auch andere Zusagen aus den Arbeitsvertragsvertragsverhandlungen sind von den Beschäftigten immer wieder einzufordern:

> „Ich hatte entgegen der Absprache aus dem Vorstellungsgespräch nicht einen projektbefristeten Arbeitsvertrag für die gesamte Projektdauer, sondern nur einen Einjahresvertrag erhalten. Der wurde nach Ende der Probezeit auch in einen projektbefristeten Arbeitsvertrag umgewandelt, also für sieben Jahre. Auch unter Mitwirkung meines damaligen Vorgesetzten, der das auch sehr stark befürwortet hat und es durchgesetzt hat. Ich habe auch die versprochene Gehaltserhöhung erhalten. Die war bei der Einstellung zugesagt" (BR 2).

Die Entscheidung über die Verlängerung des Arbeitsvertrags wird von der „Mitbestimmung“ des mittleren Managements abhängig gemacht – eine Praktik, die bei allen Anliegen der Beschäftigten greift. Zudem zeigt diese Aussage exemplarisch, wie wenig verlässlich Zusagen des Managements und die auf diese Art und Weise „vereinbarten“ Arbeitsregulationen sind. Das Management von Crossmedia nutzt dabei die Ressource ‚Arbeitsmarktlage‘, um zu testen, inwieweit die Beschäftigten in der Lage oder fähig sind, gegebene Zusagen nochmals einzufordern. Der befragte Arbeitnehmer musste nämlich mangels Alternativen zunächst den auf ein Jahr befristeten Arbeitsvertrag akzeptieren:

> „Es war mit mir abgesprochen, dass ich auch einen dieser Projektlaufzeitverträge kriege. Als sie den Arbeitsvertrag zugesandt hatten, stand da drin, dass er auf ein Jahr befristet ist. Auf Nachfrage hieß es: Ich kann es machen oder lassen. Ich habe es natürlich gemacht. Es war die erste Stelle nach dem Examen und ich wollte einfach den Einstieg kriegen“ (BR 2).

Andere Beschäftigte hingegen fordern – typisch für Betriebe mit geringer formeller Arbeitsregulation – Zusagen nicht ein, vereinbaren keine Gehaltssteigerungen oder verlangen keine Gehaltserhöhungen. Dadurch entstehen in den individuellen (Nicht-) Verhandlungen vor dem Hintergrund einer Machtasymmetrie zwischen Management und Beschäftigten eine heterogene Bezahlung der Beschäftigten, die sich nicht am Grundsatz ‚gleicher Lohn für gleiche oder gleichwertige Arbeit‘ orientiert. Die Entgeltregulation verletzt somit grundlegende gesellschaftsweite Regeln der Legitimation, hier Gerechtigkeitsvorstellungen, die auch in der Belegschaft von Crossmedia präsent sind (zur Bedeutung von Gerechtigkeitsvorstellungen für die Arbeitsregulation z. B. Lengfeld 2003). Machtvoll kommt hingegen eine Gerechtigkeitsvorstellung des Managements zum Tragen, die sich an dem freien Spiel der Kräfte am Arbeitsmarkt orientiert und von liberalen Ideen, wie sie in die neoklassische Ökonomie Eingang finden, inspiriert ist: Knappheit wird entgolten – und wo keine Knappheit herrscht, wird der Überschuss an Arbeitskräften für die Verfolgung von Managementinteressen (aus-) genutzt. Diese unterschiedlichen Regeln der Signifikation und Legitimation führen zu konfligierenden Gerechtigkeitsvorstellungen von Management und Beschäftigten.

Vor dem Hintergrund unterschiedlicher Gerechtigkeitsvorstellungen wird es verständlich, dass das Management jede (Verhandlungs-) Schwäche der Beschäftigten für die Verfolgung seiner Interessen ausnutzt und mit der sich daraus ergebenden Ungleichheit auch keine Probleme hat. Das Beispiel Crossmedia zeigt also, wie in der Gesellschaft präsente Strukturen – hier: Regeln der Legitimation

– wirksam werden (können), die nicht von allen geteilt werden, aber vor dem Hintergrund der unterschiedlichen Ausstattung mit Ressourcen der Domination in Organisationen greifen; sie sind aber zuweilen auch der Nukleus einer sozialen Bewegung im Betrieb, die auf die Aufhebung von Ungleichheiten gerichtet ist.

Die Auszahlung von Leistungsprämien in Form von Einmalzahlungen erfolgt individuell und ohne Abstimmung mit den (von ihnen betroffenen) Beschäftigten, denn diese „haben es erst erfahren, nachdem es auf dem Konto war. Sie sind dann durch den Betrieb gegangen und haben sich gewundert, dass sie etwas mehr haben" (BR 2). Die Beschäftigten empfinden diese Form der Leistungsentlohnung als vom Management dekretierte „Nasenprämie" (BR 1, BR 2) und lehnen sie ab, weil sie ausschließlich an die Einschätzung der direkten Vorgesetzten geknüpft ist.

Das Management will die Leistungsprämien als „Motivationsinstrument" (BR 2) nutzen, erreicht aber das Gegenteil, weil die Beschäftigten das Verfahren und die Ergebnisse als ungerecht wahrnehmen. Dies zeigt, dass die betriebliche Mitbestimmung durch Betriebsräte nicht nur zu einer Versachlichung der Managemententscheidungen beiträgt (so z. B. Bosch 1997), sondern entsprechenden Entscheidungen auch Legitimation verschafft; eine Legitimation, die es in unilateralen Beziehungen zwischen Beschäftiger und Beschäftigten nicht gibt bzw. nicht geben kann. Die betriebliche Mitbestimmung ist zudem geeignet, Kompetenz in Entscheidungsprozesse einzubringen, weil die Ressource ‚Wissen der Betriebsräte und der Gewerkschaftssekretäre' für die Konstitution von Leistungsentgeltsystemen genutzt werden kann.

In dieser Phase der Interaktionsbeziehung zwischen Belegschaft und Management führt dies zunächst von Seiten einiger weniger Beschäftigter zu einer „Bitte um Aufklärung" (BR 2) und belegt einmal mehr die außerordentlich asymmetrische Machtbeziehung, in der die Beschäftigten das Management allenfalls mit funktionalistischen Argumenten überzeugen können oder die *exit*-Option wählen müssen.

Mit der Lösung des *Kontinuitäts- und Verlässlichkeitsproblems*, das vor allem auf individuellen Verhandlungen basiert, ist eine individuelle *Interessenrepräsentation* verknüpft, die aber – vermittelt über personale Netzwerke in der Arbeitsvertragsverhandlung – gewisse kollektive Handlungsformen, z. B. Informationsweitergabe an Bekannte und Freunde, aufweist. Die Form der Interessenvertretung ähnelt den Praktiken in anderen projektbasierten Industrien wie der TV-Content-Produktion (dazu Windeler/Wirth 2004). Diese Form der Interessenrepräsentation bringt – wie gezeigt – Unterschiede hervor, die die (Arbeitsmarkt-) Macht und das Verhandlungsgeschick der Arbeitskraftanbieter reflektieren. Eine Orientierung an Professionen, regionalen Standards oder Gerechtigkeitsvorstellungen entfällt wegen der Betonung der „Vertragsfreiheit" (BR 1) durch das Management, das liberale Ideen nicht nur in der Politik, sondern auch im Betrieb vertritt. Insofern spielen auf Seiten des Managements auch in der Gesellschaft präsente Sicht- und Legitimationsweisen eine wichtige Rolle für die Konstitution der Praktiken der Arbeitsregulation.

Die Lösung des *Mitbestimmungs-, Partizipations- und Konfliktlösungsproblems* basiert vor allem auf Weisungen des Managements, das unilateral festlegt, wie die Arbeitsbedingungen sind: „Es gab keine echten Mitbestimmungsmöglichkeiten. Man hat es von oben herunter gebrochen und dann in Weisungen gefasst" (BR 2). Die fehlenden Partizipationsmöglichkeiten sind allerdings in Formen von Scheinpartizipation eingebettet, denn „es gab dieses Einlullen, diese Atmosphäre ‚Ihr könnt immer zu mir kommen'. Der Personalchef hat das immer gemacht. Aber das hat keiner ernst genommen, weil jeder wusste, dass er sich sowieso nicht dranhält" (GE 1) und belegt erneut die geringe Verlässlichkeit der Arbeitsregulation.

Anders als in anderen, lange Jahre ebenfalls betriebsratslosen Betrieben, in denen – wie im Fall SAP (dazu z. B. Girndt 2006) – informelle Mitbestimmungsstrukturen gefördert, ja sogar vom Management (in Form anderer Vertretungsorgane (Hertwig 2010, 2013)) implantiert wurden, damit das Management über Anliegen der Beschäftigten ernsthaft informiert wird, fehlen institutionalisierte Formen des *voice* in Crossmedia.[20] Einzelne Beschäftigte wenden sich deshalb individuell bei bestimmten Fragen an das Management. Diese Anfragen werden jedoch zumeist mit dem Hinweis auf die Entscheidungsbefugnisse des Managements und mit dem Hinweis auf arbeitsmarktliche Optionen jenseits von Crossmedia brüsk zurückgewiesen. Aufgrund fehlender *voice*-Optionen ist die wichtigste und dominante Form der Konfliktlösung aus Sicht der Beschäftigten die *exit*-Option: ca. 20 % der Belegschaft verlassen pro Jahr Crossmedia. Dies zeigt auch, wie wenig es dem Management gelingt bzw. wie wenig es daran interessiert ist, langfristige Bindungen zu den Mitarbeitern/innen aufzubauen. Ermöglicht wird dies durch den spezifischen Arbeitskräftebedarf von Crossmedia: Insbesondere in der Aufbauphase sind hoch qualifizierte Beschäftigte notwendig, die in der Region in ausreichender Anzahl vorhanden sind. Sie können aber aufgrund der Informatisierung der Arbeit und der Standardisierung der Abläufe später

20 Die Gegenüberstellung von *exit* und *voice* (und *loyality*) stammt von Albert O. Hirschman (1970), der damit darauf hinweist, dass Beschäftigte auf kritische Ereignisse in unterschiedlicher Art und Weise reagieren können. Statt den Betrieb zu verlassen (*exit*), können sie dagegen auch Widerspruch erheben (*voice*) (dazu auch den *collective voice*-Ansatz in der *industrial relations*-Forschung von Freeman/Medoff (1984), der insbesondere auf die produktivitätssteigernden Effekte von Gewerkschaften verweist, die Anliegen der Beschäftigten dem Management übermitteln).

durch berufsfachlich qualifizierte oder angelernte Arbeitskräfte substituiert werden. Insofern trägt die Fluktuation der Akademiker/innen und der Beschäftigten mit Elementen senioritätsbasierter Entlohnung zur Realisierung ökonomischer Ziele des Managements bei. Dies belegt zugleich den dynamischen Charakter der Macht- und Herrschaftsverhältnisse in Crossmedia, die durch den Wandel der Arbeitsorganisation transformiert, d.h. noch stärker vom Management dominiert werden.

Das *Lernproblem* und damit die Weitergabe der Arbeitsregulation erfolgt vor allem durch zwei Mechanismen: Erstens sorgt die Nutzung personaler Netzwerke der Beschäftigten im Rekrutierungsprozess dafür, dass realistische Informationen über Arbeitsbedingungen, -inhalte und -regulationen vorhanden sind. Zweitens sorgen die Austauschprozesse zwischen den Beschäftigten im Zuge der Einarbeitung dafür, dass das Wissen über die Arbeitsregulationen verbreitet wird, denn „ich hätte dir gesagt, was ich verdiene, wie man mit der Arbeitszeit umgeht und was man arbeiten muss. Das hätte ich weitergegeben. So hat das funktioniert" (BR 2). Indem diese beiden Mechanismen mit den sehr weit reichenden Weisungen des Managements zusammen spielen, erschließt sich den Beschäftigten innerhalb kürzester Zeit die Arbeitsregulation von Crossmedia.

Das Management stellt im Zuge seines Handelns eine aus seiner Sicht konsistente Arbeitsregulation her. Es erlässt einen impliziten Tarifvertrag mit Bandbreiten für die Entgelte für bestimmte Funktionen. Konsistenz bezieht sich aus der Perspektive des Managements auf eine Passung der Arbeitsregulationen mit den markt- und produktionsökonomischen Erfordernissen und den Gewinnerzielungsabsichten des Konzerns. Eine Konsistenz mit Arbeitsregulationen auf anderen Ebenen jenseits des Unternehmens ist vor dem Hintergrund der Arbeitsmarktlage und Arbeitsorganisation nicht erforderlich, weil es sich um eine unternehmensbezogene und vom Management dominierte Arbeitsregulation handelt. Zudem reflektiert das Management nicht auf außerbetriebliche Sozialsysteme (z. B. die Branche bzw. das Feld) und deren Sets von Regeln und Ressourcen oder gar gesellschaftsweite Institutionen wie bestimmte Gerechtigkeitsvorstellungen, obwohl diese für die Orientierung des Handelns der Beschäftigten wichtig sind.

Aus Sicht der Beschäftigten ist die Entgeltregulation inkonsistent. Sie basiert aus ihrer Perspektive auf „Nasenprämien", also nicht nachvollziehbaren Gehaltserhöhungen und Prämienzahlungen. Diese Inkonsistenz, die gegen gesellschaftlich weit verbreitete Gerechtigkeitsvorstellungen, also Regeln der Legitimation, verstößt, ist eine der zentralen Motivationen der Beschäftigten, Crossmedia an die Institutionen des dualen Systems industrieller Beziehungen anzukoppeln. Diese führen durch Mitbestimmung und Tarifvertrag zu mehr Transparenz hinsichtlich der Kriterien der Bezahlung und zu mehr Nachvollziehbarkeit. Insofern kann dies auch als eine Kritik an neoklassischen Vorstellungen von Arbeitnehmerpartizipation (dazu z. B. den Überblick in Müller 2005, S. 84 ff.) interpretiert werden, die die soziale Einbettung ökonomischen Handelns ausblenden oder nur über eine sehr reduzierte Vorstellung davon verfügen.

Die Missachtung (der Kompetenzen) der Beschäftigten durch die wenigen Partizipationsmöglichkeiten und die autokratische Handlungsweise des Managements verletzt das Selbstverständnis und das ggf. im Studium entwickelte Selbstbild der Beschäftigten:

> „Diese hierarchische Form hat dazu geführt, dass die jungen Akademiker, also insbesondere die, und die jungen Kaufleute, vor allem Frauen, die EDV-Leute, dass die sich unterbewertet gefühlt haben und dazu die ungleiche Bezahlung. Also alles was man sich so vorstellen kann. Dann das mit Versprechungen, die nicht gehalten worden sind" (GE 1).

Die fehlende Anerkennung der Beschäftigten wird im Zusammenspiel mit der Ungleichbehandlung und den damit verknüpften Verletzungen der Gerechtigkeitsvorstellungen zum Ausgangspunkt grundlegender Veränderungen in Crossmedia – der Bindung an das duale System industrieller Beziehungen in einem monatelangen Konflikt.[21]

Wirft man am Beispiel der Entgelte und Arbeitszeiten einen Blick auf die Lösungen für die fünf grundlegenden Probleme der Arbeitsregulation, dann stellt man fest, dass im Konzernunternehmen ‚Crossmedia' das Management zentrale Gegenstände der Arbeitsregulation unilateral festlegt, eine Partizipation der Beschäftigten allenfalls rudimentär ausgeprägt ist und diese Praktiken der Arbeitsregulation zwar sozial eingebettet sind, aber ein hohes Maß an Heterogenität, insbesondere bei der Entgeltfindung, hervorbringen.[22]

---

21 Die (fehlende) Anerkennung wird in neo-marxistischen Konzepten für die Analyse von Arbeitsregulationen mittlerweile häufiger thematisiert (zum Überblick z. B. Deutschmann 2002, S. 139 ff.). Anknüpfend an die Überlegungen von Honneth (1992) wird unter Einbeziehung von Elementen kritischer Theorie und pragmatistischer Gesellschaftstheorie argumentiert, dass ohne Anerkennung eine motivierte Mitarbeit nicht zu erwarten ist.

22 Auf die Ausführungen zu der Arbeitszeitregulation in Crossmedia als Konzernunternehmen wird an dieser Stelle verzichtet, weil die stärkeren Veränderungen bei der Entgeltregulation vorliegen und die Arbeitszeitregulationen nur eine untergeordnete Rolle für die weiteren Veränderungen in Crossmedia spielen.

Tabelle 5 Lösungen allgemeiner Probleme der Arbeitszeit- und der Entgeltregulation im Konzernunternehmen Crossmedia

Gegenstand der Arbeitsregulation *Problem*	*Entgelt*	*Arbeitszeit*
Kontinuität und Verlässlichkeit	Individuelle Entgeltverhandlungen im Zuge der Arbeitsvertragsverhandlungen im Schatten eines vom Management erlassenen impliziten Tarifvertrags mit Margen für bestimmte Funktionen und Qualifikationsstufen	In individuellen Arbeitsvertragsverhandlungen setzt das Management seine Standards hinsichtlich der Dauer der Arbeitszeit und des Urlaubs durch
	Für einige Beschäftigte Entgeltsteigerungen nach dem Senioritätsprinzip	Erlass einer Gleitzeitvereinbarung durch das Management sowie deren Modifikation nach den Vorstellungen des Managements für bestimmte Beschäftigtengruppen
	Eine fragile Kontinuität wird durch ein machtvoll handelndes Management, aber auch durch die Beschäftigten hervorgebracht	
Interessenrepräsentation	Individuelle Verhandlungen, zuweilen unterstützt durch (Informationen aus) personale(n) Netzwerke(n)	Keine kollektive Interessenvertretung in Arbeitszeitfragen
		Anliegen der Beschäftigten können nur mit der Zustimmung mehrerer Managementebenen in individuellen Aushandlungen durchgesetzt werden
Mitbestimmung, Partizipation und Konfliktlösung	Weisungen des Managements als Grundlage der Arbeitsregulation	Keine formalisierte oder informelle Mitbestimmung in Arbeitszeitfragen
	statt formalisierter oder informeller Mitbestimmung Scheinpartizipation	Individualisierte Konfliktlösung in Aushandlungsprozessen zwischen Beschäftigten und (mittlerem) Management
	exit-Option als dominante Strategie der Konfliktlösung der Beschäftigten	

Tabelle 5 *Fortsetzung*

Gegenstand der Arbeitsregulation *Problem*	*Entgelt*	*Arbeitszeit*
Lernen	(Kennen-) Lernen der Entgeltregulation im Vorfeld der Einstellung in personalen Netzwerken	(Kennen-) Lernen der Arbeitszeitregulation im Vorfeld der Einstellung in personalen Netzwerken
	Lernen in Interaktionen am Arbeitsplatz im Zuge der Einarbeitung und aus Weisungen des Managements	Lernen in Interaktionen am Arbeitsplatz im Zuge der Einarbeitung und aus Weisungen des Managements
Konsistenz	Impliziter Tarifvertrag stellt aus Sicht des Managements Konsistenz und mit den (arbeits-) markt- und produktionsökonomischen Erfordernissen her	Unilaterale Formulierung der (Rahmen-) Bedingungen der Arbeitszeitregulation vor dem Hintergrund der (arbeits-) markt- und produktionsökonomischen Erfordernisse durch das Management

Im Zuge der Integration von Crossmedia in den Medienkonzern kam es zu einer bedeutsamen Transformation betrieblicher industrieller Beziehungen, das heißt, der Konstitution grundlegend neuer Praktiken der Regulation von Arbeit und nicht zuletzt in deren Folge zu einem Wandel der Strukturmerkmale der Organisation ‚Crossmedia'. Die Entgelt- und Arbeitszeitregulationen von Crossmedia werden – wie gezeigt – vom Management dominiert. Sie stützen sich auf arbeitsvertragliche Regelungen, die die unterschiedliche Ressourcenausstattung von Management und Beschäftigten reflektieren. Indem das Management die Konfliktlösung über lange Zeit individualisiert, reproduziert es seine machtvolle Position gegenüber den Beschäftigten und muss keine Modifikation der Praktiken hinnehmen. Das Management nutzt verschiedene Ressourcen der Domination, um seine machtvolle Position und die Arbeitsregulation abzusichern. Es untergräbt z.B. durch Individualisierung kollektive Formen der Interessenvertretung; gestaltet die Arbeitsorganisation so, dass die Arbeitskräfte relativ leicht substituierbar sind; wählt Arbeitskräfte aus, die zum Zeitpunkt der Einstellung nur über wenig Berufserfahrung als berufsfachlich qualifizierte Beschäftigte besitzen oder als Akademiker/innen (aus „Orchideenfächern") einen Einstieg in das Berufsleben suchen. Angesichts des Angebots an diesen Arbeitskräften sind die meisten glücklich, überhaupt eine Arbeit gefunden zu haben und befinden sich in einer relativ schlechten Verhandlungsposition. Das Management ist vor diesem Hintergrund weniger denn je auf Kompromisse mit den Beschäftigten angewiesen.

Die Transformation der Arbeitsregulation in Crossmedia im Zuge der Konzernierung verändert die patriarchalisch geprägte, mittelständische Unternehmung mit ausgeprägten Professionalisierungstendenzen in einen Betrieb mit Arbeitsregulationen, die substandard sind. Gleichwohl generieren die autokratischen Praktiken der Arbeitsregulation ein grundlegendes Problem, ein *Gerechtigkeitsproblem*, das von Arbeitsregulationen ebenfalls gelöst werden müsste. Auf mehreren Ebenen, der Gesellschaft, dem organisationalen Feld, der Region, im interorganisationalen Netzwerk, in der Organisation und in den sozialen Beziehungen und Interaktionen zwischen individuellen Akteuren, sind die herrschenden Handlungs- und Sichtweisen auch an Legitimationsweisen gebunden. Die Handlungsweisen müssen sich auf mehreren Ebenen legitimieren. Im Fall von Crossmedia gilt dies insbesondere für das Zusammenspiel der Ebenen des Individuums, der Organisation mit der Gesellschaft.

Die Missachtung der Interessen der Beschäftigten durch das Management, insbesondere bei der Festsetzung der Entgelte, und die fehlende Würdigung ihrer Kompetenzen konfligieren mit den vom Crossmedia-Management propagierten modernen Führungsmodellen. Verschärft wird diese Missachtung durch die als ungerecht und als zu niedrig empfundene Bezahlung, die zudem für gleiche oder gleichwertige Arbeit unterschiedliche Entgelte vorsieht. Damit verletzt das Management in der Gesellschaft *und* von den Beschäftigten im Betrieb ‚Crossmedia' rekursiv reproduzierte Gerechtigkeitsnormen. Tabelle 6 zeigt, wie das Management und die Beschäftigten das Gerechtigkeitsproblem bearbeiten.

Tabelle 6 „Lösungen" für das Gerechtigkeitsproblem in Crossmedia

Gegenstand der Arbeitsregulation / *Problem*	*Entgelt*	*Arbeitszeit*
Gerechtigkeit	Aufgrund der Orientierung des Managements an liberalen marktwirtschaftlichen Vorstellungen sind ungleiche Entgelte für gleiche oder gleichwertige Arbeit akzeptabel, ja sogar gewünscht; sie stellen aus seiner Sicht legitime Ergebnisse von Knappheitsrelationen dar	Aufgrund der Wahlmöglichkeiten für die Beschäftigten stößt die Arbeitszeitregulation auf ein hohes Maß an Akzeptanz
	Weil die Beschäftigten sich an der Gerechtigkeitsvorstellungen wie ‚gleicher Lohn für gleiche oder gleichwertige Arbeit' orientieren bleibt das Gerechtigkeitsproblem ungelöst	
	Die aus unterschiedlichen Gerechtigkeitsvorstellungen resultierenden Konflikte werden vom Management machtvoll unterdrückt oder die Beschäftigten suchen und finden berufliche Alternativen	

Vor dem Hintergrund ungelöster bzw. machtvoll unterdrückter Konflikte im Entgeltbereich entwickelt sich in einem kleinen Kreis von Beschäftigten mit politischer Erfahrung eine soziale Bewegung im Betrieb. Diese Entwicklung wird vom Management unintendiert durch neue Controlling-Praktiken gefördert, die eine stärkere Überwachung der Beschäftigten zur Folge haben. Die Beschäftigten dieser Kerngruppe des später gewählten Betriebsrates können bei der Konstitution ihrer Gruppe an Erfahrungen in universitären Gremien und in der Gewerkschaft anknüpfen. Eine spezifische sozialen Einbettung in eine Arbeiterstadt, in der Betriebsräte und Gewerkschaften immer noch zur Normalität gehören, unterstützt die Bildung dieser sozialen Bewegung im Betrieb, die auf die Wahl einer kollektiven Interessenvertretung abzielt und in die erfolgreiche Wahl eines Betriebsrates mündet. Das Management versucht zwar die Gründung eines Betriebsrates zu verhindern, agiert aber mit weiteren Angeboten zur Scheinpartizipation vor dem Hintergrund seiner üblichen Praktiken nicht glaubwürdig. Im Ergebnis wird mit Unterstützung der Gewerkschaft HBV ein Betriebsrat gewählt. Dieses Beispiel zeigt also auch, dass selbst unter derart ungünstigen Umständen wie in Crossmedia Interessenvertretung– *strategizing* und *organizing* für Gewerkschaften und die Beschäftigten – möglich ist.

In einem weiteren heftigen Konflikt setzt die Belegschaft in einer monatelangen Auseinandersetzung, begleitet von Arbeitskampfmaßnahmen wie (Warn-) Streiks und Dienst nach Vorschrift, eine Betriebsvereinbarung durch, die eine Ankopplung an den Flächentarifvertrag des Verlagswesens vorsieht. Crossmedia wird zum „Normalbetrieb“: Die Arbeitsregulation erfolgt im dualen System industrieller Beziehungen. Eine Normalisierung der Beziehungen zwischen Management und Interessenvertretung und eine Befriedung ist damit im Unterschied zu anderen Betrieben jedoch nicht verknüpft. Vielmehr begibt sich das Management in einen „Abnutzungskrieg“ (GE 1) mit der Interessenvertretung. Beide Seiten führen die Auseinandersetzung im Stil der offenen Konfrontation vor dem Hintergrund divergierender Gerechtigkeitsvorstellungen und fehlender Anerkennung der Beschäftigten.

5 Schlussfolgerungen: Praktische Konsequenzen, theoretische und methodische Implikationen

Im Ergebnis verweist der Fall der Crossmedia auf die Fragmentierung und Heterogenität der Arbeitsregulation jenseits des dualen Systems industrieller Beziehungen, aber auch auf deren Wandel im Laufe der Zeit – hier im konkreten Fall durch Konzernierung und die damit veränderten Praktiken des Humanressourcenmanagements. Die Fallstudie zeigt, dass jenseits des dualen Systems industrieller Beziehungen diverse Praktiken der Arbeitsregulation existieren, die für unterschiedliche Gruppen von Beschäftigten gelten und eine unterschiedliche Qualität sowie Stabilität aufweisen. Für diese Diversifizierung der Arbeitsregulation sind unterschiedliche Akteure und Praktiken verantwortlich, z. B. die Orientierung an regionalen Standards oder an professionellen Normen (so auch Windeler/Wirth 2004 und Wirth 2010, S. 143 ff. für die TV-Content-Produktion).

Die Ergebnisse belegen, dass Arbeitsregulationen Medium und Resultat der Aktivitäten von Akteuren auf mehreren Ebenen und auf mehreren Dimensionen des Sozialen sind. Die (Praktiken der) Arbeitsregulation beeinflussen Sichtweisen der Akteure im Betrieb, z. B. wirtschaftsliberale Vorstellungen von Ökonomie, genauso wie Gerechtigkeitsvorstellungen der Beschäftigten, die gesellschaftsweit institutionalisiert sind. Für die Ausprägung der (Praktiken der) Arbeitsregulation bleiben Machtasymmetrien zentral. Indem soziale Praktiken analysiert werden, gelingt einer derartigen Studie ein Einblick in die Realität einer Organisation bzw. auch organisationsübergreifender Handlungszusammenhänge.

Eine Fokussierung sozialer Praktiken der Arbeitsregulation macht aber auch deutlich, dass die formale Regulation von Arbeit durch Gewerkschaften und Arbeitgeberverbände sowie durch Management und Betriebsrat im dualen System industrieller Beziehungen mehr oder minder stark von anderen Praktiken der Arbeitsregulation überlagert werden. Beispielsweise regeln die Tarifverträge im Einzelhandel die Arbeitszeiten von Filialleitern/innen im Lebensmitteleinzelhandel. In der Branche herrscht aber Einigkeit darüber, dass die 37,5-Stundenwoche an fünf Tagen in der Woche für diese Personengruppe nicht zur Anwendung kommt. Vor der Abschaffung des bundeseinheitlichen Ladenschlussgesetzes wird des Weiteren eine Anwesenheit des Filialleiters/der Filialleiterin an mindestens fünf Tagen in der Woche von der Ladenöffnung bis zu seiner Schließung als Standard erwartet. Damit wird der Arbeitszeitrahmen des Tarifvertrags massiv überschritten (Kirsch et al. 1999). Ähnliche Beispiele finden sich auch in bestimmten Segmenten der Angestelltenbeschäftigung in der Metallindustrie (Will-Zocholl 2011) oder im Finanzdienstleistungssektor (Dunkel et al. 2010). Management und Interessenvertretung müssen also auch auf das Zusammenspiel der Arbeitsregulationen für die jeweiligen Beschäftigten(-gruppen) reflektieren.

Die Konsequenzen dieser Fragmentierung der Arbeitsregulationen können am Beispiel der Interessenvertretung ausgeführt werden. Sowohl betriebliche Interessenvertreter/innen als auch Gewerkschaftssekretäre/innen benötigen analytische Instrumente, mit denen sie diese Fragmentierung und die sozialen Praktiken, die sie hervorbringen, erfassen können. Die Strukturationstheorie liefert ein solches (allgemeines) Instrumentarium, nicht zuletzt weil sie das Denken in Problemlösungen, rekursiven Zusammenhängen und konkreten sozialen Praktiken fördert. Zudem ist jede Form von Interessenvertretung darauf angewiesen, ihre Strategieformulierung auch auf die Fragmentierung der Arbeitsregulationen zu beziehen. Falls dies nicht geschieht, läuft sie Gefahr, relevante Zielgruppen zu negieren und riskiert damit ihren Erfolg.

Die multidimensionale Perspektive der Strukturationstheorie bedingt, dass Management und Interessenvertretung nicht nur auf ihre Machtbeziehungen reflektieren dürfen. Arbeitsregulationen beeinflussen notwendig kognitive und normative Strukturen und werden von diesen beeinflusst; sie können so z.B. durch neue Sichtweisen ihre Aktivitäten in Unternehmungsnetzwerke ausdehnen. Erst in dem Zusammenspiel der drei Dimensionen des Sozialen lassen sich soziale Praktiken der Arbeitsregulation verstehen, erklären und damit auch weiterentwickeln.

Interessenvertretung bedeutet aus strukturationstheoretischer Sicht die Beeinflussung der sozialen Praktiken der Arbeitsregulation auf einer und/oder mehreren Ebenen und/oder auf einer und/oder mehreren Dimensionen des Sozialen. Deshalb sind mit der Multidimensionalität der Arbeitsregulation und der Mehrebenenperspektive unterschiedliche Möglichkeiten der Einflussnahme und Ansatzpunkte für Interessenvertretung verknüpft. Beispielsweise können Managementvertreter intervenieren, um neue Sichtweisen in der Gesellschaft mittels Lobbyismusorganisationen zu verbreiten. So hat die Initiative Neue Soziale Marktwirtschaft, eine u.a. vom Arbeitgeberverband Gesamtmetall finanzierte Lobbygruppe (Speth 2004), über die Produktionsfirma Bavaria Film gegen Bezahlung Einfluss auf die Drehbücher der von der Bavaria Film produzierten und von der ARD ausgestrahlten Soap Opera ‚Marienhof' genommen und dort neoliberale Positionen einarbeiten lassen. Indem solche Sichtweisen bei der vorwiegend jugendlichen Zielgruppe dieser Sendung verbreitet und ggfs. auch übernommen werden, bereitet diese Gruppierung auf der kognitiven Dimension die Entwicklung neuer Praktiken (der Arbeitsregulation) vor, indem sie machtvoll neue Sichtweisen und Legitimationsweisen in der Gesellschaft verankert.

Aus der Sicht von Management und Interessenvertretung verweist die Mehrebenenperspektive der Strukturationstheorie auf unterschiedliche Ansatzpunkte für die Realisierung von Interessen: gesellschaftsweite Institutionen, z.B. Professionen, ebenso wie Regionen und Branchen, Netzwerke, Organisationen und schließlich individuelle Aushandlungen zwischen Beschäftigten und Beschäftigern. Eine Gewerkschaft, die beispielsweise regionale Standards der Entlohnung kommuniziert, betreibt Interessenvertretung, weil sie Orientierung gibt, an der sich das individuelle Handeln ausrichten kann. Indem Gewerkschaften in der Öffentlichkeit bestimmte Gerechtigkeitsvorstellungen vertreten und sich in ihrem eigenen Handeln daran orientieren, schaffen sie (bessere) Voraussetzungen für die Realisierung der Mitglieder- und Beschäftigteninteressen, weil sie damit den Weg für *exit*- und *voice*-Optionen ebnen. Damit geht die Interessenvertretungsarbeit einer Gewerkschaft weit über die Beratung in arbeits- und sozialrechtlichen Fragen sowie den Abschluss von Tarifverträgen oder die Unterstützung (der Gründung) von Betriebsräten hinaus. Zudem gilt es das komplexe Zusammenspiel der Arbeitsregulationen auf unterschiedlichen Ebenen zu beobachten, auszuwerten und ggf. für die Entwicklung neuer Praktiken der Arbeitsregulation fruchtbar zu machen.

Aus der Perspektive des Managements ist die Personalselektion und – häufig damit verknüpft – die Personalentwicklung, ein zentraler Ansatzpunkt für die

Gestaltung der Arbeitsregulation. Die Sozialisation der Beschäftigten vor der Beschäftigung in der Unternehmung ist zentral für deren Sicht-, Handlungs- und Legitimationsweisen. Insofern sollte ein Management eine Vorstellung davon haben, wo und wie seine Beschäftigten sozialisiert sind bzw. sein sollten. Umgekehrt können Gewerkschaften, aber auch Arbeitgeber (-verbände), wenn sie in den Sozialisationsinstanzen aktiv sind oder eigene aufbauen, z. B. Bildungseinrichtungen, diese Sozialisationsprozesse in einer für sie günstigen Art und Weise beeinflussen (s. dazu auch Kapitel 5 in diesem Band). Insofern erfordert wirksame Interessenvertretung heute mehr denn je eine Ausweitung des Aktionsradius von Interessenvertretungen. Ebenso wirken Arbeitsorganisation und Unternehmungsstrategie, im Fall von Crossmedia die Strategie der Kostenführerschaft, auf die Arbeitsregulation ein, indem sie bestimmte Praktiken der Arbeitsregulation ermöglichen und andere zugleich beschränken.

Aus *theoretischer Sicht* zeigen die Ausführungen, dass die Strukturationstheorie analytisches Potenzial hat. Sie gehen über die vor allem machtbezogenen Ausführungen der Autoren/innen strukturalistischer Ansätze durch die Erweiterung um kognitive und normative Aspekte hinaus. Die Arbeiten zur betrieblichen Sozialordnung, also interaktionistischer Ansätze, kann die strukturationstheoretische Perspektive durch ihre stärker machtbezogenen Aspekte und ihre stärkere Orientierung auf Strukturen erweitern. Zudem bietet die Strukturationstheorie durch ihre Mehrebenenperspektive eine systematische Verknüpfung unterschiedlicher Regulationsebenen und sie sensibilisiert mittels des Denkens in Problemlösungen für unterschiedliche Leistungen der Akteure der Arbeitsregulation, die sie erbringen bzw. die sie erbringen müssen. Trotzdem – auch dies zeigt diese Studie – besteht auch bei der strukturationstheoretischen Sichtweise auf Arbeitsregulation Weiterentwicklungsbedarf: Die Aufdeckung eines immer zu lösenden Gerechtigkeitsproblems und die Formulierung von Fragen, die es zu beantworten gilt, ist hierzu ein erster Schritt, das analytische Instrumentarium weiter zu entwickeln. Die Fokussierung sozialer Praktiken ermöglicht Analysen des tatsächlichen Handelns aus einer Verstehens- und Erklärensperspektive. Voraussetzung dafür ist eine Aufmerksamkeit für (neue) Akteure und Praktiken.

Granovetters (1985) grundlegende Überlegungen zur sozialen Einbettung (auch der Akteure der Arbeitsregulation) können mit der Strukturationstheorie erweitert werden. Die soziale Einbettung ist nicht auf personale Beziehungen beschränkt. Vielmehr sind die Beziehungen und Interaktionen in umfassendere Kontexte, z. B. Regionen oder Industrien, eingebettet. Soziale Einbettung wird so zu einem Mehrebenenphänomen, das die Reflexion auf die Spezifika der jeweiligen Ebene und deren Zusammenspiel mit anderen Ebenen erforderlich macht.

Longitudinale Studien und Prozessanalysen, ohne strukturelle Begrenzungen auszublenden, ermöglichen eine Analyse des Wandels von Arbeitsregulationen und sollten deshalb auch öfter durchgeführt werden (auch schon Wirth 1999b, 2010). Der Fall ‚Crossmedia' bestätigt, dass auch mittels qualitativer Forschungsmethoden Theorieentwicklung möglich ist (so auch Eisenhardt 1989) und diese – ggf. ergänzt um quantitative Methoden, wo dies möglich ist – auch weiterhin zur Theorieentwicklung eingesetzt werden sollten. Da sich die Ausdifferenzierung der Arbeitsregulation verstärkt, weil Berufsgewerkschaften wie die Gewerkschaft der Lokführer (GdL), die Vereinigung Cockpit (VC) oder die Unabhängige Flugbegleiter Organisation (UFO) aktiv werden (Schroeder et al. 2011; Müller-Jentsch 2011, S. 164 ff.) und beginnen, eigenständige Arbeitsregulationen auszuhandeln, wird es zukünftig (noch) bedeutsamer, empirische Studien über heterogene Arbeitsregulationen durchzuführen und die Analyse der Veränderungen des Erkenntnisobjekts durch eine geschickte Kombination aus Literaturauswertung, qualitativen und quantitativen Methoden voranzutreiben.

Weiterführende Literatur

Müller-Jentsch, W. (1997):
Soziologie der Industriellen Beziehungen.
2. Aufl. Frankfurt und New York.
Grundlegendes Lehrbuch zum Gegenstand der Arbeitsregulation aus soziologischer Perspektive. Es stellt die zentralen Akteure industrieller Beziehungen vor und führt in unterschiedliche Gegenstände der *industrial relations*-Forschung (z. B. Mitbestimmung und Tarifpolitik) ein.

Müller-Jentsch, W. (2007):
Strukturwandel der industriellen Beziehungen. Wiesbaden.
Aktuelle Einführung in die grundlegenden Veränderungen der industriellen Beziehungen in Deutschland in den letzten zehn Jahren. Studierende profitieren insbesondere von der klaren und Problem bezogenen Darstellung des Nestors der deutschen *industrial relations*-Forschung.

Müller-Jentsch, W. (2011):
Gewerkschaften und Soziale Marktwirtschaft seit 1945. Stuttgart.
Dieser kurze und sehr preiswerte Reclam-Band fasst die historische Entwicklung der industriellen Beziehungen in der Bundesrepublik Deutschland zusammen. Walther Müller-Jentsch erinnert darin u. a. an die zuweilen schon vergessenen Kämpfe in der Gründungsphase der Bundesrepublik Deutschland und gibt einen Einblick in aktuelle Entwicklungen.

Keller, B. (2008):
Einführung in die Arbeitspolitik. 7. Aufl. München und Wien.
Grundlegendes Lehrbuch zum Gegenstand der Arbeitsregulation aus politikwissenschaftlicher Sicht. Neben der ausführlichen Einführung in die Rahmenbedingungen für die Akteure der industriellen Beziehungen im dualen System industrieller Beziehungen geht dieser Band auch auf Fragen europäischer Arbeitspolitik ein.

Sadowski, D. (2002):
Personalökonomie und Arbeitspolitik. Stuttgart.
Grundlegendes Lehrbuch aus ökonomischer Perspektive auf die Akteure und Praktiken der Arbeitsregulation. Durch die kritische Diskussion von Fragen der Mitbestimmung und der Arbeitsregulation führt dieses Lehrbuch die Studierenden in die unterschiedlichen Denktraditionen in der Wirtschaftswissenschaft ein.

Duschek, S./Wirth, C. (1999):
Mitbestimmte Netzwerkbildung –
Der Fall einer außergewöhnlichen Dienstleistungsunternehmung.
In: Industrielle Beziehungen 6 (1), S. 73-110.
Wieder abgedruckt in: Sydow, J./Wirth, C. (Hrsg.) (1999): Arbeit, Personal und Mitbestimmung in Unternehmungsnetzwerken.
München und Mering, S. 297-336.

Einer der ersten Beiträge zur *industrial relations*-Forschung, der eine strukturationstheoretische Analyse der Praktiken der Akteure im dualen System industrieller Beziehungen vornimmt. Der Beitrag basiert auf einer Einzelfallstudie zu einer Flughafenbetreibergesellschaft, die als Netzwerkorganisator vorgestellt wird.

Windeler, A./Sydow, J. (2001):
Strukturationstheoretische Analyse industrieller Beziehungen –
Soziale Praktiken der Arbeitsregulation im Fokus.
In: Abel, J./Sperling, H. J. (Hrsg.): Umbrüche und Kontinuitäten.
Perspektiven nationaler und internationaler Arbeitsbeziehungen.
München/Mering, S. 31-48.

Der Aufsatz von Arnold Windeler und Jörg Sydow führt in die strukturationstheoretische Perspektive auf Arbeitsregulation ein und präsentiert konzeptionelle wie empirische Einsichten in die Funktionsweise des dualen Systems industrieller Beziehungen und in die Aktivitäten der Akteure jenseits des dualen Systems industrieller Beziehungen, die für die Arbeitsregulation verantwortlich bzw. bedeutsam sind.

Windeler, A./Wirth, C. (2004):
Arbeitsregulation in Projektnetzwerken.
Eine strukturationstheoretische Analyse.
In: Industrielle Beziehungen 11 (4), S. 295-319.

In diesem Beitrag wird die Arbeitsregulation in der TV-Content-Produktion untersucht. In diesem Bereich der Ökonomie haben die aus dem dualen System industrieller Beziehungen bekannten Akteure kaum Bedeutung. Deshalb zeigen die Autoren, dass andere Akteure an deren Stelle treten und grundlegend andere Praktiken der Arbeitsregulation entwickeln, ohne dass es zu einer Vermarktlichung der Beziehungen zwischen Arbeitskraftanbieter und -nachfrager kommt.

Windeler, A./Wirth, C. (2005):
Strukturation von Arbeitsregulation:
eine relationale Mehrebenenperspektive.
In: Faust, M./Funder, M./Moldaschl, M. (Hrsg.):
Die „Organisation" der Arbeit.
München und Mering, S. 163-191.

Die Autoren vergleichen in diesem Beitrag – wiederum aus strukturationstheoretischer Sicht – die Praktiken der Arbeitsregulation im dualen System industrieller Beziehungen mit denen in einem Bereich, in dem die klassischen Akteure der Arbeitsregulation kaum Bedeutung haben.

Lernfragen

1. Wie wurde der Begriff Arbeitsregulation definiert und welche Implikationen hat diese Definition?
2. Welche Akteure und Institutionen sind zentral für das duale System industrieller Beziehungen in der Bundesrepublik Deutschland?
3. Was ist ein Stil industrieller Beziehungen und welche Ausprägung dominiert in der Bundesrepublik Deutschland? Wie ist diese Dominanz erklärbar?
4. Erläutern Sie das grundlegende Argument der strukturationstheoretisch informierten Perspektive auf Arbeitsregulation!
5. Warum erlaubt die Strukturationstheorie eine multidimensionale Mehrebenenanalyse der Arbeitsregulation?
6. Zeigen Sie am Beispiel der mittelständischen Unternehmung ‚Crossmedia' das Zusammenspiel mehrerer Ebenen der Arbeitsregulation!
7. Welche praktischen Konsequenzen lassen sich für Arbeitnehmervertreter aus der Fallstudie ‚Crossmedia' ziehen?
8. Welche praktischen Konsequenzen lassen sich für Arbeitgebervertreter aus der Fallstudie ‚Crossmedia' ziehen?

Literatur

Abel, J./Ittermann, P. (2006): Strukturen und Wirksamkeit von Beschäftigtenpartizipation in Neue-Medien-Unternehmen. In: Artus, I./Böhm, S./Lücking, S./Trinczek, R. (Hrsg.): Betriebe ohne Betriebsrat. Informelle Interessenvertretung in Unternehmen. Frankfurt und New York, S. 197-221.

Alinsky, S. D. (2010): Call me a radical. Göttingen.

Artus, I. (2003): Die Kooperation zwischen Betriebsräten und Gewerkschaften als neuralgischer Punkt des Tarifsystems. Eine exemplarische Analyse am Beispiel Ostdeutschlands. In: Industrielle Beziehungen 10 (2), S. 250-272.

Artus, I. (2005): Betriebe ohne Betriebsrat: Gelände jenseits des Tarifsystems. In: WSI Mitteilungen 58 (7), S. 392-397.

Artus, I./Böhm, S./Lücking, S./Trinczek, R. (Hrsg.) (2006): Betriebe ohne Betriebsrat. Informelle Interessenvertretung in Unternehmen. Frankfurt und New York.

Aust, A./Holst, H. (2006): Von der Ignoranz zur Organisierung? Gewerkschaftliche Strategien im Umgang mit atypisch Beschäftigten. In: Industrielle Beziehungen 13 (4), S. 291-313.

Backes-Gellner, U./Kay, R./Tuor, S. (2006): Technologische Innovationen und Strategien zur Beschaffung qualifizierter Arbeitskräfte. In: Die Betriebswirtschaft 66 (3), S. 255-286.

Bartölke, K./Grieger, J./Kiunke, S. (2006): Participation in decision-making at the plant level: Reflections on the German experience. In: International Review of Sociology 16 (1), S. 101-125.

Becker, S./Menz, W./Sablowski, T. (1999): Ins Netz gegangen: Industrielle Beziehungen im Netzwerk-Konzern der Hoechst AG. In: Industrielle Beziehungen 6 (1), S. 9-35. Wieder abgedruckt in Sydow, J./Wirth, C. (Hrsg.) (1999): Arbeit, Personal und Mitbestimmung in Unternehmungsnetzwerken. München und Mering, S. 337-364.

Behrens, M. (2005): Die Arbeit des Betriebsrats in komplexen Gremienstrukturen. In: WSI Mitteilungen 58 (11), S. 638-644.

Behrens, M. (2011): Das Paradox der Arbeitgeberverbände. Von der Schwierigkeit, durchsetzungsstarke Unternehmensinteressen kollektiv zu vertreten. Berlin.

Behrens, M. (2013): Arbeitgeberverbände als politische und ökonomische Akteure: Auf den Weg in den Dualismus? In: WSI Mitteilungen 66 (7) (im Erscheinen).

Behrens, M./Kädtler, J. (2008): Gesamtbetriebsräte: Neue Zuständigkeiten und Folgen für die betrieblichen Arbeitsbeziehungen. In: WSI Mitteilungen 61 (6), S. 297-304.

Bispinck, R./Dribbusch, H. (2008): Tarifkonkurrenz der Gewerkschaften zwischen Über- und Unterbietung. Zu aktuellen Veränderungen in der Tariflandschaft. In: Sozialer Fortschritt 57 (6), S. 153-163.

Böhm, S./Lücking, S. (2006): Orientierungsmuster des Managements in betriebsratslosen Betrieben – Zwischen Willkürherrschaft und Human Resource Management. In: Artus, I./Böhm, S./Lücking, S./Trinczek, R. (Hrsg.): Betriebe ohne Betriebsrat. Informelle Interessenvertretung in Unternehmen. Frankfurt und New York, S. 107-139.

Bolder, A./Naevecke, S./Schulte, S. (2005): Türöffner Zeitarbeit? Kompetenz und Erwerbsverlauf in der Praxis der Leiharbeit. Wiesbaden.

Bormann, S. (2007): Angriff auf die Mitbestimmung. Unternehmensstrategien gegen Betriebsräte – der Fall Schlecker. Berlin.

Bosch, A. (1997): Vom Interessenkonflikt zur „Kultur der Rationalität"? Interaktionsbeziehungen zwischen Management und Betriebsrat. München und Mering.
Braczyk, H.-J. (1997): Organisation in industriesoziologischer Perspektive. In: Ortmann, G./Sydow, J./Türk, K. (Hrsg.): Theorien der Organisation. Opladen, S. 530-575.
Braun, W. M. (2002): Strategisches Management der industriellen Beziehungen. Zur Empirie und Theorie des Verhältnisses zwischen Management und Betriebsrat. München und Mering.
Braverman, H. (1977): Die Arbeit im modernen Produktionsprozeß. Frankfurt und New York.
Bremme, P./Fürniß, U./Meinecke, U. (Hrsg.) (2007): Never work alone. Organizing – ein Zukunftsmodell für Gewerkschaften. Hamburg.
Brenke, K./Zimmermann, K. F. (2007): Erfolgreiche Arbeitssuche weiterhin meist über informelle Kontakte und Anzeigen. DIW-Wochenbericht 20/2007. Berlin.
Brettschneider, A./Bromberg, T./Haipeter, T. (2011): Betriebsräte mit Rückenwind? Chancen und Ambivalenzen betrieblicher „Besser"-Strategien für Arbeitspolitik und Interessenvertretungen. In: Haipeter, T./Dörre, K. (Hrsg.): Gewerkschaftliche Modernisierung. Wiesbaden, S. 61-85.
Brinkmann, U./Choi, H.-L. /Detje, R./Dörre, K./Holst, H./Karakayali, S./Schmalstieg, C. (Hrsg.) (2008): Strategic Unionism: Aus der Krise zur Erneuerung? Umrisse eines Forschungsprogramms. Wiesbaden.
Burawoy, M. (1979): Manufacturing consent. Chicago und London.
Däubler, W. (1988): Das Arbeitsrecht 1. 8. Aufl. Reinbek.
Däubler, W. (2005): Privatautonome Betriebsverfassung? In: Kohte, W./Dörner, H.-J./ Anzinger, R. (Hrsg.): Arbeitsrecht im sozialen Dialog. München, S. 275-285.
DeFilippi, R. J./Arthur, M. B. (1998): Paradox in the project-based enterprise: The case of film making. In: California Management Review 40 (2), S. 125-139.
Deutschmann, C. (2002): Postindustrielle Industriesoziologie. Weinheim.
Dombois, R. (2009): Die VW-Affäre – Lehrstück zu den Risiken deutschen Co-Managements? In: Industrielle Beziehungen 16 (3), S. 207-231.
Dribbusch, H. (2007): Das „Organizing-Modell". Entwicklung, Varianten und Umsetzung. In: Bremme, P./Fürniß, U./Meinecke, U. (Hrsg.): Never work alone. Organizing – ein Zukunftsmodell für Gewerkschaften. Hamburg, S. 24-52.
Dribbusch, H. (2009): Konkurrierende Tarifpolitik: Herausforderung für die DGB-Gewerkschaften. In: WSI Mitteilungen 62 (4), S. 193-200.
Dunkel, W./ Kratzer, N./Menz, W. (2010): ‚Permanentes Ungenügen' und ‚Veränderung in Permanenz' – Belastungen durch neue Steuerungsformen. In: WSI Mitteilungen 63 (7), S. 357-364.
Duschek, S./Wirth, C. (1999): Mitbestimmte Netzwerkbildung – Der Fall einer außergewöhnlichen Dienstleistungsunternehmung. In: Industrielle Beziehungen 6 (1), S. 73-110. Wieder abgedruckt in: Sydow, J./Wirth, C. (Hrsg.) (1999): Arbeit, Personal und Mitbestimmung in Unternehmungsnetzwerken. München/Mering, S. 297-336.
Eisenhardt, K. M. (1989): Building theories from case study research. In: Academy of Management Review 14 (4), S. 532-550.
Ellguth, P. (2005): Betriebe ohne Betriebsrat – welche Rolle spielen betriebsspezifische Formen der Mitarbeitervertretung? In: Industrielle Beziehungen 12 (2), S. 149-176.
Ellguth, P. (2006): Betriebe ohne Betriebsrat – Verbreitung, Entwicklung und Charakteristika – unter Berücksichtigung betriebsspezifischer Formen der Mitarbeiter-

vertretung. In: Artus, I./Böhm, S./Lücking, S./Trinczek, R. (Hrsg.): Betriebe ohne Betriebsrat. Informelle Interessenvertretung in Unternehmen. Frankfurt und New York, S. 43-80.

Ellguth, P. (2007): Betriebliche und überbetriebliche Interessenvertretung – Ergebnisse aus dem IAB-Betriebspanel. In: WSI Mitteilungen 60 (3), S. 155-157.

Ellguth, P./Kohaut, S. (2011): Tarifbindung und betriebliche Interessenvertretung: Aktuelle Ergebnisse aus dem IAB-Betriebspanel 2010. In: WSI Mitteilungen 64 (5), S. 242-247.

Ellguth, P./Kohaut, S. (2012): Tarifbindung und betriebliche Interessenvertretung: Aktuelle Ergebnisse aus dem IAB-Betriebspanel 2011. In: WSI Mitteilungen 65 (4), S. 297-305.

Ellguth, P./Kohaut, S. (2013): Tarifbindung und betriebliche Interessenvertretung: Aktuelle Ergebnisse aus dem IAB-Betriebspanel 2012. In: WSI Mitteilungen 66 (4), S. 281-288.

Ellguth, P./Promberger, M. (2007): Arbeitszeitsituation und betriebliche Interessenvertretung – Bessere Zeiten mit Betriebsrat? In: WSI Mitteilungen 60 (3), S. 209-215.

Engelen-Kefer, U. (2001): Mitbestimmung ist ein Standortvorteil. In: Gewerkschaftliche Monatshefte 51 (4), S. 193-201.

Fitting, K./Engels, G./Schmidt, I./Trebinger, Y./Linsenmaier, W. (2012): Betriebsverfassungsgesetz. 26. Aufl. München.

Fitz, Roy, F./Kraft, K. (2005): Co-determination, efficiency and productivity. In: British Journal of Industrial Relations 43 (2), S. 233-247.

Freeman, R. E. (1984): Strategic management: A stakeholder approach. Boston etc.

Freeman, R. B./Medoff, J. L. (1984): What do unions do? New York.

Friedman, A. L. (1977): Industry and labour. London und Basingstoke.

Funder, M. (1999): Paradoxien der Reorganisation. München und Mering.

Fürstenberg, F. (1958): Der Betriebsrat – Strukturanalyse einer Grenzinstitution. In: Kölner Zeitschrift für Soziologie und Sozialpsychologie 10 (3), S. 418-429.

Giddens, A. (1984): The constitution of society. Outline of the theory of structuration. Cambridge.

Girndt, C. (2006): Die Betriebsratsgründer. In: Die Mitbestimmung 52 (11), S. 40-45.

Girndt, C./Müller, M. (2011): ‚Das sind doch Machtfragen'. Interview mit dem IG Metall-Vize Detlef Wetzel. In: Die Mitbestimmung 57 (1-2), S. 46-51.

Granovetter, M. (1985): Economic action and social structure: The problem of embeddedness. In: American Journal of Sociology 91 (3), S. 481-510.

Haipeter, T./Schilling, G. (2006): Von der Einfluss- zur Mitgliedschaftslogik. Die Arbeitgeberverbände und das System industrieller Beziehungen in der Metallindustrie. In: Industrielle Beziehungen 13 (1), S. 21-42.

Hans-Böckler-Stiftung (2007): Arbeitsvertrag: Wenig zu verhandeln. Böckler Impuls 12/2007. Düsseldorf.

Hassel, A. (1999): The erosion of the German system of industrial relations. In: British Journal of Industrial Relations 37 (3), S. 483-505.

Hassel, A./Kluge, N. (1999): Die quantitative Entwicklung der Mitbestimmung in Deutschland. In: Gewerkschaftliche Monatshefte 50 (3), S. 167-176.

Hauser-Ditz, A./Hertwig, M./Pries, L. (2006): Betriebsräte oder „Andere Vertretungsorgane"? Verbreitung und Kontext betrieblicher Beschäftigtenvertretungen. In: Industrielle Beziehungen 13 (4), S. 340-369.

Hauser-Ditz, A./Hertwig, M./Pries, L. (2009): Andere Vertretungsorgane als Herausforderung für Betriebsräte? In: WSI Mitteilungen 62 (9), S. 70-77.

Heidenreich, M./Töpsch, K. (1998): Die Organisation von Arbeit in der Wissensgesellschaft. In: Industrielle Beziehungen 5 (1), S. 13-44.
Heinkel, R. (2008): Neustrukturierung von Betriebsratsgremien nach § 3 BetrVG. Frankfurt am Main.
Helfen, M. (2005): De-Institutionalisierung des Betriebsrates. Welchen Erklärungsbeitrag liefern „New Economy" und direkte Partizipation? In: Industrielle Beziehungen 12 (2), S. 120-148.
Hertwig, M. (2010): Die Praxis „Anderer Vertretungsorgane": Form, Funktion und Wirksamkeit. Berlin.
Hertwig, M. (2013): Zur Logik kollektiver Partizipation in Betrieben ohne Betriebsrat. Formen und Interessenvertretungschancen ‚Anderer Vertretungsorgane'. In: Industrielle Beziehungen 20 (3), S. 199-220.
Hilbert, J./Sperling, H. J. (1993): Die kleine Fabrik. Beschäftigung, Technik und Arbeitsbeziehungen. München und Mering.
Hilbert, J./Sperling, H. J./Fretschner, R. (1999): Interessenvertretung in Klein- und Mittelbetrieben. In: Müller-Jentsch, W. (Hrsg.): Konfliktpartnerschaft. 3. Aufl. München und Mering, S. 257-272.
Hirschman, A. O. (1970): Exit, voice and loyality. Cambridge.
Hohn, H.-W. (1991): Von der Einheitsgewerkschaft zum Betriebssyndikalismus. Soziale Schließung im dualen System der Interessenvertretung. 2., durchgesehene Auflage. Berlin.
Honneth, A. (1992): Kampf um Anerkennung. Zur moralischen Grammatik sozialer Konflikte. Frankfurt am Main.
Jakobi, T. (2007): Konfessionelle Mitbestimmungspolitik bei Caritas und Diakonie am Beispiel des Krankenhaussektors. Berlin.
Jirjahn, U. (2010): Ökonomische Wirkungen der Mitbestimmung in Deutschland: Ein Update. Düsseldorf.
Karthaus, B. (2010): Der Kampf um die Leiharbeitslöhne hat gerade erst begonnen. Tarifvertrag zur Bezahlung von Leiharbeitnehmern in der nordwestdeutschen Eisen- und Stahlindustrie. In: Arbeit und Recht 58 (10), S. 494-499.
Keller, B. (2008): Einführung in die Arbeitspolitik. 7. Aufl. München und Wien.
Keller, B. (2010): Arbeitspolitik im öffentlichen Dienst. Ein Überblick über Arbeitsmärkte und Arbeitsbeziehungen. Berlin.
Kettner, A./Spitznagel, E. (2007): Kräftige Konjunktur stärkt die Arbeitsnachfrage. IAB-Kurzbericht 11/2007. Nürnberg.
Kirsch, J./Klein, M./Lehndorff, S./Voss-Dahm, D. (1999): Darf's etwas weniger sein? Arbeitszeiten und Beschäftigungsbedingungen im Lebensmitteleinzelhandel – ein europäischer Vergleich. Berlin.
Kißler, L./Greifenstein, R./Schneider, K. (2011): Die Mitbestimmung in der Bundesrepublik Deutschland. Wiesbaden.
Kleinaltenkamp, M. (1998): Begriffsabgrenzungen und Erscheinungsformen von Dienstleistungen. In: Bruhn, M./Meffert, H. (Hrsg.): Handbuch Dienstleistungsmanagement. Wiesbaden, S. 29-52.
Knuth, M. (2011): Widersprüchliche Dynamiken im deutschen Arbeitsmarkt. In: WSI Mitteilungen 64 (11), S. 580-587.
Knuth, M./Latniak, E. (1991): „Neue" Formen der Unternehmenskooperation. Innovationschancen für Regionen, Erosionsgefahr für industrielle Beziehungen? In: Hilbert, J./

Kleinaltenkamp, M./Nordhause-Janz, J./Widmaier, B. (Hrsg.): Neue Kooperationsformen in der Wirtschaft. Opladen, S. 147-170.

Köhler, H.-D. (1999): Auf dem Weg zum Netzwerkunternehmen? Anmerkungen zu einem problematischen Konzept am Beispiel der deutschen Automobilkonzerne. In: Industrielle Beziehungen, 6 (1), S. 36-51. Wieder abgedruckt in Sydow, J./Wirth, C. (Hrsg.) (1999): Arbeit, Personal und Mitbestimmung in Unternehmungsnetzwerken. München und Mering, S. 365-381.

Kommission zur Modernisierung der deutschen Unternehmensmitbestimmung (2006): Bericht der wissenschaftlichen Mitglieder der Kommission mit Stellungnahmen der Vertreter der Unternehmen und der Vertreter der Arbeitnehmer. Berlin.

Kotthoff, H. (1981): Betriebsräte und Herrschaft. Frankfurt und New York.

Kotthoff, H. (1994): Betriebsräte und Bürgerstatus. München und Mering.

Kotthoff, H. (2005): „Call me Barney". In: Faust, M./Funder, M./Moldaschl, M. (Hrsg.): Die „Organisation" der Arbeit. München und Mering, S. 73-107.

Kotthoff, H./Reindl, J. (1990): Die soziale Welt kleiner Betriebe. Wirtschaften, Arbeiten und Leben im mittelständischen Industriebetrieb. Göttingen.

Kotthoff, H./Reindl, J. (1991): Sozialordnung und Interessenvertretung in Klein- und Mittelbetrieben. In: Hildebrandt, E. (Hrsg.): Betriebliche Sozialverfassung unter Veränderungsdruck. Berlin, S. 114-129.

Krell, G./Sieben, B. (2011): Diversity Management: Chancengleichheit für alle und auch als Wettbewerbsfakor. In: Krell, G./Ortlieb, R./Sieben, B. (Hrsg.): Chancengleichheit durch Personalpolitik. 6. Aufl. Wiesbaden, S. 155-174.

Leblebici, H./Salancik, G. R./Copay, A./King, T. (1991): Institutional change and the transformation of interorganizational fields: An organizational history of the U.S. radio broadcasting industry. In: Administrative Science Quarterly 36 (3), S. 333-363.

Lehmer, F./Ziegler, K. (2010): Zumindest ein schmaler Steg. IAB-Kurzbericht 13/2010. Nürnberg.

Lengfeld, H. (2003): Mitbestimmung und Gerechtigkeit. Zur moralischen Grundstruktur betrieblicher Verhandlungen. München und Mering.

Lepak, D./Snell, S. A. (2010): Employment subsystems and the ‚HR architecture'. In: Boxall, P./Purcell, J./Wright, P. (Hrsg.): The Oxford handbook of human resource management. Oxford etc., S. 210-230.

Lücking, S. (2009): Zwischen Neopaternalismus und Repression. In: WSI Mitteilungen 62 (2), S. 63-69.

Lutz, A./Sydow, J. (2002): Content-Produktion in der Region – Zur Notwendigkeit und Schwierigkeit der politischen Förderung einer projektbasierten Dienstleistungsindustrie. In: Fischer, J./Gensior, S. (Hrsg.): Sprungbrett Region? Analysen vernetzter Geschäftsbeziehungen. Berlin, S. 71-104.

Marchington, M./Rubery, J./Grimshaw, D. (2011): Alignment, integration, and consistency in HRM across multi-employer networks. In: Human Resource Management 50 (3), S. 313-339.

Marrs, K. (2007): Zwischen Leidenschaft und Lohnarbeit. Ein arbeitssoziologischer Blick hinter die Kulissen von Film und Fernsehen. Berlin.

Marrs, K./Boes, A. (2003): Alles Spaß und Hollywood? Arbeits- und Leistungsbedingungen bei Film und Fernsehen. In: Pohlmann, M./Sauer, D./Trautwein-Kalms, G./Wagner, A. (Hrsg.): Dienstleistungsarbeit: Auf dem Boden der Tatsachen. Befunde aus Handel, Industrie, Medien und IT-Branche. Berlin, S. 187-242.

Mayer-Ahuja, N. (2006): Normalarbeitsverhältnis in Internetfirmen? – Zur schleichenden Entwertung eines Konzeptes. In: WSI Mitteilungen 59 (6), S. 335-340.
Midler, C. (1995): „Projectification" of the firm: The Renault case. In: Scandinavian Journal of Management 11 (4), S. 363-375.
Minssen, H. (2006): Einführung in die Arbeits- und Industriesoziologie. Frankfurt und New York.
Minssen, H./Riese, C. (2005): Der Co-Manager und seine Arbeitsweise. Die interne Arbeitsorganisation von Betriebsräten im Öffentlichen Personennahverkehr. In: Industrielle Beziehungen 12 (4), S. 367-392.
Mückenberger, U. (1993): Auf dem Weg zu einem post-fordistischen Arbeitsrecht. In: Müller-Jentsch, W. (Hrsg.): Konfliktpartnerschaft. 2. Aufl. München und Mering, S. 203-228.
Müller, M. (2005): Die Institution Betriebsrat aus personalwirtschaftlicher Sicht. München und Mering.
Müller-Jentsch, W. (1982): Gewerkschaften als intermediäre Organisationen. In: Schmidt, G./Braczyk, H.-J./Knesebeck, J. v. d. (Hrsg.): Materialien zur Industriesoziologie. Kölner Zeitschrift für Soziologie und Sozialpsychologie. Sonderheft Nr. 24. Opladen, S. 408-432.
Müller-Jentsch, W. (1995): From collective voice to co-management. In: Rogers, J./Streeck, W. (Hrsg.): Works councils. Consultation, representation, and co-operation in industrial relations. Chicago und London, S. 53-78.
Müller-Jentsch, W. (1996): Theorien industrieller Beziehungen. In: Industrielle Beziehungen 3 (1), S. 36-64.
Müller-Jentsch, W. (1997): Soziologie der industriellen Beziehungen. Eine Einführung. 2., erweiterte Auflage. Frankfurt und New York.
Müller-Jentsch, W. (2001): Mitbestimmung – Wirtschaftlicher Erfolgsfaktor oder Bürgerrecht? In: Gewerkschaftliche Monatshefte 51 (4), S. 202-211.
Müller-Jentsch, W. (2006): Diesseits und jenseits des dualen Systems. In: Artus, I./Böhm, S./Lücking, S./Trinczek, R. (Hrsg.): Betriebe ohne Betriebsrat. Informelle Interessenvertretung in Unternehmen. Frankfurt und New York, S. 417-424.
Müller-Jentsch, W. (2007): Struktureller Wandel industrieller Beziehungen. Wiesbaden.
Müller-Jentsch, W. (2008): Arbeit und Bürgerstatus. Studien zur sozialen und industriellen Demokratie. Wiesbaden.
Müller-Jentsch, W. (2011): Gewerkschaften und Soziale Marktwirtschaft seit 1945. Stuttgart.
Oechsler, W. A. (2011): Personal und Arbeit. Grundlagen des Human Resource Management und der Arbeitgeber-Arbeitnehmer-Beziehungen. 9. Aufl. München/Wien.
Pfeffer, J./Baron, J.N. (1988): Taking the workers back out: Recent trends in the structuring of employment. In: Staw, B. M./Cummings, L. L. (Hrsg.): Research in organizational behaviour 10. Greenwich, Conn., S. 257-303.
Porter, M. E. (1983): Wettbewerbsstrategie. Frankfurt.
Pries, L./Abel, J. (2005): Von der Stellvertretung zur Selbstvertretung? Interessenvertretung bei hochqualifizierter Wissensarbeit in Neue-Medien-Unternehmen. In: Mayer-Ahuja, N./Wolf, H. (Hrsg.): Entfesselte Arbeit – neue Bindungen. Grenzen der Entgrenzung in der Medien- und Kulturindustrie. Berlin, S. 109-152.
Rehder, B. (2003): Betriebliche Bündnisse für Arbeit in Deutschland. Mitbestimmung und Flächentarifvertrag im Wandel. Frankfurt und New York.

Rehder, B. (2006): Legitimationsdefizite des Co-Managements. Betriebliche Bündnisse als Konfliktfeld zwischen Arbeitnehmern und betrieblicher Interessenvertretung. In: Zeitschrift für Soziologie 35 (3), S. 227-242.
Rieble, V. (Hrsg.) (2004): Zukunft der Unternehmensmitbestimmung. München.
Rogowski, R. (1999): Kollektives und individuelles Arbeitsrecht. In: Müller-Jentsch, W. (Hrsg.): Konfliktpartnerschaft. 3. Aufl. München und Mering, S. 213-232.
Roth, S. (1994): Kooperationsnetzwerke. Gewerkschaftliche Aktivitäten in der Automobil- und Zulieferindustrie. In: Industrielle Beziehungen 1 (4), S. 374-384.
Rudolph, W./Wassermann, W. (2006): Übergänge zwischen Betriebsratslosigkeit und Betriebsratsgründung: Neue Betriebsratsgründungen im Bereich kleiner Betriebe und Reform der Betriebsverfassung 2001. In: Artus, I./Böhm, S./Lücking, S./Trinczek, R. (Hrsg.): Betriebe ohne Betriebsrat. Informelle Interessenvertretung in Unternehmen. Frankfurt und New York, S. 81-105.
Rudolph, W./Wassermann, W. (2007): Das Profil der Betriebsräte 2006. In: Arbeitsrecht im Betrieb 28 (8), S. 220-224.
Schmidt, R./Trinczek, R. (1986): Die betriebliche Gestaltung tariflicher Arbeitszeitnormen in der Metallindustrie. In: WSI Mitteilungen 39 (10), S. 641-661.
Schmidt, R./Trinczek, R. (1993): Duales System: Tarifliche und betriebliche Interessenvertretung. In: Müller-Jentsch, W. (Hrsg.): Konfliktpartnerschaft. Akteure und Institutionen industrieller Beziehungen. 2. Aufl. München und Mering, S. 169-201.
Schmierl, K. (2001): Hybridisierung der industriellen Beziehungen in der Bundesrepublik Deutschland – Übergangsphänomen oder neuer Regulationsmodus? In: Soziale Welt 52 (4), S. 427-447.
Schmierl, K. (2006): Neue Muster der Interessendurchsetzung in der wissens- und Dienstleistungsökonomie – Elemente einer Hybridisierung industrieller Beziehungen. In: Artus, I./Böhm, S./Lücking, S./Trinczek, R. (Hrsg.): Betriebe ohne Betriebsrat. Informelle Interessenvertretung in Unternehmen. Frankfurt und New York, S. 171-194.
Schroeder, W./Kalass, V./Greef, S. (2011): Berufsgewerkschaften in der Offensive: Vom Wandel des deutschen Gewerkschaftsmodells. Wiesbaden.
Semlinger, K. (1989): Fremdleistungsbezug als Flexibilitätsreservoir. In: WSI Mitteilungen 42, S. 517-525.
Sengenberger, W. (1987): Struktur und Funktionsweise von Arbeitsmärkten. Die Bundesrepublik im internationalen Vergleich. Frankfurt und New York.
Speth, R. (2004): Die politischen Strategien der Initiative Neue Soziale Marktwirtschaft. Düsseldorf.
Staehle, W. H. (1992): Funktionen des Managements. 3. Aufl. Bern und Stuttgart.
Struck, O./Grotheer, M./Schröder, T./Köhler, C. (2007): Instabile Beschäftigung. Neue Ergebnisse zu einer alten Kontroverse. In: Kölner Zeitschrift für Soziologie und Sozialpsychologie 59 (2), S. 294-317.
Sydow, J. (1992): Strategische Netzwerke. Evolution und Organisation. Wiesbaden.
Sydow, J. (1997): Mitbestimmung und neue Unternehmungsnetzwerke. Aus der Reihe „Mitbestimmung und neue Unternehmenskulturen". Ein Projekt der Bertelsmann Stiftung und der Hans-Böckler-Stiftung. Gütersloh.
Sydow, J./Van Well, B. (1996): Wissensintensiv durch Netzwerkorganisation – Strukturationstheoretische Analyse eines wissensintensiven Netzwerkes. In: Schreyögg, G./Conrad, P. (Hrsg.): Managementforschung 6. Berlin und New York, S. 191-234. Wieder

abgedruckt in: Sydow, J. (Hrsg.) (2010): Management von Netzwerkorganisationen. 5. Aufl. Wiesbaden, S. 143-186.

Sydow, J./Windeler, A. (1999): Projektnetzwerke: Management von (mehr als) temporären Systemen. In: Engelhard, J./Sinz, E. J. (Hrsg.): Kooperation im Wettbewerb. Neue Formen und Gestaltungskonzepte im Zeichen von Globalisierung und Informationstechnologie. Wiesbaden, S. 211-235.

Sydow, J./Wirth, C. (Hrsg.) (1999): Arbeit, Personal und Mitbestimmung in Unternehmungsnetzwerken. München und Mering.

Töpsch, K./Menez, R./Malanowski, N. (2001): Ist Wissensarbeit regulierbar? Arbeitsregulation und Arbeitsbeziehungen am Beispiel der IT-Branche. In: Industrielle Beziehungen 8 (3), S. 306-332.

Trinczek, R. (2006): Betriebe ohne Betriebsrat: Zur Einleitung. In: Artus, I./Böhm, S./ Lücking, S./Trinczek, R. (Hrsg.): Betriebe ohne Betriebsrat. Informelle Interessenvertretung in Unternehmen. Frankfurt und New York, S. 9-39.

Voswinkel, S. (2005): Reziprozität und Anerkennung in Arbeitsbeziehungen. In: Adloff, F./ Mau, S. (Hrsg.): Vom Geben und Nehmen. Zur Soziologie der Reziprozität. Frankfurt am Main, S. 237-256.

Wallraff, G. (1985): Ganz unten. Köln.

Wassermann, W. (1996): Betriebsräte im Wandel. Aktuelle Entwicklungsprobleme gewerkschaftlicher Betriebspolitik im Spiegel der Ergebnisse der Betriebsratsahlen 1994. In: WSI Mitteilungen 49 (9), S. 564-575.

Wassermann, W./Rudolph, W. (2005): Betriebsräte nach der Reform. Eine empirische Untersuchung ausgewählter Effekte der Reform des Betriebsverfassungsgesetzes 2001 in der Praxis. Münster.

Weischer, C. (1988): Kritische Gewerkschaftstheorie. Münster.

Weltz, F. (1977): Kooperative Konfliktverarbeitung. Ein Stil industrieller Beziehungen in deutschen Unternehmen. In: Gewerkschaftliche Monatshefte 28 (5 + 8), S. 291-301 und 489-494.

Weltz, F./Lullies, V. (1984): Das Konzept der innerbetrieblichen Handlungskonstellation als Instrument der Analyse von Rationalisierungsprozessen in der Verwaltung. In: Jürgens, U./Naschold, F. (Hrsg.): Arbeitspolitik. Opladen, S. 155-170.

Werder, A. v. (2004): Modernisierung der Mitbestimmung. In: Die Betriebswirtschaft 64 (2), S. 229-243.

Wetzel, D. (2011): Wir wollen das Lohndumping nicht weiter voranschreiten lassen. In: Die Mitbestimmung 57 (11), S. 29-31.

Whittington, R./Melin, L. (2003): The challenge of organizing/strategizing. In: Pettigrew, A. M./Whittington, R./Melin, L./Sanchez-Runde, C./van den Bosch, F. A. J./Ruigrok, W./Numagami, T. (Hrsg.): Innovative forms of organizing. London etc., S. 35-48.

Will-Zocholl, M. (2011): Wissensarbeit in der Automobilindustrie. Topologie der Reorganisation von Ingenieursarbeit in der globalen Produktentwicklung. Berlin.

Windeler, A. (2001): Unternehmungsnetzwerke. Konstitution und Strukturation. Opladen.

Windeler, A./Sydow, J. (2001): Strukturationstheoretische Analyse industrieller Beziehungen – Soziale Praktiken der Arbeitsregulation im Fokus. In: Abel, J./Sperling, H. J. (Hrsg.): Umbrüche und Kontinuitäten. Perspektiven nationaler und internationaler Arbeitsbeziehungen. München/Mering, S. 31-48.

Windeler, A./Wirth, C. (2004): Arbeitsregulation in Projektnetzwerken: Eine strukturationstheoretische Analyse. In: Industrielle Beziehungen 11 (4), S. 295-319.

Windeler, A./Wirth, C. (2005): Strukturation von Arbeitsregulation: eine relationale Mehrebenenanalyse. In: Faust, M./Funder, M./Moldaschl, M. (Hrsg.): Die „Organisation" der Arbeit. München und Mering, S. 165-193.

Windolf, P. (1990): Personalbeschaffung. In: Berthel, J./Groenewald, H. (Hrsg.): Personal-Management. Loseblattsammlung. Band IV. Landsberg/Lech, S. 1-22.

Wirth, C. (1994): Die neue Unübersichtlichkeit im Einzelhandel. Münster.

Wirth, C. (1999a): Unternehmungsvernetzung, Externalisierung von Arbeit und industrielle Beziehungen. München und Mering.

Wirth, C. (1999b): Modularer Einzelhandel und industrielle Beziehungen - Ergebnisse einer qualitativen Längsschnittuntersuchung (1991-1998). In: Sydow, J./Wirth, C. (Hrsg.): Arbeit, Personal und Mitbestimmung in Unternehmungsnetzwerken. München und Mering, S. 191-232.

Wirth, C. (2006): Arbeitsmarktintegration, personale Netzwerke und die öffentliche Arbeitsvermittlung. In: WSI Mitteilungen 59 (2), S. 104-109.

Wirth, C. (2010): Reflexive Arbeitskräftewirtschaft. Strukturation, Projektnetzwerke und TV-Content-Produktion. München und Mering.

Wirth, C. (2011): Reflexive Arbeitskräftewirtschaft und Mitbestimmung in der TV-Content-Produktion. In: WSI Mitteilungen 64 (11), S. 526-533.

Kapitel 5

Strukturationstheoretische Einsichten in das Management von Humanressourcen in und zwischen Organisationen

Carsten Wirth

Lernziele

Mit diesem Kapitel dieses Sammelbandes sollen die Studierenden

- die strukturationstheoretische Perspektive auf Humanressourcenmanagement kennen lernen,
- die Entwicklung unterschiedlicher Praktiken des Humanressourcenmanagement im Spannungsfeld von traditonellem Personalwesen einerseits und reflexiver Arbeitskräftewirtschaft andererseits verstehen lernen,
- für Branchenspezifika und regionale Besonderheiten des Humanressourcenmanagements sensibilisiert werden,
- eine interorganisationale Perspektive beim Zugriff auf Arbeitskräfte kennenlernen sowie ihre praktischen Implikationen anhand eines Beispiels verstehen und
- sich durch die eigenständige Bearbeitung von Aufgaben mit typischen Vorgehensweisen im Humanressourcenmanagement vertraut machen.

Inhaltsübersicht

1 Einleitung: Formen des Humanressourcenmanagements
2 Der Fall: Die Sicherung des Zugriffs auf Humanressourcen in der Television Production Company
3 Die strukturationstheoretische Perspektive auf Humanressourcenmanagement
4 Grundlagen und Praktiken des Personalwesens in der Television Production Company: Administration und Ökonomisierung
5 Grundlagen und Praktiken des (strategischen) Humanressourcenmanagements in der Television Production Company: Ökonomisierung und/oder strategizing?
6 Grundlagen und Praktiken reflexiver Arbeitskräftewirtschaft in der Television Production Company: Perspektivenerweiterung
7 Humanressourcenmanagement: Reflexive Verknüpfung von Personalwesen, (Strategischem) Humanressourcenmanagement und Arbeitskräftewirtschaft

Weiterführende Literatur
Lernfragen
Literatur

1 Einleitung: Formen des Humanressourcenmanagements

Vor dem Hintergrund eines rasanten technologischen Wandels, einer globaleren Ausrichtung von Unternehmungen sowie sich verändernder gesellschaftlicher Kontexte (z.B. Demografie) sind die Humanressourcen einer Unternehmung und deren Management strategisch extrem bedeutsam. Unter anderem sind vom Personal Lern-, Anpassungs- und Innovationsfähigkeit gefordert (z.B. Wilkinson et al. 2010). Aber auch in lokalen oder regionalen Märkten kommt den Humanressourcen eine zentrale Bedeutung für den Unternehmungserfolg und die regionalwirtschaftliche Entwicklung zu (Boxall et al. 2010). Zudem kann das Management von Humanressourcen – greift man auf Überlegungen des ressourcenbasierten Ansatzes des strategischen Managements zurück (siehe dazu Kapitel 2 in diesem Band) – auch nachhaltige Wettbewerbsvorteile schaffen (Colakoglu et al. 2010). Dies gilt insbesondere dann, wenn das Management der Humanressourcen eine gemeinsame *Ausrichtung* – wie im „Strategic

Human Resource Management" (Staehle 1989) – des Personals auf die Ziele und Strategien der Unternehmung vornimmt (Marchington et al. 2011, S. 315). Dazu sollten Praktiken des Humanressourcenmanagements eine *Integration* in dem Sinne erfahren (Marchington et al. 2011, S. 316), dass die einzelnen Elemente des Humanressourcenmanagements, die von der Personalplanung über die Personalbeschaffung und -einarbeitung, den Personaleinsatz, die Personalentwicklung, die Personalführung, die Entlohnung des Personals bis zur Freistellung des Personals im so genannten Human Resource Management-Prozess reichen, aufeinander abgestimmt sind und somit in sich schlüssige HR-Systeme entstehen (Allen/Wright 2010, S. 92). Diese münden immer häufiger in so genannte „high performance work systems" (Becker/Huselid 1998). Darüber hinaus ist eine *Konsistenz* der Humanressourcenmanagementpraktiken für einzelne Arbeitskräfte, Arbeitskräftegruppen und zwischen Arbeitskräftegruppen sowie im Zeitverlauf herzustellen, damit „psychologische Verträge" (Rousseau 1995) nicht verletzt werden, z.B. durch als ungerecht empfundene Entgeltregelungen, sowie zusätzlich Commitment, Arbeitszufriedenheit und Arbeitsproduktivität gefördert werden (Marchington et al. 2011, S. 317 f.). Aus strukturationstheoretischer Perspektive ist darüber hinaus essentiell, dass die Humanressourcen – das Personal bzw. die Arbeitskräfte – bei der Umsetzung von Unternehmungs- und HR-Strategien aktiv mitwirken, weil diese erst im Zuge sozialer Praktiken tatsächlich realisiert werden (z.B. Pozzebon 2004). Vor dem Hintergrund der „dialectic of control" (Giddens 1984 und die Ausführungen dazu in Kapitel 1 dieses Bandes) und divergierender Interessen in und zwischen Organisationen bleibt die Ausrichtung, Integration und Konsistenz des Humanressourcenmanagements aber immer brüchig und prekär und lässt sich – wie Management im Allgemeinen (Schreyögg 1991 mit einer entsprechenden Kritik) – nicht in einem plandeterminierten Managementprozess realisieren (Wächter 2013), sondern erfordert den Umgang mit Neuem, Unbestimmtem und emergenten Phänomenen (Feldman/Orlikowski 2011, S. 1240).

Das Management der Humanressourcen kann sehr unterschiedliche Formen annehmen. Praktiken eines „Personalwesens", die lange Zeit die bundesdeutsche Praxis prägten, hatten ursprünglich keine strategische Ausrichtung und waren vor allem auf die wirtschaftliche Administration von Arbeitsverhältnissen in Organisationen ausgerichtet. In den 80er Jahren wenden sich die Akteure im Management von Unternehmungen vor dem Hintergrund eines verschärften Wettbewerbs einem strategischen Humanressourcenmanagement zu, mit dem aus einer General Management-Perspektive eine reflexive Abstimmung von Unternehmungs- und Personalstrategie mit dem Ziel verfolgt wird, die Performanz der Unternehmung zu verbessern (Staehle 1988, 1989, 1999, S. 776 ff.;

Wächter 1992; Boxall et al. 2010, S. 3). Aus einer General Management-Perspektive ist die Einbeziehung des Top- und Linienmanagements in das Humanressourcenmanagement erforderlich, weil diese die Abstimmung der Unternehmungs- und Personalstrategie praktizieren, sie (einen Teil der) HR-Strategien in ihren Arbeitsbereichen umsetzen und sie über die Expertise in den jeweiligen Geschäftsfeldern verfügen (Baron/Kreps 1999, S. 6). Die Personalabteilung unterstützt diese Prozesse als Dienstleister und konzeptionell.

In der universalistischen Ausprägung des strategischen Humanressourcenmanagement wird bestimmten Praktiken, z. B. der Personalauswahl, Teamarbeit, Mitarbeiterbeteiligung, Mitarbeiterpartizipation oder Personalentwicklung, eine kontextunabhängige positive Wirkung auf dem Weg zu einer „high road-Ökonomie" und besseren organisationalen Performanz attestiert (Pfeffer 1998). In der kontingenztheoretischen Ausformulierung dieses Managementansatzes werden hingegen die Bedingungen für konkrete Ausprägungen eines strategischen Humanressourcenmanagements betont. Entsprechend gilt es z. B. nach Branchen, eingesetzten Technologien, Organisationsstrukturen etc. zu differenzieren (Boxall et al. 2010). Der Konsistenzansatz des strategischen Humanresourcenmanagement legt hingegen ein besonderes Augenmerk auf die interne Anschlussfähigkeit und Passung ganzer Bündel von HR-Praktiken (Colakoglu et al. 2010, S. 32 ff.; Marchington et al. 2011). Dies betrifft dann insbesondere die Abstimmung unterschiedlicher Aktivitäten in einem HR-Prozess wie z. B. die Auswahl, Entwicklung, Einsatz, Bezahlung, Beurteilung und Freistellung von Beschäftigten (s. dazu die jeweiligen Überblicksbeiträge in Boxall et al. 2010, S. 273 ff. und Wilkinson et al. 2010, S. 135 ff.).

Sowohl das klassische Personalwesen als auch das strategische Humanressourcenmanagement sind auf eine betriebliche Belegschaft ausgerichtet. Mit den Mitgliedern der Belegschaft bestehen Arbeitsverhältnisse, zumeist so genannte „Normalarbeitsverhältnisse" (Bosch 1986), die auf einem unbefristeten Arbeitsvertrag und Vollzeitbeschäftigung aufsetzen. Im Zuge der aktuellen Reflexion über eine „HR architecture" (Lepak/Snell 2010) werden nun auch (quasi-) externalisierte Vertragsarbeiter (contract workers) oder Beschäftigte von Allianzpartnern in die Überlegungen eines Humanressourcenmanagements einbezogen. Dies kann in unterschiedlichsten Formen geschehen, sich z. B. nach dem Standort der Beschäftiger, den Vertragspartnern, dem Arbeitsprozess und den Arbeitsbedingungen unterscheiden (Marchington et al. 2010). Beispiele dafür sind die Arbeit in Unternehmungen entlang der Wertschöpfungskette (dazu Scarbrough 2000), Leiharbeit, dyadische Kooperationen wie strategische Allianzen, aber auch multi-employer networks bzw. workplaces wie z. B. an Flughäfen (s. dazu die Beiträge in Marchington et al. 2004; Marchington et al. 2010,

S. 461). Alle diese Arbeitsformen erstrecken sich über Unternehmungs- bzw. Organisationsgrenzen hinweg und haben (gravierende) Folgen für das Humanressourcenmanagement, weil die Beschäftigten unterschiedlichen HR-Systemen und ggfs. widersprüchlichen Anforderungen „ausgesetzt" sind.

Generell wird davon ausgegangen, dass eine strategiebezogene Ausrichtung, eine den jeweiligen Kontingenzen angepasste Integration und interne Konsistenz der Humanressourcenmanagementpraktiken in interorganisationalen Beziehungen bzw. Beziehungszusammenhängen (noch) schwieriger zu erreichen ist als innerhalb von Organisationen (Marchington et al. 2011). Beispielsweise wird die strategiebezogene Ausrichtung der Praktiken des Humanressourcenmanagements durch unterschiedliche Zielsysteme, Strategieformen, unterschiedliche Zeithorizonte der interagierenden Organisationen, durch die Mitgliedschaft in unterschiedlichen Feldern (z. B. öffentliche versus private Dienstleistungen) und verschiedene Logiken (z. B. for-profit versus non-profit) erschwert. Hinzu kommt: Die Zusammenarbeit zwischen strategischen Geschäftseinheiten unterschiedlicher Organisationen, die im Zuge der Kooperation ihre Praktiken des Humanressourcenmanagements aneinander anpassen, schafft womöglich (kontraproduktive) *intra*organisationale Konflikte. Widersprüche in und zwischen den Employer Brandings können genauso wie „dual commitments" (Connelly/Gallagher 2004) – also Commitments zur kooperierenden Organisation *und* zum Beschäftiger – die strategiekonforme Ausrichtung der Praktiken des Humanressourcenmanagements behindern. Eine Integration der Humanressourcenmanagementpraktiken, z. B. zwischen Rekrutierung und Entwicklung, ist in interorganisationalen Zusammenhängen herausfordernder, weil sich z. B. aufgrund von Outsourcing die Tätigkeitsfelder weniger ähneln und deshalb eine interorganisationale Abstimmung der Praktiken kaum wirtschaftlich erscheint. Eine interorganisationale Abstimmung kann zudem mit den Regeln „interner Arbeitsmärkte" (Sengenberger 1987) konfligieren, die von Marktkräften ein Stück weit abgeschirmt sind und nach mehr oder minder stark institutionalisierten Regeln die Allokation von Beschäftigten, deren Qualifizierung und Gratifizierung strukturieren. Oder es ergeben sich Umsetzungsprobleme (zu letzterem Khilji/Wang 2006). Die Sicherung von Konsistenz der Humanressourcenmanagementpraktiken ist schließlich schwieriger, weil beispielsweise unterschiedliche Arbeitsbedingungen für gleiche oder gleichwertige Arbeit vorliegen, unterschiedliche Signale für „gute Arbeit" aus den Organisationen kommen und weil die Akteure industrieller Beziehungen mehr oder minder machtvoll in das interorganisationale Humanressourcenmanagement eingreifen (zu Letzterem s. die Beiträge in Sydow/Wirth 1999). Gleichwohl existieren Vorschläge, wie diese Spannungsverhältnisse intra- und interorganisational bearbeitet werden können (z. B. von Coyle-Shapiro et al. 2006). Insgesamt – so ist trotzdem zu vermuten – ergeben sich durch interorganisationale Praktiken des Humanressourcenmanagements zusätzliche und andere Aufgaben, wobei Humanressourcenmanagement nicht „nur" Personalmanagement ist, sondern als „Arbeitskräftewirtschaft" (Nienhüser 1999) auch das Management von z. B. Freiberuflern und von Beschäftigten in Subunternehmungen einschließt (dazu z. B. Süß/Kleiner 2007).

Trotz zunehmender Beschäftigung in interorganisationalen Beziehungszusammenhängen wird z.T. am Begriff des Beschäftigten bzw. des Personals festgehalten (so z. B. Lepak/Snell 2010), aber auch – richtigerweise – andere Bezeichnungen für Humanressourcen eingeführt. Boxall et al. (2010, S. 7) präferieren generell den Begriff ‚management of work and people (MWP)' und verwenden somit den Begriff ‚people' (Leute). Andere nutzen den Begriff ‚worker' (Arbeiter) für die Erwerbstätigen in multi-employer networks (Marchington et al. 2011). Die Verwendung der Begriffe ‚people' als auch ‚worker' signalisieren, dass der Fokus nicht mehr nur auf Personal bzw. Beschäftigte gerichtet ist, sondern auf Humanressourcen bzw. Erwerbstätige im Allgemeinen und zwar unabhängig von ihrem rechtlichen Status. Ähnlich signalisiert der Begriff ‚Arbeitskraft' eine Perspektive auf Personal und andere Erwerbstätige, d.h. auf die Zusammenarbeit von Personal mit Selbstständigen und mit Beschäftigten anderer Unternehmungen. Die Vorteile des Arbeitskraftbegriffs bestehen darin, dass er Beschäftigte von Subunternehmungen und Freiberufler inkludiert, offen ist für den Wechsel der Stati und er – im Zusammenspiel mit entsprechenden Konzepten – für das Zusammenspiel mit und die Rückwirkungen von Arbeitskräften in Beziehungszusammenhängen sensibilisieren kann.

Der Arbeitskraftbegriff liegt auch der konzeptionellen Vorstellung einer „reflexiven Arbeitskräftewirtschaft" (Wirth 2010) zugrunde, mit der ein Zugriff auf Arbeitskräfte im organisationsübergreifenden Zusammenhang sichergestellt werden soll. Unterschieden werden können dabei das Zusammenspiel von Personal im Betrieb bzw. in der Unternehmung und damit in der Hierarchie mit den Humanressourcen in marktlichen und netzwerkförmigen Beziehungen. Dabei variiert die Bedeutung des Verhältnisses von Personal zu anderen Erwerbstätigen ggfs. von Unternehmung zu Unternehmung bzw. von Branche zu Branche (Wirth 2010, S. 31 f.). Der im Folgenden genauer zu untersuchende Fall, der aus der bundesdeutschen Fernsehproduktionsindustrie stammt, weist entsprechende Spezifika auf: In interorganisationalen Beziehungszusammenhängen koordinierte Arbeitskräfte sind für den Unternehmungserfolg, hier vor allem des Produzenten, besonders bedeutsam. Trotzdem bleiben – wie sich in diesem Kapitel noch zeigen wird – neben einer reflexiven Arbeitskräftewirtschaft Praktiken eines Personalwesens und eines strategischen Humanressourcenmanagements wichtig.

2 Der Fall: Die Sicherung des Zugriffs auf Humanressourcen in der Television Production Company

Die Television Production Company (im weiteren TPC)[1] ist ein führender deutscher Fernsehproduzent, der in der Produktion fiktionaler Inhalte für das Fernsehen aktiv ist. In wenigen Fällen werden von TPC auch Kinofilme produziert, die im Zuge der weiteren Verwertung in aller Regel ebenfalls im Fernsehen gesendet werden. TPC ist – wie viele andere Unternehmungen in der TV-Content-Produktion – in einem der vier großen regionalen Cluster der Film- und Fernsehindustrie (Hamburg, Köln, Berlin/Brandenburg, München) angesiedelt, die als „Medienregionen“ (Lutz/Sydow 2002) bezeichnet werden können. Sie zeichnen sich u. a. dadurch aus, dass in ihnen nicht nur die wichtigsten Akteure der Fernsehindustrie, die Fernsehproduzenten und insbesondere die Fernsehsender, ansässig sind, sondern auch eine ganze Reihe anderer Organisationen aktiv sind, die an der Film- und Fernsehproduktion partizipieren. Dazu gehören z. B. Filmförderer, kreative und technisch-handwerkliche Dienstleister, Verbände, Finanziers und Regulierungsbehörden.

TPC ist ein Tochterunternehmen eines führenden Fernsehproduktionskonzerns und zugleich dessen regionale Niederlassung in einer der vier Medienregionen. Große, konzerngebundene Fernsehproduktionsunternehmen verfolgen – ähnlich wie multinationale Unternehmungen – eine regionalisierte Unternehmungsstrategie, weil Fernsehsender häufig Aufträge an Unternehmen vergeben, die in der jeweiligen Region Standorte unterhalten. Sie betreiben damit – bedingt durch politische Vorgaben aus den Entscheidungsgremien – auch eine regionale Wirtschaftsförderung. Dementsprechend haben alle führenden deutschen Fernsehproduzenten sowie einige wenige mittelständische Fernsehproduktionsunternehmungen regionale Niederlassungen gegründet. Sie nutzen zudem die Nähe zum Auftraggeber für ihr Beziehungsmanagement und für den Zugriff auf Ressourcen der Region, z. B. die regionale Film- und Wirtschaftsförderung sowie den regionalen Arbeitsmarkt (Wirth 2010, S. 48 ff.).

TPC gehört zu den Großunternehmen in der Branche. Der Jahresumsatz, der insbesondere mit der Produktion von Fernsehserien und von TV-Movies erwirtschaftet wird, schwankt zwischen 50 und 60 Mio. Euro. Trotz dieser Umsatzgröße beschäftigt TPC zum Zeitpunkt der ersten Untersuchung 1999 nur ganze zwölf Arbeitnehmerinnen und Arbeitnehmer. Dazu gehören neben zwei Geschäftsführern zwei Sekretärinnen und einer Buchhalterin

1 Alle Namen und Bezeichnungen von Unternehmungen sind verfälscht, um die Anonymität der befragten Akteure und untersuchten Organisationen sicher zu stellen.

- ein Herstellungsleiter, der für die kaufmännische Abwicklung unterschiedlicher Produktionen verantwortlich ist,
- vier Produzenten, die für die Koordination der Fernsehproduktionen verantwortlich sind, sowie
- zwei Assistenten, die die Produzenten unterstützen.

Wegen des Projektcharakters der TV-Content-Produktion fluktuiert die „Belegschaft" von TPC – abgesehen von diesen zwölf unbefristet beschäftigten Arbeitnehmern – sehr stark. Im Laufe eines Jahres arbeiten mehrere hundert Arbeitskräfte in den Produktionen von TPC, die für dieses Unternehmen z.T. nur für wenige Tage im Jahr tätig sind. Diese Arbeitskräfte werden entweder befristet angestellt oder sie arbeiten als Freiberufler oder für Subunternehmungen, die in die Produktion einbezogen werden. Dies entspricht den aktuellen Praktiken in anderen Fernsehproduktionsunternehmungen (s. zu einem anderen Fall Windeler et al. 2001), die ihre Dienstleistungen in „Projektnetzwerken" (Sydow/Windeler 1999) erstellen. In Projektnetzwerken arbeiten die Unternehmungen in einem relativ stabilen Beziehungszusammenhang projektbezogen und projektübergreifend zusammen, indem sie Praktiken des Projektmanagements zunächst in konkreten Projekten entwickeln. Nach dem erfolgreichen Abschluss eines Projekts institutionalisieren sie diese Praktiken im Projektnetzwerk und aktualisieren diese in neuen Projekten. So kommt es in der TV-Content-Produktion trotz projektbedingter Befristung und Unterbrechung der gemeinsamen Aktivitäten durch Beziehungsmanagement und wiederkehrende Zusammenarbeit, z.T. sogar über Jahre hinweg, zu einer relativen Stabilität im Beziehungszusammenhang.

Im Zuge dieser wiederkehrenden Zusammenarbeit mit Unternehmungen, Freiberuflern und Beschäftigten entwickelt TPC – wie andere Unternehmungen in der TV-Content-Produktion auch – einen Pool von Arbeitskräften, der zweifach – in Kern und Rand – segmentiert ist: zum einen in solche Arbeitskräfte, die für den Erfolg einer Produktion strategisch bedeutsam sind, d.h. insbesondere Kreative, und in solche, die häufiger oder weniger häufig in Produktionen eingesetzt werden. Zugleich wird durch die fortwährende Re-Selektion im Zuge der Zusammenarbeit der Pool von Arbeitskräften aufgebaut, entwickelt und ggf. restrukturiert. So entwickeln sich einige Arbeitskräfte vom Rand zum Kern des Pools bzw. Projektnetzwerks; andere hingegen werden weniger häufig und in weniger relevanten Projekten eingesetzt oder verlieren ihre strategische Bedeutung. Im Extremfall werden sie aus dem Pool ausgeschlossen.

Die Praktiken des Zugriffs auf Arbeitskräfte wie in der TV-Content-Produktion sind nichts grundlegend Neues. Sie repräsentieren lediglich eine extreme Variante, weil von einer sehr kleinen Steuerungseinheit, dem Fernsehproduzenten, viele Arbeitskräfte koordiniert werden. Wir kennen ähnliche Praktiken – mit einer jeweils industriespezifischen Prägung – aus der Bauindustrie (Nienhüser 1999) oder der IT-Industrie (Barley/Kunda 2004). Die Kooperation mit „Arbeitskräftepools" (Weinkopf 1996) ist z.B. in der Logistik gängige Praxis, die „kollegiale Arbeitnehmerüberlassung" (Hertwig 2009) ist in der Metallindustrie zu finden. Hier leihen Unternehmungen in einer Region Arbeitnehmerinnen und Arbeitnehmer tarifvertraglich reguliert untereinander aus. Daneben finden sich „unternehmensübergreifende Lernallianzen" (Schmierl 2011) von Ausbildungsverbünden, eine Vielzahl freier Mitarbeiter in Beziehungen zu Unternehmungen in eher wissensintensiven Branchen (Krause 2011), die aktuell um sich greifende Beschäftigung mittels Werkverträge (Waas 2012; Lorig 2012) und die klassische Leiharbeit in Tätigkeitsbereichen mit eher geringen formalen Qualifikationsanforderungen (Crimmann et al. 2009). Selbst in den Kernsektoren der Wirtschaft verbreiten sich derartige Praktiken immer mehr. Wegen des Bedeutungszuwachses dieser unternehmungsübergreifenden Praktiken werden diese im Folgenden neben dem betrieblichen Humanressourcenmanagement aufgegriffen. Behandelt wird dabei vor allem die Frage, wie es TPC möglich ist, einen kontinuierlichen Zugriff auf Arbeitskräfte und den Einsatz von Arbeitskräften in quantitativ und qualitativ angemessener Art und Weise sicherzustellen. Da es sich dabei um komplexe Prozesse handelt, deren Darstellung den Umfang dieses Beitrags sprengen würde, erfolgt die strukturationstheoretische Analyse nur selektiv am Beispiel der Arbeitskräfteentwicklung, die mit der Arbeitskräfteselektion eng zusammenspielt und zugleich strategisch bedeutsam ist, weil in diesem Prozess *talent* – also Kreative – und Kompetenzen entwickelt werden.

Der bereits angedeutete Fall TPC und die Ausführungen zum Humanressourcenmanagement basieren auf empirischen Erhebungen, die im Rahmen von zwei Forschungsprojekten durchgeführt wurden, und mit engem Bezug zu strukturationstheoretischen Kategorien ausgewertet wurden (vgl. grundlegend dazu Giddens 1984). In mehr als 80 leitfadengestützten Interviews wurden im Rahmen des Forschungsprojekts ‚Vernetzte Content-Produktion für das digitale Fernsehen'[2] im Zeitraum von 1997 bis 2001 Akteure aus der Fernsehindustrie befragt. Dazu gehörten neben Branchenexperten auch Vertreterinnen und Vertreter von Fernsehsendern, Produktionsunternehmungen, Medienkonzernen, Wirtschaftsfördereinrichtungen, Ministerien, Berufsverbänden und Gewerkschaften,

2 Geleitet von Jörg Sydow und Arnold Windeler, gefördert von der Deutschen Forschungsgemeinschaft (DFG).

insbesondere der IG Medien.[3] Um die empirische Erhebung vorzubereiten und um die Ergebnisse abzusichern, wurden die Literatur und die Veröffentlichungen von Verbänden, Gewerkschaften, anderen Forschungseinrichtungen, die Homepages von Unternehmungen sowie die Presse ausgewertet.

Im Zuge der Auswertung der empirischen Daten zeigte sich, dass sich die Art und Weise des Zugriffs auf Arbeitskräfte in der TV-Content-Produktion von dem in vielen anderen Branchen unterscheidet, weil die Beziehungen zu Dritten für den Zugriff auf Arbeitskräfte einen anderen Stellenwert haben als in vertikal-tief integrierten Unternehmungen, dem normativen Leitbild des klassischen Humanressourcenmanagements. Die Praktiken in der TV-Content-Produktion ermöglichen deshalb zumindest ein Stück weit, die Zukunft in der Gegenwart zu erfahren, weil die durchschnittlichen Betriebsgrößen sinken und interorganisationale Beziehungen für den Zugriff auf Arbeitskräfte immer bedeutsamer werden (Windeler et al. 2001; Rubery et al. 2002; Marchington et al. 2004) und sich daraus eine Reihe von Herausforderungen für Arbeitskräfte, Management, Interessenvertretungen und die Gesellschaft ergeben (Marchington et al. 2011). Deshalb wurde in den Jahren 2007 und 2008 – gefördert von der Hans-Böckler-Stiftung (Projektnummer 2007-956-3) – eine Follow-up-Untersuchung durchgeführt, die den aktuellen Stand der „reflexiven Arbeitskräftewirtschaft" (Wirth 2010) in der TV-Content-Produktion dokumentiert und analysiert. Die Daten wurden mit den gleichen Akteuren und Methoden erhoben und ebenfalls mit Bezug zu zentralen strukturationstheoretischen Kategorien ausgewertet. Befragt wurden in diesem Projekt in 1,5 bis sechs Stunden langen Interviews ein Branchenexperte (Branchenexperte 1), drei Vertreter von Fernsehproduzenten (Produzent 1, 2, 3). Des Weiteren wurden Interviews mit jeweils einem Vertreter eines Berufsverbands (Berufsverband 1) und mit einem hauptamtlichen Mitarbeiter der Vereinten Dienstleistungsgewerkschaft (ver.di) (verdi 1) geführt. Nach Abschluss des Forschungsprozesses wurden die Ergebnisse an den Teil der befragten Personen rückgemeldet, die für eine Kommentierung der Ergebnisse zur Verfügung standen, und es wurden Divergenzen in den Interpretationen diskutiert. In zwei Fällen schrieben die befragten Personen auch kurze Gutachten (Gutachten 1, 2), nicht zuletzt um neuere Entwicklungen einzubringen.

Bevor auf die unterschiedlichen personalwirtschaftlichen Konzepte (traditionelles Personalwesen, strategisches Humanressourcenmanagement und reflexive Arbeitskräftewirtschaft) etwas ausführlicher eingegangen wird, führe ich in die strukturationstheoretische Perspektive auf Humanressourcenmanagement

3 Wenn aus diesen Interviews zitiert wird, erhalten die Bezeichnungen der Interviewpartner ein ‚a'.

ein, ohne jedoch nochmals die grundlegenden Konzepte auszuführen (siehe dazu Kapitel 1 in diesem Band).

3 Die strukturationstheoretische Perspektive auf Humanressourcenmanagement

Die Personalwirtschaftslehre bzw. die Lehre vom Personalmanagement hat für die unterschiedlichen Schritte des Humanressourcen*prozesses*, der von der Personalplanung bis zur Personalfreistellung reicht, eine bunte Vielfalt von Instrumenten, Verfahren und Richtlinien entwickelt. Tab. 1 gibt einen Überblick über gängige Instrumente und Verfahren, die in den einzelnen Prozessschritten in der Praxis in Organisationen Verwendung finden (können):

Tabelle 1 Instrumente des Personalmanagements – ein Überblick (Oechsler 2010; Scherm/Süß 2010; Stock-Homburg 2010)

Personalplanung	Personalbeschaffung	Personaleinarbeitung	Personalbindung
• Stellenplan • Funktionendiagramm • Refa- und Bewegungsstudien • Trendverfahren • …	• Inhalts-, Positions- und Zeitfolgenanalyse von Lebensläufen • Auswahlinterview • Assessment Center • Testverfahren • Grafologische Gutachten • …	• Trainee-Programme • Mentoring • Coaching • Einweisungsgespräche • …	• Senioritätsbasierte Entlohnung • Retention-Programme • …
Personaleinsatz	**Personalentwicklung**	**Personalführung**	**Personalfreistellung**
• Arbeitszeitflexibilisierung • Gruppenarbeit • Arbeitsplatzgestaltung • ….	• Weiterbildung • Coaching • Karriereplanung • Individuelles Feedback • …	• Mitarbeitergespräche • Zielvereinbarung • Leistungsbeurteilung • …	• Kündigungen • Outplacement • Transfer-gesellschaften • …

Gegenstand der Erörterungen der personalwirtschaftlichen Instrumente sind häufig deren Vor- und Nachteile (Elsik 1998, S. 224) und weniger deren tatsächliche praktische Anwendung. Schon lange nicht werden sie ideologiekritisch kommentiert (s. aber z. B. Breisig 1990 und Wächter 2013). Hinzu kommt eine oft unzulängliche theoretische Fundierung des Personal- bzw. Humanressourcenmanagements (Backes-Gellner 1993 für eine ökonomische, Breisig 2005 für eine arbeitspolitische Perspektive).

Die strukturationstheoretische Perspektive auf Personalmanagement stellt die sozialen Praktiken des Personalmanagements in den Mittelpunkt der Analyse (Elsik 1998, S. 223 ff.). Die Frage, wie Personal geplant, angeworben, eingestellt, entwickelt etc. wird und die dabei tatsächlich verwendeten organisationalen Regeln und Ressourcen stehen im Mittelpunkt des Interesses. Insofern zeichnet sich die strukturationstheoretische Perspektive nicht durch eine bestimmte normative Orientierung, sondern durch eine analytische Perspektive auf soziale Praxis aus, die auf diese Weise der Reflexion und damit der Weiterentwicklung zugänglich gemacht wird. Insofern knüpfen die Überlegungen an den „practice turn" (Schatzki et al. 2001) in den Wirtschafts- und Sozialwissenschaften an (s. auch Jarzabkowski 2008), der auf die Analyse nicht determinierter und emergenter Phänomene abzielt, indem er das wiederkehrende Handeln der Akteure, mit dem das Soziale reproduziert und hervorgebracht wird, in den Mittelpunkt der Analyse stellt (Feldman/Orlikowski 2011). „Strategizing/organizing" (Whittington/Melin 2003), das praktische und rekursive Zusammenspiel von Aktivitäten, dem strategischen und interessengeleiteten Handeln einerseits mit dem vor- und nachgelagerten Organisieren andererseits, spielen dementsprechend aus strukturationstheoretischer Perspektive eine zentrale Rolle.

Personalwirtschaftliche Instrumente, die in betriebswirtschaftlichen Arbeiten im Zentrum stehen, haben auch in einer solchen Praxisperspektive Bedeutung; sie sind Modalitäten, die im Handeln Verwendung finden, dieses in mehr oder weniger geeigneter Weise anleiten oder gar auf Dauer stellen (Sydow/Lerch 2011). Die Instrumente liefern Interpretationsschemata, Machtmittel und Normen für ein mehr oder weniger „gutes" Humanressourcenmanagement; und indem sie im Handeln Verwendung finden, (re-) produzieren sie sich als Modalität sowie die Strukturen des sozialen Systems, z. B. der Organisation oder des Projektnetzwerks. Dies schließt eine geringfügig bzw. inkrementell veränderte Verwendung eines personalwirtschaftlichen Instruments mit ein. Die Akteure prägen damit die Regeln der Signifikation und Legitimation sowie die Ressourcen der Domination in ihren sozialen Beziehungen und Interaktionen und damit gleichzeitig die Organisation bzw. das Netzwerk, die bzw. das wiederum die Praktiken der individuellen Akteure beeinflusst (Elsik 1998, S. 225).

Die Nutzung von personalwirtschaftlichen Instrumenten ist im Zeitverlauf selbstverständlich nicht stabil, unterliegt z. B. auch Moden (Kieser 1996). Manche Instrumente können nie Bedeutung erlangen, andere hingegen verschwinden nach einer gewissen Hochphase und andere werden in der Praxis langfristig verwendet, ohne dass dies durch einen belegbaren ökonomischen Vorteil gerechtfertigt werden kann (vgl. auch Süß 2009, S. 188 f.; Subramony 2006). Diejenigen, die sich etablieren können, durchlaufen einen erfolgreichen Institutionalisierungsprozess (Barley/Tolbert 1997; Tolbert/Zucker 1999).

Aus strukturationstheoretischer Sicht ist eine solche Institutionalisierung nicht nur eine Frage kognitiver oder normativer Aspekte, sondern vor allem das Ergebnis politischer Aktivitäten in und zwischen Organisationen. Durch diese Aktivitäten wird die Habitualisierung, Objektivation und letztlich die Sedimentation eines personalwirtschaftlichen Instruments durchgesetzt (Süß 2009, S. 193 ff.). In der vorinstitutionellen Habitualisierungsphase werden Konzepte als Reaktion auf neue interne oder externe Herausforderungen von Wissenschaftlerinnen und Wissenschaftlern oder von Beraterinnen und Beratern entwickelt. Eine Nachfrage von Organisationen in einem bestimmten Feld führt zu deren – zunächst noch geringen – Verbreitung. In der semi-institutionellen Phase der Objektivation schaffen interessierte und machtvolle Akteure (Individuen, Gruppen, Organisationen, Verbände), so genannte institutional entrepreneurs (DiMaggio 1988), einen Konsens über die Sinnhaftigkeit eines Instruments und engagieren sich strategisch und interessiert für dessen weitere Verbreitung. Sie setzen dabei auch auf eine „Verwissenschaftlichung". Dadurch wird eine logische Basis für ein Personalmanagementinstrument geschaffen und zugleich durch Erfolgsbeispiele die Übernahme eines Instruments propagiert. Gleichzeitig finden in den Organisationen eines Felds eine Beobachtung und eine Auswertung der Ergebnisse der Aktivitäten anderer Organisationen statt. In der Sedimentationsphase übernehmen alle Organisationen einer Branche ein neuartiges Konzept und nutzen dieses wegen seiner vermeintlichen oder tatsächlichen Vorteilhaftigkeit dauerhaft. Dadurch unterscheidet sich ein erfolgreich institutionalisiertes Instrument von Moden (Tolbert/Zucker 1999). Die Verwendung eines bestimmten personalwirtschaftlichen Instruments in den sozialen Praktiken der Akteure ist somit Medium und Resultat kognitiver, normativer und vor allem machtbezogener Aspekte (Süß 2009).

Ein typisches Beispiel eines personalwirtschaftlichen Instruments sind Assessment Center. Mit Assessment Centern wird die Personalauswahl in einem strukturierten Verfahren vorbereitet, in dem die Bewerber z.T. mehrere Tage Einzel- und Gruppenübungen unter Beobachtung durchführen (Kompa 2004). Assessment Center und die Auswahl der damit verknüpften Selektionskriterien signalisieren dem Bewerber die Modernität der Organisation und stellt den internen Akteuren, die in das Auswahlverfahren involviert sind, eine Sinnstruktur zur Verfügung, an der sie sich orientieren können. Assessment Center verschaffen der Selektion von Personal des Weiteren Legitimität, weil dieses Verfahren als avanciert und rational gilt (die Beiträge in Höft et al. 2006); dies selbst dann, wenn solche Assessment Center nur dazu dienen, für bereits gefallene Entscheidungen eine Legitimationsfassade aufzubauen (Meyer/Rowan 1977; Kompa 2004). Sie verteilen zudem – wie Elsik (1998, S. 238) anmerkt – die Verantwortung auf mehrere Akteure. „In diesem Sinn kann das Assessment Center als eine rationale, institutionalisierte Verantwortungsabwehr interpretiert werden" (Elsik 1998, S. 238). Assessment Center sind auch Ausdruck von Macht und Herrschaft, weil durch sie z.B. die Auswahl für bestimmte Karrierewege und Laufbahnen erfolgt. Assessment Center ermöglichen eine „Gesinnungskooptation" (Kompa 2004, S. 75), mittels derer sich bestehende Eliten reproduzieren, dabei Risiken einer Störung etablierter Praktiken vermeiden sowie eine Leistungsideologie aufrechterhalten – und damit ihre Herrschaft absichern (Staehle 1992). Dementsprechend versuchen die Akteure im Personalauswahlprozess das Geschehen in ihrem Interesse zu beeinflussen. Sie betreiben „Personalmanagement als Spiel" (Elsik 1998), das dementsprechend umkämpft ist (Laske/Weiskopf 1996) und in das diverse Akteure involviert sind (König 2005; Schüßler 2008; Süß 2009).

Die Verwendung und ggfs. Weiterentwicklung von Instrumenten des Personal- bzw. des Humanressourcenmanagements erfolgt in organisationalen Routinen (zur Routineforschung überblicksartig Becker 2004). Durch die wiederkehrende Verwendung im Handeln der Akteure (z.B. Personal- und Fachabteilung, Mitarbeiter/innen und Betriebsrat) werden diese Routinen institutionalisiert. Dies verschafft den Akteuren Anknüpfungspunkte für Kommunikation, zeigt ihnen was legitimes Handeln ist und wie man machtvoll Interessen durchsetzt oder abweichendes Handeln sanktioniert. So ist die in vielen Industriebetrieben fortgesetzte Selektion von Auszubildenden mittels personaler Beziehungen (umgangssprachlich: Vokis für Vorstandskinder, Mikis für Mitarbeiterkinder und Kukis für Kundenkinder) eine solche Routine, die über viele Jahre hinweg institutionalisiert und fortgeschrieben wird (vgl. die Beispiele in Windolf 1990; Hartl et al. 1998; Wirth 2006). Sie knüpft an vorherrschende Regeln der Signifikation und Legitimation sowie Ressourcen der Domination an und trägt den unterschiedlichen Interessen in Organisationen Rechnung, z.B. dem Management nach geringen Selektionskosten, dem Betriebsrat sowie den Mitarbeiterinnen und Mitarbeitern nach Einfluss auf die Personalauswahl etc.. Personalwirtschaftliche Innovationen, z.B. E-Recruiting für Auszubildende und damit das Zurückdrängen des Einflusses bestimmter innerbetrieblicher Akteure auf Auswahlentscheidungen, sind hingegen Ausdruck einer bewussten Re-Strukturation des Handlungsfeldes ‚Organisation' (Ortmann et al. 2000, S. 333). Dieses wird dadurch (weitgehend) verändert (s. dazu auch die Fallstudien zum Personalmanagement von Schüßler 2008). Erleichtert werden solche Innovationen, wenn sie an vorherrschende Leitbilder, Normen und Machtmittel anknüpfen können, die bereits in Subkulturen der Organisation vorhanden oder in der Umwelt von Organisationen vorfindbar sind (vgl. Elsik 1998, S. 270; Süß 2009; Jörges-Süß/Süß 2011). Gleichwohl zeigen empirische Studien, dass die Ergebnisse der Anwendung neuer personalwirtschaftlicher Instrumente, z.B. leistungsbezogener Entgelte im öffentlichen Dienst, sehr unterschiedlich ausfallen (Trittel et al. 2010). Dies liegt nicht zuletzt daran, dass die Akteure in den (Einführungs-) Prozessen ihre Interessen machtvoll verfolgen und damit die Instrumentenanwendung in ihrem Sinne gestalten. Zuweilen stellen auch heterogene Umwelten widersprüchliche Anforderungen, die in langfristigen Prozessen ausbalanciert werden müssen und zu eher zurückhaltenden sowie reaktiven Einführungsprozessen neuer personalwirtschaftlicher Instrumente führen (Jörges-Süß/Süß 2011 am Beispiel von Leistungsentlohnung im öffentlichen Dienst). Dies belegt nochmals das hohe Maß an Kontingenz im Prozess des Humanressourcenmanagements, die sich den Akteuren im Prozess reflexiver Strukturation stellt.

Elsik (1998) beschränkt sich in seinen Ausführungen zum Humanressourcenmanagement auf die Ebene des Individuums und der Organisation. Die Praktiken des Personalmanagements sind aber unvollständig analysiert, wenn nicht eine Berücksichtigung der Kontexte des Personalmanagements in die Analyse einbezogen werden würde. Personalmanagement ist wie ökonomisches Handeln im Allgemeinen nicht nur in personale Beziehungen sozial eingebettet (Granovetter 1985), sondern auch in umfassendere Kontexte wie die jeweilige (Medien-) Region, das organisationale Feld und auch in die Gesellschaft. Organisationale Felder

> „in the aggregate, constitute a recognized area of institutional life: key suppliers, resource and product consumers, regulatory agencies, and other organizations that produce similar services or products" (DiMaggio/Powell 1983, S. 148).

Leblebici et al. (1991) operationalisieren organisationale Felder über ihre Akteurskonstellationen, zudem über die im Feld vorfindbaren Regulationen, Technologien und Praktiken. Windeler (2001, S. 234 ff., 2010) ergänzt diese Operationalisierung um eine Spezifizierung der Beziehungsqualitäten zwischen den Akteuren, die hierarchische, netzwerkförmige oder marktliche Beziehungen bzw. Kombinationen davon untereinander unterhalten können. (Medien-) Regionen sind dann spezifische regionalisierte organisationale Felder, die mit einem doppelten Fokus koordiniert werden: zum einen mit Bezug zu einer bestimmten Region und zum anderen mit Bezug zu einer bestimmten Aktivität. In Medienregionen ist dies beispielsweise die Produktion und Distribution von Inhalten.

Diese Kontexte beeinflussen die Praktiken des Humanressourcenmanagements wie diese zugleich die Kontexte rekursiv mitprägen. Von Kotthoff/Reindl (1990) wissen wir, dass regionale Kulturen oder regionalisierte Normensysteme den Umgang mit Arbeitskräften in einer bestimmten Art und Weise prägen können. Untersuchungen zu den Praktiken der Arbeitsregulation (s. dazu Kapitel 4 in diesem Band) in der TV-Content-Produktion belegen, dass für bestimmte Arbeitskräftegruppen industriespezifische Standards zur Anwendung kommen (Windeler/Wirth 2004, 2005), also Humanressourcenmanagement branchenspezifisch überformt wird und damit Unterschiede zwischen verschiedenen Branchen existieren. Gesellschaftsweite Institutionen wie das Arbeitsrecht beeinflussen zudem in Deutschland, angesichts eines hohen Grades an Verrechtlichung der betrieblichen Arbeitsbeziehungen, das Humanressourcenmanagement (zu basalen rechtlichen Regelungen siehe Kapitel 4 in diesem Band). Für alle diese Kontexte gilt, dass sie – z. B. das Arbeitsrecht – durch die Verwendung in sozialen Praktiken reproduziert werden müssen, was ihre Veränderung einschließt bzw. einschließen kann. Die konkreten Praktiken, in denen auf diese Kontexte Bezug genommen wird, können dazu führen, dass sich z. B. „law in books and law in action" (Llewelleyn 1967; mit Beispielen aus Deutschland Zeuner 1991) mehr oder minder stark unterscheiden.

Fassen wir die strukturationstheoretischen Überlegungen zusammen, so sehen wir, dass die Akteure in den Praktiken des Humanressourcenmanagements Sets von Regeln und Ressourcen der Organisation, des Netzwerks oder des Feldes (re-) produzieren. Management wird, obwohl es Ausdruck von Ökonomie und damit von Macht und Herrschaft ist, nicht durch technologische und/oder markt- und produktionsökonomische Zwänge determiniert, ist vielmehr kontingent, das heißt immer auch anders möglich, wenn auch nicht beliebig (Ortmann 1995). Dabei spielt neben kognitiven und normativen Aspekten die Ausübung von Macht und die Absicherung von Herrschaft eine zentrale Rolle, so dass die Humanressourcenmanagementpraktiken prinzipiell umkämpft sind. Die jeweilige „Lösung" hängt also davon ab, wer mit welchen Ressourcen das Humanressourcenmanagement beeinflusst (s. dazu auch Schüßler 2008).

*Personal*management impliziert, wie bereits angedeutet, streng genommen eine Perspektive auf eine betriebliche Belegschaft von abhängig Beschäftigten (Neuberger 1997; Scherm/Süß 2010; Stock-Homburg 2010; Oechsler 2010). Im Zuge von Veränderungen der Arbeitsteilung zwischen der Personalabteilung und Personaldienstleistern (Eigler 1997; Alewell et al. 2007) und zwischen rechtlich selbstständigen Unternehmungen entwickelt sich eine Perspektivenerweiterung auf das Humanressourcenmanagement in strategischen Allianzen (Oechsler 2005) oder in Unternehmungsnetzwerken (Sydow/Wirth 1999; Neweling/Sonnek

2006), die in die Analysen des Humanressourcenmanagements integriert werden sollten, weil Humanressourcen auch und gerade in interorganisationalen Beziehungen vielfältige Rückwirkungen auf die Beziehungen zwischen Beschäftigten sowie Arbeitgebern haben, die z.B. die Entgelte, den Arbeits- und Gesundheitsschutz sowie die Akteure industrieller Beziehungen betreffen (Marchington et al. 2011).

Aus strukturationstheoretischer Perspektive handelt es sich bei dem Zusammenspiel von Humanressourcenmanagement im Betrieb bzw. in der Unternehmung und in interorganisationalen Beziehungszusammenhängen um ein rekursives Konstitutionsverhältnis. Die Art und Weise wie in einer Unternehmung über die zwischenbetriebliche Arbeitsteilung und die Beziehungsqualitäten zu anderen Unternehmungen entschieden wird, prägt erstens die innerbetrieblichen Praktiken des Humanressourcenmanagements, in denen festgelegt wird, wie und wie viel Personal beschafft, entwickelt, koordiniert und freigestellt werden muss. Zweitens beeinflussen diese innerbetrieblichen Praktiken des Humanressourcenmanagements im Zuge der Abstimmung in interorganisationalen Beziehungen die Praktiken in den kooperierenden Unternehmungen wie, drittens, deren Praktiken auf das Humanressourcenmanagement in der fokalen Organisation rückwirken. So zeigt eine Fallstudie von Duschek/Wirth (1999), dass eine Flughafenbetreibergesellschaft auf Drängen ihrer betrieblichen Interessenvertretung in den kooperierenden Unternehmungen betriebliche Interessenvertretungen als Ansprechpartner für die Betriebsräte der Flughafenbetreibergesellschaft zur Vergabevorschrift macht und dass sie in den kooperierenden Unternehmungen eine branchenspezifische tarifvertragliche Regulierung der Arbeitsverhältnisse durchsetzt. Indem die betriebliche Interessenvertretung derart agierte und netzwerkbezogene Praktiken der Interessenvertretung entwickelte und das Management der Flughafenbetreibergesellschaft diese Forderung aufgriff, reduzierten sie die Fluktuation und Selektionskosten in den Netzwerkunternehmungen, erhöhten sie die Stabilität in den Beziehungen auf der shop-floor- und Managementebene (was u.a. die Routinisierung in der Zusammenarbeit fördert; vgl. dazu Becker 2004), erleichterten sie das Lernen aus Störungen in der zwischenbetrieblichen Zusammenarbeit (Endres/Wehner 1995) und senkten sie Unfall- und andere Risiken. Umgekehrt förderte die Arbeitsregulation in den kooperierenden Unternehmungen die Entwicklung von „kooperativen Kernkompetenzen“ (Duschek 1998, 2002) im Netzwerk der Flughafenbetreibergesellschaft, die Verfolgung einer netzwerkbezogenen Differenzierungsstrategie, mit der sich die Flughafenbetreibergesellschaft selbst und das von ihr geführte Unternehmungsnetzwerk von Wettbewerbern abgrenzt, und erhöhte aufgrund der Verminderung des Wettbewerbs im Netzwerk die Arbeitszufriedenheit und das

Commitment der Stammbelegschaften (Duschek/Wirth 1999). Zugleich – und dies belegt eindrucksvoll die gesellschaftliche Einbettung sozialer Praktiken des Humanressourcenmanagements – lieferte die Studie *und* die Praktiken in dieser Flughafenbetreibergesellschaft die Blaupause für einen Teil der Novellierung des Betriebsverfassungsgesetzes im Jahr 2001, das den Interessenvertretungen nun eine Kooperation über Unternehmungsgrenzen hinweg in Unternehmungsnetzwerken erlaubt (s. § 3 Absatz 1 Nr. 4), die Bildung so genannter „Netzwerkräte" (Wirth 1999, S. 437) ermöglicht (s. § 3 Absatz 1 Nr. 3) und die Schaffung zusätzlicher betriebsverfassungsrechtlicher Vertretungen unterstützt (s. § 3 Absatz 1 Nr. 5). Zugleich verweist aber die mangelnde Verbreitung unternehmungsübergreifender Interessenvertretungsorgane und -praktiken in der Folge darauf hin (Heinkel 2008), dass diese Institutionen auch in den sozialen Praktiken der Akteure des Humanressourcenmanagements ausgefüllt werden müssen, damit sie praktische Relevanz erfahren und erhalten.

4 Grundlagen und Praktiken des Personalwesens in der Television Production Company: Administration und Ökonomisierung

Der Begriff des Personalwesens wurde vor allem in den 50er und 60er Jahren des letzten Jahrhunderts verwendet (Wächter 1992). Praktiken eines Personalwesens sind dadurch gekennzeichnet, dass die Personalabteilung vor allem administrative Funktionen wahrnimmt, die mit der Begründung, der Verwaltung und der Abwicklung von Arbeitsverhältnissen einhergehen. Personalabteilungen agieren eher reaktiv, wachsen mit neuen Aufgaben additiv und agieren nicht strategisch. In neueren Veröffentlichungen werden diese Aufgaben häufig auch unter dem Begriff der Personal*verwaltung* bzw. *-administration* zusammengefasst (Jung 2008, S. 655 ff.; Boden 2005). Diese Aufgaben sind dabei möglichst ökonomisch zu gestalten, indem beispielsweise angemessene Routinen entwickelt und Personalinformationssysteme eingesetzt werden.

Mit dem Begriff des Personalwesens ist ein fürsorglicher Umgang mit Personal assoziiert, der an den Begriff des Sozialwesens anknüpft. In den Praktiken eines Personalwesens werden also auch die Interessen der Beschäftigten ein Stück weit berücksichtigt. Wächter (1992, S. 316) vermutet, dass dies vor allem mit der Sozialverpflichtung ökonomischen Handelns begründet werden kann. In den 50er Jahren des letzten Jahrhunderts war diese nach den Erfahrungen im deutschen Faschismus noch relativ stark ausgeprägt und sollte der kapitalistisch-marktwirtschaftlichen Gesellschaftsordnung vor dem Hintergrund der Systemkonkurrenz mit realsozialistischen Staaten Legitimation verschaffen (ähnlich Müller-Jentsch 2011). Drumm (1993) hingegen sieht im fürsorglichen Umgang mit Personal eine in der katholischen Soziallehre verankerte religiös-humanistische Ausrichtung, die die Rücksichtnahme auf die Beschäftigten erfordert und einen freiwilligen Verzicht auf Gewinnmaximierung mit entsprechenden Konsequenzen für die Praktiken des Personalwesens bedingt (s. auch Drumm 2008, S. 669 ff.).

Wenn diese historisierende Betrachtung tatsächlich zutrifft, ist dies zugleich ein Beispiel für die gesellschaftliche Einbettung von Praktiken des Personalwesens. Die Akteure aktualisieren in ihrem Handeln gesellschaftsweite Institutionen wie die Regeln der katholische Soziallehre, die das Handeln anleiten und damit die Verwertung der Ware ‚Arbeitskraft' ermöglichen und zugleich begrenzen. Der mittlerweile eingetretene Bedeutungsverlust der katholischen Soziallehre wiederum ist ein Beleg dafür, dass auch De-Institutionalisierungsprozesse erfolgen, die bestimmte Praktiken obsolet werden lassen und eine stärkere Ökonomisierung ermöglichen. Sie gehen mit anderen Sicht-, Handlungs- und Legitimationsweisen einher, die ggfs. nach dem Ende der Systemkonkurrenz verstärkt aufgegriffen werden (zur Ökonomisierung siehe auch die Ausführungen in den Abschnitten 5 und 6 dieses Kapitels).

Eine Berücksichtigung interorganisationaler Beziehungen findet in den Arbeiten zum Personalwesen selbstredend nicht statt. Zwar hat Wysocki (1961) schon früh auf die Rationalisierung durch die Veränderung der zwischenbetrieblichen Arbeitsteilung hingewiesen, sie wurde aber in der Diskussion um das Personalwesen nicht rezipiert. Dies geschieht erst später im Zuge des Netzwerkdiskurses (z. B. Nienhüser 1999; Alewell et al. 2007) und in der damit verwandten Diskussion über die Grenzen von Unternehmungen (z. B. Eigler 1997).

Praktiken eines Personalwesens, Personalverwaltung plus Fürsorge, haben auch in der TPC einen hohen Stellenwert, weil in der TV-Content-Produktion industriespezifische Standards bzw. Routinen verbreitet sind, die eine ausgeprägte Personalverwaltung hervorbringen. TPC (und andere Fernsehproduktionsunternehmungen) entsprechen den formalen Mindestanforderungen von Gesetzgeber und Sozialversicherungsträgern. Dies allerdings nur funktional, weil es in dieser Branche verbreitet anzutreffenden Klein- und Kleinstunternehmungen an der Institution einer Personalabteilung oft mangelt. Der zentrale Akteur für die funktionale Personalverwaltung ist die Filmgeschäftsführung, die nicht einer Personalabteilung angehört, sondern Teil des Produktionsstabes ist, der projektbezogen für TPC tätig wird.

Die Verankerung der Aufgabe im Produktionsstab belegt eine Umverteilung von Aufgaben zu Lasten von Personalabteilungen in Branchen wie der TV-Content-Produktion (Wirth 2010, S. 178 ff.), die angesichts des Machtzuwachses von Finanzabteilungen auch in Großunternehmungen nach neuen Aufgaben und Legitimationsgrundlagen suchen (Rehder 2003) und nicht zuletzt deshalb oftmals als „strategic business partner" (Schüßler 2008, S. 285) daherkommen müssen.

Die Praktiken des Personalwesens in der TPC und in der TV-Content-Produktion im Allgemeinen prägen eine Reihe von Branchenspezifika, die (in-)direkt mit der Arbeit in Projektnetzwerken zusammenhängen (s. dazu Windeler/Wirth 2004):

- Die Abgrenzung zwischen selbstständiger und abhängiger Erwerbstätigkeit ist trotz entsprechender Erlasse und Handreichungen der Finanzbehörden und der Sozialversicherungsträger, insbesondere der Rentenversicherung, niemals eindeutig und bedarf der Abstimmung mit den entsprechenden Regulationsbehörden. Oder die Ungewissheit ermöglicht einen Wechsel des Status' von Projekt zu Projekt, der zuweilen sogar mit einer Form des Sozialversicherungsbetrugs einhergeht (Yagapen 2007, S. 119).
- Die Beschäftigten in der TV-Content-Produktion setzen sich auch aus kurzfristig, geringfügigen und unständig Beschäftigten[4] zusammen (Yagapen 2007, S. 21), die zudem zum Teil in industriespezifischen Sozialversicherungssystemen, z. B. der Künstlersozialkasse, versichert werden müssen (zu weiteren Spezifika hinsichtlich der Beschäftigtengruppen s. Yagapen 2007, S. 133 ff.).
- Für die Abwicklung einer Fernsehfilmproduktion werden für einen kurzen Zeitraum, also für ca. zwei bis vier Wochen, bis zu 100 Arbeitskräfte erwerbstätig. Dies führt zu einem entsprechenden An- und Abmeldebedarf bei Sozialversicherungsträgern und Finanzamt (vgl. Yagapen 2007, S. 21).

Die Organisation des Personalwesens sieht bei TPC vor, dass vom Produktionsleiter in Absprache mit dem Herstellungsleiter für jedes Projekt eine Filmgeschäftsführung für die projektbezogene Abwicklung aller kaufmännischen Fragen eingestellt wird. Sie ist neben der Finanzbuchhaltung und der Kostenrechnung „für die Gagen- und Honorarzahlungen zuständig und damit ein wichtiger Ansprechpartner in Personalangelegenheiten für das gesamte Team" (Yagapen 2007, S. 20). Dies gilt auch für TPC. Abb. 1 zeigt die organisatorische Einbindung der Filmgeschäftsführungen als Mitarbeiter in den Projekten 1 bis 3 von TPC:

4 Unständige Beschäftigungen sind nach § 163 SGB VI dadurch gekennzeichnet, dass die Beschäftigung „von der Natur der Sache weniger als eine Woche lang besteht und im Voraus vertraglich befristet wurde" (Yagapen 2007, S. 133). Die Woche wird dabei als Zeitraum von sieben Tagen betrachtet und die Arbeit muss berufsmäßig und regelmäßig in dieser Art ausgeführt werden (Yagapen 2007, S. 133). Eine derartige Beschäftigtengruppe sind z. B. Schauspieler in Nebenrollen.

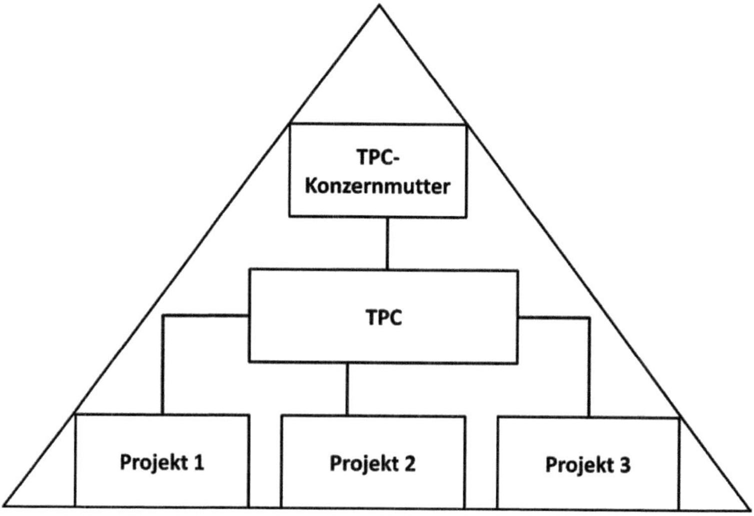

Abbildung 1 Die Projekte von TPC im Konzernzusammenhang

Anknüpfend an die Anlage der jeweiligen Kontenrahmen in der Firmenbuchhaltung der Konzernmutter von TPC werden von der Buchhalterin von TPC mit der jeweiligen Filmgeschäftsführung projektbezogene Konten eingerichtet, die diese vor, während und nach der Produktion betreut und abschließt. Die EDV-technische Unterstützung dieses Prozesses stellt sicher, dass dies zugleich in die Unternehmens- und Konzernbuchhaltung integriert werden kann und somit eine Standardisierung der Verwaltungsabläufe über alle Projekte (und alle Konzernunternehmen) hinweg trotz einer befristeten Beschäftigung von Filmgeschäftsführungen erfolgt. Die Verwendung einheitlicher EDV-Systeme (hier: im Konzernzusammenhang), einer allokativen Ressource, standardisiert, routinisiert und ökonomisiert das Personalwesen. Parallel dazu leistet die Tätigkeit der jeweiligen Filmgeschäftsführungen eine Zuarbeit zum (Personalkosten-) Controlling der Produktions- und Herstellungsleitung.

Die Abläufe in TPC orientieren sich vor allem an den arbeits- und sozialrechtlichen Regulationen des Arbeitsverhältnisses, also gesellschaftsweiten Institutionen, die dem Management vorgeben, wie Personal sinnvoll verwaltet und wie legitim gehandelt wird. Deshalb sind die angestellten Filmgeschäftsführer gehalten, „sich an die Gesetze zu halten" (Produzent 2) und die Arbeitskräfte dementsprechend korrekt an- und abzumelden sowie auf Basis der Stundennachweise und Arbeitsverträge bzw. Tarifverträge Entgelte abzurechnen. Nach

Abschluss der Produktion bzw. nach Ende der Einsatzzeiten sind die jeweiligen Abschlussarbeiten auszuführen. Dazu gehören u. a. auch die Abmeldungen beim Finanzamt und bei Sozialversicherungsträgern sowie die Erstellung der Arbeitspapiere der Beschäftigten. Abschließend werden die restlichen Daten in die Buchhaltung übernommen. Als Instrumente des Personalwesens werden von den Filmgeschäftsführungen von TPC vor allem Checklisten und EDV-Programme verwendet, mit denen sie ihre Arbeit standardisieren, systematisieren und durch Routinisierung ökonomisieren.

Das Beispiel TPC belegt, dass Arbeit in der fiktionalen Fernsehproduktion für konzerngebundene Fernsehproduktionsunternehmen eher korrekt abgewickelt wird. Elemente einer „criminogenic market structure" (Faberman 1975), einer kriminalitätsinduzierenden Marktstruktur, sind in der fiktionalen Fernsehproduktion – im Unterschied zur non-fiktionalen Produktion von Fernsehinhalten – vergleichsweise gering ausgeprägt. Im non-fiktionalen Bereich, z. B. in der Produktion von Dokumentarfilmen, sind arbeits- und sozialversicherungsrechtlich bedenkliche Praktiken offenbar üblich (s. dazu Wirth 2010, S. 147 f.). Insofern besteht die Hauptaufgabe der Filmgeschäftsführung in der korrekten Verwaltung der Arbeitskräfte.

Eine Ökonomisierung des Personalwesens erfolgt in TPC durch die Standardisierung der Abläufe durch die Geschäftsführer. Die in Lehrbüchern verbreiteten Checklisten werden in einer unternehmensspezifisch und in einer vom Mutterkonzern geprägten Art und Weise eingesetzt. Die EDV-technische Unterstützung, die für die Harmonisierung der unterschiedlichen Teilbuchhaltungen sorgt und damit deren Integration unterstützt, senkt die Kosten der Lohnbuchhaltung. Die (unbezahlte?) Mehrarbeit der Filmgeschäftsführung reduziert die Personalkosten für die Personaladministration. Die Professionalisierung der Filmgeschäftsführer durch entsprechende Kurse, Ausbildungs- und Studiengänge an Film(hoch)schulen sowie die reflexive Auswertung beruflicher Erfahrungen, insbesondere derer im Netzwerkzusammenhang von TPC und seiner Konzernmutter, stellt sicher, dass die Effektivität und Effizienz der Vorgänge erhöht wird.

Praktiken eines Personalwesens, die einen eher fürsorglichen Charakter aufweisen, finden sich – wenngleich auf einem niedrigen Niveau – auch in der TV-Content-Produktion. Dies betrifft im Fall von TPC z. B. die Berücksichtigung der Interessen der Beschäftigten an einer besseren Vereinbarkeit von Familie/Beziehung und Beruf, die die Produzenten von TPC bei – zugegebenermaßen – wenigen Beschäftigten proaktiv in ihren Planungen berücksichtigen:

> „Es gibt natürlich Menschen, mit denen man besonders gerne zusammenarbeitet. Ich habe z. B. beim Krimi zwei Produktionsmitarbeiter, die immer wechseln. Ich habe einen so gerne, den hätte ich auch das ganze Jahr gerne. Das geht nur nicht, weil dem seine Frau Kostümbildnerin ist. Die haben Kinder und die geht auch arbeiten. Also macht er ein halbes Jahr Produktionsleiter und dann nimmt er die Kinder. Dann arbeitet sie für uns. Im nächsten Jahr spielen sie das gleiche wieder" (Producer 1a).

Auch sonst sind Praktiken des Personalwesens in der TV-Content-Produktion zumindest von Empathie gekennzeichnet bzw. sollten dies sein. Dies empfehlen entsprechende Lehrbücher:

> „Im Rahmen von Gagen- und Honorarverhandlungen wird kaum eine Frage so häufig gestellt wie die nach der günstigsten Möglichkeit der Abrechnung. Der Wahlfreiheit sind hier enge Grenzen gesetzt, denn die Interessen der Finanzverwaltung und der Sozialversicherungsträger schlagen sich in zahlreichen Gesetzen, Verordnungen und Bestimmungen nieder, die nicht nur zu beachten, sondern den Mitarbeitern auch *verständlich nahe zu bringen* sind. Dabei ist grundsätzlich jeder Einzelfall einer genauen Prüfung zu unterziehen" (Yagapen 2007, S. 103; Herv. d. Verf.).[5]

Das Personalwesen impliziert zumindest ein gewisses Maß an Fürsorge, indem mit Sozialversicherungsträgern und dem Finanzamt interagiert wird, um für die Arbeitskräfte günstige Abrechnungsmöglichkeiten zu entwickeln. Somit kennzeichnet Personalwesen praktisch auch eine interorganisationale Komponente, die weiter durch die Zusammenarbeit mit diesen Organisationen im Zuge des Tagesgeschäfts und im Zusammenhang mit Prüfungen der Entgeltabrechnungen vertieft wird. Im Fall von Koproduktionen und der damit verknüpften Erstellung von „Verwendungsnachweisen" für die Kooperationspartner (Yagapen 2007, S. 21) kommt es genauso wie im Fall von mit öffentlichen Mitteln geförderten Produktionen zu einem interorganisationalen Informationsaustausch über Elemente der Entgeltabrechnung; das ist nicht weit von einem Open Book Accounting entfernt (s. dazu Kapitel 3 in diesem Band). Die Aufbereitung der Nachweise für die Auftraggeber, die Fernsehsender, die sich vertraglich eine Einsicht in die projektbezogene Buchhaltung verschaffen (s. zu ähnlichen Praktiken in der Automobilindustrie z. B. die Beiträge in Mendius/Wendeling-Schröder 1991 und Kapitel 3) und damit Entgeltabrechnungen ebenfalls untersuchen, sind weitere interorganisationale Aspekte des Personalwesens bei TPC (und in anderen Unternehmungen in der TV-Content-Produktion).

5 Ähnlich auch Schmitt (1999, S. 100 f.).

Das Personalwesen, genauer: die Perspektive auf Praktiken des Personalwesens belegt die hohe Bedeutung der korrekten und zugleich fürsorglichen Abwicklung und Betreuung von Erwerbstätigkeiten. Personalabteilungen sind in diese Prozesse – und dies ist ein Branchenspezifikum der TV-Content-Produktion – nicht oder kaum involviert. Die Funktionswahrnehmung wird in die projektbezogene Finanzbuchhaltung, Kostenrechnung und Entgeltabrechnung durch die jeweiligen Filmgeschäftsführungen integriert, die dem Produktionsstab zugeordnet sind. Personalmanagementinstrumente werden nur für die ökonomische Verwaltung der Arbeitskräfte eingesetzt. Strategische Aspekte spielen in den Praktiken des Personalwesens bei TPC keine Rolle. Diese sind Gegenstand von Praktiken eines strategischen Humanressourcenmanagements, die Praktiken eines Personalwesens spätestens in den 80er Jahren ablösen bzw. ergänzen.

5 Grundlagen und Praktiken des (strategischen) Humanressourcenmanagements in der Television Production Company: Ökonomisierung und/oder strategizing?

Das (strategische) Humanressourcenmanagement entwickelt eine andere Perspektive als das Personalwesen auf Arbeit und Personal. Während klassische betriebswirtschaftliche Arbeiten Personal vor allem als Kostenfaktor thematisieren, richten die Befürworter eines Humanressourcenmanagements den Blick auf „Personal als Erfolgsfaktor" (Staehle 1989, S. 388) und werten damit die strategische Stellung von Personal für Unternehmungen auf. Dementsprechend liegt dem Humanresourcenmanagement ein positives Menschenbild zugrunde: Menschen sind Leistungsträger. Für die Begründung dieser veränderten Sichtweise können beispielsweise soziologische Perspektiven auf Arbeit, z.B. Studien neuer Produktionskonzepte (Kern/Schumann 1984), herangezogen werden. Das kreative Potenzial von Beschäftigten kann z.B. zur re- und proaktiven Problemlösung genutzt werden.

Aus der Perspektive des Humanressourcenmanagements ist Personal strategisch bedeutsam, was häufig zu einer Verknüpfung mit den Aussagen des ressourcenbasierten Ansatzes des strategischen Managements führt (z.B. Allen/Wright 2010; Becker/Huselid 2010; Colakoglu et al. 2010 und Kapitel 2 in diesem Band). *Strategizing* bezieht hier explizit das Personal als Erfolgsfaktor mit ein, sieht in ihm sogar eine mögliche Quelle dauerhafter Wettbewerbsvorteile. Eine Ökonomisierung ergibt sich dementsprechend nicht mehr nur aus Kostensenkungen für Personal und für dessen Verwaltung, sondern aus dem Zusammenspiel von Leistungen und den damit verknüpften Kosten, zumal in einer längerfristigen – eben: strategischen – Perspektive. Personal ist ein Investitionsobjekt (Wächter 2013) und soll – so die normative Botschaft der universalistischen Perspektive des Humanressourcenmanagements (z.B. Pfeffer 1998) – entsprechend den strategischen Zielen der Unternehmung gewonnen, gehalten, gepflegt und entwickelt werden. Dabei berücksichtigt das Humanressourcenmanagement in seiner kontingenztheoretischen Ausprägung (z.B. Baron/Kreps 1999) veränderte Kontexte, z.B. den technologischen Wandel und die gestiegene Wettbewerbsintensität.

Eine Perspektive auf Arbeitskräfte jenseits der Unternehmungsgrenze, die einen „relational view" (Dyer/Singh 1998; Duschek 1998, 2002; s.a. Kapitel 2 in diesem Band) voraussetzen würde, entwickelt das Konzept des Humanressourcenmanagements in der Regel nicht. Lediglich durch neuere Überlegungen zu einer „HR architecture" (Lepak/Snell 2010) wird der Blick auf Erwerbstätige jenseits der Organisationsgrenze geöffnet und Empfehlungen für die Gestaltung der Beziehungen zu diesen Akteuren entwickelt. Die Klassifizierung und damit die Segmentierung von Arbeitskräften erfolgt aus dieser Perspektive nach ihrem strategischen Wert in Abhängigkeit vom Wissen dieser Personen für die Unternehmung und der Einzigartigkeit der Beschäftigten.

Entsprechend den theoretischen Vorläufern des Humanressourcenmanagements sind die Praktiken auf eine betriebliche Stammbelegschaft in einem „betriebsinternen Arbeitsmarkt" (Sengenberger 1987) zugeschnitten, was zudem durch die Institutionen der Betriebsverfassung unterstützt wird (Hohn 1991; s. auch Kapitel 4 in diesem Band). Nur im Ausnahmefall wird auch ein Humanressourcenmanagement für der Randbelegschaft zuzurechnende Beschäftigte begründet und gefordert (z.B. Rose 2001). Diesen Segmentierungen entsprechend kommen in „employment subsystems" (Lepak/Snell 2010, S. 211) unterschiedliche HR-Praktiken zur Anwendung. Diese differenzieren und segmentieren die Belegschaft, lösen ggfs. aber durch Lernprozesse und den damit assoziierten Wissenserwerb zwischen Segmenten aus (Lepak/Snell 2010, S. 225 f.).

Da in der Bundesrepublik Deutschland die Mitbestimmung der Arbeitnehmer gesetzlich geregelt ist (Fischer/Weitbrecht 1995 und Kapitel 4 in diesem Band), bilden Praktiken eines Humanressourcenmanagements – anders als in Großbritannien oder in den USA (Guest 1989; Armstrong 1992) – in der Regel kein Substitut für die kollektive Mitbestimmung der Arbeitnehmer (Weitbrecht 1998), wenn betriebliche Interessenvertretungen gewählt wurden.[6] Die Unter-

---

6 In Betrieben ohne Betriebsrat hingegen entwickeln sich zuweilen Human Resource Management-Praktiken, die dazu beitragen sollen, dass Betriebsräte nicht gegründet werden sollen (Böhm/Lücking 2006 und auch der Fall in Kapitel 4 in diesem Band).

schiede zwischen Deutschland und den angelsächsischen Ländern belegen einmal mehr die Bedeutung gesellschaftsweiter Institutionensysteme – hier der bundesdeutschen Mitbestimmung als Ausdruck einer sozialen Marktwirtschaft (Müller-Jentsch 2011) im Unterschied zu voluntaristischen Systemen industrieller Beziehungen angelsächsischer Prägung.

Humanressourcenmanagement, zumal in seiner strategieorientierten Variante, verknüpft zentral die Unternehmungs- mit der Personalstrategie. Dabei knüpft das strukturationstheoretische Verständnis von Strategie an Überlegungen von Mintzberg (1978) und Mintzberg/Waters (1985) an und versteht sie Strategie nicht als Plan, der bruchlos realisiert werden kann, sondern als einen Strom von Handlungen, der sich in Organisationen formiert. Mit diesem Strategieverständnis kann Unvorhergesehenes, die Abweichung von Plänen als auch die ex post-Zuschreibung von Sinn zu Handlungen als Strategie erfasst werden (Zimmer/Ortmann 2001, S. 37; s. auch Kapitel 2 in diesem Band).

Die Strategieformation kann als ein Prozess reflexiver Strukturation (re-)formuliert werden, in den die Akteure unterschiedlich machtvoll eingreifen. Die Akteure intendieren bestimmte Strategien (intended strategies). Von diesen wird aber nur ein (kleiner) Teil als *deliberate strategy* tatsächlich wie geplant realisiert. Von den beabsichtigten Strategien münden zahlreiche Elemente in *unrealized strategies*. Im Prozess der Strategieformation entstehen in einem Lernprozess im Handeln aber *emergent strategies*, die in die letztendlich realisierte Strategie eingehen.

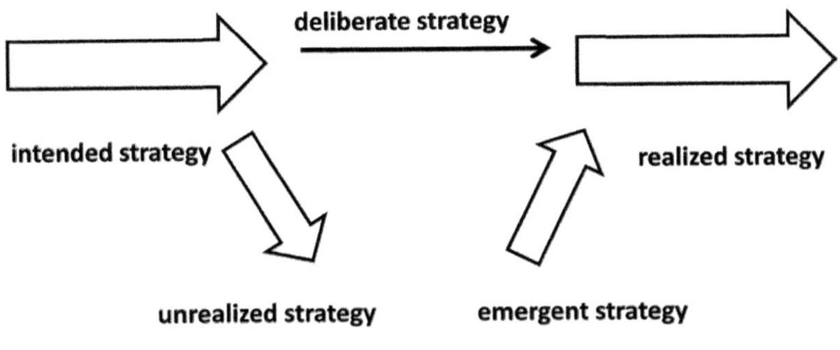

Abbildung 2 Strategien nach Mintzberg (1978)

Zimmer/Ortmann (2001, S. 39 ff.) ergänzen die Mintzbergschen Überlegungen insbesondere um einen strategischen Lernprozess, in dem sich ändernde Strukturen und Kontexte genauso wie unerkannte Handlungsbedingungen und unintendierte Handlungsfolgen im Handeln verarbeitet werden (können). Sie betonen die raum-zeitliche Eingebundenheit von Handlungen und Strukturen. Handlungen, auch die einem strategischen Humanressourcenmanagement zuzurechnenden, schaffen zu einem Zeitpunkt t_0 Strukturen und beziehen sich auf Kontexte. Weitere Handlungen, z.B. Planungen hinsichtlich der Ressourcenverteilung in einer Organisation, führen zu einem Zeitpunkt t_1 jedoch zu einer anderen Struktur und zu ggfs. veränderten Kontexten, die im weiteren Handeln (einschließlich der unintendierten Handlungsfolgen) berücksichtigt bzw. integriert werden müssen.

Die General Management-Perspektive des Humanressourcenmanagements wird am prägnantesten vom so genannten Harvard-Konzept aufgegriffen. Abb. 3 fasst diese Perspektive zusammen:

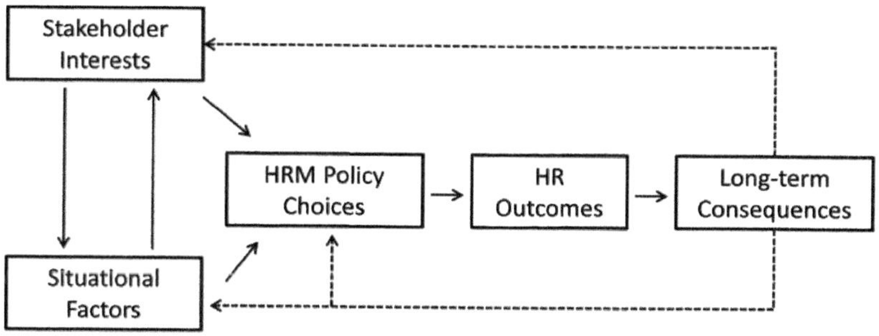

Abbildung 3 Human Resource Management-Konzeption – Das Harvard-Konzept (Beer et al. 1985, S. 17; vereinfacht in Anlehnung an Breisig 2005, S. 88).

Von zentraler Bedeutung für das Humanressourcenmanagement ist die Ausgestaltung der HR-Politikfelder (HRM Policy Choices). Dazu gehört

- die Mitarbeiterbeteiligung im Sinne von Partizipation an Entscheidungen,
- die Human Resources-Bewegungen wie Einstellungen, Beförderungen und Entlassungen,
- das Belohnungssystem, das sich in Anreizen, Entgelt- und Beteiligungssystemen niederschlägt, und
- die Arbeitsorganisation.

Diese HR-Politikfelder sind im Prinzip nicht nur mit den Organisationsteilnehmern, den Stakeholdern wie Anteilseignern, Management, Beschäftigten, Gewerkschaften, dem Staat und der Kommune, abzustimmen, sondern sind auch mit Faktoren wie Unternehmungsstrategie, Arbeitsmarktbedingungen, Regulationen, Technologien etc. in Einklang zu bringen. Die Verwendung entsprechender personalwirtschaftlicher Instrumente (s. dazu die Ausführungen in Abschnitt 3 dieses Beitrags) ist – so die normative Botschaft – dementsprechend auszulegen. Eine strukturationstheoretische Perspektive verweist aber darauf, dass dieser Abstimmungsprozess nicht bruchlos erfolgt. Unterschiedliche Sichtweisen, Werte und Normen, das machtvolle Handeln der Organisationsteilnehmer (im Prozess der Strategieformation) auf den unterschiedlichen Handlungsfeldern sowie die soziale Einbettung einer Organisation in umfassendere Kontexte, z. B. in das bundesdeutsche Arbeitsrecht, das beispielsweise gewählten Betriebsräten rechtlich abgesicherte Beteiligungsmöglichkeiten garantiert und die Dispositionsmöglichkeiten des Managements hinsichtlich der Partizipationsmöglichkeiten einschränkt, lässt eine derartige voluntaristische Umsetzung unrealistisch werden (ähnlich Wächter 2013). Gefordert ist von der Praktikerin/dem Praktiker eine kontextsensible und politisch versierte Antwort.

Die Entscheidungen auf diesen Politikfeldern des Humanressourcenmanagements führen zu Ergebnissen hinsichtlich des Commitments, der Kompetenzen der Beschäftigten, der Kongruenz von individuellen und organisationalen Zielen und den Kosten der Human Resource Management-Praktiken (HR outcomes). Die sich daraus ergebenden langfristigen Konsequenzen haben Auswirkungen auf das individuelle Wohlbefinden der Beschäftigten, die Zielerreichung der Organisation und die gesellschaftliche Anerkennung und Legitimität der Organisation, was wiederum Rückwirkungen auf die Organisationsteilnehmer und auf situative Faktoren hat. Unzulängliche HR-Ergebnisse und in der Folge unbefriedigende langfristige Konsequenzen des Humanressourcenmanagements können z. B. dazu führen, dass Gewerkschaften erstarken oder der Gesetzgeber regulierend eingreift. So hat die Personalstrategie beim mittlerweile insolventen Drogeriediscounter Schlecker nicht nur dazu geführt, dass in vielen Betrieben dieser Unternehmung gewerkschaftlich organisierte Betriebsräte aktiv waren (Bormann 2007), sondern auch dazu dass der Gesetzgeber bei der konzerninternen Leiharbeit regulierend eingegriffen hat (BMAS 2010). Derartige Eingriffe können aber auch zu einer Reformulierung der Unternehmungsstrategie führen, die z. B. die Schwerpunktsetzung der Strategie von der Kostenführerschaft in Richtung Differenzierung verschiebt, wenn die Ausgestaltung der HRM-Politikfelder entsprechend verändert werden kann und nicht vergangene Aktivitäten zu einem Lock-in in eine bestimmte Strategieform geführt haben.

Humanressourcenmanagement entwickelt eine betriebliche Perspektive auf Personal und sein Management. Implizit liegt diesem Ansatz der vertikal-tief integrierte Großbetrieb aus dem industriellen oder dem Dienstleistungssektor zugrunde. Gleichwohl könnten derartige Praktiken des Personalmanagements auch in mittelständischen Unternehmungen entwickelt werden. Dies geschieht ansatzweise auch in einzelnen Fällen. Dies gilt auch für die betriebliche Belegschaft von TPC, für die entsprechende Praktiken des Personalmanagements entwickelt werden.

Die Unternehmungsstrategie von TPC zielt darauf ab, als „Qualitätsproduzent" (Produzent 2a) Marktanteile, Umsätze und Gewinne zu sichern. In der Terminologie von Porter (2008) handelt es sich um eine Differenzierungsstrategie. Dies bedeutet im konkreten Einzelfall, dass fiktionale Inhalte mit einem gewissen gesellschaftskritischen Anspruch in handwerklich hervorragender Qualität für das Vorabendprogramm und für die Hauptsendezeit für das öffentlich-rechtliche und private Fernsehen hergestellt werden. Voraussetzung dafür ist, dass die Steuerungseinheit ‚Fernsehproduzent' im Fall von TPC mit professionellen Mitarbeiterinnen und Mitarbeitern besetzt ist, die das *packaging*, die Abstimmung von Inhalt, Budget und Zielgruppe, kundenbezogen betreiben (können) (Windeler et al. 2000). Dies ist eine zentrale Aufgabe der Produzenten von TPC.

In ihren Praktiken des Humanressourcenmanagements beziehen sich Geschäftsführung und Produzenten von TPC reflexiv auf Kontexte und die Interessen der Stakeholder. Der scharfe Wettbewerb und die in der deutschen Fernsehproduktionsindustrie ablaufenden Konzentrations- und Vernetzungsprozesse (s. ausführlich dazu Wirth 2010, S. 43 ff.) werden in TPC derart interpretiert, dass ein langfristiges Bestehen am Markt am besten durch eine Differenzierungsstrategie mit qualitativ hochwertigen Produkten möglich ist. Auf diese Ausformulierung der Unternehmungsstrategie nehmen insbesondere die Anteilseigner des Produktionskonzerns maßgeblichen Einfluss, in dessen Eigentum sich TPC befindet und die gleichzeitig zu den Abnehmern der Produkte von TPC gehören.

Die Umsetzung der Unternehmungsstrategie als Qualitätsproduzent wiederum erfordert eine spezifische Personalstrategie, die auf diese Unternehmungsstrategie zugeschnitten ist. Indem TPC die HR-Politikfelder entsprechend auslegt, legt dieses Unternehmen die Grundlage für die Umsetzung der Strategie als Qualitätsproduzent und indem TPC erfolgreich als Qualitätsproduzent agiert, als solcher wahrgenommen und von seinen Auftraggebern so behandelt wird, reproduziert TPC ihre Praktiken der Ausgestaltung der HRM-Politikfelder. Die jeweilige Ausprägung der HR-Politikfelder ist also der relevante Ansatzpunkt, mit der die Personalstrategie und die Unternehmungsstrategie kompatibel gemacht und verknüpft, mit anderen Worten: aufeinander ausgerichtet werden.

Die Partizipationspraktiken orientieren sich an professionellen Standards der Fernsehproduktion, die die Aktivitäten in der Fernsehproduktion unternehmungsübergreifend, d.h. branchenweit prägen (s. dazu z. B. Iljine/Keil 1997). In diese Praktiken sind Beteiligungsmöglichkeiten der Produzenten eingeschrieben. Für den Produktionskonzern, dem TPC angehört, gilt – wie für andere Fernsehproduktionsunternehmungen auch –, dass an den jeweiligen Produzenten die Gesamtverantwortung für das Projekt, d.h. den Fernsehfilm oder die Fernsehserie, von der jeweiligen Geschäftsleitung delegiert wird:

> „Die Gesamtverantwortung umfasst die künstlerische Gestaltung, die organisatorische Steuerung, die finanzielle Abwicklung und die umfassende Projektvermarktung der Film- und Fernsehproduktionen. … Im Rahmen seiner Gesamtverantwortung gestaltet der Produzent eigenverantwortlich die Beziehungen zu den Auftraggebern, zu Koproduzenten, zu Behörden und anderen öffentlichen Institutionen, zur Presse etc." (internes Papier TPC-Konzern).

Die Aktivitäten der Produzenten sind mit der Geschäftsleitung der jeweiligen Tochtergesellschaft abzustimmen. Die Vorgesetzten könnten ihr Veto gegen Überlegungen des jeweiligen Produzenten einlegen. Sie tun dies vor dem Hintergrund der Professionalität der Beschäftigten, die durch eine entsprechende Personalauswahl (i.d.R.) sichergestellt wird, aber nur in Ausnahmefällen, z. B. wenn Standards verletzt werden oder projektbezogen Arbeitskräfte erwerbstätig werden sollen, mit denen in der Vergangenheit schlechte Erfahrungen gemacht wurden. Insofern erfahren die Mitarbeiter von TPC weitreichende Beteiligungsmöglichkeiten in ihrer Arbeit, die aber durch eine Koordination im Konzern eingeschränkt werden könnte. Praktisch ist dies jedoch nicht der Fall, denn

> „wir entscheiden autonom, welche Projekte wir entwickeln wollen, mit welchen Sendern wir arbeiten. Es gibt lediglich eine Abstimmung insoweit, dass man sich informiert, welche Sender, welche Redaktionen man gerade kontaktet, um sich nicht gegenseitig Konkurrenz zu machen. Das ist eigentlich schon alles" (Producer 1a).

An diesem Beispiel wird deutlich, dass die Partizipation an Entscheidungen im Schatten professioneller Standards erfolgt und sie nicht von Akteuren aus dem dualen System industrieller Beziehungen ausgeht und auf anderen Ressourcen als Recht basiert (s. dazu Kapitel 4 in diesem Band und ausführlicher Wirth 2011).

Von zentraler Bedeutung für die Konstitution der Personal- und damit auch der Unternehmungsstrategie sind die Human Resources-Bewegungen. Drei

Wege führen zu einem Beschäftigungsverhältnis mit TPC. Erstens betreibt TPC – wie andere Fernsehproduktionsunternehmungen auch (Wirth 2010, S. 117) – ein Assistentensystem, in das Absolventinnen und Absolventen von Filmhochschulen einmünden und innerhalb eines Zeitraumes von drei Jahren an Produzententätigkeiten herangeführt werden. Zweitens werden professionelle Produzenten (ab-) geworben. Dies ist eine Reaktion auf die in der TV-Content-Produktion relativ hohe Fluktuation oder auf unbefriedigende HR-Ergebnisse und ungenügende langfristige Konsequenzen, die wiederum Rückwirkungen auf die Sicht- und Handlungsweisen von Organisationsteilnehmern haben. So verliert TPC in einem bestimmten Zeitraum den Zugang zu bestimmten Fernsehsendern und versucht, die Geschäftsbeziehungen durch die Selektion eines Mitarbeiters zu stabilisieren, der mit diesen Fernsehsendern in der Vergangenheit intensiv zusammengearbeitet hat (Manning/Sydow 2005 mit einem ähnlichen Beispiel). Drittens haben sich im Konzernverbund von TPC Traineeprogrammähnliche Einarbeitungswege etabliert, die begabten Hochschulabsolventen offen stehen. Sie werden von erfahrenen Produzenten in einer rechtlich eigenständigen Firma, einem „project-based enterprise“ (DeFilippi/Arthur 1998), im Konzernverbund beraten und begleitet. Auf diese Weise wird sichergestellt, dass sie neben den kreativen Fähigkeiten auch über jene kaufmännischen und rechtlichen Kompetenzen verfügen, die für erfolgreiches Produzieren erforderlich sind. Nach dem erfolgreichen Abschluss des Projekts besteht die Möglichkeit als Produzent für TPC oder im TPC-Konzern zu arbeiten oder als Geschäftsführer eines Tochterunternehmens des Konzerns, dem TPC angehört, verbunden zu bleiben.[7]

Das System der Beförderungen in der TV-Content-Produktion ist wegen der flachen Hierarchien industriespezifisch ausgeprägt und mit dem Belohnungssystem eng verknüpft. „Hot projects“ (Batt et al. 2001), die die eigene Filmografie stärken, oder auch anspruchsvollere Aufgaben, z. B. die Koordination einer Fernsehserie oder die Produktion für wichtigere Sendeplätze in der Hauptsendezeit, sind Ausdruck einer Beförderung eines Produzenten. Diese neuen Arbeitsinhalte wirken als Anreiz, weil sie die eigene Reputation im Feld stärken und auch mit höheren Entgelten einhergehen. Diese „Beförderungen“ stellen einen wichtigen Teil des Belohnungssystems dar. Anders als in tarifvertraglich regulierten Arbeitsverhältnissen erfolgen Aufstiege bei TPC – wie in der gesamten TV-Content-Produktion – durch funktions- und/oder produktspezifische Veränderungen (so auch Windeler/Wirth 2004 am Beispiel von befristet beschäftigtem Produktionspersonal).

7 Ähnliche Praktiken der Bindung von Talent finden sich auch in anderen Fernsehproduktionskonzernen (Wirth/Sydow 2004).

Entlassungen sind bei TPC selten. Sie erfolgen insbesondere, wenn professionelle Standards in der Arbeit nicht eingehalten werden. So beklagt ein Geschäftsführer im Zusammenhang mit einer Trennung von einem Mitarbeiter: „Er hat das Format verkommen lassen" (Produzent 2a) und damit eine etablierte und wichtige Marke von TPC „vernichtet". Gerügt wird in diesem Fall insbesondere eine inkompetente dramaturgische Arbeit durch einen Produzenten, der ein Format, also eine eingeführte Marke, nicht entsprechend den Anforderungen der Zielgruppen und der Werbewirtschaft weiterentwickelt hat.

Das Belohnungssystem verknüpft Lerneffekte mit einer verbesserten Bezahlung und ist ein impliziter „Qualifikationslohn" (Tondorf 1994, S. 73), wenngleich die Steigerung der Bezahlung eine hohes Maß an Anlehnung an die „*ongoing rates*" (Wirth 2010, S. 153) in der Industrie aufweist. Diese *ongoing rates* bilden sich in der Branche vor dem Hintergrund des Wettbewerbs um professionalisiertes Personal heraus:

> „Die Gehälter, die heute in dieser Branche gezahlt werden, sind doch unvorstellbar und das macht sich zu Lasten der öffentlich-rechtlichen Sender bemerkbar, weil die in den unteren Bereichen niemand Gutes mehr kriegen. … Die von der Filmhochschule gehen nicht nach Mainz. Die gehen zum WDR, vielleicht. Die kriegen jetzt auch etwas höhere Gehälter" (Konzern 2a),

weil – so ist hinzuzufügen – die privaten Fernsehsender und die Produktionskonzerne aus öffentlich-rechtlicher und privater Fernsehwelt den Produzenten höhere Entgelte zahlen. In den öffentlich-rechtlichen Fernsehsendern verbleiben vor allem

> „die Leute über 45, 47. Die halten sie mit der Altersversorgung und Ähnlichem und über die Sicherheit der Arbeitsplätze. Aber in den unteren Bereichen, da wo die Leute wechseln und springen und wo sie noch ihre Karrieren bauen, da haben sie keine Chance mehr. Stellen sie sich mal vor, sie kommen von der Filmhochschule in München oder haben in Berlin studiert und gehen dann nach Mainz für 6000 Mark? Das hört sich jetzt arrogant an, aber sie kriegen bei RTL beim ersten Anlauf genauso viel und sitzen in Köln bei einem aggressiven Sender oder sie gehen nach München, nach Berlin oder nach Hamburg. Was wollen sie in Mainz?" (Konzern 2a).[8]

---

8 Möglicherweise ist auch die Konkurrenz um qualifizierte Arbeitskräfte ein Motiv für die Gründung der ZDF-Tochter network movie, die – wie andere Produktionskonzerne – regionale Tochtergesellschaften in den Medienregionen unterhält (siehe dazu Wirth 2010, S. 57 ff.).

Das Beispiel TPC zeigt wie Wettbewerb um professionelle Beschäftigte im Zusammenspiel mit isomorphen Prozessen durch Nachahmung für eine Angleichung der Entgelte für Produzenten sorgt. Es sind also weniger formale kollektive Regulationen als industrieweit etablierte Standards, die die Bezahlung der Arbeitskräfte in der TV-Content-Produktion regulieren (s. allgemein dazu Kapitel 4 in diesem Band und die Arbeiten von Windeler/Wirth 2004, 2005, 2010 sowie Wirth 2010 mit Bezug zur TV-Content-Produktion).

Die ebenfalls im Sinne eines Humanressourcenmanagements auszurichtende Arbeitsorganisation gibt – entsprechend den Partizipationspraktiken in TPC – den Beschäftigten einen weitgehenden Handlungsspielraum. Die Arbeitsinhalte der Produzenten sind auf die dramaturgische Entwicklung und die finanzielle und zeitliche Koordination von Produktionen ausgerichtet. Der Arbeitsort variiert zwischen dem Büro, den Treffpunkten in Medienregionen und den Drehorten. Für die Umsetzung ihrer Aufgaben verwenden die Produzenten die üblichen Bürokommunikationsmittel. Die Arbeitszeit orientiert sich an professionellen Standards in der TV-Content-Produktion:

> „Als Geschäftsführer ist man nicht anwesend aber als Produzent ständig. Ein guter Produzent geht morgens eine Viertelstunde vor Drehbeginn an den Set und sagt ‚Guten Morgen'. Der Produktionsleiter begleitet ihn und dann wird angefangen. Das macht sehr viel aus und ist anders, als wenn man mittags um 12, wenn die Beschäftigten Pause haben, vorbeikommt und das Mannschaftsessen mitisst. Man muss als Produzent als Erster am Set sein. Ich bleue es ihnen immer wieder ein. Die Leute, die sonst woanders drehen, staunen dann nur. ‚Na Mensch, der ist hier wirklich der Chef, der ist ja morgens um halb sieben schon da'. Man nimmt den Produzenten dann ganz anders ernst. Wenn sie produzieren, haben sie kein Familienleben und wenn, dann ist ihre Frau Teammitglied" (Produzent 2a).

Insgesamt – das zeigen auch andere empirische Untersuchungen (Jurczyk et al. 2009 und Wirth 2010) – sind die Arbeitszeiten in der TV-Content-Produktion extensiv und verlangen von allen Beteiligten ein hohes Maß an Belastbarkeit und zeitlicher Verfügbarkeit.

Betrachten wir die Ergebnisse des Humanressourcenmanagement in TPC, so sehen wir, dass sich die entsprechenden Praktiken an die Mitglieder der Stammbelegschaft wenden. Diese ist – im Unterschied zum industriellen Sektor – aufgrund von Branchenspezifika und der Dominanz der Koordinationsform ‚Projektnetzwerk' in der TV-Content-Produktion typischer Weise sehr klein. Des Weiteren findet in den Praktiken des Humanressourcenmanagements eine Ausrichtung von Unternehmungs- und Personalstrategie statt. Die auf dieser Basis eingegangenen Bindungen zwischen Arbeitgeber und Beschäftigten beeinflussen auch die Unternehmungsstrategie, da spezifische Kompetenzen, die wie transaktionsspezifische Investitionen wirken, an die Unternehmung gebunden werden. Diese Kompetenzen für eine Strategie als Qualitätsproduzent können aber in Wirtschaftskrisen – wie in der Internet-Krise Anfang dieses Jahrtausends – für Unternehmungen wie TPC problematische Effekte haben, weil die Nachfrage nach qualitativ hochwertigem Content drastisch zurückgeht (Pätzold/Röper 2004, 2006).

6 Grundlagen und Praktiken reflexiver Arbeitskräftewirtschaft in der Television Production Company: Perspektivenerweiterung

Unter Arbeitskräftewirtschaft verstehe ich den organisierten Zugriff auf Arbeitskräfte mittels interorganisationaler Beziehungszusammenhänge. Derartige interorganisationale Beziehungen können netzwerkförmig koordiniert werden, d.h. mit Bezug zu einem relativ stabilen Beziehungszusammenhang. Nienhüser (1999, S. 168) spricht dann von einer „netzwerkbezogenen Arbeitskräftewirtschaft". Oder aber diese Beziehungen werden marktlich koordiniert, d.h. für den Zugriff auf die Arbeitskräfte sind Preise für Produkte oder Dienstleistungen entscheidend und z.B. nicht Erfahrungen in der Zusammenarbeit. In der Terminologie von Nienhüser (1999, S. 150) handelt es sich dann um eine „Markt-Subkontrahierung".

Die Praktiken einer Arbeitskräftewirtschaft bezeichne ich als *reflexiv*, wenn die Akteure, die für diese Praxis verantwortlich sind, systematisch Daten erheben, aufbereiten, auswerten und in ihrem Handeln wieder verwerten – wenn die Praktiken der Arbeitskräftewirtschaft also mit einem individuellen und kollektiven Lernprozess verknüpft sind. Eine reflexive Arbeitskräftewirtschaft ist also dadurch gekennzeichnet, dass dauerhaft und permanent neues Wissen generiert wird und dieses in den meisten Handlungsakten verwertet wird. Dies schließt somit nicht aus, dass unintendierte Handlungsfolgen eintreten oder dass die Akteure vor dem Hintergrund unerkannter Handlungsbedingungen agieren; Letztere sind zuweilen sogar das Resultat unintendierter Handlungsfolgen (Giddens 1984, S. 5 und Kapitel 1 in diesem Band).

Mit einer reflexiven Arbeitskräftewirtschaft ist eine vierfache Perspektivenerweiterung verknüpft: Erstens werden interorganisationale Beziehungen in die Formulierung der Arbeitskräfte- bzw. Humanressourcenstrategie einbezogen. Ausgangspunkt sind vor dem Hintergrund herrschender Strukturen Entscheidungen über die zwischenbetriebliche Arbeitsteilung in Organisationen, in denen festgelegt wird, wie die Aufgaben zwischen (Konzern-)Unternehmen,

Subunternehmungen bis hin zu Ein-Personen-Unternehmungen verteilt werden.[9] Zweitens werden die Akteure der Arbeitskräftewirtschaft für (den Wandel der) Beziehungsqualitäten beim Zugriff auf Arbeitskräfte sensibilisiert, die in unterschiedlicher Form erfolgen können. Beispielsweise kann in netzwerkförmigen Beziehungszusammenhängen auf Basis von Erfahrungen in einer früheren Zusammenarbeit kooperiert werden. In marktlichen Beziehungen wird die Zusammenarbeit hingegen dominant über Preise koordiniert. Des Weiteren können hierarchische Beziehungen durch netzwerkförmige oder marktliche, netzwerkförmige durch hierarchische oder marktliche und marktliche durch hierarchische und netzwerkförmige ergänzt oder gar substituiert werden. Drittens werden durch die Analyse des Zusammenspiels von betrieblicher Belegschaft mit Arbeitskräften in interorganisationalen Beziehungszusammenhängen die Auswirkungen betrieblicher Personalpolitik für den Zugriff auf Arbeitskräfte in interorganisationalen Beziehungen berücksichtigt. Genauso werden die Rückwirkungen einer Arbeitskräftepolitik in interorganisationalen Beziehungen auf die betriebliche Personalpolitik und somit auch die zusätzlichen Herausforderungen für die Ausrichtung der Arbeitskräfte auf Ziele und Strategien, die Integration und Konsistenz der Praktiken analysiert. Viertens sensibilisiert der Begriff der reflexiven Arbeitskräftewirtschaft auf die weitere gesellschaftliche Einbettung dieser Aktivitäten. Damit werden z. B. regionale Besonderheiten oder Industriespezifika aufgenommen und Gegenstand der Reflexion. Letzteres ist vor allem Ausdruck einer strukturationstheoretischen Perspektive auf Praktiken der Arbeitskräftewirtschaft. Abb. 4 fasst das zentrale Argument zusammen:

9 Ein-Personen-Unternehmungen verfolgen dauerhaft ein Ziel. Die Mitglieder dieser Organisationen – folgt man im Unterschied zu Kieser/Walgenbach (2007, S. 13 f.) einem engen Mitgliedschaftsverständnis wie in der Transaktionskostentheorie (Williamson 1985) – sind die Gründer dieser Unternehmung, deren Handlungen allerdings nicht durch formale Organisationsstrukturen koordiniert werden. Eine Selbststeuerung ihrer Aktivitäten in den von interorganisationalen Beziehungen gesetzten Grenzen substituiert formale Organisationsstrukturen, die in größeren Organisationen das Verhalten zielorientiert kanalisieren. Gleichwohl ist immer zu prüfen, ob nicht eine so weitgehende Internalisierung stattfindet, dass von einer Integration dieser Unternehmer auszugehen ist und sie tatsächlich Arbeitnehmer/in eines Vertragspartners sind (zu Letzterem z. B. Wirth 1994).

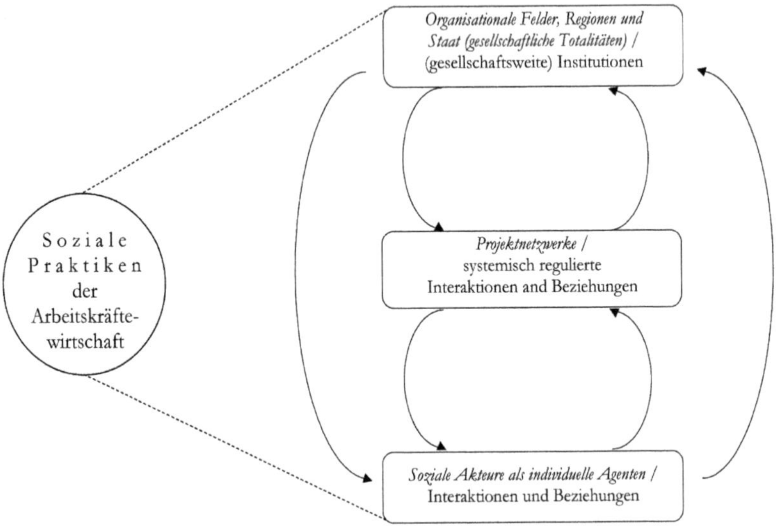

Abbildung 4 Soziale Praktiken der Arbeitskräftewirtschaft (Windeler 2001, S. 124 geringfügig modifiziert durch Wirth 2010, S. 30)

Kompetente Akteure konstituieren soziale Praktiken der Arbeitskräftewirtschaft nicht zuletzt im Rahmen von Projektnetzwerken. Sie nehmen dabei einerseits Bezug auf gesellschaftsweite Institutionen wie das (Arbeits-) Recht oder Professionen und auf die kognitiven, normativen sowie machtbezogenen Aspekte in organisationalen Feldern wie zum Beispiel in einer Branche oder Region; andererseits beziehen sie die Strukturen in (Netzwerk-) Organisationen mit ein und (re-) produzieren oder transformieren diese in ihren (individuellen) Interaktionen und sozialen Beziehungen. Das Handeln der Akteure ist dabei immer *kontingent*, weil sie aufgrund der Regeln und Ressourcen immer auch anders handeln können. Gleichwohl ist das Handeln der Akteure nicht beliebig, denn Machtasymmetrien, kognitive und normative Strukturen begrenzen die Handlungsmöglichkeiten.

Der Grad der Reflexivität der Praktiken der Arbeitskräftewirtschaft kann variieren. Parallel dazu kann die Bedeutung des Zugriffs auf Arbeitskräfte in interorganisationalen Beziehungen sehr unterschiedlich stark ausgeprägt sein. Während im rheinisch-westfälischen Steinkohlebergbau per Tarifvertrag der Einsatz von Subunternehmungen ausgeschlossen war und ist (Kock 1990), wurde in anderen Branchen zunehmend eine „invisible workforce" (Sydow 1992, S. 15) erwerbstätig, die nicht selten von einem Broker koordiniert wird. Das tarifvertragliche Verbot von Subunternehmungen und die invisible workforce sind zwei Extreme entlang eines Kontinuums zwischen der vollständig integrierten Unternehmung und einer Brokerorganisation, die „nur" andere rechtlich selbstständige Unternehmungen koordiniert. In der Praxis ist eher eine mittlere Position zwischen diesen beiden Extremen zu erwarten. Dies gilt auch - wie Abb. 5 zeigt - für den Einzelhandel und die uns besonders interessierende TV-Content-Produktion:

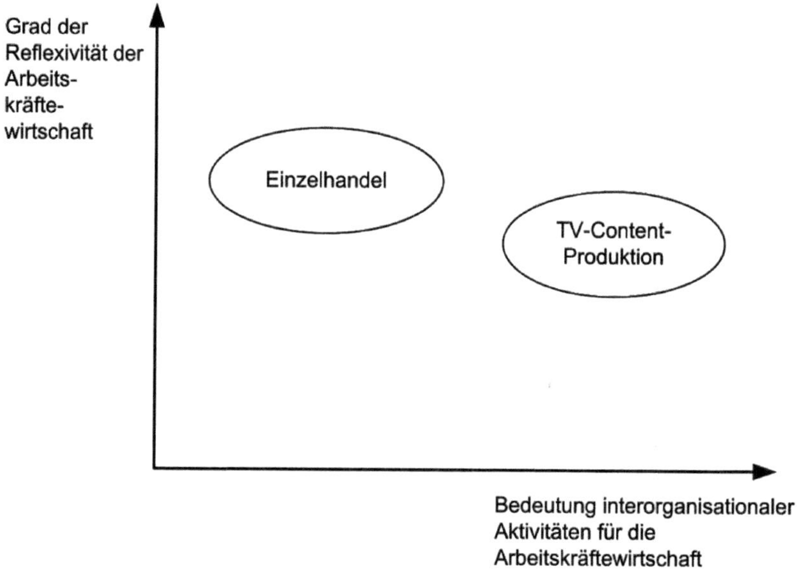

Abbildung 5 Grad der Reflexivität und der Bedeutung interorganisationaler Aktivitäten in der Arbeitskräftewirtschaft (Wirth 2010, S. 31)

Interorganisationale Beziehungen, insbesondere Netzwerkbeziehungen zu Freiberuflern und Subunternehmungen, haben im Einzelhandel eine gewisse Bedeutung für den Zugriff auf Arbeitskräfte, weil z.B. in Warenhäusern bis zu einem Drittel der Arbeitskräfte, die in der räumlichen Einheit ‚Warenhaus' aktiv sind, von Dritten gestellt werden. Die Koordination dieser Arbeitskräfte erfolgt relativ reflexiv, weil auf der Ebene der Konzernzentrale und in den Filialen vor Ort ausgewählte Arbeitskräfte (z.B. die jeweiligen Filialleiter der Warenhäuser) mit dem „reflexive monitoring" (Giddens 1984, S. 5) dieser Geschäftsbeziehungen und der Arbeitskräfte betraut sind (ausführlich Wirth 1999). In der Content-Produktion für das Fernsehen – bzw. vermehrt auch für das Internet – haben Arbeitskräfte in interorganisationalen Beziehungen, auch hier insbesondere in Netzwerkbeziehungen wegen der Dominanz der Koordinationsform Projektnetzwerk, eine zentrale Bedeutung. Die Ausführungen zum Humanressourcenmanagement bei TPC in Abschnitt 5 und die Falldarstellung in Abschnitt 2 dieses Kapitels haben gezeigt, dass die Belegschaft von TPC so klein sein kann, weil eine viel größere Anzahl an befristet beschäftigten Arbeitnehmern und Arbeitskräfte anderer Unternehmungen von den Produzenten koordiniert wird.

Zwar sind bei TPC und anderen Fernsehproduzenten professionelle Produzenten aktiv, trotzdem zeigen empirische Studien, dass der Zugriff auf Arbeitskräfte durchaus reflexiver organisiert werden könnte (Wirth 2010, S. 130 ff.). Beispielsweise empfiehlt sich eine Reflexion auf Arbeitskräftepools, „semi-permanent workgroups" (Blair 2001) und ein stärkeres Denken in Netzwerken (Wirth 2010, S. 130 ff.). Insofern ist – wie in Abb. 5 dargestellt – der Grad der Reflexivität der Praktiken der Arbeitskräftewirtschaft in der TV-Content-Produktion etwas niedriger als im Einzelhandel, die Bedeutung interorganisationaler Beziehungen für den Zugriff auf Arbeitskräfte aber noch deutlich höher.

Die Analyse der Praktiken der Arbeitskräftewirtschaft im Zusammenspiel mit ihren Kontexten ermöglicht eine industriespezifische und ggfs. regionale Ausdifferenzierung. Letzteres spielt beispielsweise dann eine Rolle, wenn regionale Arbeitsmärkte oder regionale Institutionen wie in Medienregionen die Praktiken der Arbeitskräftewirtschaft beeinflussen. In Industrien bzw. organisationalen Feldern werden aufgrund unterschiedlicher Sicht-, Handlungs- und Legitimationsweisen (unterschiedliche) Praktiken der Arbeitskräftewirtschaft ausgeprägt, die sich zuweilen sogar zu „industry recipes" (Spender 1989) verdichten. Das bedeutet, dass es keinen *one best way* der Arbeitskräftewirtschaft gibt, eine regionale und/oder industriespezifische Ausdifferenzierung der Praktiken vorhanden ist und diese sich mit der Verbreitung anderer Sicht-, Handlungs- und Legitimationsweisen ändern können.

Für die Analyse der Praktiken einer reflexiven Arbeitskräftewirtschaft in der TV-Content-Produktion können so genannte Grundprobleme und funktionale Probleme unterschieden werden, weil einerseits grundlegende Fragen in den Aktivitäten der Akteure bearbeitet und „gelöst" werden. Dies erfolgt praktisch, indem die Akteure im Zusammenspiel in der Organisation und in interorganisationalen Beziehungen Praktiken der Arbeitskräfteversorgung, der -planung, -selektion und -einarbeitung, -bindung, -entwicklung, -koordination und -freistellung herausbilden, die ein funktionales Äquivalent für den Human

Ressources-Prozess in Organisationen darstellen. Dabei tragen andererseits die Praktiken der Lösung funktionaler Probleme zur Bearbeitung der Grundprobleme bei wie die einmal etablierten Problemlösungen für die Grundprobleme rekursiv die Ausprägung der Problemlösungen für die funktionalen Probleme beeinflussen. Abb. 6 zeigt deren Zusammenhang:

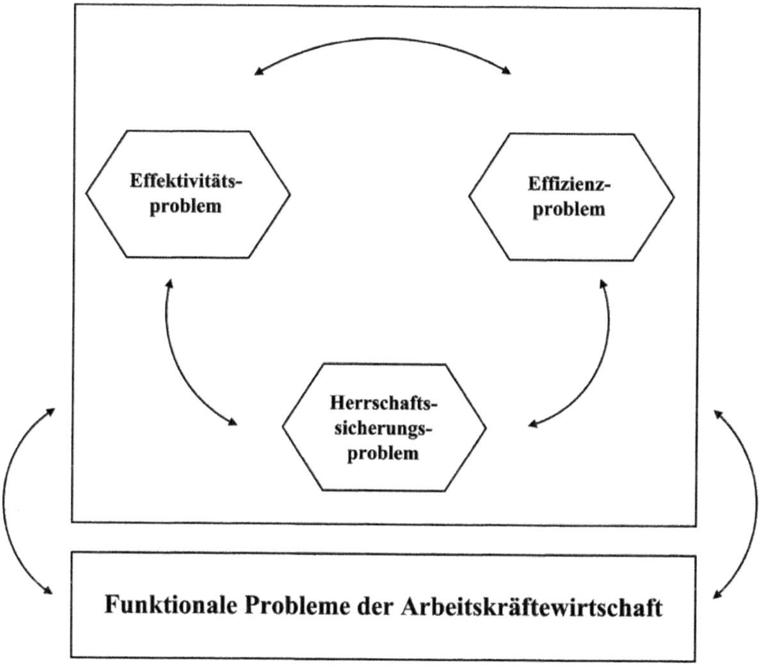

Abbildung 6 Zum Zusammenhang von Grundproblemen und funktionalen Problemen der reflexiven Arbeitskräftewirtschaft (Wirth 2010, S. 33)

Praktiken einer reflexiven Arbeitskräftewirtschaft müssen drei übergeordnete Probleme lösen (s. Abb. 6). Jede Form der Arbeitskräftewirtschaft muss ein Effektivitätsproblem lösen. Damit wird sichergestellt, dass grundlegende Ziele einer Unternehmung und/oder eines Netzwerks, die diesen sozialen Systemen von außen vorgegeben werden, z. B. von Anteilseignern, erreicht werden. Im Fall von TPC besteht dieses Grundproblem darin, dass – entsprechend dem Selbstverständnis der Geschäftsführung und der Mitarbeiter/innen bzw. des TPC-Konzerns – qualitativ hochwertige Fernsehfilme und Fernsehserien in *time and budget* mit einem entsprechenden Anklang bei den Rezipienten zur Zufriedenheit der Auftraggeber hergestellt werden. Die Lösung des Effizienzproblems verweist auf das ökonomische Prinzip in seiner wertmäßigen Ausprägung: Ein vorgegebener Content und damit ein entsprechend den jeweiligen Sendeplätzen erzielbarer Erlös ist mit minimalem Geldaufwand zu realisieren. Anknüpfend an grundlegende Überlegungen von Staehle (1992) zur Funktion des Managements in Unternehmungen sind durch Praktiken einer reflexiven Arbeitskräftewirtschaft darüber hinaus die privilegierten Positionen bestimmter Akteure bzw. spezifische Ordnungen in Unternehmungen, im Netzwerk und/oder auf dem Markt und in der Gesellschaft abzusichern. Die Akteure müssen also das Problem der Herrschaftssicherung lösen. Dabei ist zu beachten, dass entsprechend der *dialectic of control* die anderen Akteure auch Regeln und Ressourcen mobilisieren können und dementsprechend nicht vollständig dem Einfluss Dritter (z.B. der Geschäftsführung) ausgeliefert sind. Des Weiteren ist zu berücksichtigen, dass Machtgrundlagen erodieren können oder es gar zu „Prozessen der Machtumkehr" (Bouncken/Müller-Lietzkow 2007) kommt, z.B. durch das Knüpfen anderer/neuer interorganisationaler Beziehungen. Macht- und Herrschaftsverhältnisse sind umkämpft und (mehr oder minder) dynamisch.

Die praktische Entwicklung von Lösungen für die drei Grundprobleme der Arbeitskräftewirtschaft ist nicht spannungsfrei. So können beispielsweise Lösungen für das Effizienzproblem mit den anderen grundlegenden Zielen konfligieren, da z.B. Kostensenkungsstrategien den Anspruch als Qualitätsproduzent unterminieren können. Lösungen für das Herrschaftssicherungsproblem können beispielsweise mit Lösungen für das Effizienzproblem in Konflikt geraten. Wenn die Kosten „direkter Kontrolle" (Friedman 1977) zu hoch werden und eine wirtschaftliche Produktion vereiteln, entstehen Widersprüche zwischen der Ökonomie der Produktion und der Herrschaftssicherung. Praktiken der reflexiven Arbeitskräftewirtschaft gelten als gangbar (viabel), wenn sie den Interessen, Sichtweisen und Legitimationsgrundlagen der jeweiligen Anspruchsgruppen genügen (dazu ausführlich Ortmann 1995, S. 367 ff.). Und indem die jeweiligen Praktiken als viabel eingestuft und behandelt werden, tragen die Akteure zur Reproduktion der Praktiken bei. Damit ist das, was als wirtschaftlich gilt, nicht das Ergebnis technologischer oder markt- und produktionsökonomischer Erfordernisse bzw. Zwänge, sondern ist Ausdruck kognitiver, normativer und machtbezogener Strukturen und dementsprechend kontingent, d.h. auch anders möglich, ohne jedoch beliebig zu sein.

Die Lösung der übergeordneten Grundprobleme basiert auf der Lösung funktionaler Probleme der Arbeitskräftewirtschaft. Abb. 7 zeigt die funktionalen Probleme der Arbeitskräftewirtschaft auf:

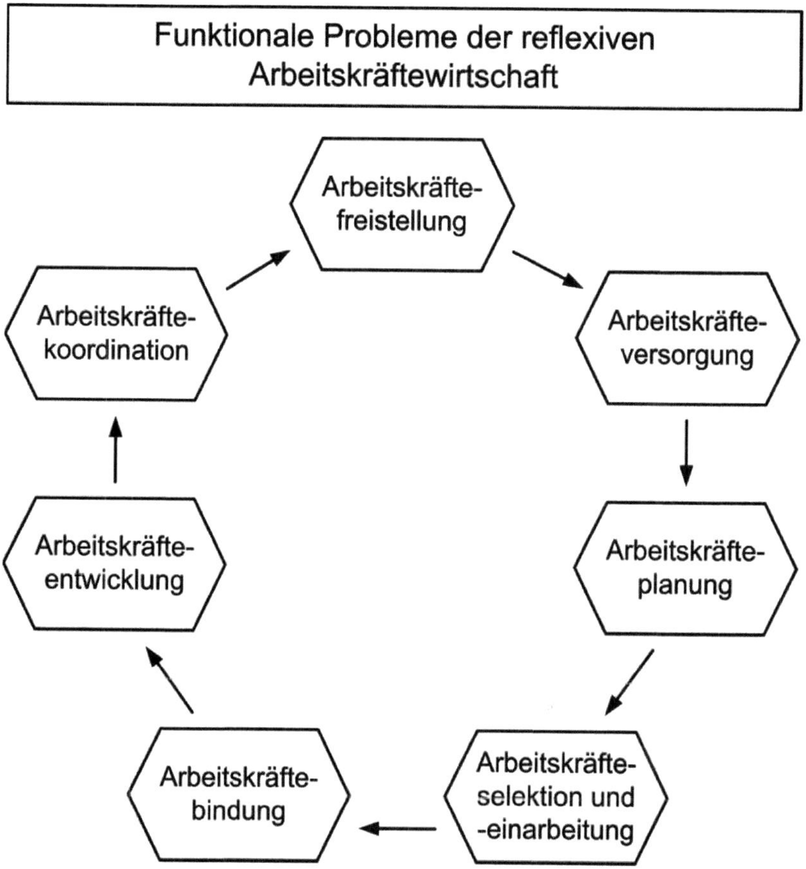

Abbildung 7 Funktionale Probleme der reflexiven Arbeitskräftewirtschaft (Wirth 2010, S. 37)

Mit der Lösung dieser funktionalen Probleme der Arbeitskräftewirtschaft ist die praktische Beantwortung von Fragen zu jedem einzelnen Prozessschritt verknüpft. Tab. 2 listet diese für die jeweiligen Schritte auf (s. dazu auch Wirth 2010, S. 35 f.):

Tabelle 2 Lösungen für funktionale Probleme der Arbeitskräftewirtschaft – Fragestellungen

Funktionales Problem der Arbeitskräftewirtschaft	Fragestellungen
• Arbeitskräfteversorgung	• Wer stellt sicher, dass Arbeitskräfte in der richtigen Quantität und Qualität vorhanden sind? • Wie geschieht dies?
• Arbeitskräfteplanung	• Wer plant? • Was wird geplant? • Wie wird geplant?
• Arbeitskräfteselektion und -einarbeitung	• Wer ist für die Selektion zuständig? • Wie erfolgt die Arbeitskräfteselektion? • Wer ist für die Einarbeitung zuständig? • Wie erfolgt die Einarbeitung neuer Arbeitskräfte? • Wer bestimmt bei der Selektion und bei der Einarbeitung der Arbeitskräfte mit?
• Arbeitskräftebindung	• Wie werden Arbeitskräfte gebunden? • Welche Mechanismen kommen zur Anwendung? • Wer ist für die Arbeitskräftebindung relevant bzw. zuständig?
• Arbeitskräfteentwicklung	• Wer ist für Entwicklung neuer Kompetenzen der Arbeitskräfte zuständig? • Wie und wo erfolgt die Entwicklung neuer Kompetenzen? • Wie sind die Kosten und der Nutzen zwischen Arbeitskraft und Arbeitgeber bzw. Auftraggeber verteilt? • Wer kann die Arbeitskräfteentwicklung mitbestimmen? • Wie wird sichergestellt, dass die Arbeitskräfteentwicklung einen Beitrag zur Lösung des Arbeitskräfteversorgungsproblems leistet?
• Arbeitskräftekoordination	• Wer ist für die Koordination der Arbeitskräfte zuständig? • Wie erfolgt die Koordination in Organisationen und über Organisationsgrenzen hinweg? • Wie werden Arbeitskräfte geführt? • Wer kann die Koordinationsformen mit welchen Mitteln beeinflussen?
• Arbeitskräftefreistellung	• Wer stellt nach welchen Regeln Arbeitskräfte frei? • Wie erfolgt eine Arbeitskräftefreistellung in Organisationen, Unternehmungsnetzwerken und Industrien?

Wie die jeweiligen funktionalen Probleme der Arbeitskräftewirtschaft gelöst werden, unterscheidet sich wegen der Kontingenz möglicherweise von Industrie zu Industrie, von Region zu Region, von Unternehmungsnetzwerk zu Unternehmungsnetzwerk und/oder von Unternehmung zu Unternehmung.

Die Beantwortung der Fragen aus Tab. 2 kann zeigen, wie Praktiken der Arbeitskräftewirtschaft aussehen. Eine Gegenüberstellung der Praktiken in vertikal-tief integrierten Unternehmungen, dem „Normalbetrieb" der Personalwirtschaftslehre, sowie in Projektnetzwerken in der TV-Content-Produktion zeigt, wie unterschiedlich diese sind (s. Wirth 2010, S. 73 ff.):

Tabelle 3 Substitute für den HR-Prozess in internen Arbeitsmärkten in Projektnetzwerken in der TV-Content-Produktion (Wirth 2010, S. 129)

• Elemente des HR-Prozesses in internen Arbeitsmärkten von „Normalbetrieben"	• Substitute der reflexiven Arbeitskräftewirtschaft in Projektnetzwerken in der gegenwärtigen TV-Content-Produktion
• Personalplanung als Antizipation zukünftigen personalwirtschaftlichen Handelns	• (rudimentäre) Projekt- und Personalplanung mit vagen Erwerbstätigkeiten
• Personalselektion und -einarbeitung als ein an professionellen und wissenschaftlichen Kriterien orientierter Prozess	• Zugriff auf Arbeitskräfte aus segmentierten Pools früherer Projektteilnehmer • Einarbeitung im Zuge von boundaryless Careers
• hierarchisch koordinierter Personaleinsatz	• hierarchische Arbeitskräftekoordination in der Unternehmung und mittels hierarchischer Netzwerkbeziehungen zu Freiberuflern und Subunternehmungen
• Personalbindung mittels Anreizen, insb. durch senioritätsbasierte Entlohnung und Sozialleistungen • Personalbindung durch betriebsspezifische Qualifikationen	• Bindung durch transaktions-, beziehungs- und netzwerkspezifische Investitionen • Anreize durch produktgruppen- und funktionsspezifische Aufstiege • Bindung durch Konzernierung und Kooperation
• Personalentwicklung als anforderungsbezogener und stärkenorientierter Prozess	• Arbeitskräfteentwicklung durch die Arbeitskräfte und durch staatliche Einrichtungen im Zuge von boundaryless Careers, die in Praktika, Ferienjobs, Studien an Filmhochschulen und im Learning on-the-Job die professionellen Standards vermittelt • (Finanzierung der) Anpassungsqualifizierung durch die Arbeitskräfte
• Personalfreistellung als ein Prozess in einem rechtlichen Rahmen (unter Einbeziehung der betrieblichen Interessenvertretung) oder als Übergangsmanagement in die Nichterwerbstätigkeit	• Wiederkehrende Arbeitskräftefreistellung als Pendant zur wiederkehrenden Selektion von Arbeitskräften • Ausschluss aus dem Pool des Projektnetzwerks oder aus dem organisationalen Feld als industriespezifische Form der Arbeitskräftefreistellung

Wegen der Komplexität der Praktiken der Arbeitskräftewirtschaft können diese nicht umfassend dargelegt werden (s. dazu aber Wirth 2010, S. 73 ff.). In den Ausführungen zu den Praktiken einer reflexiven Arbeitskräftewirtschaft bei TPC konzentriere ich mich deshalb beispielhaft auf die Arbeitskräfte*entwicklung*, weil diese eine zentrale Bedeutung für die Lösung der Grundprobleme der Arbeitskräftewirtschaft hat und sie mit der Arbeitskräfteversorgung, der Arbeitskräfteplanung, der Arbeitskräfteselektion und -einarbeitung eng zusammenspielt.

Die besondere Form der Koordination der Arbeitskräfteentwicklung in der TV-Content-Produktion ist eng mit den Spezifika von Arbeit in Projektnetzwerken verknüpft. Arbeitskräfte in der TV-Content-Produktion, fest angestellte Arbeitnehmer wie für konkrete Projekte befristet beschäftigte Arbeitnehmer/-innen, Freiberufler und die Arbeitnehmer/innen von Subunternehmungen, entwickeln ihre Kompetenzen – ähnlich wie andere Kreative (Menger 1999) – in „boundaryless careers" (Arthur 1994). Diese führen sie mit unterschiedlichen, gleichwohl aber auch immer wieder denselben Arbeit-/Auftraggebern in Projektnetzwerken zusammen. In diesen Projektnetzwerken wird, ausgehend von ersten Selektionen als Praktikant, als Abgänger einer Filmhochschule oder – in abnehmendem Maße – als Quereinsteiger typischer Weise ein *learning by doing* praktiziert. Dadurch wird der Zugang zu Arbeit, also die wiederkehrende Arbeitskräfteselektion in Projektnetzwerken, für das Lernen der Arbeitskräfte zentral.

Ein typischer Einstieg für Kreative in eine Zusammenarbeit mit TPC in der Produktion von fiktionalem Content geht von Hochschulkontakten aus:

> „Die meisten neuen Produzenten, Regisseure und Autoren werden heutzutage von den Sendern und Produktionsfirmen an den Hochschulen entdeckt. Das ist ein wesentlicher Grund, warum ich da so viel Arbeitszeit verbringe, um die Leute dort früh genug zu erwischen. Dann machen die einen Abschlussfilm, der auf dem Festival der Hochschulstudenten läuft. Da sind die Sender anwesend. Da sieht man den also schon mal. Irgendwann macht der auch mal einen 30- oder 45-minütigen Film, weil mehrere Produktionsetats als Gruppenproduktion zusammengelegt werden. Dann fragt man auch mal den Leiter der Filmklasse oder Regieklasse an der Filmhochschule, wie sie ihre Schüler einschätzen. Dann sagen sie unter Umständen: ‚Das ist Ihr Mann'. Dann geht man mit dem zu einem Sender oder der Sender kommt mit dem bei uns an. Man kennt sich bereits. Man hat den Film gesehen. Die Kassetten, die hier alle rumliegen, sind alles das. Ich habe hier knapp 100 Kassetten nur von Filmhochschülern aus den sechs Filmhochschulen gesammelt. Dann kommt man auf einen Stoff und der Sender sagt irgendwann ‚okay, wir trauen uns, das mit Conny Bahr zu machen'. Conny Bahr ist eine klassische Karriere. Assistentin eines bekannten Regisseurs. Danach auf die DFFB in Berlin gegangen und dort hat sie einen interessanten Film gemacht. Sie hat es als Abschlussfilm hinbekommen, dass ein 90-minütiges Fernsehspiel finanziert wurde. Das wurde gefördert. Das heißt ‚Das letzte Mal'. Es bekommt einen Preis und alle kennen den Film und kennen Conny Bahr. Damit ist die drin. So funktioniert das und das ist branchentypisch" (Produzent 2a).

Hochschullehrer agieren dabei nicht selten als Broker und Bürgen zugleich, die – wie für Intermediäre typisch – Akteure in Beziehung setzen und damit über den Zugang zu Arbeit und damit zu Beziehungen, Lernmöglichkeiten und Einkommen mitentscheiden.

Für Conny Bahr und andere Kreative gilt aber im organisationalen Feld zugleich die Regel „„zwei Quotenflops und man ist draußen" (Berufsverband 1). Das bedeutet, dass die Re-Selektion fortwährend durch erfolgreiche Produkte gefördert werden muss, damit neue Lern- und Profilierungsmöglichkeiten erschlossen werden können.

Drehbuchautoren bewegen sich im Rahmen ihrer Arbeit und in ihrer Arbeitskraftentwicklung in unternehmungsübergreifenden Zusammenhängen, in „Windhosen" (Produzent 2), die sie mit unterschiedlichen Auftraggebern in Kontakt bringen. Aber es existiert bei TPC – wie bei anderen Fernsehproduzenten auch – ein kleiner Kreis von „Freunden des Hauses" (Produzent 2a), mit dem kontinuierlich zusammengearbeitet wird. Die Beziehungen zum „Freundeskreis" kennzeichnen ein hohes Maß an Reziprozität. Deshalb helfen diese Drehbuchautoren im Fall von Notlagen immer wieder aus; diese entstehen, weil z. B. einige Drehbücher nicht die notwendige Qualität erreichen, um den Ansprüchen eines Qualitätsproduzenten zu genügen. Umgekehrt greifen Produzenten in prestigeträchtigen Produktionen auf diesen Personenkreis bevorzugt zurück und forcieren auf diese Weise deren Karrieren.

Lerneffekte ergeben sich so z. B. für Jungautoren durch die Zusammenarbeit mit den Autoren aus dem „Freundeskreis", die Wissen im Netzwerkzusammenhang übertragen und damit ein Projektnetzwerk als Lernort konturieren. Zugleich wird deutlich, dass erfolgskritische Ressourcen in den netzwerkförmigen Beziehungszusammenhang eingelagert sind, die für die Umsetzung der Unternehmungsstrategie als Qualitätsproduzent erforderlich sind. Netzwerkförmige Beziehungen zu erfolgskritischen Akteuren, z. B. Drehbuchautoren, ermöglichen eine (verbesserte) Ausrichtung der Unternehmungs-, Netzwerk- und Arbeitskräftestrategie.

Für das Produktionspersonal gilt, dass dieses seine Karrieren von Projekt zu Projekt fortentwickelt, nachdem es eine Ausbildung an einer Filmhochschule erfolgreich abgeschlossen hat. Für die Absolventinnen und Absolventen im Bereich Produktion gilt beispielsweise:

> „Dann fangen sie aber nicht als Produzenten, sondern als Aufnahmeleiter, Produktionsleiter für größere Klötze an, wo man sie gut implantieren kann, wo sie wunderbar funktionieren, weil sie eine Menge Know-how haben. Viel mehr als sie für diese spezielle Arbeit brauchen. Sie können dann in der Wendeltreppe einer Produktion nach oben steigen, wenn sie das wollen" (Produzent 2).

Diese „Wendeltreppe" (Produzent 2) führt sie bei TPC in befristeten Beschäftigungsverhältnissen durch unterschiedliche Funktionen (vom Aufnahmeleiter zum Herstellungsleiter) und ggfs. über unterschiedliche Produktgruppen hinweg (von der Soap Opera-Produktion über die Fernsehserien- und Fernsehfilmproduktion in die Kinofilmproduktion) in besser bezahlte Arbeit. Mittlerweile werden auch Nachwuchsprogramme angeboten, die Talente als Teilhaber in Konzern- und als Unternehmer in Netzwerkzusammenhänge integrieren.

Beim Produktionspersonal schätzt TPC – im Unterschied zu den Kreativen – ein hohes Maß an Stabilität, weil es die Arbeitskräftekoordination routinisiert und damit ökonomisiert. Die Arbeitskräfte erlernen dabei nicht nur berufsfachliche Aspekte, die die Qualitätsproduktion erfordert, was häufig am Set, vor, während und nach der Arbeit erfolgt, sondern die Akteure lernen auch das „Vokabelheft" (Produzent 2) von TPC und der Branche kennen. Strukturationstheoretisch reformuliert geht es für die Arbeitskräfte um das Kennenlernen und die „Aneignung" der Regeln der Signifikation und Legitimation des (von TPC geführten) Projektnetzwerkes, aber auch – rekursiv damit zusammenhängend – um die kompetente Nutzung der Ressourcen der Domination im Zuge der Produktion. Dies unterstreicht nochmals die Bedeutung des Projektnetzwerkes als Lernort. Dafür sind „extrafunktionale Qualifikationen" (Dahrendorf 1956), z.B. Kommunikationsfähigkeit, von zentraler Bedeutung, weil sonst kein Wissenstransfer stattfindet (s. dazu auch Apitzsch 2009). Unterstützt wird dieser Lernprozess im Rahmen der vorberuflichen Sozialisation an Filmhochschulen, an denen über Projekte in Zusammenarbeit mit Lehrenden und Lehrbeauftragten aus der Branche „geübt" wird und dieses Wissen durch Ferientätigkeiten und Praktika um projektnetzwerkspezifische Kenntnisse vertieft wird.

TPC hat eine besondere Rolle für die Arbeitskräfteentwicklung in einer Medienregion, weil dem Konzern, dem TPC angehört, von Stakeholdern auch eine Ausbildungsfunktion zugewiesen wird:

> „Deswegen war die Gründung der Firma unerlässlich und aus diesem Grunde ist auch die TPC wie keine Firma sonst in der Region bei Ausbildungs- und Fortbildungsaktivitäten engagiert. Wir sind nicht hier, um einfach zu produzieren, sondern wir sind mit dem erklärten Ziel hier, neben unserer Produktionstätigkeit

auch strukturbildende Maßnahmen durchzuführen und Aus- und Weiterbildungseinrichtungen zu institutionalisieren. Dazu gehört zum Beispiel die Gründung einer Autorenausbildungsstätte. Die geht ausnahmslos von uns aus und ist dann organisiert worden mit der regionalen Filmförderung. Die Gründung der Filmhochschule geht wesentlich von hier aus, dann aber schon in Kooperation mit anderen Produktionsfirmen und Produzentenpersönlichkeiten. Die Gründung der Film- und Fernsehakademie, die jetzt konkret angegangen wird, wird auch im Wesentlichen von hier initiiert. Ich habe gerade das Konzept fertiggeschrieben und wir werden das bis Ende des Jahres in ein Organisationsschema umgesetzt haben" (Produzent 2a).

Obiges Zitat belegt, dass TPC in Stakeholderbeziehungen eingebunden ist und diese erheblichen Einfluss auf die Unternehmungsstrategie ausüben. Trotzdem geschieht dies nicht nur wegen des Einflusses durch Stakeholder, sondern ist auch im ureigensten Interesse von TPC selbst, die – wie andere Unternehmungen im Feld der TV-Content-Produktion (Wirth 2010, S. 113 ff.) – die Arbeitskräfteentwicklung an die Arbeitskräfte oder aber an das Projektnetzwerk sowie an das organisationale Feld und die dort vorhandenen Aus- und Weiterbildungseinrichtungen (quasi-) externalisiert. Während also auf die Aus- und Weiterbildungsaktivitäten der Arbeitskräfte kein direkter Einfluss genommen wird, also die Verantwortung für ihre Employability faktisch an die Arbeitskräfte übergegangen ist, kooperiert TPC im Rahmen zahlreicher Public-Private-Partnerships mit Aus- und Weiterbildungseinrichtungen, insbesondere mit Filmhochschulen in Medienregionen. Dadurch entstehen – da andere Unternehmungen dies genauso tun – projektnetzwerkähnliche Beziehungszusammenhänge, in denen öffentliche Einrichtungen mit Unternehm(ung)en aus der TV-Content-Produktion kooperieren, also ihre Pläne ex ante miteinander abstimmen. Es findet auf diese Weise eine wechselseitige Beeinflussung statt, in der die Aus- und Weiterbildungslandschaft in einer Medienregion mehr oder minder reflexiv entsprechend den Interessen von Unternehmungen ausgestaltet wird (s. dazu auch Lutz/Sydow 2002). Dementsprechend sind die Karrieren des Produktionspersonals auf einzelne Cluster konzentriert; die berufliche Entwicklung Kreativer ist in der Regel clusterübergreifend, aber auch auf Cluster bezogen, so dass alle Akteure in der Fernsehindustrie Karrieren in Clustern machen (dazu auch Casper/Murray 2005).

Da in die Entwicklung von Aus- und Weiterbildungseinrichtungen auch die unterschiedlichen Interessen von Unternehmungen eingehen, sind diese Prozesse der Ausgestaltung der Aus- und Weiterbildungslandschaft zwischen unterschiedlichen Fraktionen von Fernsehproduzenten umkämpft. Die nicht zuletzt auch mit Hilfe der Unternehmen institutionalisierten Aus- und Weiterbildungseinrichtungen sind somit immer auch Ausdruck von Macht und Herrschaft. Die Entwicklung und damit die Wettbewerbsfähigkeit von Medienregionen hängt sogar mit davon ab, wer sich worüber und wie in solchen Konstitutionsprozessen einer Aus- und Weiterbildungslandschaft durchsetzen kann. Damit sind die Chancen von Arbeitskräften in der TV-Content-Produktion auch davon abhängig, wie von ihnen relativ autonome Akteure agieren. Sie sind – mit anderen Worten – nur partiell „ihres eigenen Glückes Schmied", da sie u. a. von der Quantität und der Qualität der Aus- und Weiterbildungseinrichtungen in einer Medienregion abhängen.

Das *learning by doing* in Kombination mit Hochschulstudien ergänzen selbstfinanzierte Weiterbildungen, die die Arbeitskräfte an Aus- und Weiterbildungseinrichtungen belegen, insbesondere in den Weiterbildungsabteilungen der Filmhochschulen. Dabei steht die Anpassungsqualifizierung an neue technologische Standards im Vordergrund. Deshalb bieten einige Filmhochschulen diese in Kooperation mit Technologieherstellern an, die darüber ihre technologischen Standards durchsetzen und auf diese Weise ihre Marktführerschaft absichern. Andere Weiterbildungsgänge, z. B. Qualifizierungen zum Fernsehschauspieler an der Filmakademie Baden-Württemberg in Ludwigsburg, vermitteln neben Kontakten zu potenziellen Arbeitgebern die Spezifika des Schauspiels in Film- und Fernsehproduktionen und sorgen so für anschlussfähige Praktiken im organisationalen Feld. Sind besondere Knappheiten am Arbeitsmarkt vorhanden, gibt es zuweilen bei den strategisch platzierten Akteuren in dieser Industrie, den Fernsehproduzenten und den Fernsehsendern, auch eine gewisse Bereitschaft zur Co-Finanzierung der Qualifizierung von Arbeitskräften (Keil/Milke 2010, S. 358).

Das Qualifizierungssystem in der TV-Content-Produktion und damit auch das von TPC knüpft an staatliche Vorleistungen an, die die Akteure im organisationalen Feld der TV-Content-Produktion, insbesondere die Fernsehsender und die Fernsehproduzenten, koordinieren. Filmhochschulen werden als Quasi-Public-Private-Partnerships geführt, indem z. B. Vertreter der Akteure aus der TV-Content-Produktion als Lehrende oder Lehrbeauftragte engagiert werden, spezifische Studiengänge in Absprache mit Unternehmungen aus der Branche konzipiert werden und sogar – wie das zuvor vorgestellte Zitat des Geschäftsführers von TPC zeigt – die Aus- und Weiterbildungseinrichtungen mit wichtigen Unternehmungen aus der Branche gemeinsam entwickelt werden (zu einem anderen Beispiel Keil/Milke 2010, S. 356 ff.). Erst die Vorleistung der Mitarbeit in derartigen Institutionalisierungsprozessen und die damit verbundene Ressourcenmobilisierung versetzt TPC (und andere Unternehmungen in der TV-Content-Produktion) in die Lage, auf qualifizierte Arbeitskräfte in der richtigen Quantität zuzugreifen. Dafür mobilisiert TPC die Zeit, das Engagement und die Kompetenz eines Geschäftsführers und aktualisiert sein „soziales Kapital" (Bourdieu 1983), indem dessen personale Beziehungen zu der Geschäftsführung der regionalen

Filmförderung und zu Ministerialbeamten, zu den Geschäftsführern anderer Fernsehproduktionsunternehmungen in der Region und zu anerkannten Persönlichkeiten, die an anderen Filmhochschulen Ausbildung von Nachwuchs betreiben, genutzt werden. Insofern ist die Koordination der Aktivitäten in der Aus- und Weiterbildung eine wettbewerbsrelevante Aktivität für Unternehmungen, mit der TPC, aber auch entsprechende Projektnetzwerke, gar ganze Medienregionen und die Branche selbst, die Arbeitskräfteversorgung sicherstellen.

Die Art und Weise, wie die Arbeitskräftewirtschaft bei TPC (und in der fiktionalen Content-Produktion insgesamt) praktiziert wird, hat Rückwirkungen auf die betriebliche Personalstrategie. Gesucht sind Koordinatoren, die – nicht nur bei der Arbeitskräfteentwicklung – funktionale Probleme in Netzwerken, in der Medienregion und im organisationalen Feld der TV-Content-Produktion lösen. Eine Strategie als Qualitätsproduzent setzt beispielsweise voraus, dass die Produzenten Beziehungen zu (Pools von) kompetenten Arbeitskräften aufbauen, die Medienregion und das Feld der TV-Content-Produktion insgesamt in Richtung Qualitätsproduktion ausrichten, indem sie die dafür notwenigen personellen, organisatorischen, netzwerkförmigen und institutionellen Voraussetzungen schaffen und die Entwicklung beobachten, auswerten, bewerten und ggfs. in diese reflexiv eingreifen. Poolmanagement, d.h. der Aufbau, die Entwicklung und die Restrukturierung des eigenen Arbeitskräftepools, und die strategische Institutionalisierung sind deshalb zentrale Aufgaben der Produzenten im Projektnetzwerk.

Indem TPC derart qualifiziertes Personal beschäftigt und die Politikfelder des Humanressourcenmanagements dementsprechend ausrichtet, kann es seine Arbeitskräftestrategie im rekursiven Zusammenspiel mit der Unternehmungs- und Netzwerkstrategie fortschreiben. Erst die reflexive (Mit-) Gestaltung des Netzwerkzusammenhangs, der Medienregion und des organisationalen Felds durch TPC ermöglicht diese Arbeitskräftepolitik. Die Arbeitskräftepolitik eines Qualitätsproduzenten ist aber zugleich durch die Strukturen der Unternehmung, des Netzwerkzusammenhangs, der jeweiligen Medienregion und des organisationalen Felds sowie der Gesellschaft beschränkt. Die Ausrichtung auf eine Qualitätsproduktion durch TPC führt beispielsweise zur Ausgrenzung von anderen Interessen in einer Medienregion, die nur durch eine Diversität in der Medienregion ausgeglichen werden kann. Die arbeitskräftewirtschaftlichen Implikationen einer Produktion von „Reality-Formaten“ müssen dementsprechend in anderen Zusammenhängen realisiert werden. Dementsprechend wird in der Medienregion, in der TPC angesiedelt ist, auch eine Ausdifferenzierung der Qualifizierungslandschaft vorgenommen. Dies geschieht unter Beteiligung und in Absprache mit den entsprechenden Auftrag- und Arbeitgebern in der Region.

Diese Praktiken der Arbeitskräfteentwicklung in TPC bzw. dem von dieser Unternehmung geführten Projektnetzwerk, die idealtypisch für die gesamte Industrie sind, tragen zur Lösung des Effektivitäts-, Effizienz- und Herrschaftssicherungsproblems bei. Indem beispielsweise im Zuge eines *learning on-the-job* professionelle Standards der TV-Content-Produktion vermittelt werden, stellen die Akteure sicher, dass die grundlegenden Ziele von TPC erreicht werden – die Produktion von qualitativ hochwertiger Fernsehware. Die Übertragung der Qualifizierung an die Arbeitskräfte, die diese Aufgabe übernehmen und finanzieren müssen, an Akteure in Projektnetzwerken sowie die Zusammenarbeit mit Organisationen im Feld reduzieren die Kosten der Qualifizierung für Unternehmungen wie TPC. Sie steigern auf diese Weise ihre Effizienz. Die Arbeitskräfteentwicklung ist auch Ausdruck von Macht und Herrschaft, die immer auch umkämpft ist. Mit der Bindung der Arbeitskräfteentwicklung an den wiederkehrenden Zugang zu Arbeit, Praktika und Volontariate können die Unternehmungen im Zuge der Arbeitskräfteselektion nicht nur Macht ausüben, sondern auch Kosten umverteilen. Zugleich sorgen die Unternehmungen in diesem Sozialisationsprozess dafür, dass die Arbeitskräfte für Unternehmungen funktionale Sicht-, Handlungs- und Legitimationsweisen internalisieren, was z.B. durch die Konstruktion der Filmhochschulen als Quasi-Public-Private-Partnership besonders ausgeprägt wird. Insofern erfolgt trotz aller Klagen durch die Arbeitskräfte über die Arbeitsbedingungen in der TV-Content-Produktion (Marrs 2007) kein echtes Hinterfragen der Arbeitsbedingungen. Sie sind das Ergebnis industriespezifischer Praktiken der Arbeitskräftewirtschaft, die zudem ein suchtähnliches Arbeitsverhalten der Erwerbstätigen fördern, weil diese zwischen deprimierender Arbeitslosigkeit und finanziell, kreativ, sozial und emotional hochgradig „lohnender" Erwerbstätigkeit (immer wieder) wechseln (Rowlands/Handy 2012). Die Arbeitskräfte hingegen können vor allem durch die „Einschreibung" in mehrere Projektnetzwerke Macht ausüben und ihre Interessen realisieren, indem sie alternative Lernmöglichkeiten und Erwerbstätigkeiten generieren und so ihre Abhängigkeit von Arbeit-/Auftraggebern reduzieren.

Fassen wir die Ergebnisse für das von TPC geführte Projektnetzwerk zusammen, so sehen wir, dass – wie im Fall anderer Unternehmungen und ihrer Projektnetzwerke in der TV-Content-Produktion – vor allem die Arbeitskräfte für die Entwicklung ihrer Kompetenzen verantwortlich sind. Sie können dabei auf Aus- und Weiterbildungseinrichtungen zurückgreifen, die die Organisationen im Feld entsprechend ihren Bedürfnissen kreieren, nicht selten in der Form von Public-Private-Partnerships. Zwar sind heute in der fiktionalen TV-Content-Produktion die meisten Arbeitskräfte an Filmhochschulen formal qualifiziert worden, trotzdem erfolgt ein bedeutsamer Anteil des Lernens der Arbeitskräfte on-the-job. Der Zugang zu Arbeit und damit zu Lern- und Profilierungsmöglichkeiten wird für die Arbeitskräfte essentiell und die Kontrolle der Arbeitgeber über diesen Zugang ist ein wichtiges Herrschaftsinstrument der Arbeit-/Auftraggeber, mit dem sie ihre privilegierte Position im Netzwerk und/oder Feld und die jeweilige Ordnung absichern. Die Kosten für die Qualifizierung sind weitgehend auf die Arbeitskräfte verlagert. Den Nutzen daraus ziehen zwar auch die Arbeitskräfte, die auf diese Weise ihre *boundaryless Careers* in den Grenzen von Projektnetzwerken fortsetzen und fördern können, dominant profitieren jedoch Arbeit-/Auftraggeber davon, die auf diese Weise relevante Beiträge zur Lösung des Effektivitäts- und Effizienzproblems „erhalten". Eine kollektive Mitbestimmung an den Entscheidungen der Arbeitskräfteentwicklung existiert nicht. Die Arbeitskräfte können – sofern sie dazu ökonomisch in der Lage sind – die Qualifizierungsentscheidungen für den Besuch von Aus- und Weiterbildungseinrichtungen selbst bestimmen, deren Ausrichtung aber von Entscheidungen der Akteure in Medienregionen und von politischen Prozessen zwischen diesen abhängt. Ihr *learning on-the-job* können sie über die Mobilisierung von Ressourcen fördern, z.B. indem sie sich durch die Einschreibung in mehrere Netzwerke Optionen verschaffen. Die spezifische Form der Arbeitskräfteentwicklung, wie sie TPC und andere Unternehmungen in der TV-Content-Produktion praktizieren, liefert Beiträge zur Arbeitskräfteversorgung, indem sie staatliche Einrichtungen schaffen, die für die Bedarfe der Industrie qualifizieren. Das *reflexive monitoring* der Entwicklungen in der jeweiligen Medienregion und im organisationalen Feld durch TPC und andere Unternehmungen ermöglicht eine Weiterentwicklung der Angebote an die sich wandelnde Nachfrage. Das *learning on-the-job* fördert die Professionalisierung der Arbeitskräfte und erleichtert – im Fall von TPC – die Verfolgung von Strategien als Qualitätsproduzent.

Im Unterschied zu den empirischen Ergebnissen der Studien von Marchington et al. (2004, 2011) scheinen die Herausforderungen der Ausrichtung, Integration und Herstellung von Konsistenz des Humanressourcenmanagements in der TV-Content-Produktion entschärft. Die dominante Koordinationsform in der TV-Content-Produktion, das Projektnetzwerk, erleichtert z.B. durch die fortwährende Re-Selektion im Beziehungszusammenhang in Verbindung mit einem Poolmanagement die Ausrichtung auf Ziele und Strategien, weil die Möglichkeit des Austauschs wie die Aussicht auf eine weitere Zusammenarbeit, der „shadow of the future" (Axelrod 1984), disziplinierend wirkt und gleichzeitig Alternativen zur Verfügung stehen. Im Feld der TV-Content-Produktion institutionalisierte Professionalitätsnormen, die die Akteure im Zuge ihrer Sozialisation im Feld erlernen, unterstützen diesen Prozess. Die Integration unternehmungsübergreifender Humanressourcenmanagementpraktiken „fällt leichter", weil die Kleinbetriebe in Projektnetzwerken nicht systematisch entsprechende Praktiken entwickeln, die Machtungleichgewichte zwischen den Netzwerkunternehmungen extrem sind und Professionalitätsnormen zu einem Isomorphismus der Praktiken im Feld führen. Auch die Konstitution von Konsistenz wird durch die Orientierung der Akteure an Projekten, Projektnetzwerken und den Regeln im Feld entdramatisiert, weil die damit einhergehende Ungleichheit zwischen den Akteuren und im Zeitverlauf weitgehend akzeptiert ist, sie häufig sogar der zentrale Anreiz für die Akteure im Feld ist und gleichzeitig ein vergleichsweise hohes Maß an Intransparenz in der Branche vorliegt. Bekannte branchenspezifische und regionale Standards, auf die sich die Akteure beziehen, sowie die Aktivitäten von „heads of departments", die in den jeweiligen semi-permanent workgroups Konsistenz herstellen, entlasten zusätzlich genauso wie die Möglichkeit, im Zuge der Re-Selektion neu zu verhandeln. Schwieriger – und darin besteht die eigentliche Herausforderung für die Akteure in der TV-Content-Produktion – ist die Herstellung der Ausrichtung, Integration und Konsistenz in umfassenderen sozialen Systemen wie Regionen und der Branche, weil – trotz aller Machtasymmetrien – ein hierarchischer Durchgriff fehlt und dementsprechend Formen der indirekten Steuerung kompetent eingesetzt werden müssen (zu einem Set solcher Steuerungsinstrumente s. Göhler et al. 2010). Damit wird zugleich belegt, dass die Strukturationstheorie mit dem Konzept der *dialectic of control* über ein adäquates Macht- und Steuerungsverständnis (auch für Fragen des Humanressourcenmanagements) verfügt. Zudem zeigen diese Ausführungen zur Ausrichtung, Integration und Konsistenz, dass Branchenspezifika eine zentrale Rolle für das Verständnis, die Erklärung und Praxis des Humanressourcenmanagements besitzen und dementsprechend universelle Ansätze des Human Resource Managements nur wenig geeignet sind, Humanressourcenmanagement-Praktiken zu analysieren.

7 Humanressourcenmanagement: Reflexive Verknüpfung von Personalwesen, (Strategischem) Humanressourcenmanagement und Arbeitskräftewirtschaft

Die Fallstudie zeigt, dass modernes Humanressourcenmanagement – allemal im Netzwerk – traditionelles Personalwesen, strategisches Humanressourcenmanagement und reflexive Arbeitskräftewirtschaft miteinander verknüpft. Für das Personalwesen gilt, dass Arbeitskräfte in der Organisation und in interorganisationalen Beziehungszusammenhängen verwaltet werden und somit auch

Praktiken eines traditionellen Personalwesens das Humanressourcenmanagement prägen. Praktiken eines strategischen Humanressourcenmanagements, die sich primär an eine Stammbelegschaft einer Unternehmung wenden, verknüpfen die Personalstrategie mit der Unternehmungsstrategie. Im Fall von TPC bedeutet dies, dass die Politikfelder des Humanressourcenmanagements auf die Umsetzung der Strategie als Qualitätsproduzent ausgerichtet werden und das (regionalisierte) organisationale Feld der TV-Content-Produktion entsprechend beeinflusst wird. Die Konzeption der Strategie als Qualitätsproduzent wirkt sich wiederum auf die Personalstrategie aus, die ggfs. graduell modifiziert wird. Für die Umsetzung dieser Strategie werden vor allem Koordinatoren gesucht, die künstlerische, finanzielle und organisatorische Fragen simultan bearbeiten können. Da die Arbeitskräftewirtschaft die Personalpolitik im internen Arbeitsmarkt und im interorganisationalen Beziehungszusammenhang miteinander verknüpft, trägt die rekursive Abstimmung von Personal- und Unternehmungs-/Netzwerkstrategie zur Ökonomisierung der Aktivitäten von TPC bei.

Die Bedeutung der jeweiligen Formen des Humanressourcenmanagements variiert. Im Fall von TPC ist – wie in anderen Fällen aus der TV-Content-Produktion auch – der Zugriff auf Arbeitskräfte in netzwerkförmigen Beziehungszusammenhängen von zentraler Bedeutung und spielt mit dem traditionellen Personalwesen und dem strategischen Humanressourcenmanagement zusammen. In anderen Branchen, z.B. in unterschiedlichen Handwerksbranchen, wird das Personalwesen vermutlich eine dominante Rolle einnehmen. In den Großbetrieben des industriellen Sektors wiederum dominiert (gegenwärtig noch?) das (strategische) Humanressourcenmanagement.

Die exemplarischen Ausführungen zur Arbeitskräfteentwicklung im Zuge einer reflexiven Arbeitskräftewirtschaft bei TPC belegen, dass sich die Perspektive der Verantwortlichen weitet und insbesondere netzwerkförmige Beziehungen, genauer das Projektnetzwerk, aber auch das organisationale Feld für den Zugriff auf Arbeitskräfte (mit-) gestaltet werden. Durch die Übertragung der Arbeitskräfteentwicklung an die Arbeitskräfte selbst, ihre Verankerung im Lernort ‚Projektnetzwerk' und die partielle Quasi-Externalisierung der Arbeitskräfteentwicklung an Organisationen im Feld, also in der Region bzw. Branche, erschließen sich Unternehmungen wie TPC relevante ökonomische Vorteile. Insofern koexistieren Personalverwaltung und Ökonomisierung in den Praktiken einer Arbeitskräftewirtschaft. Damit ist allerdings der ebenso bedeutsame Aspekt der Herrschaftssicherung in den Praktiken der Arbeitskräftewirtschaft noch nicht ausreichend gewürdigt.

Genau in diesem Sinne gelingt es den strategisch platzierten Akteuren in der TV-Content-Produktion durch die Ausgestaltung der Arbeitskräfteentwicklung in Verbindung mit der Arbeitskräfteselektion ihre privilegierte Position abzusichern. Allerdings zeigt ein zweiter Blick auf die entsprechenden (Herrschafts-) Praktiken, dass vor allem Medienkonzerne und öffentlich-rechtliche Senderverbünde bzw. Sender davon profitieren – mit relevanten Konsequenzen für die Arbeitsregulation (s. zur Arbeitsregulation Kapitel 4 in diesem Band und zu den Ergebnissen für die TV-Content-Produktion Windeler/Wirth 2004, 2005, 2010 und Wirth 2010, S. 147 ff.). Sie können die Konkurrenz der Arbeitskräfte um den Zugang zu Arbeit, um bessere und/oder besser bezahlte Arbeit für die Herrschaftssicherung nutzen. Insofern ermöglicht eine strukturationstheoretische Perspektive auf die Praktiken einer reflexiven Arbeitskräftewirtschaft auch eine ideologiekritische Würdigung.

Die Praktiken einer reflexiven Arbeitskräftewirtschaft verändern die Akteurskonstellation im Humanressourcenmanagement. Das Beispiel TPC zeigt, dass zentrale Elemente der Personalverwaltung in die befristet beschäftigte „Randbelegschaft“ ausgelagert werden (können). Eine Personalabteilung ist im Fall von TPC nicht vorhanden; in anderen Fällen dürfte sie an Bedeutung verlieren, weil nicht nur die Personalverwaltung, sondern auch die Entwicklung und die Einsatzplanung der Arbeitskräfte anderen Akteuren übertragen werden. Die reflexive Arbeitskräftewirtschaft führt zu einer Aufwertung von Akteuren in interorganisationalen Beziehungszusammenhängen, weil z. B. in der TV-Content-Produktion die Produktionsleitung die Arbeitskräfteeinsatzplanung betreibt (ähnlich auch Nienhüser 1999, der eine Verschiebung der Verantwortlichkeit für Arbeitskräftefragen in die Internationalisierungs- oder Beschaffungsabteilungen großer Baukonzerne konstatiert). Die Veränderung der Akteurskonstellation ergänzt – wie am Beispiel von TPC gezeigt – die Aufwertung anderer Akteure im organisationalen Feld für das Humanressourcenmanagement, in diesem Fall z. B. die Filmhochschulen. Damit verschiebt sich der Fokus der Praktiken des Zugriffs auf Arbeitskräfte aus der Unternehmung, auf die die Institutionen der Arbeitsregulation und des Sozialstaats traditionell zugeschnitten sind, in interorganisationale Beziehungszusammenhänge und in das (regionalisierte) organisationale Feld.

Humanressourcenmanagementpraktiken sind aus strukturationstheoretischer Perspektive Medium und Resultat kognitiver, normativer und machtbezogener Aspekte. Deshalb lassen sich in strukturationstheoretischen Analysen Einsichten der die Organisationsforschung zurzeit beherrschenden neoinstitutionalistischen Organisationssoziologie integrieren, die die Bedeutung kognitiver und normativer Strukturen betont (s. zum Überblick Powell/DiMaggio 1991; Walgenbach 2002; Walgenbach/Meyer 2008; zu einer konkreten Anwendung am Beispiel der Verbreitung des Diversity-Managements in Deutschland Süß 2009). Da Macht und

Herrschaft sowie die damit verknüpften mikropolitischen Aktivitäten für die Erklärung sozialer Praxis eine zentrale Rolle spielen (Ortmann et al. 1990), lassen sich des Weiteren nicht nur Überlegungen der Labour Process-Debate (z. B. Friedman 1977), sondern auch zur politischen Personalökonomie (Nienhüser 2004) berücksichtigen. Die Einsichten der Personalökonomik (vgl. für einen Überblick Sadowski 2002), können – da Ökonomie in der Strukturationstheorie dominant dem Bereich von Macht und Herrschaft zugeordnet wird – ebenfalls integriert werden. Konkrete Ausprägungen anderer Ansätze sind somit in das Gedankengebäude strukturationstheoretischer Arbeiten integrierbar (so z. B. Wirth 2010, S. 107 ff. am Beispiel transaktionskostentheoretischer Überlegungen zur Bindung von Arbeitskräften) und kreieren auf diese Weise eine umfassende und dennoch (auf die Analyse von Prozessen bzw. Praktiken) fokussierte Perspektive.

Eine strukturationstheoretische Analyse des Humanressourcenmanagements und insbesondere der reflexiven Arbeitskräftewirtschaft wirft auch neue theoretische Fragen auf: Ist die alte Abgrenzung der Arbeitsmarktsegmentationstheorie in Stamm- und Randbelegschaft und der undifferenzierte Blick auf „kontrollierte externe Arbeitsmärkte“ (Sengenberger 1987) angesichts der Perspektivenerweiterung und -ausdifferenzierung durch eine reflexive Arbeitskräftewirtschaft noch angemessen? Der Hinweis auf die „Freunde des Hauses“ (Produzent 2a) von TPC weist darauf hin, dass sich neue Abstufungen herausbilden, die theoretisch differenzierter als mit Hilfe entsprechender employment subsystems aufgegriffen und praktisch gemanagt werden (müssen). Fraglich wird auch, ob dem Verhältnis von Arbeitsmarkt und Organisation eine neue Bedeutung beigemessen werden sollte und entsprechende Konzepte entwickelt werden müssten (s. zu Letzterem auch Mühge 2011).

Der Wandel durch eine reflexive Arbeitskräftewirtschaft hat auch Bedeutung in anderen Branchen, in denen die Praktiken der Arbeitskräftewirtschaft gleichwohl deutlich anders ausgeprägt sein werden. Das Beispiel der Bauwirtschaft von Nienhüser (1999) belegt dies; mehr Forschung hierzu, auch in weiteren Branchen, wäre wünschenswert. Der Bedeutungszuwachs von Erwerbsformen wie Leiharbeit, Solo-Selbstständigkeit und befristete Beschäftigung (Gundert/Hohendanner 2011) oder neuerdings in Form von Werkverträgen (Koch 2012) fördert die Entstehung von Praktiken einer Arbeitskräftewirtschaft in der Gesellschaft insgesamt – mit weit reichenden Folgen für Organisationen, Arbeitskräfte und Gesellschaft.

Weiterführende Literatur

Elsik, W. (1998):
Personalmanagement als Spiel. Stuttgart.
Die Habilitationsschrift von Wolfgang Elsik diskutiert unterschiedliche Theorieperspektiven im Personalmanagement und entwickelt eine strukturationstheoretische Perspektive auf das Management von Personal. Dies geschieht u. a. durch die Diskussion unterschiedlicher personalwirtschaftlicher Instrumente.

Marchington, M./Grimshaw, D./Rubery, J./Willmott, H. (Hrsg.) (2004):
Fragmenting work. Blurring organizational boundaries and disordering hierarchies. Oxford.
Der von Mick Marchington et al. herausgegebene Sammelband führt in unterschiedliche Problemstellungen einer Arbeitskräftepolitik in Unternehmungsnetzwerken vor dem Hintergrund des britischen Kontextes ein und wirft eine Reihe von Fragen auf, die praktisch von den Akteuren in Unternehmungen zu bearbeiten sind.

Schuessler, E. S. (2008):
Implementing E-HRM. A structurational approach to investigating technological and organisational change.
In: Martin, G./Reddington, M./Alexander, H. (Hrsg.): Technology, outsourcing and human resource management. Oxford, S. 257-287.
Elke Schüßler analysiert aus strukturationstheoretischer Perspektive in mehreren Fallstudien die Hervorbringung personalwirtschaftlicher Innovationen, hier des E-HRM, und zeigt, wie in den Beziehungen zwischen Unternehmungsberatungen und Klient Innovationen (nicht) hervorgebracht werden.

Süß, S. (2009):
Die Institutionalisierung von Managementkonzepten.
Diversity-Management in Deutschland. München/Mering.
In seiner Habilitationsschrift untersucht Stefan Süß am Beispiel des Diversity-Managements, warum bestimmte Managementkonzepte sich (nicht) etablieren können. Er greift dabei auf Konzepte der neoinstitutionalistischen Organisationssoziologie, aber insbesondere auch auf mikropolitische und strukturationstheoretische Überlegungen zurück.

Wirth, C. (2010):
Reflexive Arbeitskräftewirtschaft. Strukturation, Projektnetzwerke und TV-Content-Produktion. München/Mering.
Gegenstand der Untersuchung der Praktiken der reflexiven Arbeitskräftewirtschaft in der TV-Content-Produktion ist neben einer Branchenanalyse insbesondere die Analyse der Praktiken des Zugriffs auf Arbeitskräfte in interorganisationalen Beziehungszusammenhängen.

Lernfragen

1. Die Personalwirtschaftslehre hat zahlreiche Instrumente untersucht. Dazu gehören Assessment Center, Formen leistungsorientierter Bezahlung etc.. Erläutern Sie welche Rolle diesen oder anderen personalwirtschaftlichen Instrumenten für die Praktiken des Personalmanagements aus strukturationstheoretischer Perspektive zukommt.
2. Personalwesen und strategisches Human Resource Management sind zwei unterschiedliche Formen des Humanressourcenmanagements. Stellen Sie diese anhand der Kriterien

   - Bedeutung Personalverwaltung,
   - Bedeutung Ökonomie,
   - Bedeutung strategischer Überlegungen,
   - Bedeutung interorganisationaler Beziehungen in den Praktiken und
   - Akteure

   tabellarisch gegenüber und fassen Sie die zentralen Unterschiede in ein oder zwei Sätzen zusammen.

3. Skizzieren Sie die Perspektivenerweiterungen gegenüber dem (strategischen) Humanressourcenmanagement durch eine reflexive Arbeitskräftewirtschaft!
4. Stellen Sie sich vor, dass Sie vergangene Woche Ihre erste Stelle nach dem Studienabschluss bei einer Organisationsberatungsgesellschaft angetreten haben. Heute sollen Sie der Geschäftsführerin erklären, welche praktischen Konsequenzen eine reflexive Arbeitskräftewirtschaft für das Management hat. Darüber hinaus interessiert, wie aus diesem Ansatz attraktive Projekte für die Organisationsberatungsunternehmung generiert werden können! Formulieren Sie eine E-Mail an Frau Dr. Müller, die Eigentümerin der Organisationsberatung, in der Sie sie vom Erfolgspotenzial eines Angebots einer Beratung zum Thema ‚reflexive Arbeitskräftewirtschaft' überzeugen wollen!
5. In der folgenden Tab. finden Sie zu einem Teil der funktionalen Probleme der Arbeitskräftewirtschaft jeweils ein klassisches personalwirtschaftliches (Lehr-) Buch zugeordnet:

Planung	Selektion und Einarbeitung	Entwicklung	Koordination
Oechsler, W. A. (2010): Personal und Arbeit. 9. Aufl. München und Wien.	Kanning, U. P./ Pöttker, J./Klinge, K. (2008): Personalauswahl. Stuttgart.	Becker, M. (2013): Personalentwicklung. 6. Aufl. Stuttgart.	Staehle, W. H. (1999): Management. 8. Aufl. München, insb. S. 328-409 und S. 838-871.

Arbeiten Sie mindestens eines dieser Bücher durch! Beantworten sie dabei folgende Fragen:

a) Wer ist für die jeweilige Funktion aus der Perspektive des jeweiligen Lehrbuchs zuständig?
b) Wie soll der jeweilige Akteur idealtypischer Weise bei der Wahrnehmung dieser Funktion vorgehen?
c) Welche Veränderungen werden hinsichtlich der Ausübung der jeweiligen Funktion thematisiert?
d) Welche Rolle spielen Werte und Normen, Fragen von Macht und Herrschaft in den jeweiligen Ausführungen?
e) Welche Rolle spielt die soziale Einbettung der Organisation in Netzwerke, Felder (z. B. Regionen und/oder Branchen) und die Gesellschaft allgemein in dem gewählten (Lehr-) Buch?
f) Welches Menschenbild der Akteure im Personalmanagement bzw. der Arbeitskräfte liegt den jeweiligen Ausführungen zugrunde?
g) Wie wird die Mitbestimmung durch betriebliche Interessenvertretungen thematisiert und welche Wirkungen werden ihr zugerechnet?

Auf einen Teil der Fragen werden Sie keine expliziten Antworten finden (insb. zu d., e. und f.). Versuchen sie deshalb aus dem jeweiligen Text Antworten zu erschließen.

6. Entwickeln Sie Fragen, mit denen Sie unternehmensindividuelle, netzwerkspezifische, regionale und branchenspezifische Besonderheiten des Personalwesens, des Human Resource Managements und der Arbeitskräftewirtschaft erfragen können!

Literatur

Alewell, D./Bähring, K./Canis, A./Hauff, S./Thommes, K. (2007): Outsourcing von Personalfunktionen. Motive und Erfahrungen im Spiegel von Experteninterviews. München und Mering.

Allen, M. R./Wright, P. (2010): Strategic management and HRM. In: Boxall, P./Purcell, J./ Wright, P. (Hrsg.): The Oxford handbook of human resource management. Oxford etc., S. 88-107.

Apitzsch, B. (2009): Flexible Beschäftigung, neue Abhängigkeiten. Projektarbeitsmärkte und ihre Auswirkungen auf Lebensläufe. Frankfurt am Main und New York.

Armstrong, M. (1992): Human resource management strategy & action. London.

Arthur, M. B. (1994): The boundaryless career: A new perspective for organizational inquiry. In: Journal of Organizational Behaviour 15 (4), S. 295-306.

Axelrod, R. (1984): The evolution of cooperation. New York.

Backes-Gellner, U. (1993): Personalwirtschaftslehre – eine ökonomische Disziplin?! Diskussionsbeitrag zur Personalwirtschaftslehre im deutschsprachigen Raum. In: Zeitschrift für Personalforschung 7 (4), S. 513-529.

Barley, S. R./Kunda, G. (2004): Gurus, hired guns, and warm bodies. Itinerant experts in a knowledge economy. Princeton und Oxford.

Barley, S. R./Tolbert, P. (1997): Institutionalization and structuration. In: Organization Studies 18 (1), S. 93-117.

Baron, J. N./Kreps, D. M. (1999): Strategic human resources. Frameworks for general managers. New York etc.

Batt, R./Christopherson, S./Rightor, N./Van Jaarsfeld, D. (2001): Net working. Work patterns and workforce policies for the new media industry. Washington.

Becker, B. E./Huselid, M. A. (1998): High performance work systems and firm performance: A synthesis of research and managerial implications. In: Ferris, G. R. (Hrsg.): Research in personnel and human resource management 16. Greenwich, Ct., S. 53-101.

Becker, B. E./Huselid, M. A. (2010): Strategic Human Resource Management: where do we go from there? In: Wilkinson, A./Redman, T./Snell, S. A./Bacon, N. (Hrsg.): The Sage handbook of human resource management. London und Thousand Oaks, S. 351-376.

Becker, G. S. (1964): Human Capital. New York.

Becker, M. C. (2004): Organizational routines: a review of the literature. In: Industrial and Corporate Change 13 (4), S. 643-677.

Beer, M./Spector, B./Lawrence, P. R./Miles, D. Q./Walton, R. E. (1985): Human resource management. New York und London.

Blair, H. (2001): ‚You're only as good as your last job': the labour process and the labour market in the British film industry. In: Work, Employment & Society 15 (1), S. 149-169.

BMAS (2010): Zeitarbeit vor Missbrauch schützen. Bundeskabinett beschließt Gesetz zur Änderung des Arbeitnehmerüberlassungsgesetzes. Pressemitteilung des Bundesministeriums für Arbeit und Soziales vom 15. Dezember 2010. Abrufbar unter www.bmas.de/portal/49928/2010__12__15__arbeitnehmerueberlassungsgesetz.html.

Boden, M. (Hrsg.) (2005): Handbuch Personalmanagement. Landsberg am Lech.

Bormann, S. (2007): Angriff auf die Mitbestimmung. Unternehmensstrategien gegen Betriebsräte – der Fall Schlecker. Berlin.

Bosch, G. (1986): Hat das Normalarbeitsverhältnis eine Zukunft? In: WSI Mitteilungen 39 (3), S. 163-176.

Bouncken, R. B./Müller-Lietzkow, J. (2007): Machtumkehr in Projektnetzwerken der Computer- und Videospielindustrie. In: Managementforschung 17, S. 75-120.
Bourdieu, P. (1983): Ökonomisches Kapital, kulturelles Kapital, soziales Kapital. In: Kreckel, R. (Hrsg.): Soziale Ungleichheiten. Soziale Welt Sonderband 2. Göttingen, S. 183-198.
Boxall, P./Purcell, J./Wright, P. (2010): Human resource management. Scope, analysis, and significance. In: Boxall, P./Purcell, J./Wright, P. (Hrsg.): The Oxford handbook of human resource management. Oxford etc., S. 1-16.
Breisig, T. (1990): Betriebliche Sozialtechniken. Handbuch für Betriebsrat und Personalwesen. Neuwied und Frankfurt am Main.
Breisig, T. (2005): Personal. Eine Einführung aus arbeitspolitischer Perspektive. Herne und Berlin.
Casper, S./Murray, F. (2005): Careers and clusters: analyzing the career network dynamic of biotechnology clusters. In: Journal of Engineering and Technology Management 22 (1), S. 51-74.
Colakoglu, S./Hong, Y./Lepak, D. P. (2010): Models of strategic human resource management. In: Wilkinson, A./Redman, T./Snell, S. A./Bacon, N. (Hrsg.): The Sage handbook of human resource management. London und Thousand Oaks, S. 31-50.
Connelly, C. E./Gallagher, D. G. (2004): Emerging trends in contingent work research. In: Journal of Management 30 (6), S. 959-983.
Coyle-Shapiro, J. A.-M./Morrow, P. C./Kessler, I. (2006): Serving two organizations: Exploring the employment relationship of contracted employees. In: Human Resource Management 45 (4), S. 561-583.
Crimmann, A./Ziegler, K./Ellguth, P./Kohaut, S./Lehner, F. (2009): Forschungsbericht zum Thema „Arbeitnehmerüberlassung". Nürnberg.
Dahrendorf, R. (1956): Industrielle Fertigkeiten und soziale Schichtung. In: Kölner Zeitschrift für Soziologie und Sozialpsychologie 8 (4), S. 540-568.
DeFilippi, R. J./Arthur, M. B. (1998): Paradox in the project-based enterprise: The case of film making. In: California Management Review 40 (2), S. 125-139.
DiMaggio, P. J. (1988): Interest and agency in institutional theory. In: Zucker, L. (Hrsg.): Institutional patterns and organizations. Cambridge, S. 3-21.
DiMaggio, P. J./Powell, W. W. (1983): The iron cage revisited: Institutional isomorphism and collective rationality in organizational fields. In: American Sociological Review 48 (2), S. 147-160.
Drumm, H. J. (1993): Die neueren Enzykliken zur katholischen Soziallehre: Eine Grundlage der Personalwirtschaftslehre? In: Weber, W. (Hrsg.): Entgeltsysteme. Lohn, Mitarbeiterbeteiligung und Zusatzleistungen. Stuttgart, S. 23-39.
Drumm, H. J. (2008): Personalwirtschaft. 6. Aufl. Berlin und Heidelberg.
Duschek, S. (1998): Kooperative Kernkompetenzen – Zum Management einzigartiger Netzwerkressourcen. In: Zeitschrift Führung + Organisation 67 (4), S. 230-236. Wieder abgedruckt in: Ortmann, G./Sydow, J. (2001): Strategie und Strukturation. Wiesbaden, S. 173-189.
Duschek, S. (2002): Innovation in Netzwerken: Renten, Relationen, Regeln. Wiesbaden.
Duschek, S./Wirth, C. (1999): Mitbestimmte Netzwerkbildung – Der Fall einer außergewöhnlichen Dienstleistungsunternehmung. In: Industrielle Beziehungen 6 (1), S. 73-110. Wieder abgedruckt in: Sydow, J./Wirth, C. (Hrsg.) (1999): Arbeit, Personal und Mitbestimmung in Unternehmungsnetzwerken. München und Mering, S. 297-336.

Dyer, J. H./Singh, H. (1998): The relational view: Cooperative strategy and sources of interorganizational competitive advantage. In: Academy of Management Review 23 (4), S. 660-679.

Eigler, J. (1997): „Grenzenlose“ Unternehmung – „Grenzenlose“ Personalwirtschaft? In: Managementforschung 7. S. 159-197.

Elsik, W. (1998): Personalmanagement als Spiel. Stuttgart.

Endres, E./Wehner, T. (1995): Steuerung zwischenbetrieblicher Kooperation – Eine Fallstudie zum Grenzstellenmanagement in der Automobilindustrie. In: Managementforschung 5, S. 1-45.

Faberman, H. A. (1975): A criminogenic market structure: the automobile industry. In: Sociological Quarterly 16 (4), S. 438-457.

Feldman, M. S./Orlikowski, W. J. (2011): Theorizing practice and practicing theory. In: Organization Science 22 (5), S. 1240-1253.

Fischer, S./Weitbrecht, H. (1995): Individualism and collectivism: Two dimensions of human resource management and industrial relations. The case of Germany. In: Industrielle Beziehungen 2 (4), S. 367-394.

Friedman, A. L. (1977): Industry and labour. London und Basingstoke.

Giddens, A. (1984): The constitution of society. Outline of the theory of structuration. Cambridge.

Göhler, G./Höppner, U./De La Rosa, S./Skrupien, S. (2010): Steuerung jenseits von Hierarchie. Wie diskursive Praktiken, Argumente und Symbole steuern können. In: Politische Vierteljahresschrift 51 (4), S. 691-720.

Granovetter, M. (1985): Economic action and social structure: The problem of embeddedness. In: American Journal of Sociology 91 (3), S. 481-510.

Guest, D. (1989): Human Resource Management: Its implications for industrial relations and trade unions. In: Storey, J. (Hrsg.): New perspectives on human resources management. London, S. 41-55.

Gundert, S./Hohendanner, C. (2011): Soziale Teilhabe ist eine Frage von stabilen Jobs. IAB-Kurzbericht 4/2011. Nürnberg.

Hartl, M./Kieser, H./Ott, J./Pokorny, M./Urschler, U./Walter, V. (1998): Soziale Beziehungen und Personalauswahl. Eine empirische Studie über den Einfluß des kulturellen und sozialen Kapitals auf die Personalrekrutierung. München und Mering.

Heinkel, R. (2008): Neustrukturierung von Betriebsratsgremien nach § 3 BetrVG. Frankfurt am Main.

Hertwig, M. (2009): ‚Kollegiale Arbeitnehmerüberlassung‘ – Chancen und Probleme des zwischenbetrieblichen Personaltransfers auf Basis von Tarifverträgen. In: Industrielle Beziehungen 16 (3), S. 254-272.

Höft, S./Stumpf, S./Sünderhauf, K. (Hrsg.) (2006): Assessment Center: Fundierte Lösungen für die Personalauswahl und -entwicklung (Themenheft). In: Wirtschaftspsychologie 8.

Hohn, H.-W. (1991): Von der Einheitsgewerkschaft zum Betriebssyndikalismus. Soziale Schließung im dualen System der Interessenvertretung. 2. Aufl. Berlin.

Iljine, D./Keil, K. (1997): Der Produzent. München.

Jarzabkowski, P. (2008): Shaping strategy as a structuration process. In: Academy of Management Journal 51 (4), S. 621-650.

Jörges-Süß, K./Süß, S. (2011): Leistungsorientierte Bezahlung in der öffentlichen Verwaltung: eine neoinstitutionalistische Analyse. In: Industrielle Beziehungen 18 (1-2), S. 99-118.

Jung, H. (2008): Personalwirtschaft. 8. Aufl. München/Wien.

Jurczyk, K./Schier, M./Szymenderski, P./Lange, A./Voß, G. G. (2009): Entgrenzte Arbeit – entgrenzte Familie. Grenzmanagement im Alltag als neue Herausforderung. Berlin.

Keil, K./Milke, F. (2010): Aus- und Weiterbildung in der Entertainment-Industrie. Zur Rolle von Filmhochschulen und Initiativen der Unterhaltungsindustrie. In: Lantzsch, K./Altmeppen, K.-D./Will, A. (Hrsg.): Handbuch Unterhaltungsproduktion. Beschaffung und Produktion von Fernsehunterhaltung. Wiesbaden, S. 352-359.

Kern, H./Schumann, M. (1984): Das Ende der Arbeitsteilung? München.

Khilji, S./Wang, X. (2006): "Intended" and "implemented" HRM: The missing linchpin in strategic human resource management research. In: International Journal of Human Resource Management 17 (7), S. 1171-1189.

Kieser, A. (1996): Moden & Mythen des Organisierens. In: Die Betriebswirtschaft 56 (1), S. 21-39.

Kieser, A./Walgenbach, P. (2007): Organisation. 5. Aufl. Stuttgart.

Koch, A. (2012): Werkverträge in der Arbeitswelt. OBS-Arbeitspapier Nr. 2. Frankfurt am Main.

Kock, K. (1990): Die austauschbare Belegschaft. Köln.

Kompa, A. (2004): Assessment Center. Bestandsaufnahme und Kritik. 7. Aufl. München und Mering.

König, S. (2005): Human Resource Management, Personalauswahl und Theorien industrieller Beziehungen. Interaktionskulturen aus einer Negotiated Order-Perspektive. München und Mering.

Kotthoff, H./Reindl, J. (1990): Die soziale Welt kleiner Betriebe. Wirtschaften, Arbeiten und Leben im mittelständischen Industriebetrieb. Göttingen.

Krause, I. (2011): Neue Prozesse sozialer Schließung am deutschen Arbeitsmarkt? Betriebliche Nutzungszusammenhänge der Beschäftigungsformen „Leiharbeit" und „freie Mitarbeit". In: Voss-Dahm, D./Mühge, G./Schmierl, K./Struck, O. (Hrsg.): Qualifizierte Facharbeit im Spannungsfeld von Flexibilität und Stabilität. Wiesbaden, S. 303-328.

Laske, S./Weiskopf, R. (1996): Personalselektion: Was wird hier gespielt? In: Zeitschrift für Personalforschung 9 (4), S. 295-330.

Leblebici, H./Salancik, G.R./Copay, A./King, T. (1991): Institutional change and the transformation of interorganizational fields: An organizational history of the U.S. radio broadcasting industry. In: Administrative Science Quarterly 36 (3), S. 333-363.

Lepak, D./Snell, S. A. (2010): Employment subsystems and the 'HR architecture'. In: Boxall, P./Purcell, J./Wright, P. (Hrsg.): The Oxford handbook of human resource management. Oxford etc., S. 210-230.

Llewelleyn, K. N. (1967): Eine realistische Rechtswissenschaft – der nächste Schritt. In: Hirsch, E./Rehbinder, M. (Hrsg.): Studien und Materialien zur Rechtssoziologie. Sonderheft 11 der Kölner Zeitschrift für Soziologie und Sozialpsychologie. Köln und Opladen, S. 54-86.

Lorig, P. (2012): Werkverträge – Die neue Lohndumping Strategie. Berlin.

Lutz, A./Sydow, J. (2002): Content-Produktion in der Region – Zur Notwendigkeit und Schwierigkeit der politischen Förderung einer projektbasierten Dienstleistungsindustrie. In: Fischer, J./Gensior, S. (Hrsg.): Sprungbrett Region? Analysen vernetzter Geschäftsbeziehungen. Berlin, S. 71-104.

Manning, S./Sydow, J. (2005): Arbeitskräftebindung in Projektnetzwerken der Fernsehfilmproduktion. Die Rolle von Vertrauen, Reputation und Interdependenz. In: Mayer-

Ahuja, N./Wolf, H. (Hrsg.): Entfesselte Arbeit – neue Bindungen. Grenzen der Entgrenzung in der Medien- und Kulturindustrie. Berlin, S. 185-220.
Marchington, M./Cooke, F. L./Hebson, G. (2010): Human resource management across organizational boundaries. In: Wilkinson, A./Redman, T./Snell, S. A./Bacon, N. (Hrsg.): The Sage handbook of human resource management. London und Thousand Oaks, S. 460-474.
Marchington, M./Grimshaw, D./Rubery, J./Willmott, H. (Hrsg.) (2004): Fragmenting work. Blurring organizational boundaries and disordering hierarchies. Oxford.
Marchington, M./Rubery, J./Grimshaw, D. (2011): Alignment, integration, and consistency in HRM across multi-employer networks. In: Human Resource Management 50 (3), S. 313-339.
Marrs, K. (2007): Zwischen Leidenschaft und Lohnarbeit. Ein arbeitssoziologischer Blick hinter die Kulissen von Film und Fernsehen. Berlin.
Martin, A. (2002): Funktionsbedingungen der Neuen Beschäftigungsverhältnisse – Eine verhaltenswissenschaftliche Analyse. In: Zeitschrift für Personalforschung 16 (4), S. 490-509.
Mendius, H. G./Wendeling-Schröder, U. (Hrsg.) (1991): Zulieferer im Netz. Neustrukturierung der Logistik am Beispiel der Automobilzulieferer. Köln.
Menger, P.-M. (1999): Artistic labor markets and careers. In: Annual Review of Sociology 25, S. 541-574.
Meyer, J. W./Rowan, B. (1977): Institutionalized organizations: Formal structure as myth and ceremonies. In: American Journal of Sociology 83 (2), S. 340-363.
Mintzberg, H. (1978): Patterns in strategy formation. In: Management Science 24 (9), S. 934-948.
Mintzberg, H./Waters, J. A. (1985): Of strategies, deliberate and emergent. In: Strategic Management Journal 6 (3), S. 257-272.
Mühge, G. (2011): Organisationstheoretische Überlegungen zum Aufbau und zur Funktionsweise von Versetzungsabteilungen. In: Voss-Dahm, D./Mühge, G./Schmierl, K./Struck, O. (Hrsg.): Qualifizierte Facharbeit im Spannungsfeld von Flexibilität und Stabilität. Wiesbaden, S. 99-122.
Müller-Jentsch, W. (2011): Gewerkschaften und Soziale Marktwirtschaft seit 1945. Stuttgart.
Neuberger, O. (1997): Personalwesen 1. Grundlagen, Entwicklung, Organisation, Arbeitszeit, Fehlzeiten. Stuttgart.
Neweling, S./Sonnek, A. (2006): Ansätze des Personalmanagements in Unternehmensnetzwerken. Dortmunder Beiträge zur Ökonomischen Bildung. Diskussionsbeitrag Nr. 9. Dortmund.
Nienhüser, W. (1999): Personalwirtschaftliche Konsequenzen der Externalisierung von Arbeit – Die Bauwirtschaft als prototypisches Beispiel. In: Sydow, J./Wirth, C. (Hrsg.): Arbeit, Personal und Mitbestimmung in Unternehmungsnetzwerken. München und Mering, S. 143-173.
Nienhüser, W. (2004): Political [personnel] economy – a political economy perspective to explain different forms of human resource management strategies. In: Management Revue 15 (2), S. 228-248.
Oechsler, W. A. (2005): Human Resource Management in strategischen Allianzen. In: Zentes, J./Swoboda, B./Morschett, D. (Hrsg.): Kooperationen, Allianzen und Netzwerke. Grundlagen – Ansätze – Perspektiven. 2. Aufl. Wiesbaden, S. 1057-1076.

Oechsler, W. A. (2010): Personal und Arbeit. Grundlagen des Human Resource Management und der Arbeitgeber-Arbeitnehmer-Beziehungen. 9. Aufl. München und Wien.
Ortmann, G. (1995): Formen der Produktion. Opladen.
Ortmann, G./Sydow, J./Windeler, A. (2000): Organisation als reflexive Strukturation. In: Ortmann, G./Sydow, J./Türk, K. (Hrsg.): Theorien der Organisation. 2. Aufl. Opladen, S. 315-354.
Ortmann, G./Windeler, A./Becker, A./Schulz, H.-J. (1990): Computer und Macht in Organisationen. Mikropolitische Analysen. Opladen.
Pätzold, U./Röper, H. (2004): Fernsehproduktionsmarkt Deutschland 2001 bis 2002. Fortschreibung der Formatt-Studie über Konzentration und regionale Schwerpunkte der Auftragsproduktionsbranche. In: Media Perspektiven o. Jg. (12), S. 576-583.
Pätzold, U./Röper, H. (2006): Fernsehproduktionsmarkt Deutschland 2003 und 2004. In: Media Perspektiven o. Jg. (1), S. 32-46.
Pfeffer, J. (1998): The human equation: Building profits by putting people first. Boston.
Porter, M. E. (2008): Wettbewerbsstrategie. Methoden zur Analyse von Branchen und Konkurrenten. 11. Aufl. Frankfurt am Main und New York.
Powell, W. W./DiMaggio, P. J. (Hrsg.) (1991): New institutionalism in organizational analysis. Chicago und London.
Pozzebon, M. (2004): The influence of a structurationist perspective on strategic management research. In: Journal of Management Studies 41 (2), S. 247-272.
Rehder, B. (2003): Betriebliche Bündnisse für Arbeit in Deutschland. Mitbestimmung und Flächentarifvertrag im Wandel. Frankfurt am Main und New York.
Rose, J. (2001): Weiterbildung peripher Beschäftigter im Arbeitskräfte- und Wissenspool. Herbolzheim.
Rousseau, D. M. (1995): Psychological contract in organizations: Understanding written and unwritten agreements. Newbury Park, CA.
Rowlands, L./Handy, J. (2012): An addictive environment: New Zealand film production workers' subjective experiences of project-based labour. In: Human Relation 65 (5), S. 657-680.
Rubery, J./Earnshaw, J./Marchington, M./Cooke, F. L./Vincent, S. (2002): Changing organizational forms and the employment relationship. In: Journal of Management Studies 39 (5), S. 645-672.
Sadowski, D. (2002): Personalökonomie und Arbeitspolitik. Stuttgart.
Scarbrough, H. (2000): The HR implications of supply chain relationships. In: Human Resource Management Journal 10 (1), S. 5-17.
Schatzki, T.R./Knorr-Cetina, K./von Savigny, E. (2001): The practice turn in contemporary theory. London.
Scherm, E./Süß, S. (2010): Personalmanagement. 2. Aufl. München.
Schmierl, K. (2011): Unternehmensübergreifende Lernallianzen in der Metall- und Elektroindustrie – Typologie, Besonderheiten und theoretische Implikationen. In: Voss-Dahm, D./Mühge, G./Schmierl, K./Struck, O. (Hrsg.): Qualifizierte Facharbeit im Spannungsfeld von Flexibilität und Stabilität. Wiesbaden, S. 25-48.
Schmitt, U. (1999): Arbeit und Aufgaben der Filmgeschäftsführung. In: Clevé, B. (Hrsg.): Von der Idee zum Film. Produktionsmanagement für Film und Fernsehen. Gerlingen, S. 97-104.
Schreyögg, G. (1991): Der Managementprozeß – neu gesehen. In: Managementforschung 1, S. 255-289.

Schuessler, E. S. (2008): Implementing E-HRM. A structurational approach to investigating technological and organisational change. In: Martin, G./Reddington, M./Alexander, H. (Hrsg.): Technology, outsourcing and human resource management. Oxford, S. 257-287.
Sengenberger, W. (1987): Struktur und Funktionsweise von Arbeitsmärkten. Die Bundesrepublik im internationalen Vergleich. Frankfurt am Main und New York.
Spender, J.-C. (1989): Industry recipes. An enquiry into the nature and sources of managerial judgement. Oxford und Cambridge, Mass.
Staehle, W. H. (1988): Human Resource Management. In: Zeitschrift für Betriebswirtschaft 58 (5-6), S. 576-587.
Staehle, W. H. (1989): Human Resource Management und Unternehmungsstrategie. In: Mitteilungen aus der Arbeitsmarkt- und Berufsforschung 22 (3), S. 388-396.
Staehle, W. H. (1992): Funktionen des Managements. 3. Aufl. Bern und Stuttgart.
Staehle, W. H. (1999): Management. Eine verhaltenswissenschaftliche Einführung. 8. Aufl. München.
Stock-Homburg, R. (2010): Personalmanagement. Theorien – Konzepte – Instrumente. 2. Aufl. Wiesbaden.
Subramony, M. (2006): Why organizations adopt some human resource management practices and reject others: An exploration of rationales. In: Human Resource Management 45 (2), S. 195-210.
Süß, S. (2009): Die Institutionalisierung von Managementkonzepten. Eine strukturationstheoretisch-mikropolitische Perspektive. In: Zeitschrift für Betriebswirtschaft 79 (2), S. 187-212.
Süß, S./Kleiner, M. (2007): The psychological relationship between companies and freelancers: An empirical study of the commitment and the work-related expectations of IT-freelancers. In: Management Revue 18 (3), S. 251-270.
Sydow, J. (1992): Strategische Netzwerke. Evolution und Organisation. Wiesbaden.
Sydow, J./Lerch, F. (2011): Netzwerkzeuge – Zum reflexiven Umgang mit Methoden und Instrumenten des Netzwerkmanagements. In: Zeitschrift Führung + Organisation 89 (6), S. 372-378. Wieder abgedruckt in: Sydow, J./Duschek, S. (Hrsg) (2013): Netzwerkzeuge – Tools für das Netzwerkmanagement. Wiesbaden, S. 9-17.
Sydow, J./Windeler, A. (1999): Projektnetzwerke: Management von (mehr als) temporären Systemen. In: Engelhard, J./Sinz, E. J. (Hrsg.): Kooperation im Wettbewerb. Neue Formen und Gestaltungskonzepte im Zeichen von Globalisierung und Informationstechnologie. Wiesbaden, S. 211-235.
Sydow, J./Wirth, C. (Hrsg.) (1999): Arbeit, Personal und Mitbestimmung in Unternehmungsnetzwerken. München und Mering.
Tolbert, P./Zucker, L. (1999): The institutionalization of institutional theory. In: Clegg, S./ Hardy, C. (Hrsg.): Studying Organization. London, S. 169-184.
Tondorf, K. (1994): Modernisierung der industriellen Entlohnung. Neue Modelle der Entgeltgestaltung und Perspektiven gewerkschaftlicher Tarifreform. Berlin.
Trittel, N./Schmidt, W./Müller, A./Meyer, T. (2010): Leistungsentgelt in den Kommunen. Typologie und Analyse von Dienst- und Betriebsvereinbarungen. Berlin.
Waas, B. (2012): Werkvertrag, freier Dienstvertrag und Arbeitsvertrag. Frankfurt am Main.
Wächter, H. (1992): Vom Personalwesen zum Strategic Human Resource Management. Ein Zustandsbericht anhand der neueren Literatur. In: Managementforschung 2, S. 313-340.

Wächter, H. (2013): Human Resource Management – eine Annäherung in kritischer Absicht. In: Industrielle Beziehungen 20 (4) (im Erscheinen).
Walgenbach, P. (2002): Neoinstitutionalistische Organisationstheorie – State of the Art und Entwicklungslinien. In: Managementforschung 12, S. 155-202.
Walgenbach, P./Meyer, R. (2008): Neoinstitutionalistische Organisationstheorie. Stuttgart.
Weinkopf, C. (1996): Arbeitskräftepools. München und Mering.
Weitbrecht, H. (1998): Mitbestimmung, Human Ressource Management und neue Beteiligungskonzepte. Unter Mitarbeit von Sylvana Mehrwald. Expertise für das Projekt „Mitbestimmung und neue Unternehmenskulturen" der Bertelsmann Stiftung und der Hans-Böckler-Stiftung. Gütersloh.
Whittington, R./Melin, L. (2003): The challenge of organizing/strategizing. In: Pettigrew, A.M./Whittington, R./Melin, L./Sanchez-Runde, C./van den Bosch, F.A.J./Ruigrok, W./Numagami, T. (Hrsg.): Innovative forms of organizing. London etc., S. 35-48.
Wilkinson, A./Redman, T./Snell, S. A./Bacon, N. (2010): Field of human resource management. In: Wilkinson, A./Redman, T./Snell, S. A./Bacon, N. (Hrsg.): The Sage handbook of human resource management. London und Thousand Oaks, S. 3-11.
Williamson, O. E. (1985): The economic institutions of capitalism. New York.
Windeler, A. (2001): Unternehmungsnetzwerke. Konstitution und Strukturation. Wiesbaden.
Windeler, A. (2010): Organisation der Content-Produktion in organisationalen Feldern – ein Analyserahmen. In: Lantzsch, K./Altmeppen, K.-D./Will, A. (Hrsg.): Handbuch Unterhaltungsproduktion. Beschaffung und Produktion von Fernsehunterhaltung. Wiesbaden, S. 219-242.
Windeler, A./Lutz, A./Wirth, C. (2000): Netzwerksteuerung durch Selektion – Die Produktion von Fernsehserien in Projektnetzwerken. In: Sydow, J./Windeler, A. (Hrsg.): Steuerung von Netzwerken. Opladen und Wiesbaden, S. 178-205.
Windeler, A./Wirth, C. (2004): Arbeitsregulation in Projektnetzwerken: Eine strukturationstheoretische Analyse. In: Industrielle Beziehungen 11 (4), S. 295-319.
Windeler, A./Wirth, C. (2005): Strukturation von Arbeitsregulation: eine relationale Mehrebenenanalyse. In: Faust, M./Funder, M./Moldaschl, M. (Hrsg.): Die „Organisation" der Arbeit. München und Mering, S. 165-193.
Windeler, A./Wirth, C. (2010): Netzwerke und Arbeit. In: Böhle, F./Voß, G. G./Wachtler, G. (Hrsg.): Handbuch der Arbeitssoziologie. Wiesbaden, S. 569-596.
Windeler, A./Wirth, C./Sydow, J. (2001): Die Zukunft in der Gegenwart erleben. Arbeiten in Projektnetzwerken der Fernsehproduktion. In: Arbeitsrecht im Betrieb 22 (1), S. 12-18.
Windolf, P. (1990): Personalbeschaffung. In: Berthel, J./Groenewald, H. (Hrsg.): Personal-Management. Loseblattsammlung. Band IV. Landsberg am Lech, S. 1-22.
Wirth, C. (1994): Die neue Unübersichtlichkeit im Einzelhandel. Münster.
Wirth, C. (1999): Unternehmungsvernetzung, Externalisierung von Arbeit und industrielle Beziehungen. München und Mering.
Wirth, C. (2006): Arbeitsmarktintegration, personale Netzwerke und die öffentliche Arbeitsvermittlung. In: WSI Mitteilungen 59 (2), S. 104-109.
Wirth, C. (2010): Reflexive Arbeitskräftewirtschaft. Strukturation, Projektnetzwerke und TV-Content-Produktion. München und Mering.
Wirth, C. (2011): Reflexive Arbeitskräftewirtschaft und Mitbestimmung in der TV-Content-Produktion. In: WSI Mitteilungen 64 (11), S. 526-533.

Wirth, C./Sydow, J. (2004): Hierarchische Heterarchien – heterarchische Hierarchien. Zur Differenz von Konzern- und Netzwerksteuerung in der Fernsehproduktion. In: Sydow, J./Windeler, A. (Hrsg.): Organisation der Content-Produktion. Wiesbaden, S. 125-147.
Wysocki, K. (1961): Rationalisierung durch Ausgliederung von Betriebsaufgaben. In: Zeitschrift für Betriebswirtschaft 31 (1), S. 30-43.
Yagapen, M. (2007): Filmgeschäftsführung. Konstanz.
Zeuner, B. (1991): Arbeitsunrecht. Geschichten über Bürgerrechte im Betrieb. Hamburg.
Zimmer, M./Ortmann, G. (2001): Strategisches Management, strukturationstheoretisch betrachtet. In: Ortmann, G./Sydow, J. (Hrsg.): Strategie und Strukturation. Strategisches Management von Unternehmen, Netzwerken und Konzernen. Wiesbaden, S. 27-55.

Autorenverzeichnis

Dr. **Albrecht Becker** ist Professor für Management Accounting an der Fakultät für Betriebswirtschaft der Leopold-Franzens- Universität Innsbruck. Er ist Mitglied im Scientific Committee der Interdisciplinary Perspectives on Accounting Research Group an der Cardiff Business School, im Beirat der Managementforschung sowie Mitherausgeber der Reihe Controlling im Josef-Eul Verlag. Er hat zu Accountingtheorie, zu vergleichender Accountingforschung sowie zu Fragen des Lernens und Wissens in Organisationen u. a. in European Accounting Review, Critical Perspectives on Accounting und Management Learning publiziert. Gegenwärtige Forschungsinteressen und -projekte richten sich im Rahmen der *social studies of accounting* insbesondere auf die Diskurse um Messbarkeit und Performancemessung im Bereich des Gesundheitswesens, auf den Zusammenhang von Informationstechnologie und Accounting sowie generell auf soziomaterielle Praktiken in Organisationen.

Dr. **Stephan Duschek** ist Professor für Betriebswirtschaftslehre, insb. Organisationstheorie an der Helmut-Schmidt-Universität – Universität der Bundeswehr Hamburg. Er ist Autor und Herausgeber einer Reihe von Zeitschriftenbeiträgen und Büchern (zuletzt: Organisationen regeln, Wiesbaden 2012, zus. mit Michael Gaitanides, Wenzel Matiaske und Günther Ortmann.; Management interorganisationaler Beziehungen, Stuttgart 2011; Netzwerkzeuge, Wiesbaden 2013; die beiden letztgenannten zus. mit Jörg Sydow). Seine Forschungsinteressen richten sich vor allem auf die Organisations- und Managementtheorie sowie Fragestellungen der Netzwerk- und Clusterforschung und dem strategischen Management von Kompetenzen und Wissen.
Weitere Informationen: http://www.hsu-hh.de/orga/

Dr. **Jörg Sydow** ist Professor für Betriebswirtschaftslehre, insb. Unternehmenskooperation, am Management-Department der Freien Universität Berlin. Er ist Autor und Herausgeber zahlreicher Zeitschriftenbeiträge und Bücher (zuletzt *Vernetzung im Gesundheitswesen*, Stuttgart 2009; *Management interorganisationaler Beziehungen*, Stuttgart 2011; *Netzwerkzeuge*, Wiesbaden 2013; die beiden letztgenannten zus. mit Stephan Duschek), zudem Gründungsmitherausgeber der *Managementforschung* sowie Mitglied im Herausgeberbeirat international führender Zeitschriften wie *Organization Studies, Organization Science, Academy of Management Journal* und *Academy of Management Review.* Seine Forschungsinteressen richten sich vor allem auf die Management- und Organisationstheorie sowie auf Fragen strategischer Unternehmenskooperation und -vernetzung, des Projekt- und Innovationsmanagements sowie der Industriellen Beziehungen. Weitere Informationen: www.wiwiss.fu-berlin.de/institute/management/sydow/index.html

Dr. **Carsten Wirth** ist Professor für Verwaltung und Netzwerkarbeit im Studiengang Sozialwirtschaft an der Hochschule Kempten. Nach dem Studium der Volkswirtschaftslehre in Mannheim, Leeds und Berlin promovierte er in Betriebswirtschaftslehre an der Freien Universität Berlin über das Management von Unternehmungsnetzwerken und damit verknüpften Veränderungen von Arbeit. Er ist Autor und Mitherausgeber von mehreren Büchern und Zeitschriftenbeiträgen. Seit 2012 ist er Mitherausgeber der referierten Zeitschrift ‚Industrielle Beziehungen – Zeitschrift für Arbeit, Organisation und Management', die im Rainer Hampp Verlag, München und Mering, erscheint (http://www.hampp-verlag.de/hampp_e-journals_IndB.htm). Seine Forschungsschwerpunkte sind Arbeit, Industrielle Beziehungen, Organisation und Netzwerke. Weitere Informationen: http://www.hochschule-kempten.de/hochschule/fakultaeten/soziales-und-gesundheit/professoren.html?mid=29

MIX
Papier aus verantwortungsvollen Quellen
Paper from responsible sources
FSC® C105338

Printed by Books on Demand, Germany